法学教室 LIBRARY
Rethinking Administrative Law through Cases
Kitamura Kazuo / Fukasawa Ryuichiro
Iijima Junko / Isobe Tetsu

事例から行政法を考える

有斐閣

はじめに

　行政法については，学部や法科大学院の学生から，「勉強の仕方がわからない」や「一行問題は何とかなるが，事例問題については何を書いたらいいかわからない」といった相談を受けることがある。もちろん，このような不安や疑問は行政法だけではなく，他の法分野を学ぶ時にも見られるもので，行政法に固有のものではないのだろう。しかし，筆者の見るところでは，行政法において他の法分野よりもいっそうこのような不安や疑問は顕著ではないかと思われる。というのも，行政法は，他の法分野と異なり，事例型の問題やあるいは現実に生じる問題を考える時には，事実に基づいた多様な個別法の解釈が必要となるが，個別法の解釈自体は教室や教科書で学ぶ機会が少ないため，教科書等から得た知識そのままでは十分に対応できないことが多いからである。すなわち，一定の事実の下で，個別法（その中には大学や法科大学院の教室ではほとんどお目にかからないものが少なくない）の解釈を行うことになるが，そのためには教科書にあるような理論を具体的な状況に当てはめるという訓練が必要だからである。したがって，上記のような学生の不安や疑問について，筆者は，事例型の問題を解いてみることを勧めている。行政法についてある程度学んだのであれば，事例型の問題をこなしていくことで，行政法上の様々な論点や重要問題を学び，教科書に出てくるような概念や制度が実際にどのような役割を果たすかを理解し，事実と個別法をうまく「料理」していくことができるようになるからである。また，できれば，最近の事例を使った問題を解答していくことが好ましい。行政法の場合，各個別法だけではなく，主要な法律も改正が激しいからである。そして，このような事例型の教材で行政法を学ぶことは，法曹や法曹を目指す方々だけではなく，公務の分野で活躍することを考えている学生諸君にも有益なものとなるものと考えている。

　本書は，2013年4月号から2015年3月号，2年間にわたる法学教室での連載をまとめて書籍化したものである。書籍化にあたっては，法学教室編集部に様々な配慮をいただいた。ここに記して感謝したい。

　2016年5月

執筆者を代表して　北村和生

本書の使い方

I　本書で学ぶ読者のために

　本書は行政法に関する事例問題と解説からなっている。本書は，ひととおり行政作用法や行政救済法の学習を終えた方や，あるいは現在それらを学習中の方を対象としている。「ひととおり」というのは，学部や法科大学院での行政法の講義を受講したか，あるいは受講中ということ，あるいは独学で基本的な教科書を読んだという程度のことと理解していただけばよいであろう。

　本書は，行政の概念や法治主義からはじまり，行政の行為形式に続く，多くの行政法の教科書に見られるような体系的な順番に忠実に出題しているわけではない。演習書によっては，教科書的な体系に基づいて問題を配列しており，そのような配列になっている方が，講義と平行して学習する場合には，便利かもしれない。しかし，行政法の事例問題の場合には，事例と事実のみから，「この事例問題は教科書に載っているあの論点に関する問題だ」と自分で気づくことが大切なので（少なくとも筆者はそう考えているので），いわば教科書の体系に忠実な出題だとそれ自体が大きなヒントになってしまって，学習の効果を削いでしまうというデメリットがありうる。これらの点も考慮して，本書では出題を行い，また，事例問題のタイトルも個別法制度に関わるものとなっており，それだけで論点の所在を明らかにするものではない。もちろん，本書は体系に忠実な出題にはなっていないが，網羅的とは言えないまでも，重要な行政法上の論点の多くはカバーされている。

　また，本書の事例問題は，いずれも，行政救済法や行政法総論の両方の論点を含むものがほとんどである。これも，学習の便宜だけを考えれば，いずれか一方のみの論点で構成された問題を出題することも考えられるが，現実に生じる行政法上の問題は両方の論点を含むのが普通であり，また，司法試験や司法試験予備試験に代表される，多くの論述型の問題もそのように出題されることが多いことから，より，効果的に行政法や行政法的な思考方法に慣れてもらうために，このような出題を行っている。

　なお，本書では，参考文献の引用については，主たる読者である学生諸君が

学習に際して参照しやすい基本的なものを中心としていることをお断りしておく。

II　本書の構成

本書の構成とそれぞれのねらいについて解説する。

1　標準編と応用編

本書は全体として2部に分かれている。「第1部　標準編」に16問,「第2部　応用編」に4問の問題が掲載されている。

第1部の問題は,いずれも読者が2時間程度で解答できる(＝答案のかたちでペーパーをまとめることができる)ということを想定して作題されている。第2部と比べると,資料が少ないこともあり,対応しやすい問題が多いと思われる。レベル的にもそれほど難しくはなく,法科大学院内部での試験問題と同じか,それより少し難しい程度のものである。また,これらの16問で,行政救済法に関してよく扱われる論点と,行政作用法に関する主要な論点につきほぼ学習ができるはずである。

第2部の問題は,量的には,法学教室連載時には第1部の問題の倍の量であって,かなりヴォリュームのあるものということになる。また,量が多いだけではなく,資料も多数掲載されており,複雑な事案や論点を扱っているので,やや解答には苦労することもあるかもしれない。また,レベル的には司法試験の論文式試験のレベルを念頭に置いている。したがって,解答にあたっては,かなり時間がかかるかもしれないが,最終的にはこれらの問題を2時間程度で解答できることが望ましい。

第2部はかなり量が多いのだが,実際の行政事件を扱う場合には,参照しなければならない条文や通達・行政実例等の資料は,この程度では済まないのが普通であろう。第2部の問題をうまく利用して,量の多い複雑な事例の検討になれていただきたい。様々な資料を使って考えるのが,行政法の事例問題の最も面倒なところでもあるが,おもしろいところでもあるからである。

2 各事例の構成

(1) 事例問題

　事例問題では，様々な事例が挙げられているが，基本的には，事例の概要と設問，会話文，関係する法令や通達，その他の資料からなっている。事例はいずれも比較的最近の判決をモデルとしており，ややモデルとした判決に作問のため変更を加えているものもあるが，いずれも，実際にありうる事例となっている。

　各事例問題については，掲載されている事実と資料のみを読めば，解答する上では必要十分なものとなっている。ただし，法律については，司法試験六法やポケット六法等の小型の六法に掲載されている基本的な法律，例えば，行政事件訴訟法や行政手続法といった法律は掲載していないので，解答の際には，小型のものでよいので六法を参照しながら解答していただきたい。

(2) CHECK POINT

　各事例問題の次に CHECK POINT が記載されている。CHECK POINT は読者がそれぞれの問題でどの分野に関する論点を学習することができるかを示すものである。ただ，問題によっては，CHECK POINT をあまり詳細に記載すると，それ自体がヒントになりかねないので，それほど細かいものを挙げているわけではないのでご留意いただきたい（後述するように，中級者以上の読者は，解答する際には，CHECK POINT をあまり見ないほうがよいかもしれない）。

　Ⅲでも触れるように，本書の利用については，すべての問題を解答してもらうことが適切と考えているが，例えば原告適格についての知識を確認したいという場合には，CHECK POINT を見て，原告適格についての事例問題を解答してみるという使い方もできるであろう。

(3) 解説

　各事例問題については解説がついている。これらの解説はかなり詳しいものであるので，これらを理解することで，各事例問題の解答を考えてもらいたい。本書の執筆者はいずれも法科大学院や法学部で日常的に学生に教えていることもあり，解説中で，誤りやすい点や誤解しやすい点も適宜指摘されている。これらの指摘にも注意してほしい。行政法の学習では判例の理解や知識も重要である。本書では，解説で取り上げた判例については行政判例百選の番号を示し

ているので，各判例を確認し，理解を深めるために利用していただきたい。

　行政法に限らず，法解釈に関する問題においては，現時点では，必ずしも，判例や学説が固まっているわけではなく，結論が一つとは限らないというものがあり得る。例えば，第2部のはじめの事例問題などがその典型的な例である。同問題のように，新しい下級審判決をベースにした事例問題については，一層そのような傾向が見られるといってよい。本書の解説においては，複数の解答が考えられる場合でも，それらの選択肢を提示した上で，読者がいずれかの解答の一つに到達できるように，解答の道筋を示している。特に，第2部のような複雑な問題においては，複数の解答の道筋が存在するのがむしろ普通である。注意すべきはそれぞれの道筋の論理的な違いを理解して解答することである。結論として，どの道筋を選んだかは，行政法の一般的な理解から筋が通っている限りは，必ずしも誤りではない。ただ，解答全体の論理的な筋が通っていることは大切であるので，その点には注意していただきたい。

　また，解説においては，行政法におけるやや先端的な議論についても触れている場合もある。これらの議論には，かなりレベルの高い議論も含まれていることもあり，各事例問題の解答を導くための解説というレベルではそれほど必要ではないものも含まれている。しかし，背景知識として，あるいは今後重要な論点となり得ることがあることから解説で触れているものであるので，より発展的な学習の一助としていただきたい。

(4) 関連問題

　関連問題は，それぞれ短い問題であるが，メインの問題では問題構成や問題量を理由として扱うことができなかったものの，触れておいたほうがよいと思われる論点や，あるいはメインの問題で扱うにはやや発展的な論点が扱われている。いずれにせよ，補足的な問題として考えてもらえばよい。多くは，メインの問題の事案を前提にしてやや異なる論点を問うものであるが，中には全く新たな問題も含まれている。

　これらの関連問題については特に解説等は付けていない。しかし，COMMENTに関連する判例や文献が挙げられているので，これらを参考にして，考えてもらえばよいであろう。

Ⅲ 本書の利用方法

　本書をどのように使うかは，読者の目的や状況によって異なることで，特に決まった使い方があるわけではない。もっとも，執筆者の立場から，本書の利用方法についていくつかの提案をしておくことは読者の便宜と考えられるので，以下で，いくつかの使い方を読者のレベルに合わせて提案しておきたい。

1 初学者の方

　法学部や法科大学院の未修コースで，はじめて行政法の講義を聴いているという方が，基本書の他に演習書として本書を利用するという場合が，「初学者」の典型として考えられるであろう。このような場合には，例えば，CHECK POINT を利用して，既に学んだ分野や特に学習したい分野に関する事例問題から解いてみるというやり方が考えられる。最終的に1冊やり終えればよいのであって，はじめから順番に取りかかる必要はない。

　初学者にとっては，応用編はやはりかなり難しいと考えられる。したがって，応用編については，ある程度，行政作用法や行政救済法を学んでから取りかかった方がよいので，はじめは，省略してよいであろう。もっとも，標準編であっても，初学者にとってはかなり難しいことが多いと思われる。問題文を読んでも，何について答案を書けばよいのかよくわからないということが少なくないかもしれない。しかし，初学者の場合には，わからなくてもそれほど気にする必要はない。そのような場合には，解説をいったん読んでから，自分なりに考えてみればよい。もっとも，問題がわからない→解説を読む→内容が理解できた，で終わるのではなく，解説を読んだ上で自分なりに答案を書いてみることをお勧めする。というのも，解説を読んだり，あるいは講義を聴いて，自分ではわかったような気がしても，意外に理解できていないことが多いからである。答案を書いてみれば，自分の知識や理解には具体的に何が欠けているかが理解できるはずである。

2 中級者・上級者の方

　行政作用法や行政救済法の学習をひととおり終えた方々は，解説を読まずに，問題に取りかかってもらってよいであろう。したがって，問題を解きそれから

解説を読んで疑問点を解消したり，答案に足りない部分があればそれを確認したりという作業を行ってもらえればよい。また，中級者や上級者の場合には，発展編も含めてすべての問題に解答してもらえれば，と思う。

発展編は，複雑な事例が多いので，ひととおり学習を終えたという中級者の方にも難問かもしれない。しかし，難しくても，とりあえず解答を考えてみるという作業は大切で，全く歯が立たないというのでなければ，是非解いてみほしい。また，仮にどうしてもわからないという場合には，1のように，解説を読んでから答案を作ってみるという学習方法をとってもよいと思う。

かなり学習の進んだ上級者の場合には，時間を計って答案を書いてみる訓練をすることや，あるいは関連問題まで含めて検討するなどの方法で本書を利用してほしい。

Ⅳ おわりに

以上で本書の使い方について解説を終えることとする。本書の執筆者は，北村和生（立命館大学教授）のほか，深澤龍一郎（九州大学教授），飯島淳子（東北大学教授），磯部哲（慶應義塾大学教授）の4名で，法学教室での連載当時から，担当者全員がそれぞれの原稿内容を検討し，意見を交換することで，より，わかりやすく有益な内容になるよう努めてきた。本書が読者の行政法学習の助けとなることを期待している。

目　次

はじめに　i
本書の使い方　ii
凡例　xvii
執筆者紹介　xxi

第1部　標準編

- 事例①……………………………………………………… 2
- 事例②……………………………………………………… 16
- 事例③……………………………………………………… 34
- 事例④……………………………………………………… 50
- 事例⑤……………………………………………………… 68
- 事例⑥……………………………………………………… 86
- 事例⑦……………………………………………………… 104
- 事例⑧……………………………………………………… 120
- 事例⑨……………………………………………………… 138
- 事例⑩……………………………………………………… 154
- 事例⑪……………………………………………………… 174
- 事例⑫……………………………………………………… 192
- 事例⑬……………………………………………………… 208
- 事例⑭……………………………………………………… 226
- 事例⑮……………………………………………………… 244
- 事例⑯……………………………………………………… 266

第2部　応用編

- 事例⑰……………………………………………………… 288
- 事例⑱……………………………………………………… 320
- 事例⑲……………………………………………………… 350
- 事例⑳……………………………………………………… 384

行政法の体系と本書事例で取り上げる論点の対応表　420
判例索引　425
事項索引　433

事例細目次

事例① ────────────────────────── 2
  Ⅰ　はじめに ………………………………………………………… 6
  Ⅱ　条例と行政訴訟 ………………………………………………… 7
  Ⅲ　設問1について ………………………………………………… 9
    1　本件条例と届出制度　9
    2　本問の解答　12
  Ⅳ　設問2について ………………………………………………… 12
  Ⅴ　おわりに ………………………………………………………… 15

事例② ────────────────────────── 16
  Ⅰ　はじめに──準備的考察 ……………………………………… 20
    1　本問の趣旨　20
    2　公の施設　21
    3　指定管理者　22
  Ⅱ　設問1について ………………………………………………… 23
  Ⅲ　設問2について ………………………………………………… 25
    1　訴訟類型選択と仮の救済　25
    2　仮の義務付けの要件の検討　26
  Ⅳ　設問3について ………………………………………………… 30

事例③ ────────────────────────── 34
  Ⅰ　はじめに ………………………………………………………… 40
  Ⅱ　設問1について ………………………………………………… 41
    1　公務員の懲戒処分に対する裁量審査の枠組み　41
    2　本問の解答　43
  Ⅲ　設問2について ………………………………………………… 46
    1　理由の差替えの許容性　46
    2　本問の解答　47

事例④ ─────────── 50
- I 本問の趣旨 ……………………………………… 56
- II 老人福祉施設に関する仕組み ……………… 57
- III 受託事業者選定通知の処分性（設問1）…… 58
  - 1 処分性の判断枠組み　58
  - 2 処分性否定のロジック　59
  - 3 処分性肯定のロジック？　60
- IV 施設廃止条例の処分性（設問2①）………… 61
  - 1 利用者の法的地位　61
  - 2 処分性否定のロジック？　63
  - 3 処分性肯定のロジック　64
- V 本案における違法事由（設問2②）………… 65

事例⑤ ─────────── 68
- I はじめに──準備的考察 ……………………… 72
  - 1 本問の趣旨　72
  - 2 給付行政の仕組み　73
- II 設問1について …………………………………… 76
  - 1 「処分性」　76
  - 2 最判平成15年　77
- III 設問2について …………………………………… 80
  - 1 共済組合の法的性格　80
  - 2 被告適格　80
- IV 設問3について …………………………………… 81
  - 1 返還請求書交付行為の法的性質　81
  - 2 強制徴収との関係　84

事例⑥ ─────────── 86
- I はじめに ………………………………………… 92
- II 設問1について …………………………………… 93
  - 1 行政行為の付款　93

2　本問の解答　94
　Ⅲ　設問2 について …………………………………………………………… 97
　　　1　既存業者の原告適格　97
　　　2　本問の解答　98

事例⑦ ─────────────────────────── 104
　Ⅰ　はじめに ………………………………………………………………… 110
　Ⅱ　設問1 について ………………………………………………………… 111
　　　1　取消訴訟の原告適格の判断枠組み　111
　　　2　本問の解答　112
　Ⅲ　設問2 について ………………………………………………………… 115
　　　1　事業の完了による取消訴訟の訴えの利益の消滅　115
　　　2　本問の解答　116

事例⑧ ─────────────────────────── 120
　Ⅰ　本問の趣旨 ……………………………………………………………… 124
　Ⅱ　墓地経営許可の仕組み ………………………………………………… 125
　Ⅲ　名宛人による申請型義務付け訴訟の提起（ 設問1 ）………………… 126
　Ⅳ　第三者による差止訴訟の訴訟要件（ 設問2① ）……………………… 127
　　　1　第三者の原告適格　127
　　　2　重大な損害　132
　Ⅴ　本案における違法事由（ 設問2② ）…………………………………… 133

事例⑨ ─────────────────────────── 138
　Ⅰ　はじめに ………………………………………………………………… 144
　Ⅱ　設問1 について ………………………………………………………… 145
　　　1　公表の法的性質　145
　　　2　本問の解答　146
　Ⅲ　設問2 について ………………………………………………………… 150
　　　1　差止訴訟の訴訟要件　150
　　　2　本問の解答　151

事例⑩ ─────────────────────────── 154
- I　本問の趣旨 ……………………………………………… 160
- II　地方公共団体相互間の関係調整（設問1）…………… 161
  - 1　司法型調整　161
  - 2　行政型調整　164
- III　議会と長の間の関係調整（設問2）…………………… 165
  - 1　紛争構造の把握　165
  - 2　実体的調整──住民投票条例の適法性　166
  - 3　手続的調整──再議手続　167
- IV　住民の地方公共団体への関与（設問3）……………… 168
  - 1　紛争構造の把握　168
  - 2　調整ルール──住民訴訟　169
  - 3　本件事案への当てはめ　171

事例⑪ ─────────────────────────── 174
- I　はじめに ………………………………………………… 180
- II　設問1 …………………………………………………… 181
  - 1　小問①について　181
  - 2　小問②について　184
- III　設問2 …………………………………………………… 185
  - 1　小問①について　185
  - 2　小問②について　188
- IV　おわりに ……………………………………………… 190

事例⑫ ─────────────────────────── 192
- I　はじめに ………………………………………………… 196
- II　設問1について
　　──非申請型義務付け訴訟の訴訟要件について ……… 197
  - 1　非申請型義務付け訴訟か申請型義務付け訴訟か　197
  - 2　非申請型義務付け訴訟の訴訟要件は充足しているか　198
- III　設問2について──規制権限不作為型国家賠償について …… 201
  - 1　不作為責任の成立要件　202

     2　本問の検討　204
　Ⅳ　むすびにかえて ……………………………………………………… 205

事例⑬ ──────────────────────────── 208
　Ⅰ　はじめに ……………………………………………………………… 214
　Ⅱ　設問1 について──営造物管理責任の検討 ………………… 215
     1　「設置管理の瑕疵」とは　216
     2　P公園の設置管理の瑕疵の有無　219
　Ⅲ　設問2 について──不利益処分の違法事由 ………………… 221
     1　指定管理者の指定取消と救済手段　221
     2　本件取消しの違法事由　222
　Ⅳ　おわりに ……………………………………………………………… 223

事例⑭ ──────────────────────────── 226
　Ⅰ　本問の趣旨 …………………………………………………………… 230
　Ⅱ　課税処分の法的仕組み ……………………………………………… 231
　Ⅲ　固定資産税の過大徴収に対する救済方法（設問1） ……… 233
     1　国家賠償請求　233
     2　要綱に基づく過誤納金返還請求　235
     3　処分の無効を前提とする不当利得返還請求　235
　Ⅳ　行政調査の法的統制（設問2） …………………………………… 237
     1　行政調査の実施の差止め　237
     2　行政調査の実体的違法　238
     3　行政調査の手続的違法　240
     4　調査義務違反の効果　241

事例⑮ ──────────────────────────── 244
　Ⅰ　はじめに──本問の趣旨 …………………………………………… 250
　Ⅱ　設問1 について ……………………………………………………… 251
     1　「国家補償の谷間」　251
     2　その他の問題　253
　Ⅲ　設問2 について ……………………………………………………… 255

1　本件処分の争い方　255
　　　2　大臣の認定と市町村長の決定　256
　　Ⅳ　設問3 について ……………………………………………………… 258
　　　1　情報の開示を求める手段　258
　　　2　安全性情報の活用——結びに代えて　261

事例⑯ ──────────────────────── 266
　　Ⅰ　はじめに——本問の趣旨 ………………………………………… 272
　　Ⅱ　設問1 について ……………………………………………………… 273
　　　1　訴訟類型の選択　273
　　　2　執行停止の可能性　275
　　Ⅲ　設問2 について ……………………………………………………… 277
　　　1　処理基準との関係　277
　　　2　宗教法人法の解釈から　279
　　Ⅳ　設問3 について ……………………………………………………… 280
　　Ⅴ　結びに代えて ……………………………………………………… 281

事例⑰ ──────────────────────── 288
　　Ⅰ　はじめに ……………………………………………………………… 298
　　Ⅱ　タクシー事業に関する法的しくみ ……………………………… 299
　　Ⅲ　設問1① をどのように考えるか ………………………………… 301
　　　1　Xが不服に感じていることは何か　301
　　　2　設問1① を考える道筋　302
　　　3　設問1① について——本件公示に対する取消訴訟について　303
　　　4　設問1① について——差止訴訟について　305
　　　5　設問1① について——確認訴訟について　309
　　Ⅳ　設問1② について ………………………………………………… 313
　　Ⅴ　設問2 について ……………………………………………………… 315
　　　1　本件処分基準の法的な性格　315
　　　2　本件停止処分の違法性　317
　　Ⅵ　むすびにかえて …………………………………………………… 318

事例⑱ ──────────────────────────── 320

- Ⅰ はじめに ……………………………………………………… 334
  1 本問の趣旨 334
  2 農地法が定める3種類の「許可」 335
- Ⅱ 設問1①について ……………………………………………… 336
  1 解答のポイント 336
  2 買受適格証明書の不交付決定の法的性質 336
  3 確認訴訟の活用か処分性の拡大か 338
- Ⅲ 設問1②について ……………………………………………… 340
  1 解答のポイント 340
  2 農地法3条1項に基づく許可に関する裁量 341
  3 「農地法関係事務処理要領」の法的性質・効果 343
- Ⅳ 設問2①について ……………………………………………… 344
  1 解答のポイント 344
  2 B市農業委員会の法的地位・権限 344
  3 申請権の保護 346
- Ⅴ 設問2②について ……………………………………………… 346
  1 解答のポイント 346
  2 Iの法的地位(原告適格) 347
  3 Eの法的地位(原告適格) 348
- Ⅵ おわりに ………………………………………………………… 348

事例⑲ ──────────────────────────── 350

- Ⅰ はじめに ………………………………………………………… 364
  1 入管法と行政法 364
  2 本問の趣旨 366
- Ⅱ 設問1 …………………………………………………………… 368
  1 退去強制・在留特別許可の仕組み 368
  2 設問1(1):直接型か,申請型か 371
  3 設問1(2):在留特別許可について 374
- Ⅲ 設問2 …………………………………………………………… 376
  1 退去強制と送還先の指定の関係 376

2　調和的な法解釈の必要性　378
　Ⅳ　おわりに …………………………………………………………… 380

事例⑳ ──────────────────────────── 384
　Ⅰ　本問の趣旨 ………………………………………………………… 398
　　1　設問1　398
　　2　設問2　399
　Ⅱ　法的仕組みと事実上の仕掛け …………………………………… 400
　　1　計画策定段階　400
　　2　計画実施段階　402
　Ⅲ　事業計画決定の取消訴訟 ………………………………………… 403
　　1　訴訟要件──X_2の原告適格　設問1①(1)　403
　　2　裁量統制のあり方　設問1①(2)　404
　Ⅳ　高規格堤防事業の争い方　設問1② …………………………… 407
　　1　国に対する民事差止訴訟　407
　　2　公金支出の差止めを求める住民訴訟　409
　　3　本件高規格堤防事業の違法確認訴訟　410
　Ⅴ　直接施行の通知・照会の取消訴訟と
　　　執行停止申立て　設問2① ……………………………………… 411
　　1　訴訟要件──処分性　411
　　2　執行停止申立て　411
　Ⅵ　収用委員会裁決に関する争訟 …………………………………… 414
　　1　損失補償に関わる事項　設問2②(1)　414
　　2　損失補償以外に関わる事項　設問2②(2)　415
　Ⅶ　おわりに …………………………………………………………… 417

凡　例

裁判例の表示
例／最大判昭和 58・10・7 民集 37 巻 8 号 1282 頁
* 最高裁の法廷名は，大法廷判決（決定）は「最大判（決）」として，小法廷については，単に「最判（決）」として示す。引用頁の表示は，その判例集の通し頁とする。

判決文・条文の引用
　判決文・条文を「　」で引用してある場合は，原則として原典どおりの表記とするが，以下の点を変更している。また，解説文中では「　」を用いて判決文・条文の趣旨を書いているものもある。なお「　」内の〔　〕表記は執筆者による注であることを表す。
● 漢数字は，成句や固有名詞などに使われているものを除き算用数字に改める。
● 漢字の旧字体は新字体に改める。
● 促音や拗音を表すひらがなは原文にかかわらず小書きとする。
● カタカナ表記で濁点・句読点の用いられていない判決文・条文について，執筆者によってひらがな表記に改められたものや濁点・句読点が補われているものがある。

法令名等の略語
　法令名等の略語は，以下に掲げるものを除き，原則として小社刊『六法全書』巻末掲載の「法令名略語」による。

判例集・判例評釈書誌等の略語
民(刑)録	大審院民(刑)事判決録
行録	行政裁判所判決録
民(刑)集	大審院民(刑)事判例集
	最高裁判所民(刑)事判例集
集民(刑)	最高裁判所裁判集民(刑)事
高民(刑)集	高等裁判所民(刑)事判例集
下民(刑)集	下級裁判所民(刑)事裁判例集
行集	行政事件裁判例集
裁時	裁判所時報
新聞	法律新聞

法律雑誌・判例評釈書誌等の略語

最判解民(刑)事篇平成(昭和)○年度	最高裁判所判例解説民(刑)事篇平成(昭和)○年度
金判	金融・商事判例
金法	金融法務事情
自研	自治研究
平成(昭和)○年度重判解	平成(昭和)○年度重要判例解説(ジュリスト□号)
ジュリ	(月刊)ジュリスト
曹時	法曹時報
セレクト○(法教□号別冊付録)	判例セレクト○(法学教室□号別冊付録)
判時	判例時報
判自	判例地方自治
判タ	判例タイムズ
判評(判時□号)	判例評論(判例時報□号添付)
法協	法学協会雑誌
法教	法学教室
法時	法律時報
法セ	法学セミナー
民商	民商法雑誌
リマークス	私法判例リマークス(法律時報別冊)
論ジュリ	(季刊)論究ジュリスト
論叢	法学論叢
憲法百選Ⅰ	長谷部恭男＝石川健治＝宍戸常寿編『憲法判例百選Ⅰ〔第6版〕』(有斐閣,2013年)
百選Ⅰ,Ⅱ	宇賀克也＝交告尚史＝山本隆司編『行政判例百選Ⅰ〔第6版〕』,『行政判例百選Ⅱ〔第6版〕』(有斐閣,2012年)〔本書内で言及する裁判例について掲載がある場合には,[百選Ⅰ-23事件]のように引用する〕
争点	髙木光＝宇賀克也編『行政法の争点』(有斐閣,2014年)
地方自治百選	磯部力＝小幡純子＝斎藤誠編『地方自治判例百選〔第4版〕』(有斐閣,2013年)
速判解	速報判例解説(9号まで)
Watch【○年○月】	新・判例解説Watch【○年○月】

文献の略語
《教科書・概説書》

阿部・解釈学Ⅰ	阿部泰隆『行政法解釈学Ⅰ』（有斐閣，2008年）
阿部・解釈学Ⅱ	阿部泰隆『行政法解釈学Ⅱ』（有斐閣，2009年）
宇賀・概説Ⅰ	宇賀克也『行政法概説Ⅰ〔第5版〕』（有斐閣，2013年）
宇賀・概説Ⅱ	宇賀克也『行政法概説Ⅱ〔第5版〕』（有斐閣，2015年）
宇賀・地方自治	宇賀克也『地方自治法概説〔第6版〕』（有斐閣，2015年）
大橋・行政法Ⅰ	大橋洋一『行政法Ⅰ〔第3版〕』（有斐閣，2016年）
大橋・行政法Ⅱ	大橋洋一『行政法Ⅱ〔第2版〕』（有斐閣，2015年）
小早川・行政法上	小早川光郎『行政法(上)』（弘文堂，1999年）
小早川・行政法下Ⅲ	小早川光郎『行政法講義(下)Ⅲ』（弘文堂，2007年）
櫻井＝橋本・行政法	櫻井敬子＝橋本博之『行政法〔第4版〕』（弘文堂，2013年）
塩野・行政法Ⅰ	塩野宏『行政法Ⅰ〔第6版〕』（有斐閣，2015年）
塩野・行政法Ⅱ	塩野宏『行政法Ⅱ〔第5版補訂版〕』（有斐閣，2013年）
塩野・行政法Ⅲ	塩野宏『行政法Ⅲ〔第4版〕』（有斐閣，2012年）
芝池・救済法講義	芝池義一『行政救済法講義〔第3版〕』（有斐閣，2006年）
芝池・読本	芝池義一『行政法読本〔第4版〕』（有斐閣，2016年）
芝池・総論講義	芝池義一『行政法総論講義〔第4版補訂版〕』（有斐閣，2006年）
曽和・総論を学ぶ	曽和俊文『行政法総論を学ぶ』（有斐閣，2014年）
髙橋・手続法	髙橋滋『行政手続法』（ぎょうせい，1996年）
田中・行政法上	田中二郎『新版行政法(上)〔全訂第2版〕』（弘文堂，1974年）
橋本・要説	橋本博之『要説行政訴訟』（弘文堂，2006年）
藤田・総論	藤田宙靖『行政法総論』（青林書院，2013年）
藤田・土地法	藤田宙靖『西ドイツの土地法と日本の土地法』（創文社，1988年）
山本・判例行政法	山本隆司『判例から探究する行政法』（有斐閣，2012年）
亘理＝北村編著・個別行政法	亘理格＝北村喜宣編著『重要判例とともに読み解く個別行政法』（有斐閣，2013年）

《講座》

新構想Ⅰ～Ⅲ	磯部力＝小早川光郎＝芝池義一編『行政法の新構想Ⅰ～Ⅲ』（有斐閣，Ⅰ2011年，Ⅱ2008年，Ⅲ2008年）

《法令解説・注釈書》

宇賀・個人情報	宇賀克也『個人情報保護法の逐条解説〔第4版〕』(有斐閣, 2013年)
宇賀・情報公開	宇賀克也『新・情報公開法の逐条解説〔第6版〕』(有斐閣, 2014年)
コンメ行訴・国賠	室井力=芝池義一=浜川清編著『コンメンタール行政法Ⅱ行政事件訴訟法・国家賠償法〔第2版〕』(日本評論社, 2006年)
条解行訴	南博方原編著, 髙橋滋=市村陽典=山本隆司編『条解行政事件訴訟法〔第4版〕』(弘文堂, 2014年)
入管法逐条解説	坂中英徳=齋藤利男『出入国管理及び難民認定法逐条解説〔改訂第4版〕』(日本加除出版, 2012年)
逐条予防接種法	厚生労働省健康局結核感染症課監修『逐条解説 予防接種法』(中央法規, 2013年)

《研究報告》

実務的研究	司法研修所編『改訂 行政事件訴訟の一般的問題に関する実務的研究』(法曹会, 2000年)
施行状況の検証	髙橋滋編『改正行訴法の施行状況の検証』(商事法務, 2013年)

《演習書》

大貫=宇佐見編著・事例別	大貫裕之=宇佐見方宏編著『事例別実務行政事件訴訟法』(弘文堂, 2014年)
曽和=金子編著・事例研究	曽和俊文=金子正史編著『事例研究行政法〔第2版〕』(日本評論社, 2011年)
中川ほか編著・公法系訴訟	中川丈久=斎藤浩=石井忠雄=鶴岡稔彦編著『公法系訴訟実務の基礎〔第2版〕』(弘文堂, 2011年)
橋本・解釈の基礎	橋本博之『行政法解釈の基礎』(日本評論社, 2013年)

執筆者紹介

北村和生（きたむら・かずお）
　立命館大学大学院法務研究科教授
　《執筆担当》事例①，事例⑪，事例⑫，事例⑬，事例⑰

深澤龍一郎（ふかさわ・りゅういちろう）
　九州大学大学院法学研究院教授
　《執筆担当》事例③，事例⑥，事例⑦，事例⑨，事例⑱

飯島淳子（いいじま・じゅんこ）
　東北大学法学部教授
　《執筆担当》事例④，事例⑧，事例⑩，事例⑭，事例⑳

磯部　哲（いそべ・てつ）
　慶應義塾大学大学院法務研究科教授
　《執筆担当》事例②，事例⑤，事例⑮，事例⑯，事例⑲

本書のコピー，スキャン，デジタル化等の無断複製は著作権法上での例外を除き禁じられています。本書を代行業者等の第三者に依頼してスキャンやデジタル化することは，たとえ個人や家庭内での利用でも著作権法違反です。

Rethinking Administrative Law
through Cases

第 1 部
標準編

1 地下水保護条例をめぐる紛争

以下の 事例 ,【資料1：Dの法律事務所の会議録】,【資料2：関係法令】を読んで 設問 に答えなさい。

事例

(1) Y村は，地下水に恵まれた村で，住民の多くが地下水を飲料水や家庭用水として使用している。しかし，近時，地下水の水位が低下する恐れがあることや，工業用や販売用といった従来とは異なる目的で地下水を利用する例が見られはじめたことから，Y村は，平成24年4月1日に地下水資源保護を図るため，「Y村地下水資源保護条例」（以下，「本件条例」と呼ぶ）を制定・施行した。本件条例は，地下水資源の保護を目的とし，新たに井戸を設置しようとするときは村長の許可を要すること（4条）や無許可で井戸を掘削した場合等は刑事罰を科すること（19条2項），許可を得た井戸の持ち主から井戸を譲り受けた場合には，届出を行えば従来どおり井戸を使い続けることができること（8条），さらに，附則による経過措置が定められた。

Aは，Y村で小規模な工場の用水と家事に使用するため井戸を所有していたが，当該井戸は，本件条例の施行前から存在していたので，本件条例附則2項により，平成24年5月にY村村長に井戸使用を届け出ていた。Aは，平成24年9月に，井戸を含む土地をXに売却した。Xは，不動産開発を手がけており，Y村外に所在する株式会社であったが，Y村の地下水をペットボトルに詰めて販売することを計画していた。そこで，Xは，本件条例8条3項に基づいて承継の届出を行おうと考え，承継届出書をY村村長に提出した。しかし，Y村村長は，「Xは，地下水の販売を計画していることから，地下水の用途がAとは異なっているので，承継届の対象とはならない」と考え，Xに対し，本件条例9条に基づいて変更の許可申請を行うよう指導し，いったん，承継届出書をXに返却した。しかし，Xは，Aの許可を承継したとして，新たな許可を申請することを拒否し，再び承継届出書を提出したが，Y村村長は承継届出書を返却した。Y村村長は，Xの井戸使用は本件条例に違反していると考えており，X

が地下水の利用を開始し，地下水の詰められたペットボトルを生産する計画を実行に移した場合，法的措置をとることも辞さないとしている。これに対してXは不安を感じており，訴訟による対応を検討している。

(2) Xは，Y村村長の指導を受け入れ，さらに変更の許可申請を行うこととした。本件条例に基づく変更の許可は，本件条例4条の許可と同じく，本件条例6条の基準によって判断される。Y村では，許可申請に関する行政手続条例上の審査基準を定めており，同審査基準によると，「既設井戸に支障を及ぼさないこと」の審査基準として，「既設の井戸から200m以上離れていること」と定められ，また，「井戸の所在する地域の自治会等が同意していること」との基準もあった。

XがAから購入した土地の井戸は，隣人Bの所有地にある井戸から180mしか離れていなかった。従来，Aが井戸を利用していても周辺の井戸に影響がなかったことから，Xは，本件条例6条1項(2)の「既設井戸に支障を及ぼさないこと」には適合すると考えていた。しかし，Bは，自らも地下水をペットボトルに詰めて販売することを計画していたこともあり，Xの変更許可申請を阻止しようと考え，自治会に働きかけたところ，自治会はXからの同意要請を拒否した。Xは自治会の同意書を得られなかったので同意書を添付せずに，許可申請を行った。Y村村長は，既設井戸から180mしかないことや，自治会の同意書がないことを理由にXの申請を却下する処分（以下「本件処分」と呼ぶ）を行った。Xは訴訟による対応を考え，Xの社長であるCは，Xの顧問弁護士である弁護士Dの事務所を訪れた。

【設問】

1　Xは，(1)の段階で，どのような訴訟を提起して争うことが適切と考えられるか検討せよ。なお，行政事件訴訟法に規定があるものに限る（仮の救済について検討する必要はない）。

2　Xは，(2)の段階で，本件処分に対して取消訴訟を提起した場合，本件処分の違法事由としてどのような主張を行うことが考えられるか。【資料1：Dの法律事務所の会議録】を参考にし，Y村の反論を考慮しながら検討せよ。なお，本件条例は国法と抵触しないものとする。

資料1：Dの法律事務所の会議録

C：これまでにもご相談しておりましたが，Y村村長からは地下水の利用許可申請を却下する本件処分がされました。これがその通知書です。

D弁護士：拝見します。本件処分の理由は2点で，既設井戸への影響と自治会の同意がないことですね。

C：はい。Bさんの井戸から180mしか離れていないのは事実なのですが，これまでAさんが利用していても特に周辺の井戸には影響はなかったと聞いています。

D弁護士：Xの工場が利用する地下水の量はAさんが利用していた水量とは異なるのでしょうか。

C：いいえ。わが社が計画している地下水をボトルに詰める工場はそれほど大規模なものではありませんし，Aさんも小規模とはいえ，工場で地下水を使っていたので，使用する水量にはあまり違いはありません。

D弁護士：自治会との話合いはもたれたのですか。

C：はい。しかし，私どもの会社がY村外の会社ということもありますし，また，Bさんが強硬に反対しているので，自治会の同意書を得ることは不可能と考えています。それに，本件条例には自治会の同意書というのは出てこないので，それでもこれを添付することが必要なのか疑問に思います。

D弁護士：Y村村長は，同意書については本件条例6条1項(5)に対応すると考えているようです。もちろんこのような考え方が妥当かどうかは検討すべきです。いずれにせよ，審査基準は事前に作成され公にされていますし，また，理由の提示という点でも，本件処分には手続的な瑕疵はないと考えられます。したがって，ここでは実体的な違法事由を検討することにしましょう。また，許可を求める義務付け訴訟を提起することも考えられますが，今回は本件処分の取消を求める取消訴訟を提起することとして検討しましょう。

C：それではよろしくお願いします。

資料2：関係法令

Y村地下水資源保護条例（本件条例）

（趣旨）
第1条　この条例は，本村の地下水資源の保護に資するため，地下水の採取に関し必要な事項を定めるものとする。

（定義）
第2条　この条例において，「井戸」とは，人力若しくは動力を用いて地下水を採取するための施設又は自噴井施設をいう。

（許可）
第4条　井戸を設置しようとする者は，村長の許可を受けなければならない。

（許可の基準）
第6条①　村長は，前条の申請が次の各号に掲げる基準のいずれにも適合していると認めるときでなければ，同条の許可をしてはならない。

(1) 他の水をもって代えることが困難なこと。
(2) 既設井戸に支障を及ぼさないこと。
(3) 地下水の合理的な利用に支障がないと認められること。
(4) 地下水を申請の用途に供することが必要かつ適当と認められること。
(5) 前各号に掲げるもののほか，村長が必要と認める事項

② 村長は，必要があると認めるときは，第4条の許可に条件を付することができる。

(承継)
第8条① 第4条の許可を受けた者からその許可に係る井戸を譲り受け，又は借り受けた者は，当該許可を受けた者の地位を承継する。
③ 前2項の規定により許可に基づく地位を承継した者は，その日から15日以内に，その旨を村長に届け出なければならない。

(変更の許可)
第9条 第4条の許可を受けた者は，当該許可に係る井戸の内容を変更しようとするときは，村長の許可を受けなければならない。

(罰則)
第19条② 次の各号のいずれかに該当する者は，20万円以下の罰金に処する。
(1) 第4条又は第9条の規定に違反して，村長の許可を受けずに井戸を設置し，又は井戸の内容を変更した者

(両罰規定)
第20条 法人の代表者又は法人若しくは人の代理人，使用人その他の従業者がその法人又は人の業務に関し，前条の違反行為をした場合は，その行為者を罰するほか，その法人又は人に対して同条の罰金刑を科する。

附　則
(経過措置)
② この条例施行の際，現に井戸を使用している者は，この条例施行後90日以内に村長に届け出なければならない。
③ 前項の規定により届け出た者は，第4条第1項の許可を受けたものとみなす。

Y村行政手続条例

(定義)
第2条 この条例において，次の各号に掲げる用語の意義は，当該各号に定めるところによる。
(7) 届出　行政庁に対し一定の事項の通知をする行為（申請に該当するものを除く。）であって，条例等により直接に当該通知が義務付けられているもの（自己の期待する一定の条例等の規定上の効果を発生させるためには当該通知をすべきこととされているものを含む。）をいう。

(届出)
第35条 届出が届出書の記載事項に不備がないこと，届出書に必要な書類が添付されていることその他の条例等に定められた届出の形式上の要件に適合している場合は，当該届出が条例等により当該届出の提出先とされている機関の事務所に到達したときに，当該届出をすべき手続上の義務が履行されたものとする。

● CHECK POINT

① 条例の適法性を争う訴訟形式
② 届出制度と行政訴訟による救済
③ 審査基準の法的な性格

● 解説

I　はじめに

　まず，設問1　は，届出制に関する訴訟手段を問う問題である。本問で，届出制に関する救済手段について出題したのは次のような理由である。第1に，本書では，一通り行政作用法と行政救済法を学習した方を対象とし，これらの基礎的な知識を基に，行政法上の問題を横断的に考えてもらうことを目的としている。そこで，第1問では，行政手続法と行政事件訴訟法を総合的に考えてもらう素材として，それぞれの知識が必要とされ，かつ，両者をリンクさせて考えなければ解答が得られない問題として届出制を出題した。第2に，届出制は，行政手続法の中では，条文も少ないせいか，他の行政手続（例えば，不利益処分手続）よりは，学習が及んでいないことが少なくない。行政手続法の学習では各手続の差異を理解することが重要であるが，本問では届出の特色をきちんと理解しているかがポイントとなる[1]。

　次に，設問2　は，手続的な瑕疵がないとの前提があることや，国法と条例との抵触がないことから，本件処分の実体的な違法のみを問う問題となっている。本問では，審査基準が定められ，当該審査基準にしたがって処分が行われた場合，処分の違法性をどのように判断すればよいかが問われている[2]。したがって，審査基準の法的性格はどのようなものかという点や，本件の処分（許

---

1) 本問で適用されるのは，形式的には行政手続条例だが（行手3条3項），後に見るとおり，実質的には行政手続法の場合と異ならない。
2) 地方公共団体の定める審査基準について，野口貴公美「自治体執行法務と審査基準・処分基準」ジュリ1387号（2009年）150頁。

可）の法的な性格を明らかにし，それを踏まえて解答する必要がある。

本問のモデルとした判決は，甲府地判平成 24・7・17 判例集未登載（平成 23 （ワ）526）だが，事案については変更を加えており，また，設問 2 については新たな内容である。

II　条例と行政訴訟

本問の意図としてはもう 1 つ，条例に関する争訟の整理という点がある。というのも，地方分権の進展により，各地域のニーズに適合した条例を作る動きが進み，様々な独自の条例が制定されている。本問のように，地下水資源や水源を保護する条例はその例の 1 つで，少なからぬ数の地方公共団体で水源保護等を目的とする条例が制定されている[3]。そして，これらに代表される独自条例が増加すると，訴訟で争われる事例も並行して増加する。そこで，このような事例に対応するため，条例に関して訴訟で争われる場合をやや類型化して理解を促すというのが本問のもう 1 つの意図である。もちろん，条例自体が多様であるため，紛争の類型も多様であり，以下の類型につきるわけではない[4]。あくまでも頭の整理としての類型化として理解してほしい。

① 　条例自体を争う訴訟類型　　第 1 に，条例自体を抗告訴訟で争う場合である。典型的な例が，条例制定行為の取消訴訟である[5]。あるいは，条例制定に対して事前に差止訴訟で争うという例も考えられる。これらの訴訟は抗告訴訟であることから，訴訟要件上は，条例の制定が「行政庁の処分その他公権力の行使に当たる行為」（行訴 3 条 2 項）と言えねばならない。処分性が肯定されることは，条例の抽象的な性格からそれほど見られるわけではなく，例外的な場合であることには留意しておくべきである[6]。

3） 水源保護条例に関する最高裁判例として，最判平成 16・12・24 民集 58 巻 9 号 2536 頁参照［百選 I-32 事件］。

4） 国家賠償訴訟のような金銭的な救済も考えられる。例えば，違憲な条例に関する国家賠償訴訟の例として，広島高判平成 23・10・28 判時 2144 号 91 頁。その他，住民訴訟（自治 242 条の 2）といった客観訴訟も考えうるが，本稿では触れない。

5） これらの他に，抗告訴訟としての条例そのものの違法確認訴訟や無効確認訴訟を考えることもできるし，条例の処分性が否定された場合の訴訟として，公法上の当事者訴訟としての違法確認訴訟も想定しうる。

このような第1の類型においては，本案での主張は，条例が法律と抵触する場合や，経済活動等への過剰な規制をかけるものであって違憲であるといった例が考えられる。

② 条例に基づく処分を争う訴訟類型　条例が許認可等の処分を行うことを予定している場合には，通常はそれらの行為を抗告訴訟で争うことになる。そうすると，抗告訴訟のいずれかの類型で争うことになるであろう（参照，行訴3条）。典型的な例は，条例に基づく処分の取消訴訟であるし，場合によっては差止訴訟等も考えられる。本案での主張は，①のように条例そのものに違法な点がある場合だけではなく，条例が定めた要件を充足していないのに処分がされたという場合のように，条例適用のレベルでの違法の主張が考えられる。

③ 条例に基づく具体的な法効果を争う訴訟類型（処分を除く）　具体的な法効果を生じる行為は②のように処分だけではない。例えば，契約による場合も考えられる。このような場合には，契約に関する訴訟として，条例が関係していても民事訴訟で争われることがある。例えば，水道供給契約の内容が条例で定められる場合，当該条例の定める契約内容が違法であるとして，民事訴訟で争われる場合である[7]。

また，契約や処分といった何らかの行為を介さずに条例に基づいて直ちに法効果が生じる場合や，条例に基づいて一定の行為が行われても，それらを抗告訴訟では争い難い場合（例えば，行政指導等の通常は処分性が認められない行為が介在する場合）も考えられる。このようなときにも，一定の場合には，それらの行為に関わる法効果を根拠として争うという類型が考えられる。例えば，条例に基づいて認められる法的な地位の確認の訴えを公法上の当事者訴訟として提起して争う場合や，条例に基づく行政指導に従う義務の不存在確認等の訴えが考えられる。③の類型では，本案での主張は②と同様に考えることができる。

以上のような条例に関する訴訟の類型は，法規命令等の抽象的な行政活動に関する紛争について応用することができる。

---

[6] 条例の処分性が肯定された例として，最判平成21・11・26民集63巻9号2124頁〔横浜市保育所廃止・民営化事件〕〔百選Ⅱ-211事件〕が見られる。

[7] 参照，最判平成18・7・14民集60巻6号2369頁〔旧高根町給水条例事件〕〔百選Ⅱ-162事件〕。原審判決は，条例の処分性を肯定し抗告訴訟を認めたが，最高裁は，条例の処分性を認めず，民事訴訟として扱った。

Ⅲ 設問1 について

設問1 の検討を行うが，はじめに，本件条例のしくみを確認しておこう。行政法の事例問題を考える上では，法律であっても条例であっても，それがどのような法制度となっているのかを（答案用紙上に全面的に展開するかどうかは別として）はじめに確認しておくことは重要である。

1 本件条例と届出制度

(1) 本件条例の法的しくみ

本件条例の目的は，「地下水資源の保護」（1条）であり，そのために地下水を利用する井戸を設置するときには村長による許可が必要とされる。許可の法的な性格についてはⅣでも触れるが，少なくとも行政処分の一種であると考えてよい。井戸の用途等を変更するときは，変更の許可が必要であり（9条），この場合の許可要件は新規の許可と同じ基準で判断される（事例参照）。一方，既に許可を得ている者から井戸を譲り受けた場合には新たな許可は不要であり，届出のみでよいとされ（8条3項），本件条例制定前から存在している井戸に対しても，新たな許可を受けることなく届出を行えばよい（附則2項）。さらに，無許可での井戸設置や用途変更には，刑事罰が科せられる（19条・20条）。

また，届出にせよ許可にせよ，手続は行政手続条例により規制される。本件条例は独自条例であり，行政手続法の適用除外にあたるからである（行手3条3項）。ただ，Y村の行政手続条例と行政手続法に実質的な違いはなく，以下，行政手続については行政手続法と区別せずに解説する。

(2) 届出制度と訴訟

次に，設問1 との関係で，届出制度と訴訟について確認しておこう[8]。制定法上，届出という制度がとられていることは少なくない。届出自体は，法令で定められた書面を役所の担当部署に提出する行為であるが，その法的性質は2つに分けることができる[9]。1つは，情報収集としての性質である。行政が情報収集をするために届出義務を課し，事実や報告書を提出させる場合がこれ

---

8) 詳細は，稲葉一将「届出制の法理」争点74頁。
9) 参照，芝池・読本200頁以下。

にあたる。もう1つは，届出をすることによって一定の法効果が生じる場合である。後者の場合は，実質的には許可制に近い性質を有することもある。届出をすることによって，例えば，本件条例のように，地下水を適法に利用することができるという法効果が発生するからである。

このように，届出には実質的には許可と近い性質を持つものもあるが，行政手続法や行政訴訟との関係でいえば許可とは制度的に異なる。それは，許可は「当該行為に対して行政庁が諾否の応答をすべきこととされている」（行手2条3号）ことから，申請が不適法である場合には申請却下処分や不許可処分という応答がなされ[10]，これらの処分を取消訴訟で争うことができる。しかし，届出は性質上応答が義務づけられていないため，取消訴訟で争う対象となる，応答にあたる行為が存在しない。また，届出に伴って何らかの行為（例えば，届出がされたことを示す書面の交付）が行われても，それらには，多くの場合，処分性はないとされる。行政手続法に見られるとおり，届出はそれが行われた段階で届出の義務が履行され法的な効果が発生するのであり，届出に伴う何らかの行為によって法的な効果が生じるのではないからである。

もちろん，現在の判例には，届出制度がとられている場合であっても，本来は処分性が肯定されない行為を応答にあたる行政処分として，抗告訴訟の提起を認めることはある。例えば，食品衛生法に基づく届出に対して行われる食品衛生法違反通知に処分性を認めた判例[11] や，あるいは，店舗型性風俗特殊営業の届出があったことを示す届出確認書の交付（風俗27条4項）に処分性を肯定した裁判例も見られる[12]。しかし，これらの事例はあくまでも，それぞれの法的しくみの性質から処分性が肯定された場合であり，一般化できるわけではない。

そうすると，届出制が採用されている場合，届出をした者は届出をしたのだから届出に伴う法効果は生じると考え，一方，届出を受けた行政側は，届出は不適法だから届出に伴う法効果は発生していないと考えた場合，どのような訴訟で争うことになるのであろうか。行政側が届出を不適法と考えた理由が，単

---

10) あるいは補正が求められることも考えられる（行手7条参照）。
11) 最判平成16・4・26民集58巻4号989頁〔冷凍スモークマグロ食品衛生法違反通知事件〕。なお，同判決の「届出」につき，山本・判例行政法331頁参照。
12) 参照，福岡地判平成20・2・25判例集未登載（平成18(行ウ)42）。

に記載事項が一部抜けているといった形式的なものであれば，届出書の訂正を求めることになろうが，本問のように実体的な法解釈に関わる場合は，裁判所の判断を求めたいということもありえ，適切な救済手段を考える必要がある。

　このとき，とるべき選択肢は3つ考えられる。第1は，届出を適法と考える私人は何もせず当該届出を適法と考えて行動するという選択肢である。この場合，本件条例のように，刑事罰が予定されていれば，刑事事件になることがありえ，刑事訴訟で届出の適法性を争うこととなる。ただ，通常，刑事訴訟で争うというのは一般人にとってハードルが高いので，事前に予防的に争うことを考えるべきであろう。第2が，届出が適法かどうかを審査する行政の行為を想定し，例えば，届出を不適法とする行政の判断は「不受理処分」という行政処分であるとして，抗告訴訟の対象とするという考え方である[13]。このような選択肢には，「当該届出は違法である」という行政の判断を直接争うという意味で，一定の合理性がある。ただ，現在の行政手続法の考え方とは適合しないであろう[14]。というのも，現代の行政手続法制の下では，届出を受理するという考え方をとっていないとされ，また，届出は（もちろん「適法な」という前提はつくが）事務所に到達した段階で効力を生じるとされているからで，行政が「受理」をすることによって法効果が生じるのではないからである[15]。第3に考えられるのは，届出が行われ，予定されている法効果が発生していることを前提とした訴訟で争うことである[16]。どのような訴訟かというと，届出制度の具体的な内容によって異なるのであろうが，届出義務を履行した（したがって，届出によって生じる法効果が生じる）ことの確認を求める確認の訴えや，あるいは，届出によって生じる法効果の存在の確認を求めることが考えられる。訴訟法上は，行訴法4条に基づく公法上の当事者訴訟としての確認の訴えの一種と考えることが一般的であろう[17]。

---

13) 例えば，行政手続法制定以前の判決だが，宇都宮地判平成3・2・28行集42巻2号355頁。
14) 例えば，名古屋地判平成13・8・29判タ1074号294頁が，届出を受理しない行為の取消訴訟を不適法としている。
15) もちろん，個別法が特別な定めをしている場合は別である。例えば，大気汚染防止法6条の届出に関して，芝池・読本201頁参照。
16) 塩野・行政法Ⅰ341頁。「届出をした者の地位にあることの確認を求める訴え」を適法とした例として，東京地判平成13・12・27判例集未登載（平成13(行ウ)179）参照。
17) 確認訴訟について，塩野・行政法Ⅱ260頁以下参照。

2 本問の解答

前置きが長くなってしまったが，ここまでの理解があれば 設問1 の解答は容易である。本件条例は，地下水の利用については許可制を採用しているが，Xについては，承継の届出が問題となっており，Y村とXとで，届出が適法に行われたかどうかに関わる紛争類型であるという点から考えることになる。

適切な訴訟について考えることとなる場合，通常は抗告訴訟の可否から考えることになるであろう。本問では，まず条例自体に処分性が肯定されるような例外的な事情はないと考えてよい。そして，届出制がとられている以上，Ⅲ 1 (2)で見たような処分にあたる行為がある場合ではなく，届出に対する応答行為と構成することができる行為も見られない。そうすると，上記Ⅱで見た③の「条例に基づく具体的な法効果を争う訴訟類型」に該当するケースであることがわかる。したがって，届出によって生じている（はずの）法効果の存在を前提として，「地下水の採取を行うことのできる地位」の確認を求める訴えを公法上の当事者訴訟として提起すると考えられる[18]。確認訴訟の確認対象にはいくつかのバリエーションが考えられるが，その他，変更許可を申請する義務の不存在確認の訴えという類型も考えられるかもしれない。いずれにせよ，「条例に基づく具体的な法効果を争う訴訟類型」として争うことができる場合である。

解答としては，本件条例のしくみとそれが届出制であることを指摘し，上記のような確認の訴えを適切とすることになる。ただし，さらに，続けて確認の利益の存在を検討する必要がある。確認対象については上記のように考えられるし，また，上で見たように抗告訴訟等の他の訴訟を考えることもできないので，他の訴訟手段も考えられない。さらに，Xとしては，行政側の見解が正しいとすれば，無許可の地下水利用として，刑事罰を科せられる不安があり，その不安を除去するために，確認の利益が認められるとの結論を導くことができる。

Ⅳ 設問2 について

設問2 は変更許可申請の拒否についての実体的な違法のみを問う問題であ

---

[18] モデルとした判決はこのタイプの訴訟で争われている。なお，モデルとした事件は民事訴訟として争われているが，本問では当事者訴訟として考えてよい。

る。訴訟類型を問う問題ではないが，条例をめぐる紛争の類型としては上記のⅡ②にあたる。本問では，手続的な瑕疵がないとの前提があるので，本件処分に付された理由について，実体的な違法性はないのかという観点から1つずつつぶしていくこととなる。したがって，論じるべきポイントは以下の2つである。

(1) **距離制限の基準との関係をどのように考えるか**

Xの井戸は既設のBの井戸から180mの位置にあり，既設の井戸から200m以上離れていることという審査基準との関係をどのように考えるかが問題である。本件処分は審査基準を当てはめると妥当な解釈であるが，これに対してXの立場からはどのような主張ができるだろうか。まず，本件条例は「既設井戸に支障を及ぼさないこと」（6条1項(2)）を要件としていることから，距離制限を規定すること自体はそれほど不合理なことではなく，適法と考えてよいであろう[19]。しかし，審査基準が適法であるとしても，これを機械的に適用することが常に適法となるわけではない[20]。審査基準は，法令ではないからである。したがって，本件条例の規定に戻って考えることとなる。本件の場合，条例が規定する「既設井戸に支障を及ぼさないこと」という基準であれば，これまでAも井戸を使用していたのであり，それで特に支障が生じていなかったことを考慮すべきであろう。もちろん，XとAとでは井戸の使用目的が異なるが，目的は異なっても，使用する地下水の量は同じである以上，本件条例の「既設井戸に支障を及ぼさないこと」という要件は充足していると考えるべきであり，Y村村長はそのような点を考慮せずに，本件処分を行ったものであり，本件処分は違法である。

Xの立場からは以上のように考えるべきであろう。

(2) **自治会等の同意を要求する基準をどのように考えるか**

「井戸の所在する地域の自治会等が同意していること」との基準についてであるが，まず，同基準が，審査基準として本件処分の要件とされるかどうかである。本件条例6条1項(5)は「前各号に掲げるもののほか，村長が必要と認め

---

[19] 新たに井戸を掘削すると既存井戸に影響が見られ訴訟で争われることがある。例えば，東京高判平成24・5・9判時2159号63頁。
[20] 参照，宇賀・概説Ⅰ 287-289頁，深澤龍一郎「行政基準」法教373号（2011年）17頁以下。その他，個別事情の審査について，阿部・解釈学Ⅰ 393頁以下。

る事項」を処分の要件としており，申請者に対してどのような事項を要求するかにつき，村長に一定の裁量を与えていると考えてよいであろう。しかしながら，裁量が与えられているのだとしても，本件条例の趣旨目的に反する処分をすれば違法である。本件条例の目的は第1条にあるとおり，「地下水資源の保護」である。近隣自治会の同意を要求することが，「地下水資源の保護」を考える上での一要素となることはありうるのかもしれない（近隣の住民は当該地域の地下水の状況を容易に把握できる立場にいるため）。しかし，本件でBらが反対したのは，「地下水資源の保護」のためではなく，自らの計画する事業の競争相手の出現を恐れたからである。このような理由での自治会の反対を考慮することは，たとえ最後に見るように，本件処分の要件に裁量が広く認められるとの立場を採用するとしても，本件条例の目的に適合するということはできず，違法とせざるを得ない。

　仮に，同基準によって同意を求めることが，単なる行政指導として行われるのであれば，必ずしも違法と言うことはできない。この場合には，同基準は問題文にあるような審査基準ではなく行政指導の基準として理解されることになる。そう理解できるなら，Y村村長が，Xに対して自治会の同意を得るよう求めたこと自体は適法な行政指導であり，それ自体は違法ではない。しかし，行政指導として適法であるとしても，同意書の有無を本件処分の要件とすることはできないのであるから，自治会の同意書を処分の根拠とする本件処分は違法となるという結論に違いはない。

　本問での検討すべき点は，以上の通りである。なお，本問については，次のような点を考える余地がある。上記の検討では，本件条例による許可の法的性格を明示していないが，本件条例の許可の法的性格は講学上の「許可」ではなく，地下水という資源の利用権を特定の私人に与えるという，講学上の「特許」的な性格を有し，広範な裁量が認められるとする考え方もありうる。確かに，本件条例の規定からはそのように考えることは不可能ではないが，仮に広範な裁量が認められるとの立場を採用するとしても，上で見たように，本件条例の目的に適合しない点を考慮しているのであれば，違法と考えざるを得ないであろう。また， 事例 からは明確ではないので触れる必要はないが，村外の者によるペットボトル工場の建設をY村村長が排除しようとする意図があったのであれば，権限濫用により違法と考えることは一層たやすくなるであろう。

V おわりに

　本問は，第１問でもあり，問題のレベルは基礎的なところに設定し，あまり混乱するような出題ではない。また，論点も典型的なものである。法科大学院生であれば，充分に解答ができるレベルである。また，出題形式も，設問１ で救済手段を問い，設問２ においては実体的な違法性を問うという，司法試験にも見られるオーソドックスな出題形式である。もっとも，読者のほとんどは本問で題材とした条例をはじめて見たと思われる。行政法の事例型問題の場合には，法律でも条例でも学生にとってはじめて見るものが出題されることが少なくなく，限られた時間で，初見の個別法や条例の法的なしくみを把握することも必要である。

■ 関連問題

　XはY市に引っ越し，転入届を提出（住民台帳12条）しようとしたところ，Xがかつて犯罪組織に関係があったことから，Y市市長は，Xには転入してほしくないと考え，Xの転入届の受理を拒否した。このため，Xは，Y市に住民票がない状態となってしまい，住民票を前提とする様々な行政サービスを受けられないだけではなく，選挙人名簿にも記載されず選挙権行使が妨げられるという不利益を受けている（公選15条）。そこで，Xは，訴訟で，転入届の受理拒否を争うことを考えているが，どのような訴訟で争うことが適切と考えられるか（行政事件訴訟法に規定されているものに限る）。

　　　　COMMENT　本問も届出に関する紛争であるが，事例 の問題と異なり，いくつかの判例（例えば，最判平成15・6・26判時1831号94頁［地方自治百選15事件］。塩野・行政法Ⅰ340頁参照）で，救済手段は明らかにされている。これらの判例に即して，考えてもらいたい。その他，中川丈久「行政訴訟としての『確認訴訟』の可能性」民商130巻6号（2004年）987頁も参照。

2　公の施設の利用許可をめぐる紛争

以下の 事例 ,【資料1：AとBの法律事務所の会議録】,【資料2：関係法令】を読んで, 設問 に答えなさい。

事例

　αホールは，O県O市により設置された公の施設（自治244条）である。同ホールの設置及び管理等に関するαホール条例（以下「条例」という）の定めに従い，所定の手続を経て指定された財団法人Rが，指定管理者（自治244条の2第3項）としてαホールを管理し，使用許可等の市長の権限を行使している（平成18年4月以降）。

　音楽舞踊集団Cは，T国と日本の友好親善等を目的として，日本国内を中心として民族舞踊，声楽等の公演活動を行ってきた団体である。Cの「O市公演実行委員会」を代表する委員長Xは，平成28年8月29日付けで，Rに対し，使用日を同年12月29日，使用時間を午前9時から午後22時まで（全日）としてαホールの使用許可を申請した。

　これに対し，Rは，同年9月24日付けで，条例3条3号に基づき，Xの申請を拒否する処分をした（以下「本件処分」という）。その理由欄には，次のように書かれていた。

　Cの公演に対する昨年来の抗議活動の状況その他の諸般の情勢を踏まえると，公演を実施した場合に，長期間にわたる街宣活動等により，ビルのテナント等に営業的損失を生じさせるおそれが十分に予測される。また，ホール周辺の交通状態の混乱等により，ホールを利用される他の利用者に多大な迷惑を被らせるだけでなく，市民にも不安感を与えることが考えられる。こうした状況を踏まえ利用者の安心・安全の確保を考え，ホールの管理に支障を及ぼすと認められる。

　Xとしては，CがO市での活動を開始した記念すべき予定期日に，O市公演

を実現させたいと強く願っている。そこで，同年10月12日，Xは弁護士AとBの事務所を相談に訪れた。

【設問】

1　Xは，本件処分について，誰に対してどのような不服申立て手続をとることができるか。
2　Xが，本件処分に対して行政事件訴訟法による救済を求めるためには，どのような手続を用いて，どのような主張をすべきか。
3　行政訴訟で争っている間に公演予定日を過ぎてしまったとする。損害賠償請求への訴えの変更は可能か。

資料1：AとBの法律事務所の会議録

X：（一連の経緯を説明したうえで，）私自身もO市の住民ですが，私たち音楽舞踊集団Cは，O市において長く活動しており，最近では平成16年，18年，20年，24年にαホールで，平成22年，26年にはO市民会館でそれぞれ公演を行ってきました。今回も，1000〜1500人規模で公演を実施する予定だったところ，まさかの不許可処分を受けてしまったので，慌ててO市民会館に問い合わせましたが，既に予約が入っていて使用不能でした。

A弁護士：O市には，他にも多人数を収容できる施設はありますよね。β体育館などではだめなのですか？

X：もちろん検討しました！　β体育館だけでなく，県営γ体育館や武道館などにも必死に問い合わせましたが，これらの施設には照明設備，仕切り幕，音響装置等々の舞台設備がなく，その設備を持ち込むとなると多額の費用がかかるので我々では不可能です。αホールが使用できないとなれば，公演の実施は断念せざるを得ません。

B弁護士：昨年秋のお隣K市での公演では，右翼団体による抗議活動があったとうかがいましたが？

X：その通りです。K市公演では，会場であるK市民会館周辺の道路で，右翼団体等が街宣車を10台ほど走らせて公演の中止を求める抗議活動を行いました。O県警察はこの妨害行為を取り締まるため機動隊員約250人態勢で警戒に当たり，街宣車の交通誘導等をして下さったのですが，これに従わない一部の構成員らと警官がもみ合いになり，公務執行妨害の事実で4人が現行犯逮捕されたのでした。もっとも，全体としては大きな混乱もなく公演自体は予定通りに行うことができましたし，この時点をピークに抗議行動は落ち着いてきた感があります。

A弁護士：今回のαホールでの公演についても，何らかの手立ては打っていたのです

か？
X：もちろんです。今回も同様の妨害行為がほぼ確実に予想されることから，実行委員会としても対策を講じるとともに，O東警察署に出向いて警備を要請する予定でした。
B弁護士：ほぼ確実に予想されるとおっしゃいますが，具体的な根拠があるのですか？
X：前ほどではないのですが，断続的に抗議活動は行われ続けています。たとえば，今年2月8日にはM県の市民会館で公演を行ったのですが，右翼団体が公演の中止を求めて周辺道路で大音量を流しながら街宣車数台を走行させたため，周囲の方々にも騒音でご迷惑をおかけしました。M県警察が180人態勢で同市民会館の駐車場入口に車止めを設置し，会場に通じる路地を通行止めにするなどの警備態勢をとって下さったことで，当日は大きな混乱もなく，無事に公演は終了できました。
A弁護士：なるほど，そういうことですか。適切な対策をとっておけば混乱は回避できそうですが，なぜRは不許可にしたのでしょうねぇ。
B弁護士：本件処分の理由付記を見ると，αホールは複合施設ビルのテナントの1つなので，他のテナントへの営業上の支障にも配慮しているように思われますね。
A弁護士：分かりました。そうした事情も踏まえて，何とか予定の期日に公演を実施できるよう，本件処分の違法性を争う法的手立てを考えてみましょう。行政事件訴訟法の定める手段を活用するほか，地方自治法には公の施設利用権に関する処分についての不服申立てに関する規定がありますので（自治244条の4），そちらを活用する途もあるでしょうね。

■ 資料2：関係法令

O市αホール条例

（目的及び設置）
第1条　地域文化の向上を図るため，芸術鑑賞と文化活動の拠点として，O市○○区○○町●丁目にαホール（以下「ホール」という。）を設置する。
（指定管理者の指定等）
第1条の2　市長は，地方自治法（昭和22年法律第67号）第244条の2第3項の規定により，ホールの管理運営に関する業務のうち，次に掲げるものを行わせるため，財団法人Rの申請に基づき，同法人を指定管理者として指定するものとする。
(1)　ホールの使用の許可に関する業務
(2)　ホールの施設及び設備の維持管理に関する業務
(3)　その他ホールの管理運営上市長が必要と認める業務
第1条の4　指定管理者は，指定が効力を有する間，第2条，第3条，第5条及び第8条から第10条までに規定する市長の権限を指定管理者の名において行うものとする。
（使用の許可）
第2条①　ホールを使用しようとする者は，市長の許可を受けなければならない。許可に係る事項を変更しようとするときも，同

様とする。
② 市長は，前項の許可をする場合において，ホールの管理上必要があると認めるときは，条件を付することができる。
（使用許可の制限）
第3条　市長は，次の各号のいずれかに該当するときは，ホールの使用を許可しない。

(1)　公の秩序又は善良な風俗を害するおそれがあるとき。
(2)　ホールの施設及び附属設備をき損し，又は滅失するおそれがあるとき。
(3)　その他ホールの管理上支障があるとき。

●CHECK POINT

① 公の施設の使用許可と裁量の有無
② 行政不服申立てと取消訴訟の関係
③ 仮の義務付けの要件
④ 指定管理者制度と「公権力の行使」に関する国家賠償責任

●解説

I　はじめに――準備的考察

1　本問の趣旨

　平成 16 年の行訴法改正では，義務付け訴訟・差止め訴訟の法定と並行して，「仮の義務付け，仮の差止めの制度の新設」が実現した。前者は「救済範囲の拡大」，後者は「本案判決前における仮の救済制度の整備」に関する改革の成果である。新設された仮の義務付け及び仮の差止めの申立制度をめぐっては，具体例とともにその存在意義を正確に理解し，申立ての趣旨及び理由を具体的事案に即して考察するスキルを身につける必要がある。さらに余力があれば，その審理手続の特徴（疎明，口頭弁論の要否，即時抗告等）についても学んでおくとよいであろう。

　今回の事例は，市の設置する公の施設であるホールの使用許可を求める仮の義務付けの申立てを認容した，岡山地決平成 19・10・15 判時 1994 号 26 頁を下敷きとしているが，事実関係等については一部改変をしている[1)2)]。以下では，事案の検討に入る前に，事件の舞台となった a ホール＝「公の施設」及び本件処分をした R＝「指定管理者」に関する法制度を確認しておこう。

---

1)　実際の事案では，不許可処分後にも妨害活動が活発であったが，使用料の納付を条件に仮の義務付けが命じられた。報道によれば，「公演当日，……数団体が会場周辺を街宣車で回り騒ぎ立てたが，数百人の警官隊と市役所職員……による警備で，大きな混乱もなく」実施されたようである（朝鮮新報 2007 年 11 月 22 日）。

2 公の施設

「公の施設」とは,「住民の福祉を増進する目的をもってその利用に供するための施設」(自治244条1項)であり,地方公共団体が設置する公園,公立学校,図書館,道路,駐輪場,保育園,児童館,公会堂,市民会館等をイメージすればよい。公の施設の設置,管理,廃止は地方公共団体の長の権限である(同149条7号)が,長の専権ではなく,公の施設の設置・管理(使用を含む)に関する事項は条例で定めることとされるほか,「法律又はこれに基づく政令に特別の定めがある」場合にはその規律に従う(同244条の2第1項)。教育委員会の所管に属する学校その他の教育機関の設置,管理及び廃止であれば,教育委員会の権限(教育行政21条1号)である。道路は路線の認定(道7条・8条)によるほか,公民館(社教24条),保護施設(生活保護40条4項),都市公園(都園18条),公共下水道(下水道25条)等は,個別法が直接に条例による設置・管理を規定する例である。公の施設に関する法の定めは,このように重畳的であることが少なくない。

そして,「住民は,法律の定めるところにより,その属する普通地方公共団体の役務の提供をひとしく受ける権利を有」するが(自治10条2項),地方自治法は,とくに公の施設について,正当な理由がない限り住民の利用を拒んではならず,また,その利用について不当な差別的取扱いをしてはならないことを明記しており(同244条2項・3項),公の施設の本来の供用目的に沿った利用権を強く保護しているといってよい。

他方,公の施設を構成する物的要素(敷地や建物等)は,住民の一般的共同利用,すなわち「公共の用に供する」ことを本来の目的とする公有財産であって,「公用」目的の庁舎等と並んで,地方自治法上の「行政財産」に当たる(同238条4項)。行政財産は,「その用途又は目的を妨げない限度において」であれば,本来の供用目的以外であっても「使用を許可することができ」(いわ

---

2) その他の仮の義務付け事案としては,徳島地決平成17・6・7判自270号48頁(幼稚園就園,認容),東京地決平成18・1・25判時1931号10頁(保育園入園,認容),那覇地決平成21・12・22判タ1324号87頁/福岡高那覇支決平成22・3・19判タ1324号84頁(生活保護,認容),名古屋地決平成22・11・8判タ1358号94頁(運賃認可,認容),和歌山地決平成23・9・26判タ1372号92頁/大阪高決平成23・11・21判例集未登録(平成23(行ス)35)(障害者自立支援法による介護給付費支給,認容→却下)などがある。

ゆる目的外使用許可），他方，「公用若しくは公共用に供するため必要を生じたとき」などには，「その許可を取り消すことができる」（同238条の4第7項・9項）。この点で確認しておくべきは，行政裁量の箇所で学ぶ，学校施設の目的外使用許可に関する最判平成18・2・7民集60巻2号401頁［百選Ⅰ-77事件］である。最高裁は，道路や公民館等の「一般公衆の共同使用に供することを主たる目的とする」施設と異なり，学校施設は「本来学校教育の目的に使用すべきものとして設置され，それ以外の目的に使用することを基本的に制限されている」（学校施設令1条・3条）との解釈から，学校施設の目的外使用を許可するか否かの判断は，「原則として，管理者の裁量にゆだねられている」とした。そして，「学校教育上支障があれば使用を許可することができないことは明らかである」（この判断部分においても，一定の要件裁量を認める趣旨のようである[3]）が，「そのような支障がないからといって当然に許可しなくてはならないものではなく，行政財産である学校施設の目的及び用途と目的外使用の目的，態様等との関係に配慮した合理的な裁量判断により使用許可をしないこともできる」と述べ，効果裁量をも認めている。

以上要するに，行政財産である公の施設の管理法制においては，法令や条例の定める公の施設の本来的な供用目的の範囲内での利用か，目的外使用許可に基づく利用かにより，「適用される法制度および利用利益の要保護性を区別する」[4]のが現行法の立場といえるのであって，公の施設の利用関係をめぐる事例を検討するに当たっては，この点にまず留意しておく必要がある。今回の事例は，設置管理条例以外の特別の法令の定めはなく，また，表現活動や集会のための使用を本来の目的としている公の施設について，端的に使用許可権限行使の適法性を問題とすればよいので，比較的シンプルな事案といえる。

3 指定管理者

本件処分を行ったのは，財団法人Rという「指定管理者」である。公の施設の管理については，地方公共団体が直営するほか，公物管理権のうち地方公共団体の出資法人等に限定して業務委託のみを認める管理委託制度もあったが，平成15年の地方自治法改正によって指定管理者制度に代替された（自治244

---

[3] 川神裕「判解」最判解民事篇平成18年度(上)206頁〔220頁〕。
[4] 山本・判例行政法223頁。

条の2第3項〜11項)。これは，民間事業者を含む「法人その他の団体」を一定の手続を経て指定管理者に指定して公の施設の管理を行わせるものであり，また，条例により指定管理者に使用許可権限を付与するなどの権限委託を行うことを認めるものである（ただし，使用料の強制徴収，不服申立てに対する決定，行政財産の目的外使用等，法令により地方公共団体の長等のみが行うことができる権限は，指定管理者に行わせることはできない）。

なお，本件処分が「申請に対する処分」であることは疑いがないが，行政処分を行う権限を有する者を「行政庁」というのであるから（行手2条2号参照），民間の一法人であるRが，この場合の行政庁に当たることになる。国又は地方公共団体の機関に限らず，このように民法上の法人が行政庁に該当する場合はしばしばある（たとえば，いわゆる「菊田医師事件」では，旧社団法人，現在公益社団法人である宮城県医師会が被告行政庁であった。参照，最判昭和63・6・17判時1289号39頁［百選Ⅰ-93事件］)。それでは，Rの本件処分に対する救済方法の検討に移ろう。

Ⅱ 設問1 について

本件処分が「処分」である以上，それに対する不服申立てについては，行政上の不服申立ての一般法である行政不服審査法の適用がある（行審1条2項）。同法は平成26年に大きく改正されているので，少し整理しておこう。

改正前の行審法は，審査請求中心主義を採用し，原則的には，処分庁に上級行政庁があるときは審査請求，上級行政庁が存在しない場合等に限って異議申立てができるという割り振りをしていた（旧行審5条・6条）。これに対して，改正後の行審法は，不服申立類型を「審査請求」に原則一元化することとし（異議申立てという不服申立類型は廃止），かつ，審理手続が原則として一段階になることを踏まえて，審査請求をすべき行政庁を4条で定めることとした（同条1号〜4号参照）。そして，不服申立類型の審査請求への原則一元化の例外として，個別法により，処分庁に対する「再調査の請求」を定めることを許容している（同5条1項）。旧異議申立てのように，処分内容を熟知している処分庁が審査請求よりも簡易な手続により処分を見直すことは，より迅速に国民の権利利益の救済を図り，同時に審査庁の負担軽減に資することが期待されるから

である。再調査の請求と審査請求は選択制であり、審査請求を選択した場合は再調査の請求はできなくなること（同項）、再調査の請求を選択した場合は、それに対する決定を経た後でなければ原則として審査請求をすることができないこと（同条2項）などを、再調査の請求における準用規定（同61条）の範囲等とともに確認しておこう。なお、再審査請求については、審査請求の手続保障の強化により不要になると考えられるものは廃止され、専門的な第三者機関の審査を受けたり、全国的な統一性を確保したりするなど、特別な意義のあるものは存置されることとなった[5]（同6条1項）。

　さて、本件処分は、O市市長も行い得る処分であるところ、今回は条例に基づきRが自らの名において行ったものである。審査請求をすべき行政庁について、処分庁（または不作為庁）に上級行政庁がある場合とない場合について定める改正後の行審法4条の規定によれば、市長にもRにも「上級行政庁」はいないので、「処分庁等……に上級行政庁がない場合」（同条1号）に該当し、審査請求先としては直ちに「当該処分庁等」（同号）を選択すればよいと考えるかもしれない。しかし、行審法の規定をよく読むと、行審法4条1項柱書は「法律（条例に基づく処分については、条例）に特別の定めがある場合を除く」とあるので（特別法の一般法に対する優先原則）、結論を急ぐ前に、不服申立てに関する特例を定めた規定がないかを確認する必要がある。

　公の施設を利用する権利に関する処分についての審査請求に関しては、地方自治法244条の4が規定をおいている（同規定も、行審法改正に伴う整備法によって変更されている）。これによれば、Rによる本件処分に不服があるXとしては、同条3項に基づき、O市市長に対する審査請求をすることになる[6]。

　なお、行政不服申立てと取消訴訟との関係については、国民はどちらを選んでもよい自由選択主義が原則であるところ、例外として不服申立前置が定められている場合にはそのルートを経由しなければならない（行訴8条1項）。現在の地方自治法には、本件のような公の施設利用権に関する処分について不服申立前置を定める規定はないが、もし不服申立前置が定まっていた場合にこれを怠れば、訴えは却下されてしまう。審査請求の特例や不服申立前置の有無等、

---

5) 宇賀克也『行政不服審査法の逐条解説』（有斐閣、2015年）5頁。
6) なお、従前は市長がした裁決についてはO県知事に再審査請求をすることができたが（平成26年法律第69号改正前の自治244条の4第6項）、かかる規定は改正により削除されている。

不服申立てに関する個別法の規定をよく読み正しい方途を確認する作業は，実務上は非常に重要であることに留意しておいてほしい。

III 設問2 について

1 訴訟類型選択と仮の救済

平成16年の行訴法改正は，取消訴訟中心主義からの脱却を目指したものといわれる[7]。本件は申請拒否処分を争う事案であるから，従前のように取消訴訟を提起するよりも，端的に行政庁に対し，一定の行為（この場合は許可処分）を行うよう命ずることを求める申請型義務付け訴訟を提起することが考えられる。

もっとも，訴訟類型の選択に際しては，紛争の本質部分をとらえた上で，最も適切な方法を見極めることが肝要である。今回の事例では，Xは「なんとしても特定の日に公演を実現できるようにしたい」というのであるから，時間との勝負である。終局判決の確定はまだ先のことと思われるので，それまでの間にXの権利を保全し実効的に救済するためには，仮の権利保護（仮の救済）を検討しなければならない。本件のような申請拒否処分を争う場合には，取消訴訟は提起できても執行停止は実効的な救済につながらないので[8]，「仮の義務付け」（行訴37条の5第1項）を活用する必要がある。この申立ては本案訴訟係属が要件なので[9]，本件においては，Rを被告として，申請型義務付け訴訟を提起し，行訴法37条の3第3項2号の定めにより，不許可処分の取消訴訟を併合して提起すればよい。本件のように，実質的には本案の訴訟よりも仮の救済を得ることの方が大きな意味をもつケースでは，仮の義務付けの申立て

---

7) 塩野・行政法II 82頁。
8) たとえ裁判所によって申請拒否処分（不許可処分）の執行停止がされたとしても，その効力がなくなって申請がされた状態に戻るだけで，積極的な申請認容処分が出された状態になるわけではない（施設は使えないまま）。また，執行停止が認められても，行訴法33条2項の準用がないため（同条4項参照），行政庁が改めて決定の趣旨に従って新たな決定を行う義務が生じるのでもない。申請拒否処分が消極的な処分であるがゆえに，執行停止制度は機能せず（申立ての利益を欠く），仮の救済を欠く状態であったのである。
9) 執行停止の場合も同様である（行訴25条2項）。一般の民事訴訟において，保全訴訟が本案訴訟から独立しているのとは異なっている。

が認められ特定期日に公演が実施できればむしろ十分といえよう（いわゆる満足的仮処分と同じ効果をもつ）。

なお，取消訴訟の被告は原則として処分をした行政庁が所属する行政主体（国又は公共団体）であるが（同 11 条 1 項），例外的に，処分庁が国又は公共団体に所属しない場合には，取消訴訟の被告適格は当該処分庁になる（同条 2 項）。処分権限を委任された指定法人等が典型例であって，本件では，処分権限を行使した処分庁 R が被告となる。

2 仮の義務付けの要件の検討

仮の義務付けが認められるための要件は，①「義務付けの訴えに係る処分又は裁決がされないことにより生ずる償うことのできない損害を避けるため緊急の必要があ」ること，②「本案について理由があるとみえる」こと，③「公共の福祉に重大な影響を及ぼすおそれがあるとき」に当たらないこと，の3つである（行訴37条の5第1項・3項）。これら3つは実際にはバラバラにではなく総合的に検討されるのであるが，以下では叙述の便宜上，順番に検討する。

(1) 償うことのできない損害

(ア) 立法の趣旨，要件判断のあり方

行訴法 25 条 2 項の取消訴訟における執行停止は「現状維持」的なものであり，「重大な損害」が要件とされている。これに対し，仮の義務付けは，暫定的ながら本案判決で義務付けを命じるのと同等の法的地位を積極的に認める点で「現状改善」的なものゆえ，「償うことのできない損害」が要件とされている。行政庁が未だ処分を行っていない段階で仮の処分を命じる，あるいは行政庁がした処分とは異なる内容の処分を裁判所が仮に命じることについて，行政権と司法権の機能分担への配慮から，厳格な要件の下で運用しようとする立法者意思によるものと指摘されるが[10]，行政事件訴訟特例法下の執行停止の要件（10条2項）として用いられたのと同じ文言であり，相当に厳格なものとみることもできる。

とはいえ，文言上は「重大な損害」よりも加重されているとはいえ，この制度を新設して国民の権利利益の実効的救済を図ろうとした改正行訴法の趣旨に

---

10) 橋本・要説 149 頁。

鑑みれば，およそ実働が不能なほどに厳格に解することは妥当でない。一般論としては，金銭賠償が可能なものはすべて除外されるなどと解するべきではなく，金銭賠償が不可能な場合はもとより，金銭賠償のみによって損害を甘受させることが，社会通念上不相当と評価される損害をも含み得ると解釈されねばならない11)。個々の事案における判断は，本案訴訟による救済の可能性の有無及び程度，財産的なものか非財産的なものかなどといった損害の性質及び程度ならびに対象となる処分の内容及び性質をも勘案して判断されるが，原則として申立人以外の者が受ける損害については考慮することはできないと解されている12)（本件では，たとえば公演を楽しみにしていた観客や，友好親善によって利益を受ける両国の国民等）。また，「償うことのできない損害」が認められる場合には，通常，「緊急の必要」があるということができよう。

(イ) 本件の場合

公演を実施できなくなると，C・Xには財産的損害（準備の費用が無駄になる）が発生するのみならず，他に代替できる会場がなく，結果として友好親善等の劇団の目的は果たせなくなり，集会の自由を行使する機会そのものが奪われることになる。こうした基本的人権の侵害という損害については，金銭賠償のみによってこれを甘受させることは，憲法秩序からしても，また，社会通念からしても是認し難いものがあるといえよう。さらに，本件は，本案判決を待っていては特定の公演期日を過ぎてしまい，訴えの利益が失われてしまうケースであるので13)，「償うことのできない損害」が認められる典型例と言ってもよいであろう。

なお，①について，「この要件は，仮の救済が認められるための権利保護の必要性（損害）の要件を本案訴訟より加重するものではあっても，仮の義務付けが認められるために同種の権利利益が問題となる不利益処分（例えば公の施設の使用許可の取消処分）の執行停止よりも高い程度の権利保護の必要性（損害）を要求する趣旨までは含まないのではなかろうか」14)との指摘がある。

---

11) 橋本・要説 150 頁。
12) 条解行訴 751 頁［川神裕］。
13) メーデー集会のための皇居外苑使用許可申請に対する拒否処分の取消しを求める訴えの利益は，メーデー期日の経過により消滅するとした，最大判昭和 28・12・23 民集 7 巻 13 号 1561 頁［百選 I -68 事件］参照。
14) 興津征雄「判批」平成 20 年度重判解（ジュリ 1376 号）57 頁。

確かに，新規の地位でも，拒否事由がなければ獲得できる制度下では，その拒否を既存の地位の侵害と別異に扱う理由はなく，たとえば保育所の退所処分と入所拒否，公会堂の使用許可後の職権取消しとそもそもの不許可，生活保護の支給決定の取消しと最初からの拒否などにおいて，救済の必要性のレベルが決定的に異なるとまでいうべきではないとも解される[15]。本件で言えば，使用許可後の職権取消処分の執行停止が認められるための「重大な損害」と同程度で足りると解する余地もあるであろう。いずれにしても，①の要件を充足するものと思われる。

(2) **本案について理由があるとみえること**
(ア) **立法の趣旨，要件判断のあり方**

これも，本案判決と同等の地位を仮の救済で実現するという制度趣旨から，本案訴訟において勝訴する「見込み」という要素が要件とされている（確実に原告の勝訴となることが認められることまでは要求されないが，勝訴の見込みがあること，その蓋然性のあることが要求されよう）。執行停止では本案について「理由がない」（行訴25条4項）とみえることが要件であり，したがって被申立人に主張疎明責任があることになるが，仮の義務付け・仮の差止めでは，「理由がある」とみえることという積極的な規定の仕方なので，主張疎明も申立人が行う必要がある[16]。その意味では要件が加重されているともいえる。

この要件を充足するためには，「主張した事情が法律上理由があるとみえ，かつ，事実上の点について疎明が」あることを要件としている民事執行法36条1項の規定を参考にすれば，本案訴訟である義務付けの訴えに関して主張する事実が，法律上，義務付け判決をする理由となる事情に該当すると一応認められ，かつ，その主張する事実が一応認められることが必要となってこよう[17]。そして，行訴法37条の3第5項は，(a)併合提起された取消訴訟等に係る請求に理由があると認められることと，(b)当該行政庁が当該処分を「すべきであること」が根拠法令上明らかと認められるか，「しないこと」が裁量権の

---

15) 阿部・解釈学Ⅱ302頁。
16) 仮の義務付け・仮の差止めの手続については，執行停止の規定が準用されるので（行訴37条の5第4項），申立てを受けて，「疎明に基づいて」（同25条5項），決定をもって行うことになる。
17) 福井秀夫ほか『新行政事件訴訟法 逐条解説とQ&A』（新日本法規，2004年）162頁。

逸脱・濫用と認められること，という2つの要件を定めているから，これらを検討するに当たっては，Ⅰ2で検討したように，個々の事案の法律関係に留意する必要がある。目的外使用許可のようにもし不許可処分が裁量処分であるなら，「裁量権の範囲を超え若しくはその濫用となると認められるとき」にみえるといえなければならないが，今回の事案はそうではなく，住民らが表現活動や集会等を行うという，公の施設の本来的目的での使用関係の問題である。

(イ) 公の施設本来の利用目的に沿った使用許否判断の適法性

最判平成8・3・15民集50巻3号549頁〔上尾市福祉会館事件〕〔地方自治百選57事件〕は，集会の開催を供用目的とする公の施設について，条例上の不許可事由である「会館の管理上支障があると認められるとき」とは，「会館の管理上支障が生ずるとの事態が，許可権者の主観により予測されるだけでなく，客観的な事実に照らして具体的に明らかに予測される場合」に限られるとする。さらに，主催者が集会を平穏に行おうとしているのに，その集会の目的や主催者の思想，信条等に反対する者らが，これを実力で阻止し，妨害しようとして紛争を起こすおそれがあることを理由に公の施設の利用を拒むことができるのは，「警察の警備等によってもなお混乱を防止することができないなど特別な事情がある場合に限られる」と述べる。「憲法の保障する集会の自由」を背景に置きつつ，不許可事由の限定解釈を示した判例である。一方，最判平成7・3・7民集49巻3号687頁〔泉佐野市民会館事件〕は，類似の事案で，「本件会館の職員，通行人，付近住民等の生命，身体又は財産が侵害されるという事態を生ずることが，具体的に明らかに予見される」場合に当たるとして不許可処分を適法と解したが，その判断基準は，市民会館の「公共施設としての使命」を前提に，使用許可権限を内容的に制約しようとしたものと位置付けられている[18]。さらに注目すべきは，両判決の法廷意見では，裁量の語が用いられていない点である[19]。判例は，公の施設の本来的目的での使用許可の適法性審査については，行政裁量の問題とは捉えていないと解される[20]。

こうした判例理論を本件に当てはめてみれば，最近の他の地域での公演に際

---

18) 近藤崇晴「判解」最判解民事篇平成7年度(上)282頁〔290頁以下〕。
19) ただし，前掲最判平成7・3・7〔泉佐野市民会館事件〕〔憲法百選Ⅰ-86事件〕における園部逸夫補足意見は，使用許可の判断を裁量権の行使と捉え，その制約の必要性を論じるものである。
20) 亘理格「公立学校施設とパブリックフォーラム論」法教329号（2008年）46頁。

して右翼団体等の活動が一定の混乱をもたらしたことは事実としても，警察の適切な警備によって制圧され，各公演とも支障なく実施されている。右翼団体等の活動はピークを過ぎており，警察の適切な警備によってもなお混乱を防止することができないほどのものであったとは認め難い。一時的にテナントに生じる営業等への影響も否定できないが，平穏な抗議行動に止まる限りは生命や身体までが侵害されるとは考えにくく，あるいはたとえ少々の限度を超えても警察の適切な警備が期待できる以上は，受忍の限度を超える損害が生じるとは言い難いであろう。②の要件も問題なく充足すると解してよかろう。

(3) 公共の福祉への重大な影響

以上2つの積極要件が満たされていても，③「仮の義務付け又は仮の差止めは，公共の福祉に重大な影響を及ぼすおそれがあるときは，することができない」(行訴37条の5第3項)。もっともこの要件は，「あくまでも例外的なものと解釈されるべき」であり，「通常は，上記の積極要件をクリアすれば，ハードルとしては十分」[21]と考えるのでよい。

本件においても，およそ混乱が防止できなさそうであれば公共の福祉を害するおそれがあるともいえようが，おそらく本件の諸事情においては，公演を実施しても，警察の適切な警備等によって防止することができないような混乱が生ずるものとは認め難い以上，申立てを認容することによって公共の福祉に重大な影響を及ぼすおそれがあるとはいえない。こうした点を，②についての指摘とリンクさせつつ検討すればよい。

Ⅳ 設問3 について

Ⅲのように争ったが，仮の義務付けが認められず予定の期日が過ぎてしまったとしよう。取消訴訟においては，訴訟の係属中に訴えの利益が消滅する場合はしばしば生ずるが，その際，違法な本件処分によって種々の損害を被ったとして，損害賠償請求へと訴えを変更することが考えられる。原告としては，当該処分の違法を理由とする損害賠償請求を別途提起することも可能であるが，行訴法21条1項は，訴訟経済にも資するという観点から[22]，請求の基礎に変

---

21) 橋本・要説149-150頁。

更がない限り,「当該処分……に係る事務の帰属する国又は公共団体」を被告とする損害賠償請求に変更することを認めている(私人を被告とする民事訴訟への変更は同条では許されていない)。本件でも,かかる訴えの変更は可能である。

では,本件のような「私人による公権力の行使」が問題となる場合,国家賠償請求は誰を被告とすればよいか。最高裁判例の中には,株式会社である指定確認検査機関によってなされた建築確認の取消訴訟(被告は当該株式会社であった)について,完了検査の終了によって訴えの利益が消滅したので,当該建物について確認する権限を有する建築主事が置かれた地方公共団体が「事務の帰属する国又は公共団体」であるとして,市を被告とした損害賠償請求への変更を許容した例23) や,社会福祉法人の施設内で児童が同施設に入所中の他の児童4名から暴力行為を受けた事案について,児童福祉法の解釈により,入所児童の養育監護は県の事務であるとした上で,当該施設の長や職員の養育監護行為を事務の委託元である県の公権力の行使に当たる公務員の職務行為と解釈し,県の国家賠償責任を肯定した例24) などがある。最高裁は,根拠法の仕組み解釈を踏まえつつ,当該事務が統治団体としての国又は公共団体に帰属するか否かという,「事務の帰属」に主眼を置く立場であると解される。これを参考にすれば,本件でも,指定管理者の行う事務がなお行政主体に帰属していると解して,当該行政主体(本件ではO市)を被告として国家賠償請求を行うことは可能であるとも解されよう25)。

22) 取消訴訟における従前の当事者の主張立証活動を転用する方が当事者にとっても便宜である。さらに言えば,行訴法21条1項による訴えの変更と同様の効果は,行訴法19条1項による追加的併合と旧訴の取下げでも得られるが,この場合には,基本となる従前の請求が適法であることや,新請求が関連請求であることを要する点で異なる(行訴法21条による場合は,請求が不適法であっても係属していれば足りるし,関連請求である必要はなく請求の基礎に変更がなければよい)。あるいは民訴法143条の準用も考えられるが,その場合は旧訴と新訴が同種の訴訟手続によるものであることが必要であるから,行政訴訟である取消訴訟から民事訴訟である損害賠償請求訴訟に変更することはできず,この点でも行訴法21条の有用性は高い。参照,西川知一郎編著『行政関係訴訟』(青林書院,2009年)157頁以下など。
23) 最決平成17・6・24判時1904号69頁[百選Ⅰ-6事件]。
24) 最判平成19・1・25民集61巻1号1頁[百選Ⅱ-239事件]。
25) たとえば,東京地判平成21・3・24判時2046号90頁は,公の施設の設置者である東京都が,当該施設の指定管理者の行った使用承認を職権で取り消すよう指示をし,指定管理者がそれに応じた処分をした事案において,当該処分によって生じた損害について,指定管理者ではなく東京都を被告とした損害賠償請求を認めた事例である。

もっとも，この点は議論が分かれるところかもしれない。国賠法1条1項の適用によって，本件で言えばO市の損害賠償責任が認められると，Rの損害賠償責任は否定され得ることになる（前掲注24）最判平成19・1・25はこの立場をとる）。行政事務を委託した側が，それにより責任を一切免れるわけではないという判例の立場を是としても，逆に，当該事務を引き受けた私的法主体のモラルハザードを許さないためには，当該私人に対する責任追及を可能とする解釈を探る必要はないであろうか。様々な見解があり得るところなので[26]，各自で検討してもらいたい。

■ 関連問題

Xは，A県B市福祉事務所長Yに対し，生活保護の開始を申請したが，Yは，Xは近隣に居住する子や友人らから金銭や食料の援助を受けていること，治療のために定期通院を行うことができていることなどを理由に，申請を却下（以下「本件処分」という）した。Xは，子らによる援助は不可能であり，友人らによる援助は善意にすぎず現に尽きかけている状況にあることのほか，治療は支払猶予などの病院の厚意でかろうじて実現していたものであり，現在は医療費の請求をされているなどとして，本件処分に不満である。

1　Xは，行政不服審査法に基づく不服申立てを行いたいと考えている。本件処分につき，どの行政庁に対して，いつまでに，どのような行政上の不服申立てをすることができるか（またはしなければならないか）を検討しなさい。なお，生活保護法の保護に関する事務について，B市長の権限がB市福祉事務所長に適法に委任されていることとする（生活保護法19条4項により，B市福祉事務所長に対する事務委任規則などの規則〔自治15条〕が定められるのが通常である）。
2　Xは，本件処分の取消しと申請認容処分の義務付けを求める本案訴訟を

---

[26] 参照，塩野・行政法Ⅱ302頁以下，米丸恒治「行政の多元化と行政責任」新構想Ⅲ309頁以下，大貫裕之＝土田伸也『行政法 事案解析の作法』（日本評論社，2010年）197頁以下など。また，横浜地判平成24・1・31判時2146号91頁は，前掲注23）最判平成17・6・24の射程を限定し，行政とは独立して公権力の行使である建築確認業務を行う指定確認検査機関自身が国賠法1条の責任を負うとする一方，特定行政庁が監督権限の行使を怠った場合には，特定行政庁が属する公共団体も国賠法上の責任を負うとした。

提起し，あわせて仮の義務付けを申し立てた。係る申立ては認められるか。福岡高那覇支決平成 22・3・19 判タ 1324 号 84 頁を参照しながら検討しなさい。

COMMENT　1　行審法の定める不服申立ての類型と相互関係（審査請求，再調査の請求，再審査請求），不服申立ての対象性（行審 2 条・3 条），不服申立適格（同 2 条にいう「不服がある者」），不服申立期間（同 18 条）等の基本事項を復習しておこう。生活保護法には再調査の請求をすることができる旨の規定はなく，審査請求をするしかない。生活保護法 11 章には，審査請求をすべき行政庁に関する 64 条（行審法 4 条 1 項柱書きにいう「法律……に特別の定めがある場合」にあたる），裁決をすべき期間を定めた 65 条など不服申立てに関する規定が置かれている。審査庁の裁決になお不服がある場合には行審法 62 条 1 項，生活保護法 66 条により再審査請求が可能であるが，不服申立前置を定めた生活保護法 69 条は，「再」審査請求の前置までは求めていないことも確認しておこう。

　　2　申請型義務付け訴訟を本案訴訟とする仮の義務付けに関しては，申立てを認容した裁判例も多い。事例のように，特定の日時に公共施設の使用許可を得ないと，別の日時に許可を得ても意味がないような場合（特定の日時を経過すると，当該処分を争う訴えの利益が消滅してしまう）のほか，保育所の入所処分や通学校の指定処分など，即時に仮の義務付けをしないと原告が必要なときに入所・通学が不可能になるような場合（たとえば徳島地決平成 17・6・7 判自 270 号 48 頁，東京地決平成 18・1・25 判時 1931 号 26 頁）や，本関連問題のように，生活保護や公的保険・年金給付等の申請が拒否されたが，これらの資格認定や給付が本案判決までの原告の生活の維持に必要不可欠である場合などにも適切に活用されることが望まれる。問題文中に掲げた福岡高那覇支決平成 22・3・19 は，償うことのできない損害を避けるための緊急の必要性があったと判断した事例である。どのような事情を取り上げて仮の義務付けのための諸要件を認定しているか，参考になるであろう。

3 地方公務員の懲戒処分に対する司法審査

以下の**事例**，**【資料1：CとDの法律事務所の会議録】**，**【資料2：関係法令】**を読んで**設問**に答えなさい。

事例

　Y県教育委員会により教職員（A市立B中学校教諭）として採用され，勤務していたXは，平成28年1月に酒気帯び運転で検挙され，同月，簡易裁判所において罰金30万円の略式命令を受け（道交65条1項・117条の2の2第3号），その翌月には90日間の免許停止処分を受けた（同103条1項）。さらに同年4月に，Y県教育委員会は，Xの酒気帯び運転が地方公務員法29条1項1号および3号に該当すると認定し，Xを懲戒免職処分とした。これに対し，Xは，本件懲戒処分の内容が重すぎることを不服として，同年5月に審査請求を行ったが，Y県人事委員会は，同年6月に，免職処分を相当とし，請求を棄却して本件懲戒処分を維持する旨の裁決を行った。そこでXは，今後の対応について相談をするため，同月に，弁護士CとDの事務所を訪れた。

設問

1　本件懲戒処分の取消訴訟において，原告であるX側は，Xの飲酒量に関する事実誤認以外に，どのような違法事由を主張することが考えられるか。被告であるY県側の反論を予想しつつ，整理しなさい。

2　本件懲戒処分の取消訴訟において，仮に，X側の主張により，本件懲戒処分の適法性を維持することが困難になった場合に，Y側は，Xの飲酒量に関する主張が不自然に変化しており，Xが自らの酒気帯び運転を反省しているかどうかに疑問があることを，本件懲戒処分の理由として追加することが許されるか，検討しなさい（なお，理由の内容の当否については，検討する必要はない）。

資料1：CとDの法律事務所の会議録

C弁護士：人事委員会への審査請求が棄却されたのであれば、次は、懲戒免職処分の取消訴訟を提起して、Xさんの酒気帯び運転のケースで懲戒免職処分は重すぎるため違法である、と主張することになります。

　まずは事実関係を確認する必要がありますが、教育委員会が懲戒免職処分をした際にXさんに交付した説明書によると、「Xは、平成28年1月10日20時00分頃から同日23時30分頃まで、JRのA駅東側のスナック『E』において、友人らとともに、アルコール度数25度の焼酎の水割りをグラス7～8杯ほど飲酒し、翌11日午前0時前に帰宅し、同日6時30分頃に起床した際に、自身が日頃持ち歩いている鞄のなかに財布がないことに気づき、同日7時すぎに自己が所有する車両を運転してA駅前駐車場へ行き、同所に上記車両を停めて徒歩で財布を落としたと思われる付近を探したが発見できず、再び上記車両を運転してF高校西隣のG交番へ行き、財布の紛失を届け出たところ、同交番に勤務中の警察官の1人から『お酒の臭いがする』と指摘されたことから呼気検査を受け、その結果、呼気1ℓにつき0.3mgのアルコールが検知され、同日7時30分頃、酒気帯び運転で検挙された」とされています。そして、結論的には、「Y県教育委員会が酒気帯び運転の根絶に向けての取組み等を幾度となく行っている状況にあるにもかかわらず、Xが酒気帯び運転を行ったことは、生徒に範を示す立場にある教師としてあるまじき行為であり、教育現場に及ぼす影響は極めて大きく、教育への信頼を著しく失墜させた社会的責任は極めて大きいとして、Xを懲戒免職処分とした」となっています。この事実関係に間違いはありませんか。

X：だいたい正しいのですが、酒気帯び運転で検挙された前日の飲酒量について、記憶が曖昧です。たしかに、B中学校長やA市教育委員会、Y県教育委員会から事情を聞かれた際には、「焼酎の水割りをグラス7～8杯ほど」と答えたのですが、その日は、2～3杯ほどしか飲んでいなかったような気もします。

C弁護士：グラス2～3杯と7～8杯では、随分と違いますので、本当に2～3杯しか飲んでいなかったということであれば、懲戒処分の量定に影響が出る可能性は十分にあります。

　それから、D先生、Y県教育委員会は教職員の懲戒処分の基準を定めていましたね。

D弁護士：はい。Y県教育委員会は、かなり以前から、教職員について「懲戒処分等の指針」を定めて公表していましたが、特に——C先生もご記憶かと思いますが——平成18年8月にH市の職員の飲酒運転によって幼い子供3人が死亡するという悲惨な交通事故が発生して、大きな社会問題になりましたので、それを機に、「懲戒処分等の指針」を改正して、飲酒運転を理由とする懲戒処分の内容を厳格化しました。そして、その際にY県教育委員会は、教職員に対して「『懲戒処分等の指針』の一部改正について」という通達を出しています。この通達には、改正の理由として、公務員

の飲酒運転による交通事故が大きな社会問題となっているにもかかわらず，Y県の教職員による飲酒運転が跡を絶たず，極めて憂慮すべき事態になっていること，飲酒運転が本人の意思により行われるという点で極めて悪質かつ危険な行為であり，他の範となるべき公務員として絶対に許されるものではなく，飲酒運転の根絶を図る必要があることが挙げられておりまして，また，改正の内容として，酒酔い運転をした職員は免職とすること，酒気帯び運転をした職員は原則として免職とすること，ただし，例えば飲酒後相当の時間経過後に運転した場合には3月以上の停職とすることなどの飲酒運転事故の厳罰化が記載されています。

C弁護士：そうすると，Y県教育委員会がこの通達に従ったとすれば，Xさんの酒気帯び運転のケースは，飲酒後相当の時間経過後に運転した場合に当たらないと判断して，例外的な3月以上の停職ではなく，原則的な免職を選択したということになりますね。もっとも，「懲戒処分等の指針」には，あらかじめ，諸事情を総合的に考慮したうえで，標準例に掲げる量定以外とすることもありうると書かれています。失礼ですが，Xさん，過去に懲戒処分を受けたことがあるとか，今回の懲戒処分の内容を重くされて然るべき事情はありませんか。

X：これまでに，懲戒処分を受けたことはありませんし，不祥事を起こしたこともありません。

C弁護士：そうですか。おおよそ状況はわかりました。それでは，D先生，Xさんの懲戒免職処分の取消訴訟を提起して，具体的にどのような違法事由を主張すればよいか，整理しておいてください。

D弁護士：承知しました。

資料2：関係法令

地方公務員法（昭和25年法律第261号）

（分限及び懲戒の基準）
第27条① すべて職員の分限及び懲戒については，公正でなければならない。
③ 職員は，この法律で定める事由による場合でなければ，懲戒処分を受けることがない。

（懲戒）
第29条① 職員が次の各号の一に該当する場合においては，これに対し懲戒処分として戒告，減給，停職又は免職の処分をすることができる。
一　この法律……に違反した場合

三　全体の奉仕者たるにふさわしくない非行のあった場合

（信用失墜行為の禁止）
第33条　職員は，その職の信用を傷つけ，又は職員の職全体の不名誉となるような行為をしてはならない。

（不利益処分に関する説明書の交付）
第49条①　任命権者は，職員に対し，懲戒その他その意に反すると認める不利益な処分を行う場合においては，その際，その職員に対し処分の事由を記載した説明書を交付しなければならない。

（審査請求）
第49条の2① 前条第1項に規定する処分を受けた職員は，人事委員会又は公平委員会に対してのみ審査請求をすることができる。
（審査請求期間）
第49条の3 前条第1項に規定する審査請求は，処分があったことを知った日の翌日から起算して3月以内にしなければならず，処分があった日の翌日から起算して1年を経過したときは，することができない。
（審査請求と訴訟との関係）
第51条の2 第49条第1項に規定する処分であって人事委員会又は公平委員会に対して審査請求をすることができるものの取消しの訴えは，審査請求に対する人事委員会又は公平委員会の裁決を経た後でなければ，提起することができない。

道路交通法（昭和35年法律第105号）

（酒気帯び運転等の禁止）
第65条① 何人も，酒気を帯びて車両等を運転してはならない。
（交通事故の場合の措置）
第72条① 交通事故があったときは，当該交通事故に係る車両等の運転者その他の乗務員……は，直ちに車両等の運転を停止して，負傷者を救護し，道路における危険を防止する等必要な措置を講じなければならない。……
（免許の取消し，停止等）
第103条① 免許……を受けた者が次の各号のいずれかに該当することとなったときは，その者が当該各号のいずれかに該当することとなった時におけるその者の住所地を管轄する公安委員会は，政令で定める基準に従い，その者の免許を取り消し，又は6月を超えない範囲内で期間を定めて免許の効力を停止することができる。……
第117条① 車両等……の運転者が，当該車両等の交通による人の死傷があった場合において，第72条（交通事故の場合の措置）第1項前段の規定に違反したときは，5年以下の懲役又は50万円以下の罰金に処する。
② 前項の場合において，同項の人の死傷が当該運転者の運転に起因するものであるときは，10年以下の懲役又は100万円以下の罰金に処する。
第117条の2 次の各号のいずれかに該当する者は，5年以下の懲役又は100万円以下の罰金に処する。
一 第65条（酒気帯び運転等の禁止）第1項の規定に違反して車両等を運転した者で，その運転をした場合において酒に酔った状態（アルコールの影響により正常な運転ができないおそれがある状態をいう。……）にあったもの
第117条の2の2 次の各号のいずれかに該当する者は，3年以下の懲役又は50万円以下の罰金に処する。
三 第65条（酒気帯び運転等の禁止）第1項の規定に違反して車両等……を運転した者で，その運転をした場合において身体に政令で定める程度以上にアルコールを保有する状態にあったもの

道路交通法施行令（昭和35年政令第270号）

（アルコールの程度）
第44条の3 〔道路交通〕法第117条の2の2第3号の政令で定める身体に保有するアルコールの程度は，……呼気1リットル

につき 0.15 ミリグラムとする。

懲戒処分等の指針（Y県教育委員会）

第1　基本事項
　本指針は，過去におけるY県教育委員会の任命にかかる職員の非違行為を参考に，それぞれにおける標準的な懲戒処分又は指導上の措置（以下「懲戒処分等」という。）の量定を示したものです。
　具体的な量定の決定にあたっては，
1　非違行為の動機，態様及び結果はどのようなものであったか
2　故意又は過失の度合いはどの程度であったか
3　非違行為を行った職員の職責はどのようなものであったか，その職責は非違行為との関係でどのように評価すべきか
4　児童生徒，保護者，他の職員又は社会に与える影響はどのようなものであるか
5　過去に非違行為を行っているか
などのほか，適宜，日頃の勤務態度や非違行為後の対応等も含め総合的に考慮の上，判断するものです。
　このため，個別の事案の内容によっては，標準例に掲げる量定以外とすることもあり得ます。
　なお，標準例に掲げられていない非違行為についても，懲戒処分等の対象となり得るものであり，それらについては，標準例に掲げる取扱いを参考としつつ判断します。
　また，過去に非違行為を行い，懲戒処分を受けたにもかかわらず，再び同様の非違行為を行った場合，又は服務上の事故報告を怠り若しくは遅延した場合は，量定を加重します。

第3　標準例
4　交通事故・交通法規違反関係
(1)　飲酒運転事故等
　ア　酒酔い運転をした職員は，免職とする。
　イ　酒気帯び運転で人を死亡させ，又は人の身体を傷害した職員は，免職とする。
　ウ　酒気帯び運転をした職員は，免職又は停職とする。
(2)　飲酒運転以外の交通事故等
　ア　人を死亡させた職員は，停職又は減給とする。この場合において，無免許運転等の悪質な交通法規違反をした職員又は事故後の救護を怠る等の措置義務違反をした職員は，免職とする。

● CHECK POINT

① 行政裁量の司法審査
② 裁量基準の法的な性格
③ 理由の差替えの許否
④ 違法判断の基準時

● 解説

I　はじめに

　本問は、広範な裁量が認められる公務員の懲戒処分を素材として、具体的な事例に即して、裁量の踰越・濫用の判断について適切な議論を組み立てることができるかどうか（設問1）、および、取消訴訟の審理の基本原則を正しく理解しているかどうか（設問2）を問うものである[1]。

　公務員（国公2条、地公3条・4条を参照）に対する不利益処分には、大きく二種類のものがあり、一方が分限処分（国公78条・79条、地公28条）であり、他方が本問において登場する懲戒処分（国公82条、地公29条）である（それぞれの処分の要件・内容は、根拠法条に具体的に規定されているので、この機会に今一度確認されたい）。

　これらの二種類の不利益処分を比較すると、分限処分は、「公務の能率の維持およびその適正な運営の確保の目的から」（最判昭和48・9・14民集27巻8号925頁）行われるものであるのに対し、懲戒処分は、「当該公務員に職務上の義務違反、その他、単なる労使関係の見地においてではなく、国民全体の奉仕者として公共の利益のために勤務することをその本質的な内容とする勤務関係の見地において、公務員としてふさわしくない非行がある場合に、その責任を確認し、公務員関係の秩序を維持するため、科される制裁である」（最判昭和52・12・20民集31巻7号1101頁［百選I-83事件］）という趣旨・目的の違いが

---

[1]　本問のモデルとなった裁判例は、長野地判平成24・11・30判時2205号129頁であるが、本問を作成するにあたり、事案に修正を加えている。

ある[2]。また，特に懲戒免職処分は，退職手当の支給を制限する効果を有しう る（例えば，国家公務員については，退職手当12条1項1号を参照）のに対し， 分限免職処分は，このような効果を有しないという違いがある[3]。

なお，公務員に対する不利益処分を行う権限を有するのは，当該公務員の任 命権者である（国公61条・84条，地公6条）。本問の事例で懲戒免職処分を受 けたXは，A市立のB中学校教諭であるが，市町村立学校職員給与負担法1 条所定の「県費負担教職員」に該当するため，任命権者（したがって，懲戒権 者）は，A市教育委員会ではなく，Y県教育委員会である（教育行政37条1 項）。ただし，Y県教育委員会がXを懲戒処分とするためには，A市教育委員 会の内申が必要であり（同38条），その際にB中学校長は，A市教育委員会に 意見を申し出ることができる（同39条）。本問の事例で，XがB中学校長やA 市教育委員会から事情聴取を受けたのは，そのためである[4]。

II 設問1 について

1 公務員の懲戒処分に対する裁量審査の枠組み

公務員の懲戒処分に対する裁量審査のあり方を提示したのが，いささか古い が，前掲最判昭和52・12・20である。同判決は，「懲戒処分をすべきかどう か」，また，「懲戒処分をする場合にいかなる処分を選択すべきか」の判断が， 「懲戒事由に該当すると認められる行為の原因，動機，性質，態様，結果，影 響等のほか，当該公務員の右行為の前後における態度，懲戒処分等の処分歴， 選択する処分が他の公務員及び社会に与える影響等」の広範な事情を総合的に 考慮してされるものであることを指摘し，そのことを踏まえ，「懲戒権者の裁

---

2) もっとも，公務員が非違行為を犯した場合に，端的に当該公務員を懲戒処分とする（さらに， 過去の非行歴に応じて処分の内容を重くする）のではなく，当該非違行為および非行歴を捉え て，当該公務員が「必要な適格性を欠く」（国公78条3号，地公28条1項3号）ことを認定し て，分限処分を選択することも考えられる。したがって，分限処分を行うべき場合と懲戒処分を 行うべき場合は，必ずしも峻別できるわけではない。
3) そこで，地方公務員が非違行為を犯した場合に，懲戒免職処分ではなく分限免職処分を選択す ると，当該公務員に退職手当が支給される結果，住民訴訟が提起されるという事態に至ることも ある（例えば，最判昭和60・9・12集民145号357頁を参照）。
4) その他，Xの懲戒処分については，地方教育行政の組織及び運営に関する法律および他の法律 に特別の規定がある場合を除き，地方公務員法が適用される（教育行政35条）。

量権の行使に基づく処分が社会観念上著しく妥当を欠き，裁量権を濫用したと認められる」かどうかという裁量審査のあり方を提示した[5]。

ただし今日的には，多くの判例・裁判例が，このような「社会観念審査」を，考慮事項に着目した審査（考慮不尽の審査，他事考慮の審査）と結びつけており（先駆的な判例として，最判平成8・3・8民集50巻3号469頁［百選Ⅰ-84事件］を参照）[6]。公務員の懲戒処分に対する裁量審査においても，考慮事項に着目した審査を行う余地がある。特に，前掲最判平成8・3・8は，学生の退学処分や原級留置処分について，侵害的効果の大きさを捉えて，処分要件の認定や処分の決定の際には「慎重な配慮」が要求されるとしたが，侵害的効果の大きさという点では，公務員の懲戒免職処分もこれらの処分と変わらない。

さらに，裁量基準に着目した審査を行うことも考えられる[7]。まず，合理的な内容の裁量基準は，基本的にそのまま適用することができるが，しかし，個別の事案の特殊事情を考慮せずに，裁量基準を硬直的に適用して行われた懲戒処分は，違法となる（古典的な裁判例として，大阪高判昭和49・11・7判時771号82頁を参照）。前掲最判昭和52・12・20の判示からも窺われることであるが，懲戒処分について，裁量が認められる趣旨は，個別の事案ごとの懲戒権者による総合的判断を尊重することにあり，それゆえ，裁量基準の硬直的適用は，こうした裁量が認められる趣旨に反するためである[8]。他方で，このように，懲戒処分が個別の事案ごとの懲戒権者による総合的判断に基づくものであることを前提とすると，裁量基準から離脱して行われた懲戒処分が直ちに違法になるという

---

5) したがって，同判決は，広範な効果裁量を認めた一方で，要件裁量は明示的には認めていない。

6) 最近の判例・裁判例の動向については，さしあたり，深澤龍一郎『裁量統制の法理と展開——イギリス裁量統制論』（信山社，2013年）358頁以下を参照。

7) 裁量基準とは，行政機関が裁量を行使するときに拠るべき実体的・手続的基準のことである（芝池・総論講義86頁）。なお，公務員に対する不利益処分の事案においては，行政手続法は適用が除外される（行手3条1項9号）ため，ここでの裁量基準は，「処分の基準」（同12条）に該当しない。

8) 最判平成24・1・16判時2147号127頁［地方自治百選78事件］も同旨の判例と考えることができる。

9) この限りにおいて，最大判昭和53・10・4民集32巻7号1223頁〔マクリーン事件〕［百選Ⅰ-80事件］の「処分が〔裁量基準〕に違背して行われたとしても，原則として当不当の問題を生ずるにとどまり，当然に違法となるものではない」という判示が妥当する。

わけではないし[9]，裁量基準の内容が少々不合理（大雑把）なものであっても，総合的判断に基づいた懲戒処分が即違法になるというわけでもないであろう。

2 本問の解答

(1) 「懲戒処分等の指針」の内容の合理性

本件懲戒処分は，裁量基準である「懲戒処分等の指針」中の「第3　標準例」の内容に従ったものである。しかし，「懲戒処分等の指針」中の「第1　基本事項」は，懲戒処分が個別の事案ごとの懲戒権者による総合的判断に基づくものである旨を明示しており，また，本件懲戒処分が裁量基準を硬直的に適用して行われたことを示す証拠もない。むしろ，本問の事例には，「第3　標準例」との関係で特殊事情が存しなかったと評価することができる。

そこで，原告であるX側は，さしあたり，「懲戒処分等の指針」中の「第3　標準例」の4(1)ウ所定の「酒気帯び運転をした職員は，免職又は停職とする」という規定が，不合理なものであり，それゆえ，本件懲戒処分は「社会観念上著しく妥当性を欠き」違法であると主張することが考えられる。具体的には，法律（道路交通法〔道交法〕）の罰則規定を手掛かりとして，次のように主張するのはどうだろうか。すなわち，Xが懲戒免職処分を受ける理由となった道交法65条1項違反の酒気帯び運転には，同法117条の2の2第3号により，3年以下の懲役または50万円以下の罰金が科されるのに対し，例えば，道交法72条1項所定の措置義務違反には，同法117条1項により，5年以下の懲役または50万円以下の罰金が，さらに場合によっては，同条2項により，10年以下の懲役または100万円以下の罰金が科される。したがって，道交法上は，酒気帯び運転よりも措置義務違反の方が，はるかに悪質な行為と評価されている。ところが，「懲戒処分等の指針」中の「第3　標準例」の4は，酒気帯び運転をした職員を免職または停職とし，また，措置義務違反をした職員を免職としており，いずれの行為を理由とする懲戒処分についても，ほとんど同じ量定を示している。それゆえ，「懲戒処分等の指針」は，酒気帯び運転を理由とする懲戒処分について，あまりにも重い量定を示しており，不合理である，と。

もっとも，このようなX側の主張に対して，被告であるY県側は，「懲戒処分等の指針」を改正して，飲酒運転を理由とする懲戒処分の内容を厳格化し

た背景には，公務員の飲酒運転による交通事故が大きな社会問題となっているなどの正当な理由があったのであり，たとえ，「懲戒処分等の指針」が，酒気帯び運転を理由とする懲戒処分について，道交法所定の罰則に照らして，あまりにも重い量定を示しているとしても，それは，依然として，懲戒権者の裁量権の範囲内のものであると主張することが予想される[10]。

(2) 「『懲戒処分等の指針』の一部改正について」（通達）の拘束性

次に，本問の事例では，「『懲戒処分等の指針』の一部改正について」という通達によれば，酒気帯び運転をした職員は原則として免職とするが，例外的に飲酒後相当の時間経過後に運転した場合などには3月以上の停職とするとされている。「懲戒処分等の指針」中の「第1 基本事項」の2は，懲戒処分の量定の決定にあたって「故意又は過失の度合い」を考慮事項としているが，このことに即していえば，職員が飲酒後相当の時間経過後に運転した場合には，酒気帯び運転についての「故意又は過失の度合い」が小さいと考えられるのであり，それゆえ，懲戒処分の内容を軽くして，3月以上の停職とするというのが，通達のこの部分の趣旨ということになろう。そして，Xは，飲酒後約7時間経過後に自己が所有する車両を運転したというのであるから，この通達によれば，3月以上の停職となるはずであり，したがって，本件懲戒処分は，この通達を離脱して行われたものと評価することができる。

もっとも，この通達も一種の裁量基準であり，既述のように，裁量基準から離脱して行われた懲戒処分が直ちに違法になるわけではない。そこでX側としては，さらに，この通達が一定程度の法的拘束力を有し，本問の事例においては，通達から離脱して懲戒処分を行うことは許されない旨を主張する必要がある。

そのために，まず，平等原則違反を主張することが考えられるが，本問の事例では，Xのケースと同様のケースが過去にあったかどうかは明らかではない。また，信頼保護の原則違反を主張することも考えられるが，これに対しては，信頼保護の対象となりうるのは，個別的具体的措置であり，通達のような一般的抽象的措置は，信頼保護の対象にならないというY県側の反論が予想

---

10) 前掲注1)長野地判平成24・11・30では，このような道交法の罰則規定を手掛かりとした原告側の主張は斥けられたが，例えば，刑法の規定（法定刑）を手掛かりとした原告側の主張が採用された裁判例として，大阪地判平成25・3・25判例集未登載（平成23(行ウ)48）を参照のこと。

される[11]。

　しかし，Y県教育委員会が，本件の通達を発付することにより，自らの公益判断をひとまず示した以上，個別の事案において，何の理由もなく，本件の通達と異なる内容の懲戒処分を行えば，動機の不正や他事考慮を疑われても仕方がないのではなかろうか。このような意味において，本件の通達には，本件懲戒処分における要考慮事項（義務的考慮事項）という位置づけを与えることができるように思われる。そうすると，X側としては，さしあたり，Xには過去の非違行為などの懲戒処分の内容が重くなる事情はなかったのであるから，本件懲戒処分は他事考慮ないし考慮不尽に基づくものであり，「社会観念上著しく妥当を欠き」違法であると主張することが考えられる。これに対し，Y県側は，本件懲戒処分の適法性を維持しようとすれば，懲戒処分の内容を重くして然るべき事情を示す必要がある。

(3) **その他**

　ちなみに，本件懲戒処分の手続に違法がなかったかどうかについて触れておくと，まず，注意しなければならないのは，公務員に対する不利益処分については，行政手続法は適用が除外される（行手3条1項9号）ため，同法第3章所定の不利益処分に関する規定が適用されないということである。そして，行政手続法の適用が除外される事案においては，憲法に基づいて適正手続が要請されることがあるが（最判昭和46・10・28民集25巻7号1037頁〔百選Ⅰ-125事件〕および最大判平成4・7・1民集46巻5号437頁〔百選Ⅰ-124事件〕を参照），本問の事例では，B中学校長やA市教育委員会，Y県教育委員会がX本人から事情を聞いており，一定の意見陳述手続がとられたものと考えてよい。

　また，懲戒処分の際には「処分の事由を記載した説明書」の交付が必要である（地公49条1項）。理由付記の一般的な法理によれば，法律により理由付記が要求される趣旨とは，「処分庁の判断の慎重・合理性を担保してその恣意を抑制するとともに，処分の理由を相手方に知らせて不服の申立に便宜を与える」（最判昭和38・5・31民集17巻4号617頁〔百選Ⅰ-127事件〕）ことであり，このような趣旨に基づいて，理由付記の程度は，「いかなる事実関係に基づきいかなる法規を適用して〔処分が〕されたかを，〔名宛人〕においてその記載自

---

[11]　信頼保護の要件については，芝池・総論講義62頁以下を参照。

体から了知しうるものでなければならず」(最判昭和60・1・22民集39巻1号1頁〔旅券法事件〕〔百選Ⅰ-129事件〕)、さらに、理由付記の違法は、処分の取消事由となる(前掲最判昭和38・5・31および前掲最判昭和60・1・22を参照)。本問の事例においては、Y県教育委員会が懲戒免職処分の際にXに交付した説明書の内容の詳細さを考えると、理由付記に違法はないと評価できよう。

Ⅲ 設問2 について

1 理由の差替えの許容性

判例は、上記の理由付記制度の趣旨に基づいて、理由の追完を厳しく制限する一方で(最判昭和47・12・5民集26巻10号1795頁〔百選Ⅰ-109事件〕を参照)、理由の差替えについては認める傾向にある(例えば、最判平成11・11・19民集53巻8号1862頁〔百選Ⅱ-197事件〕を参照)。たとえ理由の差替えを許しても、既に理由付記義務が履行されている以上、理由付記制度の趣旨を損なうことはないということのようである[12]。ただし、処分の差替えを安易に許すと、処分庁が付記する理由を限定する(そして取消訴訟において、必要になった段階ではじめて理由を提出する)よう促すことになりかねないため、やはり「理由付記制度の趣旨」から理由の差替えは一定の制約を受けると考えられる。これに対し、理由の差替えを緩やかに認める根拠となりうるのは、「紛争の一回的解決」の要請である[13]。

さらに、理由の差替えを認めるためには、そもそも、「処分の同一性」の範囲内ということが条件である。既述のように、分限処分は、「公務の能率の維持およびその適正な運営の確保の目的から」行われるものであるのに対し、懲戒処分は、当該公務員の「職務上の義務違反」や「非行」に着目して行われるものである。そこで、非違行為αを理由として行われた分限処分の取消訴訟において、非違行為αに替えて非違行為βを、「必要な適格性を欠く」ことを示す新たな理由として提出することは、「処分の同一性」の範囲内という条件を充たす一方で、非違行為αを理由として行われた懲戒処分の取消訴訟において、非違行為αに替えて非違行為βを新たな理由として提出することは、もはや

---

12) 塩野・行政法Ⅱ 177-178頁も参照。
13) 梶哲教「処分理由の提示」争点80-81頁を参照。

「処分の同一性」の範囲内という条件を充たさないことになる[14]。

2 本問の解答

(1) 理由の追加の許容性

本問の事例において，Y県側は，本件懲戒処分の適法性を維持するために，Xの酒気帯び運転に替えて別の非違行為を新たな理由として提出しようとしているわけではなく，既に説明書に記載した理由のほかに，Xが自らの酒気帯び運転を反省しているかどうかに疑問があるとの理由を追加しようとしている。理由の差替えと理由の追加との関係をどのように理解すべきかという問題はさておき[15]，さしあたり，このような理由の追加は，「処分の同一性」の範囲内という条件に抵触するものではなく，また，説明書に記載することができた理由の後出しというわけではないので，「理由付記制度の趣旨」を損うものでもない。

(2) 違法判断の基準時

もっとも，理由の差替えおよび理由の追加は，その他の取消訴訟の審理の基本原則にも適合したものでなければならない。判例によれば，取消訴訟における違法判断の基準時は，処分時であり（最判昭和27・1・25民集6巻1号22頁〔百選Ⅱ-204事件〕を参照），取消訴訟の審理は，処分の時点の事実状態を前提として行われる。

本問の事例では，Y県側は，本件懲戒処分の取消訴訟の段階に至ってXの飲酒量に関する主張が不自然に変化したことに着目して，Xが自らの酒気帯び運転を反省しているかどうかに疑問があることを，本件懲戒処分の理由として追加しようとしている。そこで，Xの飲酒量に関する主張が不自然に変化したことは，本件懲戒処分の後に発生した事実であるため，Y県側の理由の追加は許されないという立場が考えられる。もっとも，これに対しては，Xの飲酒量に関する主張が不自然に変化したのは，もともとXが自らの酒気帯

---

[14] 塩野・行政法Ⅱ 176-177頁を参照。また，塩野・行政法Ⅱ 178頁は，行政手続法15条以下所定の聴聞手続において，「その審理の範囲は聴聞の通知書に記された範囲に限定され，処分事由も同様である」ことに着目し，聴聞手続をとることが要求される不利益処分の取消訴訟において，理由の差替えを認めると，「制度の整合性を欠くことになる」と指摘する。

[15] 芝池・救済法講義73頁は，理由の追完および理由の差替えのほかに，「最初に付記した理由を維持しつつ新たな理由が追加されることもある」と指摘する。

び運転を反省していなかった（そして，現在でも反省していない）ことの証拠であると理解する立場もありうるであろう。こうした立場によると，Y県側は，実質的には，本件懲戒処分の時点においてXが自らの酒気帯び運転を反省していたかどうかに疑問があるとの理由を追加しようとしていることになるため，このような理由の追加は，（こうした推認が本当に成り立つかどうかは別として）違法判断の基準時に照らして妨げられないことになる。

■ 関連問題

Y県A市立B中学校の教諭であるXは，生徒に対して体罰を行い，傷害を負わせたことを理由として，地方公務員法29条1項1号および2号に基づき，停職1か月の懲戒処分を受けたため，Y県人事委員会に審査請求を行った。以下の場合において，Xは，それぞれ，どのような訴訟を提起すべきか，検討しなさい。

1 Xは，体罰は事実誤認であり，処分をすること自体が違法であると主張したが，Y県人事委員会は，体罰の事実を認定したうえで，本件懲戒処分の内容を3か月間給料10分の1の減給処分に修正する旨の裁決を行った。
2 Xは，体罰は事実であるが，処分の内容が重すぎて違法であり，あるいは，少なくとも不当であると主張したが，Y県人事委員会は，本件懲戒処分が適法であるとして棄却裁決を行った。

> COMMENT　原処分主義（行訴10条2項）の射程を問うものであり，関連判例として，最判昭和62・4・21民集41巻3号309頁［百選Ⅱ-146事件］がある。不当性審査の懈怠の効果については，稲葉馨「行政法上の『不当』概念に関する覚書き」行政法研究3号（2013年）7頁以下（39-41頁）を参照。

4 老人福祉施設の民間化をめぐる利益調整のあり方

以下の 事例 ,【資料：関係法令】を読んで 設問 に答えなさい。

事例

　Ｙ市が公の施設（自治244条）として設置・管理する老人福祉施設Ａ園は，養護老人ホームと特別養護老人ホームからなっており，このうち，養護老人ホームは，老人福祉法（以下，「老福」という）11条1項1号の措置に基づく入所がなされ，特別養護老人ホーム（介護老人福祉施設として指定されている）は，原則として，介護保険法（以下，「介保」という）の下，Ｙ市との間で締結する利用契約に基づく入所がなされている。

　Ａ園は，ベテラン職員を中心とした親身で的確なサービスの提供によって，入所者（50名）とその家族から厚い信頼を得てきたが，Ｙ市は，Ａ園を含む老人福祉施設の設置・管理に係る負担に悩まされるようになった。そこでＹ市は，社会福祉を取り巻く状況や行政の役割の変化を踏まえて施設のあり方を根本的に見直すべきであると考え，有識者らによる懇談会を設置した。懇談会は，平成24年12月，民間でできるものは民間に委ねることを基本とするという方向性の下，Ａ園に関しては，市立施設として設置・運営していく必要性が見出せず，速やかに民間移管すべきであるとする報告書を提出した。

　この報告書を受けて，Ｙ市はＡ園の平成26年4月からの民間移管に踏み切ることとした。民間移管の手法としては，指定管理者方式（自治244条の2第3項）と施設譲渡方式（民間事業者に施設の資産を譲渡し，民設民営とする方式）とがありうるところ，Ｙ市は，長期的に同じ事業者が経営を継続しうる効用を期待して施設譲渡方式を選択し，その上で，受託事業者を公募により選考することとして，「Ｙ市立Ａ園民間移管に係る受託事業候補者募集要綱」（以下，「本件募集要綱」という）を定めた。本件募集要綱には，①Ｙ市は，受託事業者に対して，施設の建物と備品を無償で譲渡し，建物の敷地を当分の間無償で貸与すること，②受託事業者は，移管条件に従って当該施設を老人福祉施設として経営するとともに，Ｙ市と締結する契約の各条項を信義誠実の原則に基づい

て履行すべきこと、③Y市は、受託事業者の決定後においても移管条件が遵守される見込みがないと判断するときは、その決定を取り消しうることなどが定められていた。

　Y市は、平成25年1月、A園の入所者とその家族に対して、民間移管の方針を通知し、説明会を2回実施した。Y市は、民間移管の条件として、引き続き入所を希望する利用者を入所させること、受託事業者の職員に対して平成26年1月から施設での引継ぎと研修に当たらせること、移管後の一定期間、Y市の介護職員を派遣することなどを提示する旨を説明したが、一部の入所者からは、介護職員の交代により養護の水準・内容が低下することや、運営方針の転換や経営事情の悪化を理由に退所・転所を迫られることに対する強い危惧が表明された。説明会終了後、入所者の間では、意見を表明する機会が十分に与えられなかったことに対する不満が漏らされた。Y市は、平成25年2月4日から3月4日まで受託事業者の募集を行い、5団体の応募を得た。外部委員からなるY市受託事業候補者選定委員会が設置され、書類審査・プレゼンテーション・ヒアリングを経た上で、B社会福祉法人が候補者として選定された。この審査結果を踏まえて、Y市長は、4月8日、Bを民間移管の相手方とする旨を決定し通知した（以下、「本件通知」という）。その上でY市は、議会においてA園の廃止の是非について審議を行い、Y市老人福祉施設条例を改正する条例（以下、「本件条例」という）を可決し（6月26日）公布した（6月28日）。本件条例は、Y市が設置する老人福祉施設の名称・位置を定める条例の別表からA園の記載を削除するという内容のものであり、その附則において平成26年4月1日から施行するとされている。

〔設問〕

1　民間移管の相手方として選定・決定されなかった4団体のうちの一つであるX₁は、Y市の対応に不服を抱いている。本件通知は、取消訴訟の対象となる処分に当たるか（なお、原告適格の有無については、検討する必要はない）。

2　①A園の養護老人ホームに入所しているX₂、および、特別養護老人ホームに入所しているX₃は、民間移管に強く反対している。本件条例は、取消訴訟の対象となる処分に当たるか。X₂とX₃は、処分性を肯定するために、どのような主張をすべきか。

②訴えが適法であると認められた場合に、X_2 と X_3 は、本案審理においてどのような主張をすべきか。

資料：関係法令

老人福祉法（昭和38年法律第133号）

第11条① 市町村は、必要に応じて、次の措置を採らなければならない。
　一　65歳以上の者であって、環境上の理由及び経済的理由（政令で定めるものに限る。）により居宅において養護を受けることが困難なものを当該市町村の設置する養護老人ホームに入所させ、又は当該市町村以外の者の設置する養護老人ホームに入所を委託すること。
　二　65歳以上の者であって、身体上又は精神上著しい障害があるために常時の介護を必要とし、かつ、居宅においてこれを受けることが困難なものが、やむを得ない事由により介護保険法に規定する地域密着型介護老人福祉施設又は介護老人福祉施設に入所することが著しく困難であると認めるときは、その者を当該市町村の設置する特別養護老人ホームに入所させ、又は当該市町村以外の者の設置する特別養護老人ホームに入所を委託すること。

第12条　市町村長は、第10条の4又は前条第1項の措置を解除しようとするときは、あらかじめ、当該措置に係る者に対し、当該措置の解除の理由について説明するとともに、その意見を聴かなければならない。……

第16条②　市町村及び地方独立行政法人は、養護老人ホーム又は特別養護老人ホームを廃止し、休止し、若しくはその入所定員を減少し、又はその入所定員を増加しようとするときは、その廃止、休止若しくは入所定員の減少又は入所定員の増加の日の一月前までに、厚生労働省令で定める事項を都道府県知事に届け出なければならない。

（施設の基準）

第17条①　都道府県は、養護老人ホーム及び特別養護老人ホームの設備及び運営について、条例で基準を定めなければならない。
②　都道府県が前項の条例を定めるに当たつては、第一号から第三号までに掲げる事項については厚生労働省令で定める基準に従い定めるものとし、第四号に掲げる事項については厚生労働省令で定める基準を標準として定めるものとし、その他の事項については厚生労働省令で定める基準を参酌するものとする。
　一　養護老人ホーム及び特別養護老人ホームに配置する職員及びその員数
　二　養護老人ホーム及び特別養護老人ホームに係る居室の床面積
　三　養護老人ホーム及び特別養護老人ホームの運営に関する事項であつて、入所する老人の適切な処遇及び安全の確保並びに秘密の保持に密接に関連するものとして厚生労働省令で定めるもの
　四　養護老人ホームの入所定員
③　養護老人ホーム及び特別養護老人ホームの設置者は、第一項の基準を遵守しなければならない。

（措置の受託義務）

第20条①　老人居宅生活支援事業を行う者並びに老人デイサービスセンター及び老人短期入所施設の設置者は、第10条の4第1項の規定による委託を受けたときは、正当な理由がない限り、これを拒んではなら

ない。
② 養護老人ホーム及び特別養護老人ホームの設置者は，第11条の規定による入所の委託を受けたときは，正当な理由がない限り，これを拒んではならない。
第20条の4　養護老人ホームは，第11条第1項第1号の措置に係る者を入所させ，養護するとともに，その者が自立した日常生活を営み，社会的活動に参加するために必要な指導及び訓練その他の援助を行うことを目的とする施設とする。
第20条の5　特別養護老人ホームは，第11条第1項第2号の措置に係る者又は介護保険法の規定による地域密着型介護老人福祉施設入所者生活介護に係る地域密着型介護サービス費若しくは介護福祉施設サービスに係る施設介護サービス費の支給に係る者その他の政令で定める者を入所させ，養護することを目的とする施設とする。
（都道府県の補助）
第24条①　都道府県は，政令の定めるところにより，市町村が第21条第1号の規定により支弁する費用については，その4分の1以内（居住地を有しないか，又は明らかでない第5条の4第1項に規定する65歳以上の者についての措置に要する費用については，その2分の1以内）を補助することができる。
② 都道府県は，前項に規定するもののほか，市町村又は社会福祉法人に対し，老人の福祉のための事業に要する費用の一部を補助することができる。
（国の補助）
第26条①　国は，政令の定めるところにより，市町村が第21条第1号の規定により支弁する費用については，その2分の1以内を補助することができる。
② 国は，前項に規定するもののほか，都道府県又は市町村に対し，この法律に定める老人の福祉のための事業に要する費用の一部を補助することができる。

老人福祉法施行規則（昭和38年厚生省令第28号）

第4条の3　法第16条第2項に規定する厚生労働省令で定める事項は，次のとおりとする。
一　廃止し，休止し，若しくは入所定員を減少し，又は入所定員を増加しようとする年月日
二　廃止し，休止し，若しくは入所定員を減少し，又は入所定員を増加する理由
三　廃止し，休止し，又は入所定員を減少しようとする場合にあっては，現に入所している者に対する措置……

介護保険法（平成9年法律第123号）

第8条㉔　この法律において「介護保険施設」とは，第48条第1項第1号に規定する指定介護老人福祉施設及び介護老人保健施設をいう。
㉖　この法律において「介護老人福祉施設」とは，老人福祉法第20条の5に規定する特別養護老人ホーム（入所定員が30人以上であるものに限る。以下この項において同じ。）であって，当該特別養護老人ホームに入所する要介護者に対し，施設サービス計画に基づいて，入浴，排せつ，食事等の介護その他の日常生活上の世話，機能訓練，健康管理及び療養上の世話を行うことを目的とする施設をいい，「介護福祉施設

サービス」とは，介護老人福祉施設に入所する要介護者に対し，施設サービス計画に基づいて行われる入浴，排せつ，食事等の介護その他の日常生活上の世話，機能訓練，健康管理及び療養上の世話をいう。

第48条① 市町村は，要介護被保険者が，次に掲げる施設サービス（以下「指定施設サービス等」という。）を受けたときは，当該要介護被保険者に対し，当該指定施設サービス等に要した費用（食事の提供に要する費用，居住に要する費用その他の日常生活に要する費用として厚生労働省令で定める費用を除く。以下この条において同じ。）について，施設介護サービス費を支給する。……

一　都道府県知事が指定する介護老人福祉施設（以下「指定介護老人福祉施設」という。）により行われる介護福祉施設サービス（以下「指定介護福祉施設サービス」という。）……

● CHECK POINT

① 契約に係る行為の処分性
② 条例制定行為の処分性
③ 条例制定行為の違法事由

● 解説

I 本問の趣旨

　処分性要件が，行政訴訟の実務と理論にとって最も重要な課題の一つであることは，言うを俟たない。この重要性は，平成16年の行訴法改正との関係において，微妙なニュアンスを増している。というのも，最高裁は，仕組み解釈を駆使した処分性拡張志向のなかで[1]，改正の基本理念（「実効的な権利救済」）に直に依拠した判例変更をも成し遂げたが[2]，しかし，かかる最高裁の努力は，改正以前から営まれてきたものであり，しかも，──利用強制と出訴期間制限を主とする権利主張制限機能に鑑みた──取消訴訟中心主義からの脱却，つまりは処分性の"無理な"拡張の抑制という改正のメッセージにそぐわないようにも見えるからである。
　この"無理"は，定型的行政処分（許可，命令等）と定型的非行政処分（私経済的活動）の中間にある行政活動において，顕著に現れる。本問は，それら"限界事例"のうち，民間事業者（X_1）と公的主体（Y市）との間の契約に関わる争い 設問1 ，および，利用者個々人（X_2とX_3）と公的主体（Y市）との間の条例改正をめぐる争い 設問2 を取り上げ，処分性の有無を中心に論ずるものである。現代国家が直面している行政の民営化・民間化のトレンドのなか

1) 最判平成14・1・17民集56巻1号1頁［百選Ⅱ-161事件］，最判平成15・9・4判時1841号89頁［労災就学援護費不支給決定事件］［百選Ⅱ-164事件］，最判平成16・4・26民集58巻4号989頁［冷凍スモークマグロ食品衛生法違反通知事件］，最判平成17・4・14民集50巻3号491頁［百選Ⅱ-168事件］，最判平成17・7・15民集59巻6号1661頁［百選Ⅱ-167事件］等。
2) 最大判平成20・9・10民集62巻8号2029頁［百選Ⅱ-159事件］。

で，利用者—行政—事業者の三面関係を軸としつつ，住民一般の利益や行政・立法（地方議会）・司法間の役割分担などをも横目で睨みながら，行政の役割の変容を見据えたダイナミックな利益調整のあり方を考えてみたい。なお，設問1については最判平成23・6・14裁時1533号24頁［地方自治百選65事件］を[3]，設問2については富山地判平成19・3・27判例集未登載（平成18(行ク)2）をモデルとしているものの，大幅な修正を加えている。

II　老人福祉施設に関する仕組み

「措置から契約へ」は，1990年代半ば以降押し進められている社会福祉法制改革のスローガンである。従来は，行政庁（措置権者）が，福祉サービスを必要とする者に対し，行政処分（措置決定）という行為形式の下，職権によってサービスの必要性とサービスの内容を決定し，直営によってまたは社会福祉法人への委託を介してサービスを提供するという仕組みがとられていた。この措置制度は，行政の責任の下での公正・平等の確保を本来的な狙いとするものの，利用者の従属化や行政の非効率化・硬直化などの弊害をもたらした。そこで，利用者の法的地位の向上と行政のコスト削減を目指して，福祉ニーズを有する者とサービス事業者との間の直接の契約を通じたサービスの利用・提供の仕組みが導入されつつある。行政は，サービス提供者から，サービス利用料助成者へと軸足を移した。

措置から契約へという変化は，しかし，必ずしも薔薇色ではない。福祉分野は，"弱者"と"強者"の関係性が最も現れやすい分野であり，かつ，最も避けられねばならない分野である。それゆえ，高齢者福祉分野では，契約化の先駆けとなった介護保険制度において，規制権限の強化という形をとって，行政の責任が確保されるとともに，介護保険制度に対する例外・補完にとどまるとはいえ，老人福祉法に基づく措置制度がセーフティネットとして機能している。老人福祉施設のうち，特別養護老人ホームは介護保険制度による契約方式が優先されるが（老福11条1項2号），養護老人ホームは専ら措置制度の対象であ

---

3) ちなみに，この事件は，唯一の応募者でありながら，契約締結候補者として選定しない旨の通知を受けた民間事業者が訴訟を提起したものである。本問は，通知の名宛人以外の第三者が争うものであるから，原告適格の有無も問題となりうるが，本稿では扱わない。

り続けている（同項1号）。

　だが，この措置制度もまた，市場化の波にさらされている。地方公共団体が公の施設として設置・管理していたものが（公設公営方式），行政改革の名の下に，民営化・民間化されている。その方式として，一つには，指定管理者制度等によって管理のみを民間事業者に委ねる方式（公設民営方式）があり，もう一つには，公の施設を廃止した上で，民間事業者に対して施設の資産を有償・無償で譲渡・貸与し，設置・管理を委ねる方式（民設民営方式）がある。本問では，民設民営方式による民間移管がなされる一連の過程のなかで，2つの局面（民間事業者の選定の局面と施設廃止条例の制定の局面）を捉えて，裁判所による紛争解決の機会を捻り出すことが求められている。

III　受託事業者選定通知の処分性（設問1）

1　処分性の判断枠組み

　ある行政活動によって自らの権利利益を侵害された私人は，行政機関のいかなる行為を対象としていかなる訴訟を提起すべきか。ここではまずもって，処分性の有無が問われる。行政活動を争う手段として，抗告訴訟と公法上の当事者訴訟・民事訴訟という二本立てのシステムが用意されており，しかも，抗告訴訟は排他性を認められているからである。

　抗告訴訟とは，「行政庁の公権力の行使に関する不服の訴訟をいう」と定義され（行訴3条1項），そのうち取消訴訟とは，「行政庁の処分その他公権力の行使に当たる行為」（＝「処分」）「の取消しを求める訴訟をいう」と定義されている（同条2項）。抗告訴訟の諸類型は，行訴法3条2項に言う「処分」該当性をめぐる紛争において，救済方法の多様化を目指す視点から議論されてきた。

　「処分」とは，最高裁によると，「公権力の主体たる国または公共団体が行う行為のうち，その行為によって，直接国民の権利義務を形成しまたはその範囲を確定することが法律上認められているものをいう」（最判昭和39・10・29民集18巻8号1809頁）。この定式から，処分性の要素として，権力性，法効果性（規律性），具体性（終局性）および法令上の根拠が導かれる。処分性要件は，「公権力の行使」に該当するか否かによって，抗告訴訟か公法上の当事者訴訟・民事訴訟かという訴訟管轄の配分を行うのに加え，（広義の）訴えの利益

の判断として，訴訟として取り上げるに値しない紛争を——とりわけ成熟性の観点から——排除する機能を果たす。

2　処分性否定のロジック

本件民間移管は，Y市とBとの間で，本件募集要綱に基づいて，施設の建物・備品の無償譲渡（贈与契約），土地の無償貸与（使用貸借契約）および移管条件の遵守と運営に関する契約の締結を行うという内容からなっており，本件通知は，これらの契約締結の候補者としてBを選定したことを表示する行為である。本件通知は処分なのか契約なのかという問題設定の仕方が，一応は可能であろう。ここでの処分性の判定は，訴訟管轄配分の文脈のなかで，権力性の要素に関わることになる。

素朴に考えるならば，本件通知は，要綱に基づいた——法令上の根拠に基づかない——，契約相手方の選択（公募，審査，決定・通知）→契約内容の決定→契約の締結→契約の履行という契約に係る一連のプロセスのなかの一段階を構成するものであり，しかも，この契約が，対等な当事者間の自由な交渉・合意に委ねられた"真の"契約であることから[4]，民事法の規律に服するべきことになる。確かに，Y市は，自らのイニシアチブに基づく取決め（本件募集要綱③等）によって，また，公有財産ゆえの地方自治法上の制約によって[5]，一定のコントロール権限を保持しているが，これらの公法的拘束は，合意と義務的効力という契約の本質的要素を覆すには至らない。本件通知は，Y市が要綱のみに基づいて行った契約相手方の選定——契約締結前の準備的行為——にすぎず，したがって，その処分性は否定される。

処分性が否定される場合には，他の裁判上の救済手段として，X_1 は，契約締結候補者としての地位確認訴訟または本件通知の違法確認訴訟を，公法上の当事者訴訟として提起することが考えられる。ただし，後者の"ダイレクト・アタック"型確認訴訟は，その適否自体について議論がある[6]。また，本件通

---

4) 普通財産の売買が民事法の規律に服することは，判例上確立している（最判昭和35・7・12民集14巻9号1744頁［百選Ⅱ-154事件］，最大判昭和46・1・20民集25巻1号1頁［百選Ⅰ-51事件］）。

5) 公有財産は，公益上の理由による解除権の留保（自治238条の5第4項・238条の4第5項）や用途指定違反を理由とする解除権の留保（同238条の5第6項・7項）に服している。

知は，名宛人に対してすら，契約締結を事実上期待しうるという限られた地位を与えるにすぎない。契約締結の成否は，選定後の行政との交渉・協議にかかっているからである。選定から外れた応募者はまして，間接的かつ事実上の地位しか有しないことから，確認の利益は否定されざるをえないであろう。

3　処分性肯定のロジック？

　以上は，平成23年最判が示したロジックである。その特徴は分析的手法にある。すなわち，最高裁は，契約に係る一連のプロセスを個々の行為に分解し，契約締結行為というポイントのみに焦点を当て，かつ，契約当事者間の関係のみを視野に入れて，本件民間移管を性格づけているのである。かかる解釈手法は，従来の判例法理に照らすならば，正当である。だが，契約は，継続性を本質とし，プロセス的観点を要するものであるし，本件民間移管の利害関係者は，決してY市・B・X_1の三者に限られない。そしてそもそも，本件争いの実質が契約に係るルール違反をめぐる不服の申立てにあることに鑑みるならば，抗告訴訟の可能性を探ってみるのが有益であろう[7]。

　そこで改めて，本件事案の構図を整理する。本件事案は，一方で，Y市・B・X_1の三面関係にとどまらず，民間移管行為を通じてY市の介入を受ける市場そのものに関わる。行政の介入による競争的構造のねじ曲げから市場を保護することは，それ自体，公益に属する事柄である。本件事案は，他方で，施設利用者個々人に直接的に関わり，この関係は，住民一般の利益という公益の文脈に位置づけられなければならない。それぞれに異なる利害関心を有し，対立関係にも補完関係にも立ちうるこれら関係者間を調整するルールは，その設定自体も，その実効性担保の仕方も容易ではない。かような関係は，機能的観

---

6) 石井昇「平成23年最判判批」民商145巻3号127頁は，当該訴訟は紛争の包括的な解決に資するものであり，また，即時確定の現実的必要も認められると述べる。

7) 碓井光明『公共契約法精義』（信山社，2005年）472頁以下は，契約とその準備的行為を分離し，後者に処分性を認めるべきことを主張する。また，札幌高判平成21・11・27判例集未登載（平成21(行コ)12）（平成23年最判の2審）は，民設民営方式と並ぶ公設民営方式をも含めた仕組みとして民間移管を捉えることを突破口として，処分性を肯定した。ただし，指定管理者方式とのバランスを梃子とするこのロジックに対しては，本件で選択された普通財産化・施設譲渡方式は，行政財産を対象とする指定管理者方式とは並列・独立の制度に属することから，"仕組み解釈"の域を外れることが指摘されている（戸部真澄「平成23年最判判批」Watch【2012年4月】37頁）。

点からするならば，当事者相互間において個々具体的に確認していくよりむしろ，行政の行為を切り出して一回的・統一的に確定するほうが望ましい。

では，処分性をいかに根拠付けうるのか。興味深いのは，本件契約は，公的主体が元来担ってきた公役務を私的主体に委ねるものであって，サービスの内在的性質に鑑み，公法的制約に服するべきものであるといった契約観である[8]。本件に則して具体化するならば，養護老人ホームと特別養護老人ホームは，その定義からして，──施設の形態如何ではなく──公的サービスの対象であることが指標とされている[9]。都道府県の条例により設定される基準に服すること（老福17条），措置の受諾義務が課されること（同20条），市町村による費用の支弁に対して都道府県と国が補助を与えること（同24条・26条）等は，公法的制約とその"代償"の顕れであるとも捉えられる。かような仕組みは，"真の"契約とは質的に異なる権力性──およびこれと表裏の関係にある意思自治の制約──を，本件契約に具えさせうる。加えて，本件募集要綱に関しては，制度的に設定・公表された裁量基準を足がかりに，法の一般原則（信義誠実の原則，平等原則）や行政の自己拘束を媒介として，一定の外部効果を導き出すことが可能であろう。

Ⅳ 施設廃止条例の処分性（設問2①）

1 利用者の法的地位

(1) 本件条例は，Y市の老人福祉施設を，Y市議会が条例という一般的抽象的な法規範の形式をとって廃止する行為である。公の施設の廃止は，市長の担任事務であるが（自治149条7号），住民による民主的コントロールの要請に鑑み，条例事項とされている点において（同244条の2）特異である。

そもそも，この条例を──いかなる形式であれ──訴訟で争いうるか否かは，大本となる利用者の法的地位如何にかかっている。この法的地位は，利用者が，民間移管つまりは設置・管理主体の変更に抗して，特定の施設において（施設選択権の保障）サービスを受ける継続的な法関係に立っているか（実施期間の設

---

[8] 交告尚史「平成23年最判判批」平成23年度重判解（ジュリ1440号）45頁参照。関心のある読者は，内田貴『制度的契約論』（羽鳥書店，2010年）をも参照されたい。
[9] 山口浩一郎＝小島晴洋『高齢者法』（有斐閣，2002年）259-260頁。

定）に関わるものであり，したがって，原告適格と（狭義の）訴えの利益をも基礎付けるものである。

(2) 介護保険制度の下で，Y市との利用契約に基づいて入所している X_3 が，施設選択権を保障され行使したことは，自明の理である。これに対し，老人福祉制度の下で，職権による措置に基づいて入所している X_2 に関しては，議論の余地がある。法制度上，入所の申込み手続は定められておらず，実務上，施設利用は市町村の措置義務から派生する反射的利益であると解されている[10]。

しかしながら，まず，老人福祉施設は，保育所と同等かそれ以上に，特別なニーズを有する者に対して特別なサービス（施設・設備の特殊性を含む）を提供するものである。すべての小学生に対して普通教育を行う公立小学校に関し，「社会生活上通学可能な範囲内に設置する学校で教育を受けさせる」保護者らの権利が保障されているにとどまるとして処分性を否定した区立小学校廃止条例事件（最判平成 14・4・25 判自 229 号 52 頁）とは，本件は事案を異にする。また，選択の法律上の保障の有無は決定的ではないとも考えられる[11]。職権主義は，申請主義では必ずしも対処しえないような，高度にパーソナルなニーズの把握と専門技術性を要する公正で最適な決定を可能ならしめる[12]という意味において，固有の法的利益を保障するものである。そしてそもそも，入所時点での選択権の有無のみによって利用者の法的地位を評価することの妥当性が問われうる。利用者の利益は，実質的には，施設選択権はもとより，正当な理由なく福祉サービスを解除されない権利[13]にまで及ぶ。給付行政の継続性に鑑みるならば，プロセス的視点の下に，かかる給付請求権に基づいた利用者の法的地位を俎上に載せるのが筋であるとも思われる。

(3) 老人福祉施設に関しては，保育所とは異なり，（小学校就学期までの間といったような）定型的な利用期間の設定は必ずしも容易でないし適切でもない。しかも，措置制度のセーフティネットとしての存在意義は，合理性を欠く理由が

---

10) 大山正『老人福祉法の解説』（日本図書センター，復刻版，2006 年）125 頁。
11) 前田雅子「平成 21 年最判判批」民商 143 巻 1 号（2010 年）98 頁注 6。なお，処分性を認める上では，法的地位がどのような法形式（契約か処分か）を通じて成立したものであるかに踏み込む必要は必ずしもない（高橋滋「平成 21 年最判判批」自研 87 巻 2 号〔2011 年〕151 頁）。
12) 磯部力＝小早川光郎編著『自治体行政手続法〔改訂版〕』（学陽書房，1995 年）264 頁〔又坂常人〕。
13) 河野正輝『社会福祉の権利構造』（有斐閣，1991 年）118 頁以下参照。

ない限り，利用者の人権保障の観点から継続的な利用が認められるべきであるという方向にも，逆に，例外的な必要性がない限り，原則である介護保険制度によって対処されるべきであるという方向にも転びうる。この点に関しては，例外的扱いを原則的扱いに引き戻すための制度が体系的に整備されていない現状においては，利用者の法的地位を認めることが措置制度の役目であると解するべきであろう。

2 処分性否定のロジック？

かくして利用者の法的地位が認められるとしたら，いかなる訴訟形式が選択されるべきか[14]。条例の処分性をめぐっては，立法機関である地方議会の固有の立法行為は，「行政庁の処分」とは言えず，抗告訴訟の対象となりえないとする否定説が存在した[15]。確かに，一般的抽象的な法規範は通常，その後のプロセスを通じて個別的具体的な適用・執行行為へと展開されていくものであり，この個別具体的行為の段階に至って初めて裁判の機会を与えることが，紛争の成熟性の観点からして合理的である。

本件条例は，しかし，個別具体的行為を後続させるものではない。本件条例はそれ自体によって，条例制定行為の時点で，現に入所中の利用者という特定の者に対し，従前の利用関係の終了という法効果でもってその法的地位を決するものである。このように，一般的抽象的規範という形式をとる行為であっても，例外的に，「執行行為をまたず，直ちに人民に対し具体的効果を生ずる処分的性質をもつものは，処分に含めて理解すべきである」[16]。

もっとも，虚心に眺めるならば，施設利用関係は，入所者個々人とA園との個別的関係の集積とも映る。このことは，利用契約に基づいて入所している X_3 についてとりわけ妥当する。そうすると，入所者個々人が，契約に係る権利義務関係に引きつけて公法上の当事者訴訟または民事訴訟を構成し，そのなかで条例の無効を主張するのが望ましいのではないか。

---

14) 条例に関わる訴訟類型については，事例①Ⅱ を再度参照されたい。
15) 否定説は，行訴法の立案担当者によって示された見解である（杉本良吉「行政事件訴訟法の解説（一）」曹時15巻3号〔1963年〕27頁）。
16) 田中・行政法上326頁。この限定的肯定説は，判例の拠って立つ見解でもある。もっとも，実際に処分性が肯定された類型は，公立保育所廃止条例など，ごく限られている。

3 処分性肯定のロジック

(1) だがここに，救済方法としての合理性という訴訟法上の考慮がかかってくる。仮に，公法上の当事者訴訟または民事訴訟のルートによって，廃止に反対する入所者が勝訴した場合には，Y市は，公の施設を維持せざるをえず，したがって民間移管を断念するとなれば，今度は，民間移管に賛成する入所者の訴訟を誘発する羽目になる。これに対し，取消訴訟のルートは，判決の第三者効を梃子として，抜本的な紛争解決や法律関係の早期安定を可能ならしめる[17]。この救済方法としての合理性は，――最高裁として初めて条例に処分性を認めた――最判平成21・11・26民集63巻9号2124頁〔横浜市保育所廃止・民営化事件〕〔百選II-211事件〕が掲げた補助的根拠である。

では，老人福祉施設に関して，この合理性が認められるか。限られた時期・期間における集団的教育を本質とする保育所に比べると，老人福祉施設は，時間的な限定性・切迫性や集団としての必要性に劣るかもしれない。しかし，人的・物的環境の変化による入所者の身体的・精神的ダメージは，生命を脅かす危険を孕んでいる。この危険は，何よりも回避されなければならない。紛争の早期かつ抜本的な解決の必要性は，本件についても認められよう。

(2) X_2とX_3が条例制定行為を捉えて取消訴訟を提起するには，(広義の)訴えの利益，なかでも具体性が認められなければならない。この点につき，最判平成18・7・14民集60巻6号2369頁〔旧高根町給水条例事件〕〔百選II-162事件〕と本件との関係を改めて確認しておく必要がある。平成18年最判は，「本件改正条例は，旧高根町が営む簡易水道事業の水道料金を一般的に改定するものであって，そもそも限られた特定の者に対してのみ適用されるものではな」いと述べ，具体性に加え，対象の特定性を要求して，処分性を否定した。当該給水条例は，これに基づき算定される特定額の基本料金を支払う義務を，現在の給水契約者のみならず，今後当該水道を利用する不特定多数の者に対して，将来にわたって反復継続的に課すものである。これに対し，公の施設の廃止条例は，条例制定行為の時点で，現に入所中の特定の者に対し，従前の利用関係の終了という直接的かつ終局的な法効果を一回限りで生じさせるものである[18]。本件条例はか

---

[17] 実効的な権利救済を図るためには，取消訴訟の提起に際して執行停止の申立てを付することが肝要であるが，本稿では扱わない。

くして，平成21年最判のそれと同様，処分性を肯定される。なお，処分性が認められる場合に，取消訴訟を経ずに公法上の当事者訴訟や民事訴訟によって条例の効力を争いうるか否かは，未解明の論点として残されている[19]。

以上の判例法理に対しては，条例の場合に，一般処分という行政機関の行為とは異なり，対象の特定性が付加的に要求されることの妥当性が問われうる。なるほど，条例は議事機関たる地方議会の立法作用であるから，権力分立原理に照らし，裁判所の過度の介入は抑止されねばならない[20]。だが，かかる考慮は，訴訟要件レベルではなく，司法権の任務を画する「法律上の争訟」（裁3条）のレベルでなされるべき事柄である[21]。特定性の絞りは，具体性の判断の一要素にとどめられるべきであろう。

V 本案における違法事由（設問2②）

本案審理においてはまず，公の施設の廃止に係る裁量のありようが問題となる。確かに，公の施設は，当該施設利用者の個別具体的な利益のみでなく，「住民の福祉を増進する目的」（自治244条1項）に仕えるものであるから，限られた財の配分をめぐる裁量の余地は決して狭くはない。しかし，その裁量は，利用者の法的利益の尊重によって枠付けられる。個別法令によって種々の制約が課されているのに加え，行政が自ら定めたルールも，法の一般原則を媒介として自己拘束をもたらしうる。

実体的違法事由として，X_2とX_3は，まず，廃止の目的・必要性と利用者の不利益の内容・性質・程度等の諸事情の総合的考慮に立って，裁量の逸脱濫用を主張することになろう[22]。もっとも，Y市が，懇談会での議論を経て，住

---

18) 山本・判例行政法110頁，417頁以下参照。
19) 山本・判例行政法421-422頁は，最高裁が，法関係の早期かつ統一的な確定の必要性を含め，例外的な事情がそろった場合に限り処分性を認めるものと解釈すると，原則として取消訴訟を経なければならないことになると述べる。
20) 立法権に対する司法権の謙抑という考慮は，処分性の場面のみならず，裁量統制の場面においても（国家賠償請求訴訟における職務行為基準説の採用），引き合いに出されることがある（東京高判平成21・1・29判時2057号6頁〔平成21年最判の2審〕等参照）。
21) 巽智彦「平成18年最判判批」法協129巻8号（2012年）1887頁参照。
22) 横浜地判平成18・5・22判タ1262号137頁（平成21年最判の1審）等参照。

民一般の公益の観点をも含めて公の施設のあり方を見直し，A園の廃止を決断したという事情に鑑みるならば，裁量の逸脱濫用までは認められまい。廃止自体は適法であるとすると，X_2とX_3は次に，廃止の仕方を争うことになる。市町村による養護老人ホーム・特別養護老人ホームの廃止は届出制に服しており（老福16条2項），届出事項として「現に入所している者に対する措置」が求められる（老福施行規則4条の3第3号）。かかる法令上の制約を参照しつつ，本件募集要綱②を合わせ読むならば，従前からの施設利用という継続的関係に由来する利用者の信頼は，法的保護に値する。X_2とX_3は，Y市の責任において確保されるべきところの，人的・物的環境とサービスの継続性・専門性（水準と質の維持）を要求しうる。確かに，Y市は，受託事業者に対し，希望者の入所の継続，引継ぎと研修，移管後のY市職員の派遣等を課しているが，X_2とX_3は，とりわけ引継ぎと研修の期間が3か月にすぎない点を捉え，その不十分さ・不適切さがサービスの継続性・専門性の喪失をもたらすとして争いえよう。

　手続的違法事由として，X_2とX_3は，民間移管実施過程において，説明と意見聴取（老福12条参照），および，利用者の同意獲得に向けた協議が十分になされなかったことを主張しうる。サービスの継続性・専門性に対する信頼の保護は，公の施設の廃止にあたってのY市の配慮義務を要請する。説明会において，入所者から強い危惧が表明されたにもかかわらず，Y市は，民間移管によって生じうる悪影響を最小限にとどめるための措置や，民間移管に反対する入所者への代替措置を検討することを怠っている。説明会の実施回数（2回），受託事業者の公募時期（説明会の1か月後）や条例案の提出時期（説明会の5か月後）に照らすと，説明・意見聴取と協議のための期間が十分に確保されていたとは言い難い。これらの手続的瑕疵もまた，処分の取消事由となる可能性がある。

■ 関連問題

1 Y市は，その公の施設である図書館について，指定管理者制度を導入することを決定し，指定の手続を条例で定めた上で，公募に対して応募した5者のなかから，株式会社Xを指定管理者として指定した。これに対し，選定から外れたA，および，民間化によるサービスの低下を懸念する住民Bは，指定処分の取消しを求めることができるか。

2　Xが指定管理者として図書館の運営をはじめた直後に，図書の選定にあたって，特徴的な歴史観を有する作家Cの著作を除外するなどの取扱いがなされ，一部の市民から強い批判が浴びせられた結果，Y市は，Xの指定を取り消し，直営に戻すことを決定した。これに不満を有するXは，どのように救済を求めるべきか。一方，Cは自らの著書の取扱いに関して何らかの救済を求めることができるか。

COMMENT　1　Y市によるXの指定管理者としての指定が行政処分であることにつき，判例・学説上争いはない。問題は，AおよびBの原告適格が認められるか否かである。Aについては，競願者として，Xに対する指定処分の取消しを求める原告適格が認められよう（最判昭和43・12・24民集22巻13号3254頁〔東京12チャンネル事件判決〕〔百選Ⅱ-180事件〕参照）。一方，Bについては，図書館の利用に関するサービスを受ける権利利益が法的に保護されているとはいえず，したがって，原告適格が否定されよう。図書館利用者の地位について，本問解説Ⅳで取り上げた老人福祉施設や保育所などの特別のニーズを有する者を対象とする福祉サービスの場合，小学校などのすべての国民を対象とするサービスの場合，水道サービスなどの当該地域に居住・生活する者を対象とするサービスの場合等との比較を通して，検討されたい。

　2　公立図書館における資料の収集・提供・廃棄をめぐって，憲法上の問題が現に生じている（最判平成17・7・14民集59巻6号1569頁〔船橋図書館事件判決〕〔憲法百選Ⅰ-74事件〕）。Y市による指定取消しに対し，Xは，まず，その取消を求める訴訟を提起して救済を得ることができるか，そして，投下資本の損害の賠償を求めることができるか（最判昭和56・1・27民集35巻1号35頁〔宜野座村工場誘致政策変更事件判決〕〔百選Ⅰ-29事件〕。(事例⑩Ⅱ1(2))参照）が問題となろう。一方，Cについては，まず，公立図書館においてその著作物が閲覧に供されることに関し，法的保護に値する人格的利益を有するか否か（上記船橋図書館事件判決と比較されたい），その上で，どのように損害賠償請求訴訟を提起すべきことになるか（最決平成17・6・24判時1904号69頁〔百選Ⅰ-6事件〕，最判平成19・1・25民集61巻1号1頁〔百選Ⅱ-239事件〕等。(事例⑬)を参照されたい）が問題となろう。

社会保障給付決定とその返還をめぐる紛争

以下の 事例, 【資料1：AとBの法律事務所の会議録】, 【資料2：関係法令】を読んで, 設問 に答えなさい。

事例

　T県市町村職員共済組合（以下Xという）の組合員であるYは, 平成24年5月, 右膝内障等（以下「本件傷病」という）を発症して, 療養の給付を受けた。そして, 平成26年9月から平成27年11月にかけて, Xから, 本件傷病に関し, 地方公務員等共済組合法（以下「法」という）53条所定の短期給付である療養費及び高額療養費, 同法54条所定の短期給付（附加給付）としてXの定款（以下「本件定款」という）で定める入院附加金（以下, これらの給付金をあわせて「本件給付金」という）の支給を受けるとともに, 本件定款で定める一部負担金払戻金及びT県市町村職員共済組合入院者見舞金支給要綱（以下「本件要綱」という）で定める入院者見舞金の支給を受けた（以下, この5種を総称して「本件給付金等」という）。

　他方で, Yは, 平成28年5月, 本件傷病に関し, 通勤災害との認定を受け, 地方公務員災害補償法所定の療養補償として金員の支給を受けた。本件給付金等と「重複支給の状態」が生じたわけであるが, このような場合の調整として, 法62条2項は, 本件給付金の支給は行わない旨を定めていた（本件定款, 本件要綱にも同様の重複支給禁止規定がある）。そこで, X理事長であるPは, 平成28年11月, 理事長名で, Yに対し, Yの公務災害認定に係る傷病が確定したので本件給付金等について返還を求める旨を記載した書面を交付したが, Yは断固としてこの返還に応じようとしない。これまでの同様のケースでは任意に返還されることが通例であったので, Pは困惑している。今後の対応を協議するため, Pは某日, 弁護士AとBの事務所を相談に訪れた。

設問

1　本件給付金等のそれぞれに係る支給及び返還請求書交付の各行為には,

「処分性」は認められるか。
2　共済組合の法的性質は何か。返還請求書交付に処分性があると解釈した場合，Yが取消訴訟で争う場合の被告は誰になるか。
3　本件給付金について，XのYに対する不当利得返還請求は認められるか。

Yに対して支給された本件給付金等の一覧

給付の種類	金額	根拠規定
療養費	7万9706円	法53条1号
高額療養費	3万7491円	法53条2号の2
入院附加金	2万3000円	法54条，施行令23条の2，本件定款
一部負担金払戻金	46万4438円	本件定款，法附則17条
入院者見舞金	1万円	本件要綱，法112条1項1号

資料1：AとBの法律事務所の会議録

A弁護士：お話は承りました。XとしてはYに対して不当利得返還請求をしていきたいが，相手方が争うことを想定して，そもそもの本件給付金等の支給の法関係や，支給及び返還請求書交付の行為がどのような性質のものかを理解しておきたいということですね。今回はいろいろな種類の給付金がありますが，どのように整理できますか？

B弁護士：法令の仕組みから大別すれば，法53条に基づく療養費と高額療養費，そして法54条に基づく入院附加金は，いずれも法律上の短期給付です。その他に，本件定款に基づく給付（一部負担金払戻金）と本件要綱に基づく給付（入院見舞金）の3つのカテゴリーに分けることができると思います。

A弁護士：入院見舞金については法律の根拠がないのですか？

B弁護士：法112条1項1号に基づく事業の一環として，Xが独自に支給要綱を定めて運用しているものであって，法律に直接の根拠はないということのようです。

P：法43条1項に基づく給付の決定についてすら，実務上は行政処分に当たるとは意識していませんでした。しかし調べてみると，総務省からは行政処分に当たるとの見解が出されているようなのです。

A弁護士：では，本件給付金等の支給決定に「処分性」が認められるか否か，行政救済法の重要概念の問題ですから，B先生，条文や関連判例をよく調べて検討してみてください。

P：Yさんも，返還請求には不満があると言っています。そもそもの支給決定が処分であるとすれば，支給した分を返還せよという内容の請求書交付も処分ということに

なりますか？ Yさんから行政訴訟で訴えられたら，私たちが「行政庁」として被告になるのですか！？

B弁護士：給付決定とは別に，返還請求書交付行為の法的性質も問題ですね。仮に処分だとすれば，抗告訴訟の被告適格の問題も出てきます。Xの共済組合の法的性格は行政組織法の論点でもありますので，この際あわせて確認しておきましょう。

A弁護士：いずれにしても，重複支給の禁止を定める法62条2項の規定がある以上は，返還請求に理由はあるということにはなりそうですね。しかし，通常の不当利得返還請求でいけるのか，法に基づく行政決定が処分だとすると，行政行為の撤回みたいな話になるかもしれませんね。

B弁護士：でもたしか，原始的瑕疵を理由とする職権取消しは原則遡及効あり，後発的な事情を理由とする撤回は将来効のみ，ではなかったでしょうか？

P：Yさんは，まず通勤災害の認定を当局に求めましたが非該当と判断され，それでXが本件支給を行ったのです。ところが，その後，Yさんが通勤災害非該当について行政不服申立てを提起し，再審査請求まで行った結果，最終的に当局によって通勤災害であるとの認定がされたようです。

B弁護士：では，本来は通勤災害と認定されるべき事案であったとすると，そもそも本件給付金等は支給されるべきでなかったのに支払われてしまった……，職権取消しになるんでしょうか？

A弁護士：なるほど，行政法総論の話も関わってきますね，それではその辺も含めて検討してみてください。Xの定款の内容，災害認定等の地方公務員災害補償法にかかわる解釈問題はさしあたり無視してけっこうです。

資料2：関係法令

地方公務員等共済組合法（昭和37年9月8日法律第152号）

第1章 総則

（目的）

第1条① この法律は，地方公務員の病気，負傷，出産，休業，災害，退職，障害若しくは死亡又はその被扶養者の病気，負傷，出産，死亡若しくは災害に関して適切な給付を行うため，相互救済を目的とする共済組合の制度を設け，その行うこれらの給付及び福祉事業に関して必要な事項を定め，もって地方公務員及びその遺族の生活の安定と福祉の向上に寄与するとともに，公務の能率的運営に資することを目的とし，あわせて地方団体関係団体の職員の年金制度等に関して定めるものとする。

第4章 給付

（給付の決定及び裁定）

第42条① 短期給付……を受ける権利はその権利を有する者……の請求に基づいて組合……が決定……する。

（短期給付の種類等）

第53条① この法律による短期給付は，次のとおりとする。

一　療養の給付，入院時食事療養費，入院時生活療養費，保険外併用療養費，療養費，訪問看護療養費及び移送費

二の二　高額療養費及び高額介護合算療養

費
(附加給付)
第54条　組合は，政令で定めるところにより，前条第1項各号に掲げる給付に併せて，これに準ずる短期給付を行うことができる。
(他の法令による療養との調整)
第62条②　療養の給付又は入院時食事療養費，入院時生活療養費，保険外併用療養費，療養費，訪問看護療養費，移送費，家族療養費，家族訪問看護療養費若しくは家族移送費の支給は，同一の病気，負傷又は死亡に関し，地方公務員災害補償法の規定による通勤による災害に係る療養補償又はこれに相当する補償が行われるときは，行わない。

第5章　福祉事業
(福祉事業)
第112条①　組合……は，組合員の福祉の増進に資するため，次に掲げる事業を行うことができる。
　一　組合員及びその被扶養者の健康教育，健康相談，健康診査その他の健康の保持増進のための必要な事業（次条に規定するものを除く。）
　六　その他組合員の福祉の増進に資する事業で定款で定めるもの

第7章　審査請求
(審査請求)
第117条①　……短期給付……に関する決定……に関し不服がある者は，文書又は口頭で，地方公務員共済組合審査会……に行政不服審査法……による審査請求をすることができる。
②　前項の審査請求は，同項に規定する決定……があつたことを知つた日から3月を経過したときは，することができない。ただし，正当な理由により，この期間内に審査請求をすることができなかつたことを疎明したときは，この限りでない。

附　則
(一部負担金に関する経過措置)
第17条　組合は，当分の間，組合員が……一部負担金を支払つたことにより生じた余裕財源の範囲内で，一部負担金の払戻しその他の措置で主務大臣の定めるものを行うことができる。

地方公務員等共済組合法施行令（昭和37年9月8日政令第352号）

(附加給付)
第23条の2　法第54条に規定する短期給付は，総務大臣が地方財政審議会の意見を聴いて定める基準に従い定款で定めるところにより行うことができる。

● CHECK POINT

① 給付行政の諸類型と給付決定の行為形式
② 給付決定の処分性の判定方法
③ 行政主体の多様性と被告適格
④ 行政行為の撤回

● 解説

I　はじめに——準備的考察

1　本問の趣旨

　今回は，地方公務員等共済組合法に基づく給付及び返還請求をめぐる事案を取り上げることとした。同法は，六法全書の中では，地方公務員法，地方公務員災害補償法と並んで掲載されており，「公務員法」の領域に属する個別法ではあるが（地公法43条及び45条も参照），論点としては，処分性の仕組み解釈の"元祖"といってもいい最判平成15・9・4判時1841号89頁〔労災就学援護費不支給決定事件〕［百選Ⅱ-164事件］（以下「最判平成15年」という）の事案となった労働者災害補償保険法や，あるいはその他の社会保障給付に関わる広い意味での「社会法」の問題とも関連している。給付行政の内容は実に多様で，○○費と△△金の法的性質の異同，共済組合は行政主体か？等々，今ひとつイメージが湧かない素材かもしれないが，個別法の条文を丹念に読み解くことで十分に解答は可能であるから，がんばって付き合ってもらいたい。

　今回，下敷きとしたのは，最判平成24・3・6判時2152号41頁（以下「最判平成24年」という）であるが，事実関係については一部改変をしているほか，関連規定がその後大きく改正されている点に注意されたい。給付行政は，一般国民がいわば「生活者としての立場」で行政法と頻繁に接する領域でもある。事案の検討に入る前に，給付行政法関係の特徴等について，若干の確認をしておこう。

2 給付行政の仕組み

(1) 給付を行う仕組みのヴァリエーション

　行政庁が何らかの給付を行う法関係には，いくつかのタイプがある。給付を求めて訴訟を提起するようなケースでは，各類型に沿った方法を検討する必要がある[1]。

　①第一は，基本的には行政庁の処分などの行為を必要としないタイプであって，国家公務員災害補償法に定める補償のように，法律に定める一定の要件に客観的に該当する事実が発生したことによって直ちに具体的な受給権が成立する類型である[2]。行政処分を介在させることなく直接に権利行使ができる仕組みであるから，公務災害の発生と同時に補償請求権が生じ，受給権者は，抗告訴訟ではなく給付訴訟（民事訴訟ないし公法上の当事者訴訟）によってその権利を直接主張できることとなる[3]。医療保険における療養の給付[4]なども，被保険者等が傷病にかかった際に，保険医療機関へ被保険者証を提示することによってなされるので，基本的に，行政庁による認定等の行為は必要とされない。

　②第二は，行政庁の処分を経て給付が行われるタイプである。私人の申請を前提にするのが一般的であるが，職権によることもある（生活保護24条・25条）。この場合の行政庁の処分が形成的か確認的か，そもそもの受給権の性質や内容等については様々な整理が可能であるが[5]，いずれにしても，受給権の成立に行政処分を介在させる仕組みがとられていることには次のような意味がある。生活保護の申請拒否処分を念頭に置くと，(a)行政手続の面では，「申請

---

[1]　最判平成15年の第1審である東京地判平成10・3・4判時1649号166頁も，以下の3類型に言及している。参照，山本・判例行政法322頁以下，太田匡彦「判批」百選Ⅱ340頁以下。

[2]　人事院等が行う災害の認定等の行為は，受給権に何らの影響を及ぼすものではなく，抗告訴訟の対象性を有しない（最判昭和31・10・30民集10巻10号1324頁）。

[3]　地方公務員災害補償法など類似の制度の中には，補償に関する決定に行政処分性を認めるものもあり，立法の不統一への批判はある。参照，宮崎良夫「社会保障行政と権利保護」同『行政争訟と行政法学〔増補版〕』（弘文堂，2005年）357頁以下。

[4]　法56条のほか，健康保険法63条1項，国民健康保険法36条1項など。

[5]　参照，磯部哲「社会保障の受給権と行政決定」争点268頁以下，芝池義一ほか編『行政法の争点〔第3版〕』（有斐閣，2004年）234頁以下，太田匡彦「権利・決定・対価㈠～㈢——社会保障給付の諸相と行政法ドグマーティク，基礎的考察」法協116巻2号1頁，3号1頁，5号70頁（1999年）。

に対する処分」に係る手続として，審査基準の設定・公表，申請の迅速処理と理由の提示等が義務付けられ（行手第2章），(b)行政不服申立ての面でも，拒否処分に対して行審法に基づく不服申立ての途がひらかれることとなる。そして，(c)行政訴訟の面では，受給権の成否に関する紛争の処理が，当該行政処分に対する不服（抗告訴訟）のルートによることが明確にされる。典型的には，申請拒否処分の取消訴訟と申請型義務付け訴訟の併合提起を行い，必要に応じて仮の権利保護を求める仮の義務付けを申し立てることとなろう。その際，出訴期間や不服申立前置などの制約がありうる。たとえば，国民が生活保護に関する処分を争う場合には，いきなり取消訴訟はできず（生活保護法69条は審査請求前置を要求している），不服申立期間内に審査請求を知事等に行わねばならない（生活保護法84条の4で法定受託事務とされている事務に係る処分であれば，地方自治法255条の2の区分に従い，行審法による審査請求をすることとなる）。

③第三に，契約に基づき給付が行われるタイプである。一定の要件を満たして契約関係に立つ当事者間で，契約上の義務の履行として給付が行われる場合であるが，給付を求めて訴訟を提起する場合には，公法上の当事者訴訟又は民事訴訟によることとなる。一方当事者が行政主体である以上，契約締結の自由も制限されようが，しかし，給付を求める私人による契約締結の申込みに対し，行政主体が承諾することを求める訴えなどは，契約の申込みを正当な理由なく拒んではならない旨の規定（たとえば水道法15条1項）がない場合等であれば6)，容易ではない。そうした点で，処分形式をとる方が請求を立てやすいメリットもあろう。

(2) **給付の法関係の多面性と「処分性」**

上述のように，給付が行われる場合の法形式・行為形式にはいくつかのタイプがある。なかには判別の難しいケースもあるが，そうした見極めにあたっては留意しておくことがいくつかある。

ある給付の決定が処分／契約のいずれかに判定されることと，法律関係の全般が公法関係／私法関係と区別されることとは，分けて考える必要がある7)。たとえば，公営住宅への入居の決定については，行政処分という説と，私法関

---

6) 裁判例の中には，契約締結強制の趣旨に照らして，給水契約の申込みに対して水道事業者が全く正当な理由がないのにこれを拒んだ場合には，申込みがなされた日に給水契約が成立したと認めるのが相当としたものがある（東京地八王子支決昭和50・12・8判時803号18頁）。

係である契約申込みに対する承諾とする説があるが，入居後の使用料の徴収等の法律関係は私法関係とされており，このように，ある事項が公法関係に属するのか，私法関係に属するかの判断は，その問題の部面についてのみ行うべきである。その部面としては，①法律関係の発生，②その法律関係の継続において生ずる派生的権利関係，③その法律関係の終了，をさしあたり考えられるが，これらの各部面について，法令がどのような立法政策をとっているかを個別に解釈する姿勢が求められる[8]。

　さらに，こうした実体法的な法律関係の性質決定の問題と，そこにおける各決定に「処分性」が認められるかの問題も，分けて考える必要がある。処分性は，取消訴訟の対象性という訴訟法上の概念である。本件のモデルである最判平成24年では，不当利得返還請求に係る撤回ないし解除に該当する行為の有無が問題となり，定款に定める給付と要綱に基づく給付について，これらは贈与契約に分類されるとした上で，返還請求書の交付は，本件定款及び本件要綱に基づく贈与契約の解除に該当すると判示したが，かかる給付が贈与契約に分類されたとしても，それによって，給付等の各決定の処分性が否定されるわけではない。この観点からは，「たとえば，不支給を取消訴訟で争う例において，『処分性』は地公共済法上の規定の有無のみで判断されるのではなく，法43条1項に基づく給付決定がなければ贈与契約による給付が行われないのであれば，贈与契約と法43条1項に基づく給付決定との関係も問われる」などと指摘される[9]。やや分かりにくいかもしれないが，この論点を考えるためにも，最判平成15年を読んでみよう（Ⅱ1(2)以下）。

---

7) やや難しい点であるが，古典的な意味での公法私法二元論は採用しないとしても，今なお裁判実務においては，公法関係と私法関係の区別は，その訴えが民事訴訟か行政事件訴訟かを判定するための重要な基準である。
8) 以上参照，実務的研究8-9頁。
9) 以上参照，須藤陽子「最判平成24年判批」平成24年度重判解（ジュリ1453号）46頁。

II 設問1 について

1 「処分性」
(1) (あらためて) 概説

　取消訴訟の対象である,「行政庁の処分その他公権力の行使に当たる行為」(行訴3条2項) 該当性を判別する解釈問題が,「処分性」の問題である。処分性の有無を裁判所がどのような点に着目して判断しているか,代表的な最高裁判決から学ぶとともに,それらをふまえて,具体的事案に即して処分性の有無を考察するスキルを身につける必要がある。

　「行政庁の処分とは,……公権力の主体たる国または公共団体が行う行為のうち,その行為によって,直接国民の権利義務を形成しまたはその範囲を確定することが法律上認められているもの」(最判昭和39・10・29民集18巻8号1809頁〔東京都ごみ焼却場事件〕［百選II-156事件］) をいう。そして,実務上はこの考え方にたって個々の行政庁の行為の処分性の有無を判断していること,要するに,係争行為の公権力性 (形式的要素としては法令に基づくこと,実質的要素としては一方的・優越的な公益判断を行うこと) と具体的法効果の2要素から判断されるが[10],その際,当該行為を取消訴訟の対象とする趣旨が認められるかにつき,個別法の仕組み解釈を通じて立法者の意思を探る必要性が指摘されていること[11],処分性概念が,抗告訴訟か公法上の当事者訴訟・民事訴訟かという訴訟管轄の配分を行う機能に加え,およそ訴訟として取り上げるに値しない紛争を排除する機能を有すること等々は,すでに 事例⑦III でも解説のあったところである。

　もっとも,公権力性の有無の判定は実定法の解釈によることとなるが,具体的な基準が定立しているとはいえない。その判定には,①その行為によって法律関係を一方的に変動させる仕組みになっているか,②根拠法令上その行為につき不服申立て等の行政争訟が認められているか[12],等が手がかりとなる[13]。

---

10) 山本・判例行政法のうち,V【17】～【20】,とくに同・366頁以下の詳細な分析が参考になる。
11) 櫻井＝橋本・行政法278頁以下。

(2) **本件の場合**

本件でいえば，組合の給付及びその決定に関する規定（法43条）のほか，「給付に関する決定」に対して行審法による審査請求を認める規定（法117条）が存在する。このように，当該行為を処分とする明文の根拠があることから，本件給付金（法53条及び法54条に規定する給付）の支給・不支給の決定については，問題なく処分性を肯定できよう（「返還請求書交付行為」の法的性質についてはⅣ参照）。そして，明文の根拠を厳格に要求する見地からは，本件定款や本件要綱に定めるその他の給付について特別の規定がない以上，その法律関係を形成する行為は契約上の行為であると解することとなりそうだが，ことはそう簡単ではない。最高裁は，より「鷹揚な解釈態度」[14]を示しているからである。

2　最判平成15年

(1) **事案・判旨**

最判平成15年の事案は，労働者災害補償保険法に基づく遺族補償年金の受給者である原告が，労災就学援護費の不支給（打切り）決定を受けたため，その取消しを求めたものである。平成11年改正前の同法23条（現29条）1項2号は，政府は，労働福祉事業として，遺族の就学の援護等の事業を行うことができるとし，同条2項は，労働福祉事業の実施に関して必要な基準は労働省令で定めると規定していたが，これを受けて定められた同法施行規則1条3項は，労災就学援護費の支給に関する事務は，事業場の所在地を管轄する労働基準監督署長が行うと規定するのみで，具体的な支給対象者，支給額，支給期間，欠格事由，支給手続等を定めていたのは，行政規則である労働省労働基準局長通達（及びその別添「労災就学等援護費支給要綱」）であった。同法38条は，「保険給付に関する決定」に対して審査請求できる旨を定めていたが，労働福祉事業（現在は「社会復帰促進等事業」として同法第3章の2に規定）に属する就学援護

---

[12]　さらに，行政手続法の適用を前提に，その特則や適用除外を定めた規定が設けられているかも参考となる。
[13]　櫻井＝橋本・行政法280頁。裁判実務における伝統的着眼点を示すものとして，さらに参照，実務的研究15頁以下。
[14]　山本・判例行政法319頁。

費支給は，保険給付（同法第3章）に含まれていない。

　このように，法律上は就学援護費支給決定の処分性を肯定する明示の規定がない状況において，最高裁は，「法は，……保険給付を補完するために，労働福祉事業として，保険給付と同様の手続により，被災労働者又はその遺族に対して労災就学援護費を支給することができる旨を規定しているものと解するのが相当である」とした上で，「被災労働者又はその遺族は，……所定の支給要件を具備するときは所定額の労災就学援護費の支給を受けることができるという抽象的な地位を与えられているが，具体的に支給を受けるためには，労働基準監督署長に申請し，所定の支給要件を具備していることの確認を受けなければならず，労働基準監督署長の支給決定によって初めて具体的な労災就学援護費の支給請求権を取得する」のであるから，「労働基準監督署長の行う労災就学援護費の支給又は不支給の決定は，法を根拠とする優越的地位に基づいて一方的に行う公権力の行使であり，被災労働者又はその遺族の上記権利に直接影響を及ぼす法的効果を有する」として，その処分性を肯定したのであった。

(2) **最判平成 15 年の位置付け**

　最判平成 15 年は，労災就学援護費について，それが保険給付を補完する目的をもつ点を強調しつつ，申請と決定の仕組みは具体的には要綱にしか現れていなくても，一体的に行われる保険給付には法の根拠があるとして不支給決定の処分性を肯定した。処分性の判定にあたって必ずしも明文の根拠を厳格に要求せず，法の体系的解釈により緩やかに処分の法律上の根拠を認める傾向が示されている。本稿の関心からいえば，給付行政の領域であっても，明示の規定がないからといって当然に契約方式を推定することにはやや慎重であるべきで，たとえ法律上には明示の根拠規定がない給付 a であっても，それと性格や手続が類似し，あるいは（補完的であるなど）関連性の強い給付 b について処分の仕組みが法律で明確に定められている場合などには，給付 a を処分と解する余地があるということになるであろうか（「複数の仕組みそれぞれの関係を主従関係で捉え主たる仕組みの解釈に合わせ」る手法[15])）。

　もっとも，最判平成 15 年の射程については，これもやや慎重に考えておきたい。従来の最高裁にも同様の傾向は見られていたと指摘されるが[16]，最判

---

15) 太田・前掲注1)341 頁。

平成 7・11・7 民集 49 巻 9 号 2829 頁［百選 I -70 事件］は，未支給年金の請求者について「統一的見地から公権的に確認する」必要性を処分性肯定の根拠として援用していたし，最判平成 15 年に対しても，遺族の要保護状態の程度を「統一的・公平に判断する必要から処分形式で行う適切性がある」という考慮を指摘した方が説得力を増したのではないかという見解[17]もある。さらには，大量に発生する法律関係の統一的処理の必要性，法律関係の早期安定の必要性，専門的行政機関の判断による迅速な保護の必要性など，政策的な理由を指摘する見解[18]も参考になろう。最判平成 15 年はあくまで平成 16 年改正前の行訴法下における訴えの変更の困難さに配慮した特別な例として，その先例性を限定的にとらえる見解[19]もある。

(3) 本件の検討：処分性肯定／否定のロジック

本件のモデルとなった最判平成 24 年は，法 53 条に基づく短期給付（療養費及び高額療養費）と，法 54 条に基づく短期給付（附加給付：入院附加金）はそれぞれ法 43 条 1 項所定の給付の決定によりその受給権が発生するものと解されるのに対して，一部負担金払戻金及び見舞金については，「地公共済法上，これらを同法に基づく給付と位置付ける規定はなく，これらは，専ら本件定款又は本件要綱が定めるところにより支給されるもの」であり，その支給は「本件定款又は本件要綱で定められたところに従って成立する贈与契約に基づくものというべきである」としている。こうした観点からは，明確に法律上の根拠もなく，主たる仕組みの解釈に合わせる必要がある等の積極的事情もみられない場合であれば，処分性を否定するロジックも十分に成り立ちうると思われる。

もっとも，最判平成 15 年の意図が，柔軟な（あるいは「大雑把」[20]な）仕組み解釈を通じて「実効的な権利救済」を図ることにあったとすれば，およそ同一私人に対して同一官庁がなした決定や応答であっても，法律の仕組み次第で，争いたい私人は取消訴訟と民事訴訟・公法上の当事者訴訟を使い分けなければならないという事態自体，いかがなものかとの批判もありえよう。統一性・公

---

16) 山本・判例行政法 319 頁以下，下井康史「『処分性』拡張と処分性概念の変容」法時 85 巻 10 号（2013 年）16 頁。
17) 山本・判例行政法 324 頁以下。
18) 嵩さやか「最判平成 15 年判批」法教 283 号（2004 年）104 頁以下。
19) 下井康史「演習行政法」法教 357 号（2010 年）159 頁。
20) 太田・前掲注 1) 341 頁。

平性の観点からも疑問がないわけではない。また，本件では，通勤災害認定の裁決を経ての返還請求という事情もあった。2つの両立しない裁決，処分がある場合に，関係行政庁は，裁決の実現を妨げる関係にある処分を取り消す義務が生じる（拘束力の1つとしての「不整合処分の取消義務」）。統一的，公平かつ迅速な処理に資するという観点も重視するならば，積極的に処分性を肯定する余地もあるように思われる。

III 設問2 について

1 共済組合の法的性格

国及び地方公共団体が行政主体であることは疑いがないが，そうした統治団体と私的主体との中間には，様々な類型の法人（政府周辺法人）が存在する。たとえば，統治団体以外の行政主体としては公共組合，特殊法人，独立行政法人及び国立大学法人が，その他の政府周辺法人として認可法人，指定法人及び登録法人があげられる[21]。公共組合の特徴としては，組合への強制加入制，国家監督のあること，業務遂行に公権力が付与されること，経費の強制徴収が認められることなどがある。

地方公務員等共済組合法に基づく共済制度を運用し実施する主体が，地方公務員共済組合である。共済組合も，法律上設置され，常時勤務することを要する地方公務員を組合員として組織される団体で，その組合員資格の得喪は，一定の事実に基づいて自動的かつ強制的に行われている。これは公共組合の類型に属し，かねて公法人の典型としてあげられていたものである。

2 被告適格

処分性が認められる行政活動とは，「行政庁による公権力の行使」である。国家行政組織法や地方自治法等に規定された行政機関以外であっても，処分権限を法律上認められた機関は存在し，それらは当該処分権限の行使について，「処分庁」としての取扱いをうける。そして，取消訴訟の被告は，かつては行政庁とされていたのが平成16年改正によって「行政庁の所属する国又は公共

---

21) 櫻井＝橋本・行政法39頁以下。

団体」（行訴11条1項）へと変更されたものの，行政庁が国等に属さない場合には，従前通り行政庁である（同条2項）。処分をした行政庁が，独立の法主体性をもった指定法人[22]や弁護士会[23]等のようなケースである。

行訴法11条にいう「公共団体」に，地方公共団体の他にいかなる団体が含まれるかは必ずしも明らかではないが，さしあたりは，国及び地方の独立行政法人，特殊法人，公共組合，地方公社，認可法人及び特別の法律により設立される民間法人の一部等が含まれよう[24]。こうした公共団体については，法人そのものが行政庁として処分をする場合には，処分をした法人自体が法人格を有し，国又は公共団体に所属していないため，行訴法11条2項によりその法人を被告とすることとなるが，理事長等の法人の一定の機関が行政庁として処分をする場合には，理事長等の機関が行政庁となり，その行政庁が所属する法人が行訴法11条1項にいう「行政庁の所属する公共団体」となって被告となる。いずれにしても，法人を被告とすべきことになろう。

本件の場合であれば，（Ⅳで検討するが）本件給付金の返還請求書交付行為は撤回処分と考えられ，その権限を有する行政庁は，元の支給決定の処分庁である「組合」である（法43条）。書面は理事長名で交付されたようであるが，処分庁＝処分権限の所在は条文から探究する必要があることに注意しよう。

Ⅳ 設問3 について

1 返還請求書交付行為の法的性質
(1) 設問の検討

本件は，地方公務員災害補償法に基づく通勤災害と認定されたことで，「事後的に」重複支給状態が現出したことから，Xが法の規定に基づき返還請求をしたものである。法62条2項の規定する重複支給禁止は，限られた財源の

---

[22] 建築確認の権限が民間企業（指定確認検査機関）に委任された場合（建基6条の2）などは，建築確認取消訴訟の被告は当該民間企業となる。
[23] 弁護士会が弁護士又は弁護士法人に対して懲戒を行う場合（弁護56条）などは，懲戒処分取消訴訟の被告は当該弁護士会となる。
[24] 行訴法12条4項及び別表，国の利害に関係のある訴訟についての法務大臣の権限等に関する法律2条4項・7条1項〔政令で定める公法人〕，独立行政法人の保有する情報の公開等に関する法律2条及び別表第1などが参考になる。

有効活用という観点からは首肯できるものであり，この立法政策自体の当否は問題にしなくてもよかろう。**設問**では，（給付の決定が処分であることの明確な）本件給付金について，XのYに対する不当利得返還請求が認められるかが問われているが，かかる請求が適法かつ可能であるかを考察するにあたっては，返還請求書交付行為の法的性質を検討する必要がある。

　法律に根拠をもつ本件給付金の支給決定が処分であるという解釈を前提にすれば，通常は，その関係を終了させるには処分が必要となる[25]。通勤災害認定をめぐって争いがある場合には，法43条1項に基づく給付決定との間で時間的ズレが生じうることは不可避であって（そもそも通勤災害認定を申請しないこともあるかもしれない），重複支給は給付決定の後発的瑕疵となることはあっても，原始的瑕疵とまではいえないであろう[26]。こうした見地からは，返還請求書交付行為は処分の撤回に該当すると考えられる[27]。そして，かかる撤回処分が適法・有効になされた場合であれば，Yの受給した本件給付金は不当利得に当たるというべきである（同旨，最判平成24年）。

　以下では，行政行為の撤回論を参照し，かかる撤回が適法になしうるかを，さらに検討しておくこととしよう。

(2) 行政行為の撤回論から

　行政行為の撤回は，瑕疵なくなされた行政行為であったが，その後の事情により，当該行政行為の効力を失わせる必要が生じたときになされる。そして，(a)行政行為の効力を失わせる撤回行為自体も行政行為であること，(b)「その後の事情」には相手方の義務違反，公益上の必要，要件事実の事後消滅などがあること，(c)当該行政行為は成立時には適法であったのだから，撤回の効果は遡及しないこと（将来効），(d)授益的行為の撤回であればそれ自体が侵害的な行政行為に当たるが，撤回の実質的根拠は「公益適合性の要請」であり，法令上直接明文の規定がなくても可能であること（参照，最判昭和63・6・17判時1289

---

[25] 他方で，最判平成24年は，法令としての効力を有しない要綱等を根拠とする給付であれば，公金から支出されるとしても，行政処分ではなく贈与契約と異ならない場合が多いから，かかる場合には，契約の解除が行われたと解するのが妥当であるという。

[26] 同旨，須藤・前掲注9)46頁。

[27] 他方で，通勤災害を認定した裁決の形成力によって遡ってかかる法関係が確定し，本件給付金等は当初から禁止される重複支給の性格を帯びていたと解し，原始的瑕疵を理由としてなされる職権取消しと構成する余地もあるが，紙幅の都合上，詳論は避ける。

号39頁〔菊田医師事件〕［百選Ⅰ-93事件］)，(e)「撤回権は処分権とまさに裏腹の関係に立つ」[28]のであり，したがって撤回権は処分庁のみが行使できること等の基本事項を学ぶことが必須である。さらに，(f)撤回権の制限も問題となる。撤回の可否にあたっては総合的判断の必要性が指摘されており，一般的には，当該行政行為の性質（侵害的か授益的か)，有効期間が付されているか・その期間の性質，撤回によりもたらされる公益と撤回により相手方の受ける不利益，相手方に責めに帰すべき事由があるか，第三者の信頼保護の必要性などが考慮要素となろう。

(c)将来効との関連では，本件のように，撤回の効果を遡及させることの可否が問題となりうるが，こうした説明は理論上のものである。重複支給禁止規定の存在によって，受給要件が事後的に消滅した場合には当初の決定を撤回できるとする解釈は十分可能であり，最判平成24年も，本件の撤回につき遡及効があることを前提にしていることがうかがえる[29]。さらに，(f)撤回権の制限との関連についても，本件の諸事情を総合的に勘案すれば，撤回の公益性は高く……などと比較考量もできようが，むしろ，法62条2項は重複支給の場合には義務的に撤回することを求めていると解する[30]のであれば，特段の事情がなければ撤回可能と解するべきであろう。こうした理由付けからすれば，本件では，遡及効ある撤回を適法に行ったものと解して，不当利得返還請求は可能であると結論づけることができよう。

なお，(d)との関連で，本件の支給決定の撤回処分は，Yの権利を制限する「不利益処分」(行手2条4号）に該当するが，「納付すべき金銭の額を確定し，一定の額の金銭の納付を命じ，又は金銭の給付決定の取消しその他の金銭の給付を制限する不利益処分」（同13条2項4号）であるので，行手法の定める聴聞・弁明手続は適用除外となっている。個別法上あるいは運用上，これに代わる適切な手続保障がなされているかは注意を要する点である。さらに，かかる撤回処分をするにあたっては行審法上の教示を適切に行うのでなければならない（行審82条1項)。不服申立ては，地方公務員共済組合審査会に対する審査請求の形をとることとなる（法117条1項。審査会の設置及び組織に関しては法118条参照)。

28) 塩野・行政法Ⅰ195頁。
29) 橋本博之『行政判例ノート〔第3版〕』（弘文堂，2013年）80頁以下。
30) 須藤・前掲注9)46頁。

2 強制徴収との関係

　今回の設問とは直接の関係はないが，不正な受給者がいた場合や，Yのように事後的に重複支給状態になり返還義務が生じたような場合，支給した側は，当然に返還請求をしようということになる。最判平成24年は，返還請求書交付を処分の撤回ないし贈与契約の解除と解釈して，不当利得返還請求を是認したのであったが，給付行政の領域では，交付決定の撤回にとどまらず，さらに相手方に対して返還を命じる仕組みも存在する（たとえば補助金等に係る予算の執行の適正化に関する法律18条1項[31]）。この場合，断固として返還に応じない私人への対応の問題は，かかる返還命令の実効性確保という側面も含むこととなる。同法は，「各省各庁の長が返還を命じた補助金等……は，国税滞納処分の例により，徴収することができる」(同21条)との規定を有しており，不当利得返還請求とは異なる形で，行政権独自の特別の徴収制度の利用を認めている。

　他方で，返還命令の仕組みをもたない法令も少なくない。また，不正請求などの事案について，「その費用の全部又は一部を，その者から徴収することができる」等の規定がある場合でも，「国税滞納処分の例により」などの文言がない場合には，たとえ受給決定を処分で撤回したようなケースであっても，返還を求めて民事訴訟を提起するしかない。しかし，行政上の債権回収については，行政上の強制徴収は実際の行政運営において適切に機能しておらず，民事訴訟による場合も円滑な訴訟利用がなされているとは言い難いという指摘もある[32]。こうした行政上の義務履行確保の仕組みが適切に運用されているといえるかについても，関心をもって検討してもらいたい。

■ 関連問題

　Xは，地方公務員であった妻の公務災害に基づく死亡について，地方公務員災害補償基金A県支部長に対し，地方公務員災害補償法に基づき遺族補償

---

31) 「各省各庁の長は，補助金等の交付の決定を取り消した場合において，補助事業等の当該取消に係る部分に関し，すでに補助金等が交付されているときは，期限を定めて，その返還を命じなければならない。」
32) 櫻井＝橋本・行政法184頁。

年金の支給請求をしたところ，地公災法32条1項ただし書1号及び同法附則7条の2第2項の定める遺族補償年金の受給要件（配偶者のうち夫については職員の死亡の当時55歳以上であること）を満たさないなどとして，いずれも不支給とする処分（本件処分）を受けた。Xは，配偶者のうち夫（男性）についてのみ年齢要件を定めた地公災法等の規定は，法の下の平等を定めた憲法14条1項に違反すると考え，本件処分の取消しを求めて出訴した。かかるXの主張は妥当か。地公災法の遺族補償年金の法的性質に留意しつつ，検討しなさい。

COMMENT **事例**では，給付を行う法的仕組みには主に3つのヴァリエーションがあることなどを取り上げたが，実際の給付行政関連訴訟においてはしばしば，「当該給付ないし制度の法的性質」が事案の帰趨を左右する重要な論点となることがある。たとえば，被爆者援護法18条1項は在外被爆者が日本国外で医療を受けた場合にも適用されるとした最判平成27・9・8民集69巻6号1607頁なども，「被爆者の置かれている特別の健康状態に着目してこれを救済する……同法の趣旨」を重視したものであった。個別法に立ち入った考察となるが，社会保障関連紛争を検討する際には避けて通れない着眼点でもあるので，関連問題で取り上げることとした。

地公災法等の定める災害補償制度の法的性質については，一般に，一種の損害賠償制度であり，社会保障制度とは一線を画すると解されているが（実際，地公災法には，他の社会保障立法との間に併給禁止規定ではなく併給調整規定が置かれるにとどまっている），受給資格要件を定める立法府にどの程度広範な裁量が認められるか，受給資格要件として性別による区別を設けることの合理性等については，このどちらの側面を重視するかによって結論が変わってきそうである。関連問題のモデル事案では，大阪地判平成25・11・25判時2216号122頁と，その控訴審である大阪高判平成27・6・19裁判所HPとの間で結論が異なっている。参考にされたい。

廃棄物法7条1項および浄化槽法35条1項に基づく営業許可をめぐる紛争

以下の 事例 ,【資料1：AとBの法律事務所の会議録】,【資料2：関係法令】を読んで 設問 に答えなさい。

事例

　株式会社Xは、平成3年4月にY市長から一般廃棄物（し尿・浄化槽汚泥）収集運搬業の許可（廃棄物7条1項）および浄化槽清掃業の許可（浄化槽35条1項）を受け、Y市（α地区、β地区およびγ地区からなる）のうちのα地区およびβ地区において、し尿・浄化槽汚泥清掃業を営んできた。ところが、平成18年3月にXの創業者であるCが死亡した後、新たにXの代表者となったD（Cの子）と長年にわたりCと共同でXの経営を支えてきたE（Cの弟）との間で、Xの経営権をめぐる紛争が生じ、α地区およびβ地区内では、D派とE派の従業員らが入り乱れて業務を行う事態に陥った。Y市の担当者は両者の間を調整するよう努めたものの、平成27年9月にEがXを解雇され、Eに追随した従業員らがXを退職するに至り、遂に、平成28年度および平成29年度のし尿・浄化槽汚泥清掃業について、Xは許可の更新を、Eは新規の許可をY市長にそれぞれ申請するところとなった。Y市長は、これ以上の混乱を避けるべく、X内部におけるD派とE派の業務実績を勘案して、XとEに別々の営業区域を割り当てることとし、平成28年4月1日付で、Xに対しては、一般廃棄物（し尿・浄化槽汚泥）収集運搬業の許可をα地区に限定して更新し、同時に浄化槽清掃業の許可を更新する一方で、Eに対しては、一般廃棄物（し尿・浄化槽汚泥）の収集運搬業の許可をβ地区について付与するとともに浄化槽清掃業の許可を付与した。これを受けて、Dは、同年5月に、AとBの法律事務所を訪れた。

設問

1　Xは、自らに対する一般廃棄物（し尿・浄化槽汚泥）収集運搬業の許可の更新について、し尿・浄化槽汚泥の収集を行うことができる区域をα地区に

限定されたことをどのような訴訟上の手段によって争うべきか，とりわけ，営業区域をα地区に限定した部分の取消訴訟（行訴3条2項）を提起することができるか，検討しなさい。

2 Xは，Eに対する一般廃棄物（し尿・浄化槽汚泥）収集運搬業の許可および浄化槽清掃業の許可の取消訴訟を提起する原告適格を有するか，検討しなさい。

資料1：AとBの法律事務所の会議録

D：Y市内でし尿・浄化槽汚泥清掃業を行うためには，一般廃棄物収集運搬業の許可と浄化槽清掃業の許可を2年ごとに更新してもらう必要があります。し尿の収集運搬業はともかくとして，浄化槽汚泥の収集運搬業と浄化槽清掃業のどちらか一方しかやっていないという業者は，少なくともY市内にはいません。

A弁護士：たしかに，最高裁も，「浄化槽の清掃により生ずる汚泥等の収集，運搬につき，これをするために必要な一般廃棄物処理業の許可を有せず，また，他の一般廃棄物処理業者に業務委託すること等により適切に処理する方法も有していない」者は，「浄化槽の清掃業の業務に関し不正又は不誠実な行為をするおそれがあると認めるに足りる相当の理由があり，浄化槽法（……）36条2号ホ所定の事由があるというべきである」（最判平成5・9・21判時1473号48頁）といっていますので，それも頷けます。

D：今回の件で問題なのは，一般廃棄物収集運搬業の許可の方です。申請書には，あらかじめ「業務の区域 Y市内」と印刷されていますので，当社から希望する営業区域を申し出るわけではありませんが，昨年度までは，α地区とβ地区でし尿・浄化槽汚泥の収集を行うことが許可されてきました。ところが，今年度からは，営業区域がα地区だけに減らされてしまいました。Y市は，「これ以上の混乱を避けるため」と説明していますが，Eの一派はY市にかなりの圧力をかけていましたので，Y市がそれに屈したというのが本当の理由だと思います。

A弁護士：Dさんのお考えでは，このたびのY市長の処分は他事考慮か不正な動機に基づくものであるということになりますね。

D：当社は，従業員も補充できていますので，昨年度までと同様に，α地区とβ地区の両方で，し尿・浄化槽汚泥の収集を行えて然るべきです。β地区へのEの新規参入が認められたのは，妙な話です。

B弁護士：でしたら，Xに対する一般廃棄物収集運搬業の許可の更新のうち，し尿・浄化槽汚泥の収集を行うことができる区域をα地区に限定した部分の取消しを裁判所に請求する，というのはどうでしょうか。

D：その部分がなくなれば，当社はY市全域で営業ができることになりますね。もちろん，当社が営業するのはα地区とβ地区だけでして，γ地区で営業するつもりはさらさらありませんけれども。

A弁護士：しかし，問題は，その部分だけの取消訴訟を提起することができるかどうか，ということです。ところで，仮に，何らかの訴訟の結果，Xがβ地区で営業できるようになったとしたら，即，Eはβ地区から排除されるということになるのでしょうか。

B弁護士：東京12チャンネル事件（最判昭和43・12・24民集22巻13号3254頁［百選Ⅱ-180事件］）のように，1つの許認可を複数の者が争うという事案であれば，間違いなくそうなるはずですが。

D：しかし，Y市内では，し尿・浄化槽汚泥清掃業者は1地区1業者と決められているわけではありません。例えば，β地区では，Eを含めてし尿・浄化槽汚泥清掃業者が3つあります。

A弁護士：そうなると，直ちにEがβ地区から排除されるかどうかは，怪しいですね。念のため，Eに対する一般廃棄物収集運搬業の許可と浄化槽清掃業の許可も裁判所に取り消してもらった方がよさそうです。もっとも，Xに取消訴訟の原告適格があるかどうか，が問題になるでしょう。

資料2：関係法令

廃棄物の処理及び清掃に関する法律（昭和45年法律第137号）

（目的）
第1条　この法律は，廃棄物の排出を抑制し，及び廃棄物の適正な分別，保管，収集，運搬，再生，処分等の処理をし，並びに生活環境を清潔にすることにより，生活環境の保全及び公衆衛生の向上を図ることを目的とする。

（定義）
第2条①　この法律において「廃棄物」とは，ごみ，粗大ごみ，燃え殻，汚泥，ふん尿，廃油，廃酸，廃アルカリ，動物の死体その他の汚物又は不要物であって，固形状又は液状のもの（放射性物質及びこれによって汚染された物を除く。）をいう。

②　この法律において「一般廃棄物」とは，産業廃棄物以外の廃棄物をいう。

④　この法律において「産業廃棄物」とは，次に掲げる廃棄物をいう。

一　事業活動に伴って生じた廃棄物のうち，燃え殻，汚泥，廃油，廃酸，廃アルカリ，廃プラスチック類その他政令で定める廃棄物

二　輸入された廃棄物……

（国及び地方公共団体の責務）
第4条①　市町村は，その区域内における一般廃棄物の減量に関し住民の自主的な活動の促進を図り，及び一般廃棄物の適正な処理に必要な措置を講ずるよう努めるとともに，一般廃棄物の処理に関する事業の実施に当たっては，職員の資質の向上，施設の整備及び作業方法の改善を図る等その能率的な運営に努めなければならない。

（一般廃棄物処理計画）
第6条①　市町村は，当該市町村の区域内の

一般廃棄物の処理に関する計画（以下「一般廃棄物処理計画」という。）を定めなければならない。
② 一般廃棄物処理計画には，環境省令で定めるところにより，当該市町村の区域内の一般廃棄物の処理に関し，次に掲げる事項を定めるものとする。
　一　一般廃棄物の発生量及び処理量の見込み
　四　一般廃棄物の適正な処理及びこれを実施する者に関する基本的事項
（市町村の処理等）
第6条の2① 市町村は，一般廃棄物処理計画に従って，その区域内における一般廃棄物を生活環境の保全上支障が生じないうちに収集し，これを運搬し，及び処分……しなければならない。
② 市町村が行うべき一般廃棄物……の収集，運搬及び処分に関する基準（……以下「一般廃棄物処理基準」という。）並びに市町村が一般廃棄物の収集，運搬又は処分を市町村以外の者に委託する場合の基準は，政令で定める。
（一般廃棄物処理業）
第7条① 一般廃棄物の収集又は運搬を業として行おうとする者は，当該業を行おうとする区域……を管轄する市町村長の許可を受けなければならない。……
② 前項の許可は，1年を下らない政令で定める期間ごとにその更新を受けなければ，その期間の経過によって，その効力を失う。
⑤ 市町村長は，第1項の許可の申請が次の各号に適合していると認めるときでなければ，同項の許可をしてはならない。
　一　当該市町村による一般廃棄物の収集又は運搬が困難であること。
　二　その申請の内容が一般廃棄物処理計画に適合するものであること。
　三　その事業の用に供する施設及び申請者の能力がその事業を的確に，かつ，継続して行うに足りるものとして環境省令で定める基準に適合するものであること。
　四　申請者が次のいずれにも該当しないこと。
⑪ 第1項……の許可には，一般廃棄物の収集を行うことができる区域を定め，又は生活環境の保全上必要な条件を付することができる。
⑫ 第1項の許可を受けた者（以下「一般廃棄物収集運搬業者」という。）……は，一般廃棄物の収集及び運搬……につき，当該市町村が地方自治法（昭和22年法律第67号）第228条第1項の規定により条例で定める収集及び運搬……に関する手数料の額に相当する額を超える料金を受けてはならない。
⑬ 一般廃棄物収集運搬業者……は，一般廃棄物処理基準……に従い，一般廃棄物の収集若しくは運搬……を行わなければならない。
（変更の許可等）
第7条の2③ 一般廃棄物収集運搬業者……は，その一般廃棄物の収集若しくは運搬……の事業の全部若しくは一部を廃止したとき，又は住所その他環境省令で定める事項を変更したときは，環境省令で定めるところにより，その旨を市町村長に届け出なければならない。
（事業の停止）
第7条の3 市町村長は，一般廃棄物収集運搬業者……が次の各号のいずれかに該当するときは，期間を定めてその事業の全部又は一部の停止を命ずることができる。
　一　この法律若しくはこの法律に基づく処分に違反する行為（以下「違反行為」という。）をしたとき，又は他人に対して違反行為をすることを要求し，依頼し，若しくは唆し，若しくは他人が違反行為をすることを助けたとき。
　三　第7条第11項の規定により当該許可

(許可の取消し)

第7条の4① 市町村長は、一般廃棄物収集運搬業者又は一般廃棄物処分業者が次の各号のいずれかに該当するときは、その許可を取り消さなければならない。
　五 前条第1号に該当し情状が特に重いとき、又は同条の規定による処分に違反したとき。
② 市町村長は、一般廃棄物収集運搬業者又は一般廃棄物処分業者が前条……第3号……に該当するときは、その許可を取り消すことができる。

第25条① 次の各号のいずれかに該当する者は、5年以下の懲役若しくは1000万円以下の罰金に処し、又はこれを併科する。
　一 第7条第1項……の規定に違反して、一般廃棄物又は産業廃棄物の収集若しくは運搬又は処分を業として行った者

浄化槽法（昭和58年法律第43号）

(目的)

第1条 この法律は、浄化槽の設置、保守点検、清掃及び製造について規制するとともに、浄化槽工事業者の登録制度及び浄化槽清掃業の許可制度を整備し、浄化槽設備士及び浄化槽管理士の資格を定めること等により、公共用水域等の水質の保全等の観点から浄化槽によるし尿及び雑排水の適正な処理を図り、もって生活環境の保全及び公衆衛生の向上に寄与することを目的とする。

(定義)

第2条 この法律において、次の各号に掲げる用語の意義は、それぞれ当該各号に定めるところによる。
　一 浄化槽 便所と連結してし尿及びこれと併せて雑排水……を処理し、下水道法（昭和33年法律第79号）第2条第6号に規定する終末処理場を有する公共下水道……以外に放流するための設備又は施設であって、同法に規定する公共下水道及び流域下水道並びに廃棄物の処理及び清掃に関する法律（昭和45年法律第137号）第6条第1項の規定により定められた計画に従って市町村が設置したし尿処理施設以外のものをいう。
　四 浄化槽の清掃 浄化槽内に生じた汚泥、スカム等の引出し、その引出し後の槽内の汚泥等の調整並びにこれらに伴う単位装置及び附属機器類の洗浄、掃除等を行う作業をいう。
　八 浄化槽清掃業 浄化槽の清掃を行う事業をいう。

(許可)

第35条① 浄化槽清掃業を営もうとする者は、当該業を行おうとする区域を管轄する市町村長の許可を受けなければならない。
② 前項の許可には、期限を付し、又は生活環境の保全及び公衆衛生上必要な条件を付することができる。

(許可の基準)

第36条 市町村長は、前条第1項の許可の申請が次の各号のいずれにも適合していると認めるときでなければ、同項の許可をしてはならない。
　一 その事業の用に供する施設及び清掃業許可申請者の能力が環境省令で定める技術上の基準に適合するものであること。
　二 清掃業許可申請者が次のいずれにも該当しないこと。
　　ホ その業務に関し不正又は不誠実な行為をするおそれがあると認めるに足りる相当の理由がある者

● CHECK POINT

① 行政処分の付款
② 処分の第三者（既存業者）の原告適格

● 解説

I　はじめに

　本問は，廃棄物の処理及び清掃に関する法律（以下では，単に「廃棄物法」という）7条1項に基づく一般廃棄物収集運搬業の許可および浄化槽法35条1項に基づく浄化槽清掃業の許可を素材として，行政行為（行政処分）の本来の内容と付款（附款）との異同（ 設問1 ），および，許認可に対して取消訴訟を提起する既存業者の原告適格の有無（ 設問2 ）について，適切な議論を組み立てることができるかどうかを問うものである。 事例⑧ にも登場したが，許認可に対して周辺住民が取消訴訟を提起する事案と既存業者が取消訴訟を提起する事案とを比較すると，原告適格の有無の判断について，いささか異なる考慮が必要となる。本問のモデルとなった裁判例は，大阪高決昭和56・12・26行集32巻12号2348頁（原審は奈良地決昭和56・8・14行集32巻8号1442頁）であるが，本問を作成するにあたり，事案に大幅な修正を加えている。

　ここで，廃棄物法の構造を簡単にみておこう[1]。廃棄物法の規制の対象である「廃棄物」とは，例示（法令において「その他の」という文言の前に列挙されているものは，例示である）の部分を除くと「汚物又は不要物であって，固形状又は液状のもの（放射性物質及びこれによって汚染された物を除く。）」（廃棄物2条1項）である。廃棄物法は，廃棄物を一般廃棄物（同条2項）と産業廃棄物（同条4項）に区別し，それぞれについて，処理業（一般廃棄物については同7条以下。産業廃棄物については同14条以下）と処理施設（一般廃棄物については同8条以下。産業廃棄物については同15条以下）に分けて，規制を加えている。

---

[1] 廃棄物法については，さしあたり，北村喜宣『環境法〔第3版〕』（弘文堂，2015年）439頁以下を参照。

一般廃棄物の処理責任は市町村にある（同6条の2第1項）[2]のに対し，産業廃棄物の処理責任は事業者にある（同11条）。

Ⅱ 設問1 について

1 行政行為の付款

設問1 に解答するためにまず問題となるのは，Xに対する一般廃棄物（し尿・浄化槽汚泥）収集運搬業の許可の更新のうち，し尿・浄化槽汚泥の収集を行うことができる区域をa地区に限定した部分の法的性質をどのように理解すべきか——具体的には，行政行為（許可の更新）の本来の内容と理解すべきか，あるいは，付款と理解すべきか——ということである。

行政行為の付款とは，行政行為の本来の内容に付加される従たる内容の行政庁の意思表示である[3]（ただし，付款は，法律上は「条件」と呼ばれている〔例えば，廃棄物7条11項後段〕）。付款の種別として，一般的には，期限（＝行政行為の法効果の発生・消滅を，将来到来することが確実な事実に関わらしめるもの），条件（＝行政行為の法効果の発生・消滅を将来発生することが不確実な事実に関わらしめるもの），負担（＝特別の義務を命じる付款），撤回権の留保（＝一定の理由がある場合に当該行政行為を撤回する可能性を行政庁に留保する付款）の4種類が挙げられる[4]。そして，行政行為の付款についてよく問題とされるのは，第1には，付款の許容性の問題であり，第2に，違法の付款の問題（すなわち，付款の違法が本体たる行政行為の違法をもたらすか，違法の付款のみの取消訴訟が可能か）である[5]。このうち，本問と関係するのは，第2の問題である（ちなみに，第1の問題は行政裁量論の枠内で論じることができるものである）。仮に，Xの営業区域をa地区に限定した部分が許可の更新の付款に該当するとすれば，次に，この部分のみの取消訴訟が可能か，ということが問題になるのである。

---

2) ただし，市町村は，基準を充たした者に処理を委託することができる（廃棄物6条の2第2項）。さらに，廃棄物法は，排出事業者処理責任の原則（同3条）も定める。
3) 芝池・総論講義185頁。
4) 芝池・総論講義185-189頁（ただし，同書189頁は，これらはおそらくは例示であるという）。塩野・行政法Ⅰ 200-203頁，宇賀・概説Ⅰ 95-96頁も参照。
5) 芝池・総論講義193-195頁。塩野・行政法Ⅰ 203-205頁も参照。

2 本問の解答

(1) 営業区域の限定＝許可の更新の付款（負担）

それでは，Xの営業区域を a 地区に限定した部分の法的性質をどのように理解すべきだろうか。実は，本問のモデルとなった裁判例では，営業区域の限定の法的性質について，地裁と高裁の判断が分かれており，地裁は，「区域の指定は許可の効力を地域的に限定するに止まり，当該区域内における営業を一律，全面的に許すものであり，いわば許可の内容そのものであ〔る〕」と判断したのに対し，高裁は，「〔一般廃棄物（し尿）処理に関する事業の〕許可権者である市町村長は，……その裁量により，右営業許可に，当該市町村の区域内において，さらにその収集処理区域を限定する条件（附款）を付すことができることとしている」と述べており，営業区域の限定を付款と捉えた[6]。したがって，この問題については，複数の解釈が十分に成り立ちうるわけであるが，さしあたり，以下の事項を考慮すると，営業区域の限定は許可の更新の本来の内容と理解すべきものであることになるように思われる。

第1に，営業区域の限定が付款に当たると仮定して，従来の付款の種別に当てはめるとすれば，それは負担ということになるであろうが（少なくとも，期限，条件，撤回権の留保ではない），しかし，営業区域の限定を負担と捉えることには，違和感があるということである[7]。

第2に，これに対し，廃棄物法は，「一般廃棄物の収集を行うことができる区域を定め〔る〕」こと（廃棄物7条11項前段）と「生活環境の保全上必要な条件を付すること」（同項後段）を書き分けており，前段の営業区域の限定と後段の「条件」の付加は，法的性質が異なるものであると理解することができるのであり，また，そのように理解すべきではないか，ということである。すなわち，後段の「条件」が付款（負担）に当たることについてはおそらく問題は

---

[6] 山岸敬子「判批」自研60巻1号（1984年）139頁以下（142頁）は，高裁の判断を肯定的に評価する。

[7] 例えば，芝池・総論講義187頁は，負担の例として，バス事業の免許に際して，バス会社に対して，停留所の整備を命じることを挙げるが，停留所の整備と営業区域の限定を同一の法的性格のものと捉えることは，躊躇せざるをえない。ただし，負担とは異なる「内容的制限」の概念について，塩野宏「附款に関する一考察」（初出1985年）同『行政過程とその統制』（有斐閣，1989年）162頁以下を参照。

なく[8]，また，一般廃棄物収集運搬業者がこの「条件」に違反した場合には，事業の停止（同7条の3第3号）および許可の取消し（同7条の4第2項）という制裁が予定されている。そこで，前段の営業区域の限定と後段の「条件」の付加の法的性質が同一であると仮定すれば，一般廃棄物収集運搬業者が営業区域の限定に違反した場合にも，事業の停止や許可の取消しといった制裁が科されることになる。しかし，これでは，そもそも許可を受けていない区域では無意味であるし，また，許可を受けた区域では，当該業者は，まったく違反行為を犯していないにもかかわらず，その区域から排除されることになるため，違反行為の内容と制裁の内容との関連性が欠けることになってしまうであろう。むしろ，違反行為の内容と直接的な関連性を有する制裁として考えられるのは，罰則，とりわけ無許可営業に対する罰則（同25条1項1号）くらいであり[9]，そうだとすると，前段の営業区域の限定は，許可ないし許可の更新の本来の内容であると理解すべきことになるのではなかろうか。

　第3に，営業区域の限定をあえて付款と捉えたところで，Xの実効的な権利救済という観点からはメリットがないということである。営業区域の限定が付款に該当するとすれば，既述のように，この部分のみの取消訴訟の可能性が一応は開かれることになるが，「その附款なかりせば当該行政行為がなされなかったであろうことが客観的にいえるような場合」[10]には，付款だけの取消訴訟は許されず，あるいは，付款のみの取消訴訟が可能なのは，「付款がなくとも行政行為に関連して一定程度以上の公益上の障害が生じない」[11]場合であるとされている。しかし，本問の事例では，Y市長は，し尿・浄化槽汚泥の収集を行うことができる区域をa地区に限定しなければ，Xの許可を更新しなかったであろうことが客観的にいえるであろうし，また，営業区域の限定がなければ，許可の更新に関連して一定程度以上の公益上の障害が生じるのは明らかであろう（前掲大阪高決昭和56・12・26を参照[12]）。

8) 例えば，廃棄物処理法編集委員会編著『廃棄物処理法の解説〈平成24年度版〉』（日本環境衛生センター，2012年）94頁は，後段の「条件」の例として，収集運搬業については，その運搬経路や搬入時間帯の指定を挙げ，その法的性質を負担と捉えている。
9) 廃棄物法7条11項違反について罰則は予定されていないようである。なお，塩野・行政法Ⅰ 201-202頁，廃棄物処理法編集委員会編著・前掲注8)94頁も参照。
10) 塩野・行政法Ⅰ 204頁。
11) 芝池・総論講義194頁。

(2) 営業区域の限定＝許可の更新の一部拒否

　そこで，営業区域の限定を許可の更新の本来の内容と理解すべきであるとすると，X としては，営業区域の限定によって許可の更新を一部拒否されたと捉えて，一部拒否処分（β 地区についての許可の更新の拒否処分）の取消訴訟を提起し13)，さらに，申請型義務付け訴訟（行訴 3 条 6 項 2 号。β 地区についての許可の更新の義務付け訴訟）を併合提起することになろう。

　このような訴訟の選択に対しては，申請書の様式から，X が有する申請権の内容とは Y 市内の全域について営業の許可を求めるというものであり（そして，営業区域の限定は市町村長の職権による判断に委ねられている），これに対応して，訴訟上も，β 地区だけではなく γ 地区についての許可の更新の義務付けという過大な請求を行わざるをえないのではないか，という疑問や，これとは逆に，X が有する申請権の内容とは Y 市内のいずれかの区域について営業の許可を求めるというものにすぎないのであり（やはり，営業区域の限定は市町村長の職権による判断に委ねられている），したがって，営業区域を a 地区に限定した許可の更新は全部認容処分であり，取消訴訟には訴えの利益がないのではないか，という異論がありうるかもしれない14)。

　しかし，行政機関は客観的な事実に即して正しい処分をしなければならないということが，法治主義の要請であり，この裏返しとして，申請権者は，客観的に正しい（と考える）処分を求める申請権を有するはずである15)。そして，少なくとも，営業区域の限定を許可の更新の本来の内容と理解すべきである以上，X は，a 地区および β 地区について許可の更新を求める申請権を有すると考えるべきであろう。

---

12)　なお，山岸・前掲注 6)143 頁も参照。
13)　福岡高判平成 3・8・22 判タ 787 号 148 頁を参照。
14)　ただし，前者の疑問のように X の申請権の内容を理解したとしても，X としては，取消訴訟および義務付け訴訟において β 地区についてのみ請求を一部認容してもらえれば十分であるので，X の権利救済にとって大きな支障にはならないであろう。
15)　運転免許証の更新について，深澤龍一郎「判批」民商 143 巻 2 号（2010 年）170 頁以下（180 頁）を参照。

III 設問2について

1 既存業者の原告適格

設問2は既存業者の原告適格の有無に関するものであり、この問題に解答するためのベースとして確認しておかなければならないのが、行政行為のうちの許可（警察許可）と特許（公企業の特許）の区別論である。許可とは、法令による相対的禁止（不作為義務）を特定の場合に解除することを法効果とする行為であり、国民が本来有する自由に関するもの（例えば、自動車運転の免許〔道交84条1項〕）であるのに対し、特許とは、国民に対し、国民が本来有しない権利や権利能力等を設定する行為（例えば、公有水面埋立の免許〔公水2条1項〕）である[16]。そして、両者の違いの1つは、許可が、法令によって禁止されていた行為に関する自由の回復を法効果としてもたらすにとどまり、権利を発生させるものではない（したがって、新たな許可に対して既存業者が取消訴訟を提起することは認められない）のに対し、特許によって設定される法的地位が第三者との関係で権利としての法的保障を受ける（したがって、新規の特許に対して既存業者が取消訴訟を提起することが認められる）ことである[17]。

ただし、営業の自由（憲22条1項）が保障されている現在、ある許認可が許可と特許のいずれに該当するかを判断することは難しい場合が多いし、また、許可と特許の区別論それ自体に対しても批判があろう。そこで、既存業者の原告適格の有無については、許認可の基準として「需給調整規定」が置かれているかどうか、を1つの目安とし[18]、原告適格に関する現在の判例法理（すなわち、法律上保護された利益説、公益・個別的利益の区別論）に則して、《需給適正化のための規制》→《過当競争の防止》→《公益の保護》＋《既存業者の利益を個別的利益として保護する趣旨》→《既存業者の原告適格の容認》という図式で判断することが考えられる[19]。

---

16) 芝池・総論講義128-129頁。
17) 芝池・総論講義128頁、130頁。なお、許可と特許の違いは、行政庁の事後的な介入のあり方、および、行政裁量の司法審査のあり方にもある。芝池・総論講義同頁。
18) 芝池・読本100頁を参照。

2 本問の解答

(1) 一般廃棄物収集運搬業の許可の取消訴訟

　一般廃棄物収集運搬業の許可に対して既存業者が取消訴訟を提起する原告適格を有するか，という問題について，過去には，廃棄物法が「あえて，需給調整規定等を採用しなかった」ことに着目して，既存業者の原告適格を否認した下級審裁判例があったが[20]，しかし，最判平成26・1・28民集68巻1号49頁は，既存業者の原告適格を認める判断を示している[21]。この最高裁判決は，各自読んでいただきたいが，既存業者の原告適格の有無を判断するにあたり着目すべき事項を挙げるとすれば，以下のようになるであろう。

　第1に，廃棄物法は，既述のとおり，一般廃棄物の処理を原則として市町村の任務としており（廃棄物6条の2第1項），一般廃棄物収集運搬業の許可は，「当該市町村による一般廃棄物の収集又は運搬が困難である」（同7条5項1号）ときにかぎり，付与されるということである。したがって，一般廃棄物収集運搬業は，自由競争に委ねられるべきものであると解することはできないという

---

[19] 最判昭和37・1・19民集16巻1号57頁［百選 I-19事件］を参照。この事件では，「各公衆浴場との最短距離」という条例の規定の特定性から既存業者の利益を個別的利益として保護する趣旨を読み取ることが可能であるように思われる。そして，このように既存業者の利益を個別的利益として保護する趣旨を読み取ることができる規定が存しない場合，周辺住民の原告適格が問題となる事案における裁判所の「相場観」（施行状況の検証33-36頁を参照）が政治部門と裁判所との役割分担に関わるものであるという見方（高橋滋＝村上裕章「討議のまとめ」論ジュリ8号〔2014年〕84頁［深澤龍一郎］）とパラレルに考えると，既存業者の原告適格の問題は市場と裁判所との役割分担に関わるものである――競業者間の紛争は基本的には市場において決着をつけるべきものであり，裁判所があえて紛争の解決に乗り出すのは，市場における競争原理が働かないときであり，すなわち，それは受給適正化を目的とした規制が敷かれているときである――と考えることはできないだろうか。

[20] 福岡高宮崎支判平成22・11・24判例集未登載（平成22(行コ)6）（原審は，鹿児島地判平成22・5・25判例集未登載［平成21(行ウ)14］。この判決の評価については，施行状況の検証336-339頁を参照）。なお，行政事件訴訟法平成16年改正前の下級審裁判例として，広島地判昭和55・6・18行集31巻6号1354頁も参照。これに対し，既存業者の原告適格を認める学説として，阿部泰隆「競争業者の原告適格(1)(2・完)――新たな需要がない状況で第三者に与えられた，一般廃棄物処理業の新規許可に対して，既存処理業者が提起する取消訴訟を例として」自研88巻4号（2012年）3頁以下，5号（2012年）23頁以下があった。

[21] ただし，これらの判例・裁判例の事案では，営業区域の限定はされていなかったようである。最高裁判決については，さしあたり，西田幸介「判批」平成26年度重判解（ジュリ1479号）44頁以下を参照。

ことである。

　第2に，廃棄物法は，一般廃棄物収集運搬業の許可の基準として，「その申請の内容が一般廃棄物処理計画に適合するものであること」（廃棄物7条5項2号）および「その事業の用に供する施設及び申請者の能力がその事業を的確に，かつ，継続して行うに足りるものとして環境省令に定める基準に適合するものであること」（同項3号）を挙げており，また，一般廃棄物処理計画においては，「一般廃棄物の発生量及び処理量の見込み」（同6条2項1号）および「一般廃棄物の適正な処理及びこれを実施する者に関する基本的事項」（同項4号）を定めることとしており，したがって，市町村長が一般廃棄物収集運搬業の許可申請を処理するときには，需給適正化が要考慮事項になると解されることである（ちなみに，最判平成16・1・15判時1849号30頁は，「既存の許可業者等によって一般廃棄物の適正な収集及び運搬が行われてきており，これを踏まえて一般廃棄物処理計画が作成されているような場合には，市町村長は，これとは別にされた一般廃棄物収集運搬業の許可申請について審査するに当たり，一般廃棄物の適正な収集及び運搬を継続的かつ安定的に実施させるためには，既存の許可業者等のみに引き続きこれを行わせることが相当であるとして，当該申請の内容は一般廃棄物処理計画に適合するものであるとは認められないという判断をすることもできるものというべきである」とする）。また，設問1において法的性質が問題となった営業区域の限定も，需給適正化の手段と考えることができることである。

　第3に，廃棄物法は，許可を付与した後も，引き続き需給適正化を図るべく，一般廃棄物収集運搬業者に厳格な規制を課していると解されることである（廃棄物7条12項・13項・7条の2第3項・7条の3・7条の4を参照）。

　これらの事項を踏まえると，廃棄物法は，一般廃棄物収集運搬業の許可制について，過当競争を防止することにより，単に公益を保護するだけではなく，既存業者の利益を個別的利益として保護する趣旨を含むと解されるのであり，したがって，本問の事例において，Xの原告適格は認められそうである。

　ちなみに，「処分又は裁決がその根拠となる法令に違反してされた場合に害されることとなる利益〔＝違法侵害利益〕の内容及び性質並びにこれが害される態様及び程度」（行訴9条2項。いわゆる第4の考慮事項）についていえば，仮に，一般廃棄物収集運搬業の許可が違法に付与された場合には，過当競争が生じる結果，当該区域では一般廃棄物の収集・運搬が適正に行われなくなり，健

康被害（あるいは，それに近い意味での生活環境上の被害）が生じることになろう。そして，現在の裁判所の「相場観」によると，違法侵害利益の内容および性質が健康被害（あるいは，それに近い意味での生活環境上の被害）であれば，法令に手掛かりとなることが明らかな規定がなくても，原告の権利救済に乗り出すわけであるが[22]，しかし他方で，ここでいう違法侵害利益は，原告である既存業者固有のものではなく，第三者である当該区域に居住する住民に共通するものであることに注意しなければならない[23]。このような違法侵害利益（の内容および性質並びにこれが害される態様および程度）が，既存業者の原告適格の有無の判断にはたして影響を及ぼしうるかどうかについては，さらなる検討が必要であるように思われる（前掲最判平成26・1・28は，第4の考慮事項について，「一定の範囲で当該区域の住民の健康や生活環境に被害や影響が及ぶ危険が生じ得るものといえる」と指摘したが，このことから導き出された結論は，「当該区域における需給の均衡及びその変動による既存の許可業者の事業への影響」が一般廃棄物収集運搬業の許可申請を処理する際の要考慮事項になるということにとどまる）。

(2) 浄化槽清掃業の許可の取消訴訟

他方で，浄化槽清掃業の許可に対して取消訴訟を提起する既存業者の原告適格を認めることには，難しいところがある[24]。

まず，浄化槽法は，目的として，「公共用水域等の水質の保全等の観点から浄化槽によるし尿及び雑排水の適正な処理を図り，もって生活環境の保全及び公衆衛生の向上に寄与すること」（浄化槽1条）を規定し，また，浄化槽清掃業の許可の要件として，「その事業の用に供する施設及び清掃業許可申請者の能力が環境省令で定める技術上の基準に適合するものであること」（同36条1号）を規定しているが，これらの規定から，既存業者の利益を個別的利益として保護する趣旨を直ちに読み取ったり，浄化槽清掃業の許可申請を処理する際の要考慮事項として，需給適正化を導き出したりすることは，容易ではない。

---

22) 最判平成21・10・15民集63巻8号1711頁［百選Ⅱ-178事件］を参照。
23) 例えば，最大判平成17・12・7民集59巻10号2645頁［小田急事件大法廷判決］［百選Ⅱ-177事件］と比較されたい。
24) 前掲注20)福岡高宮崎支判平成22・11・24は，浄化槽清掃業の許可に対して取消訴訟を提起する既存業者の原告適格を否認した。

また，第4の考慮事項について，仮に，浄化槽清掃業の許可が違法に付与された場合には，健康被害に近い意味での生活環境上の被害が生じることにもなるが，しかし，既に一般廃棄物収集運搬業の許可との関係で指摘したように，このような違法侵害利益は，既存業者固有のものではなく，当該市町村に居住する住民に共通するものであるため，地域住民の原告適格を認める手掛かりにはなっても，直ちに既存業者の原告適格を認める手掛かりになるわけではない。

　もっとも，【資料1：AとBの法律事務所の会議録】においてAが言及している最判平成5・9・21に着目すると，浄化槽清掃業と一般廃棄物収集運搬業は不可分一体の関係にあり，浄化槽法36条2号ホを介して，廃棄物法は浄化槽法と「目的を共通にする関係法令」（行訴9条2項。第3の考慮事項）に該当するのではないか，そうだとすると，浄化槽清掃業の許可申請を処理する際にも，やはり需給適正化が要考慮事項となるのではないか，という指摘も考えられる。しかし，これに対しては，前掲最判平成5・9・21によれば，浄化槽清掃業者は「他の一般廃棄物処理業者に業務委託すること等」ができるのであり，厳密にいうと，浄化槽清掃業と一般廃棄物収集運搬業は不可分一体の関係になく，廃棄物法は浄化槽法と「目的を共通にする関係法令」に当たらないという反論が考えられる[25]。

■ 関連問題

　上記の 事例 において，Xの代表であるDは，Y市長による処分（Xに対する許可の更新，Eに対する新規の処分）が他事考慮か不正な動機に基づくものであると難じている。設問1 の訴訟において，X側は，Eの一派がY市にかなりの圧力をかけていたことを証明する具体的な証拠を提出して，Y市長の他事考慮または動機の不正を主張するほかに，Y市長による処分について，どのようにして違法性を主張することが考えられるか。なお，Y市は，行政

---

[25] 前掲注20)福岡高宮崎支判平成22・11・24を参照。なお，一般廃棄物収集運搬業の許可に対して既存業者が取消訴訟を提起する原告適格を有するか，という問題についても，従来，いわゆる合特法が廃棄物法と「目的を共通にする関係法令」に該当するか，という問題があったが（阿部・前掲注20)自研88巻5号32-34頁を参照)，前掲最判平成26・1・28を前提とすると，この問題は今日的には論じる必要はないであろう。

手続法5条に基づき，一般廃棄物収集運搬業の許可の審査基準を定めて公にしていること，しかし，審査基準の内容は廃棄物法7条5項各号の規定と同一であることを前提として，検討しなさい。

> **COMMENT** Y市長による処分について，審査基準が定められて公にされているので，ひとまずは，審査基準に着目して違法性を主張する余地がないかどうかを検討すべきであろう。次いで，Y市長による処分において要考慮事項になるのは何か，あるいは，どのような不文の法規範が妥当しうるかについて考えてもらいたい。その際に手掛かりになりそうなのは，さしあたり，廃棄物法の仕組み，前掲最判平成16・1・15の判示，これらから導くことができる一般廃棄物収集運搬業の法的特質，Y市長が，平成3年4月以降，Xに対して許可を与えてきたという事実である。ちなみに，「危険の回避」が考慮事項となった事件として，最判昭和57・4・23民集36巻4号727頁［百選Ⅰ-131事件］があるが，本件との事案の違いに注意されたい。また，本件で行政手続法8条違反を主張する意義については，深澤・前掲注15) 181-182頁注(19)を参照。

7　都市計画法53条1項に基づく建築許可をめぐる紛争

以下の 事例 ，【資料1：AとBの法律事務所の会議録】，【資料2：関係法令】を読んで 設問 に答えなさい。

事例

　指定都市（自治252条の19第1項）であるY市は，平成15年4月に，都市計画法（昭和43年法律第100号）に基づき，Y市α地区に面積約2.5haの公園を整備する旨の都市計画を決定した。その後，不況の影響により自治体の財政状況が困窮したため，本件都市計画公園の整備に関する事業は施行されないままになっていたが，Z株式会社が，本件都市計画公園の区域内に所有する自己の所有地に地上7階建，総戸数58戸のマンションを建設して分譲することを計画し，平成28年4月に，同法53条1項に従い，Y市長から本件マンションの建築許可を受けた。
　本件都市計画公園の区域の南西端から約10m離れた地点に居住するXは，本件マンションの建設・分譲計画に不審を抱き，同年5月に弁護士AとBの事務所を訪れた。

設問

1　Xは，本件マンションの建築許可の取消訴訟を提起する原告適格を有するか，論じなさい。
2　Xが1の取消訴訟の原告適格を有すると仮定して，取消訴訟の係属中に本件マンションが完成したときに，訴えの利益は消滅するか，検討しなさい。

資料1：AとBの法律事務所の会議録

A弁護士：都市計画法11条1項2号によると，同法4条5項の「都市施設」として，都市計画に公園を定めることができますし，同法15条1項5号，87条の2第1項，同法施行令9条2項4号，45条2号によると，指定都市は，国が設置する面積10ha以上のものを除く公園に関する都市計画を定めることができますので，この限りでは，Y市の都市計画に問題はないですね。

X：私も都市計画自体には反対どころか，逆に，自宅から20分ほど歩かないと公園がありませんでしたので，将来は自宅のすぐ近くに公園ができると思って喜んでいたのです。ところが，公園ができるはずの場所に，地上7階建のマンションが建つそうじゃありませんか。自宅の近くに公園ができるのとマンションが建つのとでは大違いです。こんなに大きなマンションが建ってしまえば，もう公園はできなくなりますよ。

A弁護士：まったく同感です。この公園は都市計画法4条6項でいう「都市計画施設」ですので，同法53条1項でその区域内は建築規制がかかっているはずです。同条1項の許可権者である「都道府県知事等」とは，都市計画法26条1項によると，市の区域内にあっては市長なのですが，それにしても，Y市長は，どうしてこれほど大きなマンションの建設を許可したのでしょうか。B先生，何か事情をご存じありませんか。

B弁護士：Y市の方針としては，現在の自治体の財政状況では，市内の都市計画公園を整備する余裕はとてもないけれども，かといって，そのままで放置しておくと，都市計画公園の区域内で，民間企業の所有する広めの土地が細切れに売却されて，小規模の建築物がたくさん建築されるおそれがあるということで，むしろ，民間企業の資金を活用して，大規模な建築物の建築を認める代わりに，公園と類似のオープンスペース——Y市はこれを「民活公園」と呼んでいます——を近隣住民のために提供してもらおうということのようです。

　Y市は，そのために，県との協議を踏まえて「Y市民活公園事業実施要綱」を定めています。この要綱によりますと，まず，民活公園事業の実施を計画している事業者は，近隣住民を対象として説明会を開催して意見を聴取しないといけません。そして，計画が要綱の定める要件を充たすときには，事業者とY市が事業実施契約を締結し，そのうえで，Y市長は，事業実施契約の遵守を条件として，都市計画法53条1項の建築許可を事業者に与えます。その後，事業者は，事業実施契約に従って，30年間，建築物に付設されたオープンスペースを近隣住民に提供することになります。

X：私もZ社の説明会は覗きましたが，しかし，面積が約2.5haの公園とマンションに付設されたオープンスペースとでは全然意味合いが違いますよ。

A弁護士：このマンションは，少なくとも建築基準法6条1項3号の「木造以外の建築物で2以上の階数」を有するものに該当しますので，都市計画法53条1項の建築許可だけではなく，建築確認も必要になるはずですが，Xさんが不満に思っておられる点からすると，建築許可の方の取消訴訟を提起することになるでしょうね。

資料2：関係法令

都市計画法（昭和43年法律第100号）

　　＊第4条(定義)は法令集を参照されたい。

（目的）
第1条　この法律は，都市計画の内容及びそ

の決定手続，都市計画制限，都市計画事業その他都市計画に関し必要な事項を定めることにより，都市の健全な発展と秩序ある整備を図り，もって国土の均衡ある発展と公共の福祉の増進に寄与することを目的とする。
　（都市計画の基本理念）
第2条　都市計画は，農林漁業との健全な調和を図りつつ，健康で文化的な都市生活及び機能的な都市活動を確保すべきこと並びにこのためには適正な制限のもとに土地の合理的な利用が図られるべきことを基本理念として定めるものとする。
　（地区計画等）
第12条の4①　都市計画区域については，都市計画に，次に掲げる計画を定めることができる。
　一　地区計画
　二　密集市街地整備法第32条第1項の規定による防災街区整備地区計画
　（都市計画基準）
第13条①　都市計画区域について定められる都市計画……は，国土形成計画，首都圏整備計画，近畿圏整備計画，中部圏開発整備計画，北海道総合開発計画，沖縄振興計画その他の国土計画又は地方計画に関する法律に基づく計画……及び道路，河川，鉄道，港湾，空港等の施設に関する国の計画に適合するとともに，当該都市の特質を考慮して，次に掲げるところに従って，土地利用，都市施設の整備及び市街地開発事業に関する事項で当該都市の健全な発展と秩序ある整備を図るため必要なものを，一体的かつ総合的に定めなければならない。……
　十一　都市施設は，土地利用，交通等の現状及び将来の見通しを勘案して，適切な規模で必要な位置に配置することにより，円滑な都市活動を確保し，良好な都市環境を保持するように定めること。……
　十四　地区計画は，公共施設の整備，建築物の建築その他の土地利用の現状及び将来の見通しを勘案し，当該区域の各街区における防災，安全，衛生等に関する機能が確保され，かつ，その良好な環境の形成又は保持のためその区域の特性に応じて合理的な土地利用が行われることを目途として，当該計画に従って秩序ある開発行為，建築又は施設の整備が行われることとなるように定めること。……
　十五　防災街区整備地区計画は，当該区域の各街区が火事又は地震が発生した場合の延焼防止上及び避難上確保されるべき機能を備えるとともに，土地の合理的かつ健全な利用が図られることを目途として，一体的かつ総合的な市街地の整備が行われることとなるように定めること。
　（建築の許可）
第53条①　都市計画施設の区域又は市街地開発事業の施行区域内において建築物の建築をしようとする者は，国土交通省令で定めるところにより，都道府県知事等の許可を受けなければならない。ただし，次に掲げる行為については，この限りでない。
　一　政令で定める軽易な行為
　二　非常災害のため必要な応急措置として行う行為
　三　都市計画事業の施行として行う行為又はこれに準ずる行為として政令で定める行為
　（許可の基準）
第54条　都道府県知事等は，前条第1項の規定による許可の申請があった場合において，当該申請が次の各号のいずれかに該当するときは，その許可をしなければならない。
　一　当該建築が，都市計画施設又は市街地開発事業に関する都市計画のうち建築物について定めるものに適合するものであること。
　三　当該建築物が次に掲げる要件に該当し，

かつ，容易に移転し，又は除却することができるものであると認められること。
　イ　階数が2以下で，かつ，地階を有しないこと。
　ロ　主要構造部……が木造，鉄骨造，コンクリートブロック造その他これらに類する構造であること。
（監督処分等）
第81条①　国土交通大臣，都道府県知事又は市長は，次の各号のいずれかに該当する者に対して，都市計画上必要な限度において，この法律の規定によってした許可，認可若しくは承認を取り消し，変更し，その効力を停止し，その条件を変更し，若しくは新たに条件を付し，又は工事その他の行為の停止を命じ，若しくは相当の期限を定めて，建築物その他の工作物若しくは物件……の改築，移転若しくは除却その他違反を是正するため必要な措置をとることを命ずることができる。
　一　この法律若しくはこの法律に基づく命令の規定若しくはこれらの規定に基づく処分に違反した者……

都市計画法施行令（昭和44年政令第158号）
（法第53条第1項第1号の政令で定める軽易な行為）
第37条　〔都市計画〕法第53条第1項第1号の政令で定める軽易な行為は，階数が2以下で，かつ，地階を有しない木造の建築物の改築又は移転とする。

建築基準法（昭和25年法律第201号）
　＊第2条（用語の定義）は，法令集を参照されたい。
（目的）
第1条　この法律は，建築物の敷地，構造，設備及び用途に関する最低の基準を定めて，国民の生命，健康及び財産の保護を図り，もって公共の福祉の増進に資することを目的とする。
（建築物の建築等に関する申請及び確認）
第6条①　建築主は，第1号から第3号までに掲げる建築物を建築しようとする場合……においては，当該工事に着手する前に，その計画が建築基準関係規定（この法律並びにこれに基づく命令及び条例の規定（以下「建築基準法令の規定」という。）その他建築物の敷地，構造又は建築設備に関する法律並びにこれに基づく命令及び条例の規定で政令で定めるものをいう。以下同じ。）に適合するものであることについて，確認の申請書を提出して建築主事の確認を受け，確認済証の交付を受けなければならない。……
（建築物に関する完了検査）
第7条①　建築主は，第6条第1項の規定による工事を完了したときは，国土交通省令で定めるところにより，建築主事の検査を申請しなければならない。
④　建築主事が第1項の規定による申請を受理した場合においては，建築主事又はその委任を受けた当該市町村若しくは都道府県の職員（以下この章において「建築主事等」という。）は，その申請を受理した日から7日以内に，当該工事に係る建築物及びその敷地が建築基準関係規定に適合しているかどうかを検査しなければならない。
⑤　建築主事等は，前項の規定による検査をした場合において，当該建築物及びその敷地が建築基準関係規定に適合していること

を認めたときは，国土交通省令で定めるところにより，当該建築物の建築主に対して検査済証を交付しなければならない。
（検査済証の交付を受けるまでの建築物の使用制限）
第7条の6 ① 第6条第1項第1号から第3号までの建築物を新築する場合……においては，当該建築物の建築主は，第7条第5項の検査済証の交付を受けた後でなければ，当該新築に係る建築物又は当該避難施設等に関する工事に係る建築物若しくは建築物の部分を使用し，又は使用させてはならない。……
（違反建築物に対する措置）
第9条① 特定行政庁は，建築基準法令の規定又はこの法律の規定に基づく許可に付した条件に違反した建築物又は建築物の敷地については，当該建築物の建築主，当該建築物に関する工事の請負人……若しくは現場管理者又は当該建築物若しくは建築物の敷地の所有者，管理者若しくは占有者に対して，当該工事の施工の停止を命じ，又は，相当の猶予期限を付けて，当該建築物の除却，移転，改築，増築，修繕，模様替，使用禁止，使用制限その他これらの規定又は条件に対する違反を是正するために必要な措置をとることを命ずることができる。

建築基準法施行令（昭和25年政令第338号）

（建築基準関係規定）
第9条 〔建築基準〕法第6条第1項……の政令で定める規定は，次に掲げる法律の規定並びにこれらの規定に基づく命令及び条例の規定で建築物の敷地，構造又は建築設備に係るものとする。
　十二　都市計画法……第53条第1項……

都市公園法（昭和31年法律第79号）

（定義）
第2条① この法律において「都市公園」とは，次に掲げる公園又は緑地で，その設置者である地方公共団体又は国が当該公園又は緑地に設ける公園施設を含むものとする。
　一　都市計画施設……である公園又は緑地で地方公共団体が設置するもの……

（都市公園の設置基準）
第3条① 地方公共団体が都市公園を設置する場合においては，政令で定める都市公園の配置及び規模に関する技術的基準を参酌して条例で定める基準に適合するように行うものとする。

都市公園法施行令（昭和31年政令第290号）

（都市公園の配置及び規模に関する技術的基準）
第1条 都市公園法……第3条第1項の政令で定める技術的基準は，……第2条に定めるところによる。

（地方公共団体が設置する都市公園の配置及び規模の基準）
第2条① 地方公共団体が次に掲げる都市公園を設置する場合においては，それぞれその特質に応じて当該市町村又は都道府県に

おける都市公園の分布の均衡を図り，かつ，防火，避難等災害の防止に資するよう考慮するほか，次に掲げるところによりその配置及び規模を定めるものとする。

Y市都市公園条例

(配置及び規模の基準)
第4条の2 〔都市公園〕法第3条第1項の条例で定める基準は，次に掲げるとおりとする。

(3) 市における都市公園の分布の均衡を図り，かつ，防災，避難等災害の防止に資するよう考慮して配置し，及び規模を定めること。

● CHECK POINT

① 処分の第三者（周辺住民）の原告適格
② 事業の完了による訴えの利益の消滅

● 解説

I　はじめに

　本問は，都市計画法（都計法）53条1項に基づく建築許可（以下では，単に53条許可という）を素材として，具体的な事例と法制度に即して，行政処分の名宛人以外の第三者の取消訴訟の原告適格の有無（ 設問1 ），および，事業の完了による取消訴訟の訴えの利益の消滅（ 設問2 ）について，適切に議論を組み立てることができるかどうかを問うものである。

　この53条許可は，都計法29条1項に基づく開発許可や建築基準法（建基法）6条1項に基づく建築確認と比べると，読者の皆さんにとってあまり馴染みがないかもしれない[1]。都計法53条1項は，都市計画施設の区域または市街地開発事業の施行区域内において，将来の事業の円滑な施行を確保するため[2]，建築規制をかけるものであり，これらの区域内において建築物の建築をしようとする者は，同条同項各号所定の行為を除いて，都道府県知事等の許可を受けなければならない。本問の事例では，本件都市計画公園の所在地がY市内にあるので，Z株式会社が，本件マンションを建設するためには，都計法53条1項に従い，Y市長の許可を受ける必要があるということになる（そのうえで，建基法6条1項に従い，建築確認を受ける必要がある）。必要的許可の基準は，都計法54条各号が規定しているが，本件マンションは，いずれの基準にも該当

---

1)　都計法53条1項に関する著名判例として，最判平成17・11・1判時1928号25頁［百選Ⅱ-261事件］を参照。
2)　都市計画法制研究会編『よくわかる都市計画法〔改訂版〕』（ぎょうせい，2012年）227頁。都計法53条1項各号所定の許可を要しない行為，同法54条各号所定の必要的許可の要件も参照のこと。

しないため，Y市長が裁量的に許可したものということになる。

なお，本問のモデルとなった裁判例は，東京高判平成21・9・16判例集未登載（平成21(行コ)37)[3]であるが，本問を作成するにあたり，事案に大幅な修正を加えている。

II 設問1 について

1 取消訴訟の原告適格の判断枠組み

取消訴訟の原告適格について，行政処分の名宛人（侵害的処分の名宛人，申請拒否処分の名宛人）が原告適格を有することは，通常は問題がなく[4]，問題となるのは，行政処分の名宛人以外の第三者が原告適格を有するかどうかである。周知のとおり，最高裁判例は，行政事件訴訟法（行訴法）9条1項の「法律上の利益」という概念について，法律上保護された利益説[5]を一貫して採用している。同説のポイントは，公益・個別的利益の区別論であり，判例の表現をそのまま使用すると，「当該処分を定めた行政法規が，不特定多数者の具体的利益を専ら一般的公益の中に吸収解消させるにとどめず，それが帰属する個々人の個別的利益としてもこれを保護すべきものとする趣旨を含むと解される場合には，かかる利益も右にいう法律上保護された利益に当たり，当該処分によりこれを侵害され又は必然的に侵害されるおそれのある者は，当該処分の取消訴訟における原告適格を有するものというべきである」（前掲注5)最判平成4・9・22）ということになる。

このことを前提として，行政処分の名宛人以外の第三者が原告適格を有するかどうかを判断するときには，行訴法9条2項が考慮（参酌・勘案）事項を規定している（なお，原告適格の判断の技法については， 事例⑧ でより詳しく扱う）。

---

[3] 原審である東京地判平成20・12・24判例集未登載（平成19(行ウ)585）については，湊二郎・セレクト2009II（法教354号別冊付録）9頁を参照。

[4] ただし，最判平成21・2・27民集63巻2号299頁のように，行政処分の名宛人の原告適格（訴えの利益）の有無が問題になる事件もある。

[5] 例えば，最判昭和53・3・14民集32巻2号211頁〔百選II-141事件〕，最判平成元・2・17民集43巻2号56頁〔百選II-170事件〕，最判平成4・9・22民集46巻6号571頁〔百選II-171事件〕，最大判平成17・12・7民集59巻10号2645頁〔小田急事件大法廷判決〕〔百選II-177事件〕を参照。

2 本問の解答

(1) 全体的解釈指針

　行訴法9条2項は，まずは，「当該処分又は裁決の根拠となる法令の規定の文言のみによることなく」という全体的解釈指針を規定しているが，裏を返すと，原告適格の有無を判断するときには，当然のことながら，「当該処分又は裁決の根拠となる法令の規定の文言」に目を向けなければならないということである。

　もっとも，本件マンションの建築許可の根拠規定である都計法53条1項，許可の基準を定める同法54条には，周辺住民の利益を個別的利益として保護すべきものとする趣旨の文言は見当たらない。また，都計法53条1項の趣旨は，既述のように，都市計画施設の区域または市街地開発事業の施行区域内において，将来の事業の円滑な施行を確保することである（したがって，これらの区域内において建築許可をするときには，当該建築物が将来の事業の円滑な施行を妨げるおそれがないことが要考慮事項〔義務的考慮事項〕となる）が，このことから，周辺住民の利益を個別的利益として保護すべきものとする趣旨を直ちに読み取ることは難しいであろう。

　そこで，都計法53条1項が周辺住民の利益を個別的利益として保護すべきものとする趣旨を含むかどうかについて，行訴法9条2項の考慮（参酌・勘案）事項に則して検討していく必要がある。現在の最高裁判例の「相場観」（事例⑥Ⅲも参照）に従うと，「法令に手掛りとなることが明らかな規定がない」ときには，後述の第4の考慮事項との関係で，違法な建築許可により，「直ちに周辺住民等の生命，身体の安全や健康が脅かされたり，その財産に著しい被害が生じたりすること」[6]が想定されるかどうかが1つの目安になる。

(2) 第1・第3の考慮事項

　行訴法9条2項において，第1の考慮事項とされているのが，「当該法令の趣旨及び目的」であり，この考慮事項との関係で「当該法令と目的を共通にする関係法令があるときはその趣旨及び目的」が第3の考慮（参酌）事項とされている。

---

[6] 最判平成21・10・15民集63巻8号1711頁［百選Ⅱ-178事件］を参照。

本問の文脈で，都計法と「目的を共通にする関係法令」の候補になるのは，都市公園法（都園法），建基法（これらの下位の政省令・条例も含む），それから，「Y市民活公園事業実施要綱」である。これらのうち，都園法は，「都市公園」の定義を規定する同法2条1項1号を介して，問題なく，都計法と「目的を共通にする関係法令」として捉えることができる。そして，周辺住民の原告適格を認めるための糸口になりそうなのが，都市公園の設置基準に関する都園法3条1項の委任を受けて制定された同法施行令2条1項およびY市都市公園条例4条の2(3)により，Y市が都市公園を設置する場合において，「防火，避難等災害の防止に資する」ことが要考慮事項とされていることである。このことを手掛かりに，都計法の諸規定を見直すと，地区計画については，「防災，安全，衛生等に関する機能」の確保が考慮事項とされており（都計13条1項14号），防災街区整備地区計画については，「火事又は地震が発生した場合の延焼防止上及び避難上確保されるべき機能を備える」ことが考慮事項とされている（同項15号）。こうした都計法，都園法および同法施行令，Y市都市公園条例の諸規定を踏まえると，都計法53条1項は，都市計画公園の区域内において建築許可をするときには，防火，避難等災害の防止に資するために将来の事業の円滑な施行を確保するという趣旨を含むもの（換言すると，都市計画公園の区域内において建築許可をするときには，当該建築物が将来の事業の円滑な施行を妨げ，防火，避難等災害の防止に支障が生じるおそれがないことが要考慮事項になる）と解することができるであろう。

(3) 第2・第4の考慮事項

もっとも，都計法53条1項がこのような趣旨を含むものであるとしても，このことから，周辺住民の利益を個別的利益として保護すべきものとする趣旨まで読み取れるかという問題が残る。そこで，行訴法9条2項において第2の考慮事項とされている「当該処分において考慮されるべき利益の内容及び性質」，さらには，この考慮事項との関係で第4の考慮（勘案）事項とされている「当該処分又は裁決がその根拠となる法令に違反してされた場合に害されることとなる利益〔以下，単に違法侵害利益という〕の内容及び性質並びにこれが害される態様及び程度」を考慮する必要がある。

仮に都市計画公園の区域内において，違法に建築許可がされると，将来の事業の円滑な施行が妨げられ，防火，避難等災害の防止に支障が生じるため，少

なくとも，災害時に当該公園に避難することが想定される周辺住民については，まさしく，その「生命，身体の安全や健康」が脅かされることが想定できる。そうすると，都計法53条1項は，都市計画公園の区域の周辺に居住し，災害時には当該公園に避難することが想定される住民の生命，身体の安全を個別的利益として保護すべきものとする趣旨を含むものと解することができるのではないだろうか[7]。そうだとすれば，本問に登場する原告Xは，本件都市計画公園の区域の南西端から約10mしか離れていない地点に居住しており，現時点では最寄りの公園まで徒歩で約20分かかるというのであるから，取消訴訟の原告適格が認められることになるであろう。

(4) **その他**

なお，建基法や「Y市民活公園事業実施要綱」が都計法と「目的を共通にする関係法令」に該当するかどうかという問題があるが，まず，建基法については，既述のように，都計法53条1項の趣旨が，都市計画施設の区域または市街地開発事業の施行区域内において，将来の事業の円滑な施行を確保することであること，また，これらの区域内において建築物の建築をしようとするときには，別途，建築確認も必要であることを考えると，本問の文脈では関係法令に該当しないのではあるまいか。

また，「Y市民活公園事業実施要綱」は，民活公園事業の実施を計画している事業者に対し，近隣住民を対象として説明会を開催して意見を聴取することを要求しており，仮に関係法令に該当するのであれば，周辺住民の原告適格を認める有力な手掛かりの1つとなるが[8]，しかし，この要綱は，Y市が都計法の委任なしに，しかも同法53条1項の趣旨とは異なる独自の政策実現のために定立したものであり，関係法令には当たらないであろう。

---

7) 本問のモデルとなった裁判例以外に，都市公園の防災機能に着目して，周辺住民に取消訴訟の原告適格を認めた最近の裁判例として，京都地判平成24・6・20判例集未登載（平成22(行ウ)38）を参照。なお，東京地判平成20・5・29判時2015号24頁も参照。
8) 最判昭和57・9・9民集36巻9号1679頁［百選Ⅱ-182事件］を参照。

Ⅲ 設問2 について

1 事業の完了による取消訴訟の訴えの利益の消滅

取消訴訟の目的は，違法侵害利益を取消判決の効力により回復させることにあるから，処分後の事情のために，違法侵害利益が取消判決の効力により回復する可能性がなくなった場合には，取消訴訟の実益が失われ，訴えの利益は消滅することになる[9]。また，例えば，行政処分の職権取消の場合のように，違法侵害利益を取消判決の効力により回復させる必要性がなくなった場合にも，やはり取消訴訟の実益が失われ，訴えの利益は消滅する。

取消訴訟の訴えの利益が消滅する事案には，様々な類型があるが，おそらく読者の皆さんにとって最もわかりにくいのが，「事業の完了」の事案であろう。事業の完了の事案については，違法侵害利益を取消判決の効力により回復させる可能性が消滅する場合には，2種類のものがあることに注意しなくてはならない。

第1には，違法侵害利益を取消判決の効力により回復させることが法的に不可能になる場合があり，この場合には，訴えの利益は消滅すると考えざるをえない。そして，違法侵害利益を取消判決の効力により回復させることが法的に不可能になったかどうかを検討するためには，関係する法制度の構造を——特に，事業の完了後の検査に関する制度（基準・効果），および，原状回復に関する制度（基準）に焦点を当てて——把握することが重要である[10]。

第2に，違法侵害利益を取消判決の効力により回復させることが法的には可能であるが，しかし，完了した事業を元通りに原状回復しようとすると，公益に著しい支障が生じるため，事実上（判例の表現を使用すると「社会通念上」）不可能になる場合がある。この場合には，事業が完了しても，さしあたりは取消訴訟の審理を続行し，行政処分の違法性が認定されたときに事情判決を出すと

---

9) 最判昭和57・4・8民集36巻4号594頁を参照。
10) 最判昭和59・10・26民集38巻10号1169頁［百選Ⅱ-183事件］，最判平成5・9・10民集47巻7号4955頁を参照。なお，近時の最判平成27・12・14判時2288号15頁は，市街化調整区域内における開発許可の取消訴訟について，工事が完了し検査済証が交付された後においても訴えの利益は失われないとしたが，これは，都計法43条所定の建築制限を前提として，事業の完了後の検査に関する制度（基準・効果）に着目したものである。

いう対応がありうるため、訴えの利益が消滅すると考える必要はない[11]。

2 本問の解答

(1) 関係する法制度の構造

本件マンションを建設するためには、53条許可と建築確認の両方が必要であるが、建基法施行令9条12号によると、建築確認の基準となる「建築基準関係規定」には、都計法53条1項が含まれるため、53条許可の存在が建築確認の前提となる。その後、本件マンションの建設工事が完了したときには、建基法7条に基づく完了検査が行われるが、同条4項によると、完了検査の基準となるのは「建築基準関係規定」であり、やはり53条許可の存在が完了検査に合格するための前提となる。そして、完了検査に合格し、検査済証が交付されると（建基7条5項）、本件マンションの使用制限が解除される（同7条の6第1項）。

他方で、原状回復に関する制度についてみると、建基法9条1項に基づく違反是正命令の基準は、「建築基準関係規定」ではなく「建築基準法令の規定又はこの法律の規定に基づく許可に付した条件」であるため、本件マンションが都計法に違反しても、そのこと自体は違反是正命令の理由にならない。本件マンションが都計法に違反したときに直接対応するのは、「この法律若しくはこの法律に基づく命令の規定若しくはこれらの規定に基づく処分」を基準とする都計法81条1項1号に基づく違反是正命令（監督処分）である。

(2) 工事の完了後から検査済証の交付まで

このような関係する法制度の構造によると、本件マンションの建設工事が完了しても、完了検査が終了して検査済証が交付されるまでは、53条許可の取消判決により、検査済証の交付、ひいては、本件マンションの使用を阻止することができるため、訴えの利益は消滅しないことになる（ただし、本件マンションの使用を阻止したところで、本件マンションが建ったまま残っていれば、違法侵害利益の回復にとってどれほどの意味があるかという疑問がある）。

---

11) 最判平成4・1・24民集46巻1号54頁［百選Ⅱ-184事件］を参照。事業の完了の事案においてこのような対応をとることのメリットについては、百選Ⅱ-184事件の荏原明則教授の解説を参照。

(3) 検査済証の交付後

それでは，完了検査が終了して検査済証が交付された後はどうなるであろうか。この問題については，次の2点について検討する必要がある。

第1に，取消判決の形成力を前提とすると，取消判決により行政処分の効力は遡及的に消滅する（換言すると，行政処分はもともとなかったことになる）ため，仮に53条許可が取り消されたとすれば，結果的に本件マンションは53条許可なしに建設されたことになり，都計法53条1項違反を理由として，違反是正命令が発動される（それゆえ，訴えの利益は消滅しない）のではないか，ということである。しかし，仮に本件マンションが53条許可なしに建設された（すなわち，手続的に違法な）建築物であるとしても，当初の計画とは異なる建設工事が施された結果，実際に完成したマンションは53条許可を付与されて然るべき（すなわち，実体的には適法な）建築物であるという場合もありうる。そして，こうした場合には，違反是正命令を発動するのではなく，引き続き本件マンションの使用を認める方が，社会経済的には望ましいであろう[12]。このように考えると，53条許可の取消判決により，直ちに違反是正命令が発動されるのではなく，むしろ，違反是正命令を求めるためには，非申請型（直接型）義務付け訴訟（行訴3条6項1号）を活用すべきことになる。判例の表現を借りると，「〔53条許可〕の存在は，違反是正命令を発する上において法的障害となるものではなく，また，たとえ〔53条許可〕が違法であるとして判決で取り消されたとしても，違反是正命令を発すべき法的拘束力を生ずるものでもないというべきである」（前掲注10）最判平成5・9・10参照）というわけである。

しかし他方で，こうした考え方に対しては，仮に本件マンションの建築計画が違法と認定され，53条許可が取り消されたとすれば，そうである以上，実際に完成したマンションは実体的にも違法な建築物である可能性が高く，したがって，53条許可の取消判決の拘束力（同33条1項）の一内容として，違反是正命令を発動すべきかどうかを調査するための手続を開始する義務をY市

---

12) 手続違反には罰則で対処するのが立法者意思であると解することもできる（例えば，開発許可に関する都計法29条1項違反については同法92条3号を，建基法6条1項違反については同法99条1項1号を参照）。都計法53条1項違反については罰則が定められていないが，都計法53条1項違反は，通常は建基法6条1項違反を含意するので，おそらくは二重処罰を避けるためであろう。

長は負うのではないか，という反論がありうる[13]。

　第2に，同じく取消判決の形成力を前提とすると，仮に53条許可が取り消されたとすれば，結果的に完了検査に合格するための前提を欠いていたことになり，したがって，検査済証も効力を失い[14]，本件マンションの使用制限が復活する（それゆえ，訴えの利益は消滅しない）のではないか，ということである。たしかに，仮に53条許可が取り消されたとすれば，判例の表現を借りると，「〔検査済証〕の法的効力が影響を受けることは明らかである」（前掲注11）最判平成4・1・24参照）が，しかし，検査済証が直ちに効力を失うと考えるのではなく，取消判決の拘束力の一内容として，検査済証の交付の職権取消の義務を関係行政庁たる建築主事等が負うと考えることもできる[15]。

　そして，既述のように，本件マンションの使用を阻止したところで，Xの違法侵害利益の回復にとってどれほどの意味があるかという疑問があるうえに，本件マンションの使用制限を復活させると，本件マンションの入居者に不利益を与えるだけではないかという問題もある。そこで，このような利害状況を重視して，本件マンションの工事が完了し，さらに検査済証が交付されれば，取消訴訟の実益は失われるという立場もありうる。53条許可が取り消されると，検査済証は直ちに効力を失うと考えるよりも，検査済証の交付の職権取消の義務が生じると考える方が，職権取消の制限の法理を介することで，訴えの利益の消滅という結論を導きやすくなるであろう。

(4) **その他**

　なお，取消訴訟の訴えの利益が消滅する事案の一類型として，「代替施設の設置」[16]があるが，本問に登場する原告Xが訴えているように，本件マンションに付設されるオープンスペースを，面積が約2.5haの公園の代替施設と捉えることには無理があろう。

---

13) 例えば，芝池・救済法講義58頁を参照。
14) 例えば，塩野・行政法Ⅱ188頁を参照。
15) 原田尚彦「取消判決の拘束力」ジュリ925号（1989年）213頁を参照。
16) 前掲注8)最判昭和57・9・9を参照。

■ 関連問題

　上記の 事例 において，Z株式会社は，本件マンションについて，53条許可および建築確認を受けて，直ちに建設に着手するとともに，分譲を開始したとする。 設問1 の取消訴訟において，X側は，本件マンションに関する53条許可について，どのような違法事由を主張することが考えられるか，さらに，その違法事由を主張するためにどのような証拠を収集して提出することが考えられるか，検討しなさい。

　COMMENT　本件マンションに関する53条許可は，裁量に基づくものであるので，X側としては，裁量権の踰越・濫用に該当することを主張すべきことになる。さしあたり，「Y市民活公園事業実施要綱」の法的性質は何かを検討したうえで，Y市の要綱を手掛かりとして違法事由を主張することが考えられる。もっとも，Y市の要綱の内容（定める要件）が必ずしも明らかではないので，この方法では違法事由は主張しにくいかもしれない。そこで，次に，考慮事項に着目して，具体的には，53条許可において，何が要考慮事項になるか，仮に考慮不尽や他事考慮があったとすれば，どのような事実に反映されることが想定されるかについて，考えてほしい（必要に応じて，本問のモデルとなった裁判例も参照されたい）。

8 墓地経営許可をめぐる利益調整のあり方

以下の 事例 ,【資料：関係法令】を読んで 設問 に答えなさい。

事例

　Y市は，都心へのアクセスに恵まれた，昔ながらの情緒をなお残す住宅街として人気を集めてきたが，高齢化の進行に伴って，"終の住処"である墓地のニーズの高まりに直面している。A市に寺院を有する宗教法人X_1は，上下水道等のインフラが完備されたY市内の住宅街周辺の一画に，専ら焼骨のみを埋蔵する墓地を建設して経営することを計画した。「メモリアルガーデン」と名付けられたこの墓地は，大きな木の下に遺骨を埋蔵する様式をとった，緑と花に囲まれたバリアフリーの公園型墓地である。墓地を経営するには，「墓地，埋葬等に関する法律」（以下，「法」という）に従って，行政庁の許可を受けなければならない（10条1項）。法は，許可要件を定めておらず，委任も行っていないが，Y市は，墓地経営者と周辺住民とのあつれきをはじめとする問題を重く受けとめ，これに対処するため，「Y市墓地等の構造設備及び管理の基準等に関する条例」（以下，「条例」という）を制定している（本件条例は違法でないことを前提とする）。X_1の墓地は，条例6条1項1号・3号の定める設置場所基準を満たしており，また，条例7条1項の定める構造設備基準をすべて満たしている。

　X_1は，法10条1項に基づく墓地経営許可の申請に先立って，条例16条1項に基づき，隣接住民への周知を図るため，墓地の計画概要を記載した標識を設置し（平成21年8月17日），条例17条1項に基づき，隣接住民に対する説明会を開催した（同年8月29日）。これに対し，隣接住民および当該土地から10m〜125mの範囲内に居住する周辺住民（以下，X_2らという）35名に加え，Y市内で伝統的な墓石型墓地を経営する宗教法人X_3から，墓地経営に反対する立場での意見の申出がなされた。Y市長は，協議により解決を図ることは困難であると判断した上で，X_1とX_2らの打合せ会を提案したり，X_1に対して補足説明会を行うよう指導したりしたほか，Y市とX_2らとの意見交換会やY

市主催の説明会を開催したりした。3年におよぶ種々の調整を経た後，X_1 は Y市長の指導に従って意見の申出の再受付をしたが，なお20名から意見が出されたため，Y市長は，条例18条1項に基づき，X_1 に対し，隣接住民との協議を行うよう指導した（平成24年8月10日）。これを受けて，X_1 は，隣接住民との協議を行った上に（同年9月1日），墓地経営に強く反対して協議に参加しなかった一部の隣接住民に対し，Y市長の指導に従って，協議の結果を報告するとともに意見の受付を行った。しかし，依然として打開の見込みは立たなかった。X_1 はついに，同年11月8日，墓地経営許可の申請に踏み切ったが，5か月経っても応答がなかったため，平成25年4月8日，墓地建設工事に着手するにいたった。

〔設問〕

1　Y市の対応に不服を抱いた X_1 は，許可がなされないことにつき，どのような訴訟を提起すべきか。

2　①X_2 らおよび X_3 は，X_1 の墓地経営を阻止するために，どのような訴訟を提起すべきか（行政事件訴訟法に定めるものに限る）。
　　②仮に訴えが適法であると認められた場合に，X_2 らおよび X_3 は，本案審理においてどのような主張をすべきか。

資料：関係法令

墓地，埋葬等に関する法律（昭和23年法律第48号）

第1条　この法律は，墓地，納骨堂又は火葬場の管理及び埋葬等が，国民の宗教的感情に適合し，且つ公衆衛生その他公共の福祉の見地から，支障なく行われることを目的とする。

第2条⑤　この法律で「墓地」とは，墳墓を設けるために，墓地として都道府県知事（市又は特別区にあつては，市長又は区長。以下同じ。）の許可を受けた区域をいう。

第10条①　墓地，納骨堂又は火葬場を経営しようとする者は，都道府県知事の許可を受けなければならない。

②　前項の規定により設けた墓地の区域又は納骨堂若しくは火葬場の施設を変更し，又は墓地，納骨堂若しくは火葬場を廃止しようとする者も，同様とする。

第13条　墓地，納骨堂又は火葬場の管理者は，埋葬，埋蔵，収蔵又は火葬の求めを受けたときは，正当の理由がなければこれを拒んではならない。

第18条①　都道府県知事は，必要があると認めるときは，当該職員に，火葬場に立ち入り，その施設，帳簿，書類その他の物件を検査させ，又は墓地，納骨堂若しくは火

葬場の管理者から必要な報告を求めることができる。
第19条　都道府県知事は，公衆衛生その他公共の福祉の見地から必要があると認めるときは，墓地，納骨堂若しくは火葬場の施設の整備改善，又はその全部若しくは一部の使用の制限若しくは禁止を命じ，又は第10条の規定による許可を取り消すことができる。

Y市墓地等の構造設備及び管理の基準等に関する条例

第1条　この条例は，墓地，埋葬等に関する法律第10条の規定による経営の許可等に係る墓地，納骨堂又は火葬場の構造設備及び管理の基準並びに事前手続その他必要な事項を定めるものとする。

第6条①　墓地の設置場所は，次に定めるところによらなければならない。
一　河川，海又は湖沼から墓地までの距離は，おおむね20メートル以上であること。
二　住宅，学校，保育所，病院，事務所，店舗等及びこれらの敷地から墓地までの距離は，おおむね100メートル以上であること。
三　高燥で，かつ，飲料水を汚染するおそれのない土地であること。
②　専ら焼骨のみを埋蔵する墓地であつて，市長が，公衆衛生その他公共の福祉の見地から支障がないと認めるものについては，前項第1号及び第2号の規定は，適用しない。

第7条①　墓地の構造設備は，次に掲げる基準に適合しなければならない。
一　境界には，障壁又は密植した低木の垣根を設けること。
二　堅固な材料で築造され，その幅員が1メートル以上である通路を設けること。
三　雨水又は汚水が滞留しないように適当な排水路を設け，下水道又は河川等に適切に排水すること。
四　ごみ集積設備，給水設備，便所，管理事務所及び駐車場を設けること。
五　墓地の区域内に緑地を設けること。

第12条　墓地等の管理者は，次に定める措置を講じなければならない。
三　墓地等を常に清潔に保つこと。

第16条①　申請予定者は，許可の申請に先立つて，墓地等の建設等の計画について，当該墓地等の建設予定地に隣接する土地又はその土地の上の建築物の所有者及び使用者（以下「隣接住民」という。）への周知を図るため，当該建設予定地の見やすい場所に標識を設置し，その旨を市長に届け出なければならない。

第17条①　申請予定者は，許可の申請に先立つて，説明会を開催する等の措置を講ずることにより，当該墓地等の建設等の計画について，隣接住民に説明し，その経過の概要等を市長に報告しなければならない。

第18条①　市長は，隣接住民から，当該墓地等の建設等の計画について，次に掲げる意見の申出があつた場合において，正当な理由があると認めるときは，申請予定者に対し，隣接住民との協議を行うよう指導することができる。
一　公衆衛生その他公共の福祉の観点から考慮すべき意見
二　墓地等の構造設備と周辺環境との調和に対する意見
三　墓地等の建設工事の方法等についての意見
②　申請予定者は，前項の規定による指導に基づき実施した隣接住民との協議の結果を市長に報告しなければならない。

● **CHECK POINT**

① 申請型義務付け訴訟の訴訟要件と本案要件
② 差止訴訟の訴訟要件と本案要件
③ 処分の第三者の原告適格

● **解説**

I 本問の趣旨

本問は，今日，パチンコ店営業許可や場外車券売場設置許可と並んで，原告適格をめぐる判例法理の努力が試される主戦場ともなっている墓地経営許可を素材として，行政過程と裁判過程を通じた行政（Y市）―名宛人（墓地経営申請者 X_1）―第三者（周辺住民 X_2 らおよび既存墓地経営者 X_3）間の利益調整のあり方を問うものである。原告適格の問題は，司法試験において重要視されているのみならず，実務上は依然として，まず突破しなければならない壁であることから，事例②に引き続いて取り上げることにする。設問１は，長期間にわたる行政指導に従い周辺住民との調整を図ってきた X_1 が，申請に踏み切ったにもかかわらず，応答を得られない場合の訴訟形態として，申請型義務付け訴訟を論ずるものである。設問２は，X_1 が申請と工事着手に及んだ際に，X_2 らと X_3 がこれに対抗するための訴訟形態として差止訴訟を選択し，訴訟要件（とりわけ原告適格）と本案における違法事由を論ずるものである。

なお，本問は，東京地判平成 22・4・16 判時 2079 号 25 頁（杉原則彦裁判長）[1] をモデルとしており，事件の進捗状況はこれに倣っているものの，大幅な修正を加えている。

---

1) 白藤博行「判批」判評 626 号（判時 2102 号）164 頁，北村喜宣「判批」速判解 9 号（2011 年）313 頁，前田雅子「演習」法教 368 号（2011 年）152 頁，橋本・解釈の基礎 155 頁，大橋・行政法Ⅱ 106 頁参照。ちなみに，この事件は，申請のほぼ 1 年後に下された許可処分に対し，周辺住民が，その取消を求めるとともに，当該処分による精神的損害を理由に国家賠償請求を行ったものである。

II　墓地経営許可の仕組み

「ゆりかごから墓場まで」といわれる福祉国家の標語のなかに表れた墓地行政は，ひっそりとしか語られないものの，時代状況に応じた変化を伴いつつ，行政課題の一つであり続けてきた[2]。命あるものは必ず死を迎え，わが国では通常は墓地に埋葬されることから，墓地は，公共性，永続性，非営利性を備えていなければならない。また，墓地は，風俗習慣，宗教的感情，各地方の地理的条件等に根差している。これらの特性から，墓地行政においては，地方公共団体が，墓地供給の第一次的主体として[3]，かつ，許可権限の行使主体として据えられてきた。墓地経営許可は，都道府県知事（および指定都市市長）の機関委任事務とされていたが，都道府県（および指定都市・中核市）の団体委任事務とされ（昭和58年法律83号），さらに自治事務に振り分けられた後（平成11年法律87号），都道府県から市・特別区への事務権限の移譲が行われた（平成23年法律105号）[4]。

法は，墓地経営につき，行政庁の許可を受けなければならないことしか定めていない（10条1項）。何らの要件も定めず，委任すら行っていないこの規定の趣旨をいかに解するかが，問題となる。多くの地方公共団体は，許可処分をめぐる申請者と周辺住民との紛争に直面するなかで，条例や規則，要綱によって実体的・手続的基準を精緻化してきた。このような実務上の知恵と工夫が許容されるか否かは，「法律規定条例」とも呼ばれる条例の適法性の問題であり，地方自治法理論上のアクチュアルな論点であるにとどまらず，本問を解くにあたっての大前提ないし最後の難関となる。ただし，学説において見解が大きく

---

[2]　土葬の慣習や伝染病対策などから，戦前は，治安警察行政として，内務省の所管とされていたが，戦後，公衆衛生行政として，厚生労働省の所管となり，今日では，都市化や家族構造・家族観の変化が進むなかで，都市計画行政，文化・福祉行政（墓地の無縁化や墓地のあり方の多様化への対処）としても捉える必要性が指摘されている。

[3]　累次にわたる国の通知において，経営主体は，原則として地方公共団体でなければならず，やむを得ない場合であっても，宗教法人，公益法人等とするとされてきた。

[4]　従前は，地方公共団体の事務である公共事務・団体委任事務・行政事務に加え，地方公共団体の機関が国の機関として処理する国の事務である機関委任事務が存在していたが，平成11年改正（第一次地方分権改革）によって機関委任事務制度が廃止され，現在の事務分類である自治事務と法定受託事務は，地方公共団体自身の事務に他ならない。

分かれており[5]，また，判例は，このような条例を有効として判断していることから，本件条例が適法であることをとりあえずの前提として論を進めていく。

III 名宛人による申請型義務付け訴訟の提起（ 設問1 ）

X_1 は，長期間にわたるフォーマル・インフォーマルな行政指導に従って努力を重ねた末，申請と工事着手をもって，行政指導にはもはや協力できないとの「真摯かつ明確な意思の表明」を行った。仮に，この時点を過ぎてもなお行政指導が続けられている場合には，X_1 は，行政指導が違法であることの確認を求める当事者訴訟，または，行政指導を理由とする許可処分の留保を違法とした国家賠償請求訴訟[6] を提起することがありえよう。

より直截的な救済手段として，X_1 は，Y市長が申請に対する許可処分をすべき旨を命ずる申請型義務付け訴訟を提起することになる。本件は，一定の処分を求める法令に基づく申請がされ，それに対して何らの処分がされない場合であることから，不作為違法確認訴訟を併合提起しつつ，義務付け訴訟が提起されなければならない（行訴3条6項2号・37条の3）。以上の訴訟要件が満たされている場合には，裁判所は，①義務付け訴訟に併合提起された不作為違法確認請求に理由があると認められ，かつ，②行政庁が義務付け訴訟に係る処分をしないことが違法であると認められるときに，義務付け判決を行う（同37条の3第5項）。本案勝訴要件①に関しては，3年以上にわたる事前手続の末，法10条1項に基づいて行われた X_1 の申請に対し，Y市長は遅滞なく審査を開始し応答すべきであるにもかかわらず（行手7条），申請から5か月という「相当の期間」を超えて何らの応答もしていないことから，この要件は満たされている。②に関しては，Y市長に広範な裁量が認められる本件においては，裁量権の逸脱濫用に係る主張・立証や裁判所の審理が相当に困難であることに加え，既に工事に着手した X_1 にとって，不許可処分による経済的損失のおそ

---

[5] 法10条が制度を完結的に規定していると解するならば，条例による基準の付加は，考慮事項の範囲を変更することになり，認められないが，そうではなく，法10条は，規律対象の性質に鑑みて要件を開いていると解するならば，法の目的と違背しない限り，条例による要件の設定は認められうる。小早川光郎「基準・法律・条例」塩野宏先生古稀記念『行政法の発展と変革(下)』（有斐閣，2001年）396頁，斎藤誠「条例制定権の限界」争点207-208頁参照。

[6] 最判昭和60・7・16民集39巻5号989頁［百選I-132事件］参照。

れに照らし，Y市長の迅速な応答がまず何よりも望まれることに鑑みるならば，裁判所は，不作為違法確認判決のみを行い，判決の拘束力により紛争の迅速な解決を期待するのが適切であろう（行訴37条の3第6項）。

IV 第三者による差止訴訟の訴訟要件（設問2①）

X_1 の墓地経営に反対する X_2 らと X_3 は，X_1 に対する許可処分の差止めを求めるのが最も実効的である。差止訴訟の訴訟要件として，処分の特定性（「一定の処分」）は，本件においては問題なく認められよう。以下では，原告適格の問題に焦点を当てた後，「重大な損害」要件に触れる。

1 第三者の原告適格

差止訴訟の原告適格は「法律上の利益を有する者に限り」認められるが，この判断は，取消訴訟のそれと同様に行われる（行訴37条の4第3項・4項）。処分の第三者の原告適格の判断枠組みは，事例⑦Ⅱ1 において示されたとおりである。今回は，より厄介な判断が迫られる周辺住民の生活環境上の利益と競業者の経済的利益を取り上げる。墓地経営許可事案は，その法的仕組みゆえに，条例の適法性が曖昧なまま，条例の整備水準によって原告適格の有無が決せられるという，不安定さをも孕んでいる[7]。

(1) **周辺住民の原告適格**

(ア) **最高裁の壁**

墓地経営許可の取消を求める周辺住民の原告適格に関する唯一の最高裁判決は，従前の下級審判例の動向に沿って，これを否定する判断を下したものである。最判平成12・3・17判時1708号62頁は，処分の直接の根拠規定である「法10条1項自体」について，「これは，墓地等の経営が，高度の公益性を有するとともに，国民の風俗習慣，宗教活動，各地方の地理的条件等に依存する面を有し，一律的な基準による規制になじみ難いことにかんがみ，墓地等の経

---

[7] 先進的な地方公共団体は，自らの手で紛争を解決すべく，条例を精緻化する惜しみない努力を払い，実体的・手続的基準の整備を通して，行政手続および司法手続の利用可能性を高めている。だが，逆もまたしかりである。プロセス全体から見た紛争解決機会の必要性・妥当性という観点から，現行法制度の解釈論的・立法論的検討が求められよう。

営に関する許否の判断を都道府県知事の広範な裁量にゆだねる趣旨に出たものであ」るとし，「〔法1条の定める〕趣旨に従い，都道府県知事が，公益的見地から，墓地等の経営の許可に関する許否の判断を行うことを予定しているもの」であるとして，周辺住民の個別利益性を否定した。また，本判決は，当該事件で問題となった条例が，「住宅，学校，病院，事務所，店舗その他これらに類する施設の敷地から三百メートル以上離れていること。ただし，知事が公衆衛生その他公共の福祉の見地から支障がないと認めるときは，この限りでない」という距離制限を定めていることに着目しながらも，対象施設の概括性および公益的見地からの制限解除の可能性を以て，施設設置者の個別利益性を否定した[8]。最高裁は，かくして，利益の内容・性質に立ち入ることなく，処分の根拠規定の仕組み解釈に基づいて，周辺住民の原告適格に係る個別保護要件を否定した。

(イ) 壁の乗り越え方

この最高裁判決は，しかし，行訴法改正の際，判例変更の可能性・必要性を指摘され，実際，周辺住民の原告適格を肯定する下級審判決が現われはじめた。最高裁の壁をどのように乗り越えられるか，検討してみよう。

(a)処分の根拠法令および関係法令の趣旨・目的　行訴法9条2項の第1指針と第3指針は，当該処分の根拠法令およびこれと目的を共通にする関係法令の趣旨・目的を考慮・参酌するものとしている。法は，処分要件を定めておらず，目的規定による拘束を課すにとどまることから，条例の解釈が鍵となる。本件条例は，根拠法令の適用のために，共通の趣旨・目的の下で，処分権限の行使を規律する基準や手続を定めるものであるから（1条），問題なく関係法令に組み入れられよう。問題は，関係法令をも視野に入れることを通じて，特定の者の個別的利益を切り出すことができるかである。

まず，条例の定める墓地の設置場所基準に関しては，「専ら焼骨のみを埋蔵する墓地」でない墓地，すなわち，土葬が行われる墓地は，住宅等から墓地までの距離が100m以上でなければならず（6条1項2号・2項），「高燥で，かつ，

---

[8]　距離制限規定の解釈に関しては，他の事案との比較が有用ないし必要である（パチンコ店営業許可に係る最判平成6・9・27判時1518号10頁および最判平成10・12・17民集52巻9号1821頁［百選Ⅱ-174事件］，場外車券売場設置許可に係る最判平成21・10・15民集63巻8号1711頁［百選Ⅱ-178事件］等参照）。

飲料水を汚染するおそれのない土地であること」は常に要請され（同条1項3号），公益的見地からの制限解除は認められていない。また，墓地の構造設備基準は，排水とごみ設備を特に取り出して制約を課しており（7条1項3号・4号・12条3号），その趣旨は，排水とごみによる被害の防止，すなわち，飲料水汚染等の衛生環境の悪化からの周辺地域の保護にあると解される。かくして，これらの規定は，墓地の周辺地域という特定の範囲を他から区別し，その利益を飲料水等の衛生環境の観点から保護することを目的としていると言えよう。

加えて，条例は，申請予定者による説明会開催と市長への報告（17条1項），隣接住民による意見申出と市長による申請予定者に対する協議実施の指導（18条1項），この協議結果の市長への報告（同条2項）という一連のプロセスを設けている。このプロセスを通して，行政庁は，申請予定者と隣接住民との間の利益調整に関わって，発動の局面で補完するとともに，情報を収集する。ここで収集された情報は，行政庁において当然に考慮されるべきことになる。隣接住民の許可手続への関与を認めるこれらの規定は，確かに，行政庁に対して法的に考慮を義務づけるものではなく，単独で原告適格を基礎づけうるものではないが，少なくとも，距離制限対象施設のうち，住宅という特定の施設の設置者それ自体を差異化するものであると言えよう。

以上から，関係法令をも組み入れた根拠法令の趣旨・目的として，墓地経営に伴う飲料水汚染等の衛生環境の悪化による周辺住民の健康・生活環境上の被害発生を防止することをも導き出すことができる。平成12年最判が築いた壁をクリアし，法の解釈として，公衆衛生一般にとどまらず，周辺地域の衛生環境に引きつけ，周辺住民の健康・生活環境上の利益を読み取ることが，ここでのポイントとなる。

(b)利益の内容・性質　　行訴法9条2項の第2指針と第4指針は，利益の内容・性質，処分が違法になされた場合に害されることとなる利益の内容と性質・害される態様と程度を考慮・勘案するものとしている。個別利益性の判断に当たって，判例は，生命・身体・健康は別として，それ以外の利益については特別の手がかりを要求してきた。

ここで翻って，本件事案構造がどのように把握されるべきか，考えてみよう。本件は一般的には，財産権および職業選択の自由[9]の行使としての墓地経営を行おうとする申請者X_1，および，X_1の墓地経営によって多様な生活環境上

の不利益を被る周辺住民 X_2 らとの間の私人間の紛争として描かれる。三面関係における調整者として行政庁を位置づける，現代型行政に典型的なこの構図においては，財産権に対置される公益のなかから，これに吸収解消されない個々人の個別的利益が切り出されなければならない。X_2 らが受ける具体的被害として，①衛生環境の悪化，②嫌忌施設であることに由来する精神的苦痛，③地価の下落や賃借人の流出による財産的被害などが挙げられる。しかし，①衛生環境の悪化は，抽象的なおそれにとどまるのに加え，許可処分後の管理の段階での問題であること，②墓地は古来から，死穢の忌避に加え，（弔意や供養感をも含む）祭祀の対象となってきたものであり，精神的苦痛の有無は主観的な価値判断によって左右されること，③財産的被害は，物的には明確であるものの，付随的かつ不確実であることから，いずれも，X_1 の財産権および職業選択の自由＝自然の自由を制約しうるほどの決め手にはなりがたい10)。

もっとも，原告適格否定の結論に満足しないのであれば，これとは異なる構図を模索しなければならない。その手がかりとして，国民の宗教的感情に基づく社会慣習という墓地の性格付けに注意してみよう。この性格付けによるならば，本件事案構造は，国民の宗教的感情に基づく社会慣習として墓地の設置を行おうとする申請者 X_1，および，この社会慣習に対して制約を加える公衆衛生その他公共の福祉の受益者である周辺住民 X_2 らとの間の，いわば公益同士の調整であることになる。前者は，墓地経営者個人の自然の自由ではなく，墓地経営者や墓地利用者を典型とする国民一般の宗教上の利益であり，後者は，周辺住民の利益をも含む公衆衛生上の利益であって，両者はまさしく，法１条の目的規定に表された，同一平面上の利益である。

三面関係をとる第一の構図が，当事者である私人間の利益調整ないし合意形成を本質としているのに対し，公益をまとめあげていく第二の構図は，（行政過程のみならず裁判過程を通じた）手続による公益の形成を主眼としている。この第二の構図は，被害の重大性を容易には認めがたい本件において，受忍限度論的発想によって個別利益性を判断する際，威力を発揮しえよう。対抗する利

---

9) 本件墓地は，宗教法人の公益事業として行われる事業型墓地であることから，X_1 の宗教活動の自由については取り上げない。
10) 福岡高判平成 20・5・27 判例集未登載（平成 19（行コ）33）は，精神的苦痛と財産的被害を根拠として周辺住民の原告適格を認めたが，その論理は厳密でない。

益の衡量過程のなかで，公衆衛生上の利益を実体法的・手続法的に個別化しうるならば，X_2 らの利益は，社会慣習上の利益から個別化された X_1 の利益を制約しうると解されるからである[11]。また，本件条例は，法の趣旨・目的の解釈の下にあって，法の定める考慮事項の範囲を変更するものではないから，法律規定条例の適法性に対する障壁を低減させうる。

そこで，この利益の個別化可能性が判断されるべきことになる。判断枠組みとしては，最大判平成 17・12・7 民集 59 巻 10 号 2645 頁〔小田急事件大法廷判決〕〔百選Ⅱ-177 事件〕のそれが用いられよう。本件における衛生環境の悪化による健康や生活環境上の被害は一定範囲の周辺住民に限られること（地域的限定性），その被害の程度は墓地に接近するにつれて増大すること（距離との反比例性），被害を反復・継続して受けた場合には著しい被害に至りかねないこと（反復・継続による深刻化）という利益侵害の態様・程度を勘案するならば，個別利益性が認められよう。健康・生活環境上の利益を，小田急事件大法廷判決のいわば延長に位置づけ，広範な行政裁量を限界づけるような個別化を図ることが，ここでのポイントとなる。

(c) 線引き　最後のステップとして，原告適格を認められる人的範囲が画定されなければならない。線引きについては，原告適格の判定と本案審理の振分けの問題であって，基準を理論的に説明づけるのは困難であることが共通理解となりつつある[12]。詳細な主張・立証を経ることなく簡明な方法により原告適格を判定するべきであると考えるならば，条例 6 条 1 項 2 号の定める 100 m 以内という距離制限に着目して，この範囲内の住民に原告適格を認めるのが，合理的である。ただし，本件においては，手続への関与が条例上認められている隣接住民とそれ以外の周辺住民がひとしなみに扱われていることから，100 m 内外の落差は強調されるべきでない。隣接住民に限定するか，逆に，手続に関与した周辺住民すべてを含めるかといった選択肢をも視野に入れた上で，本件は原告が同様の利益を主張しているケースであって，一定数の原告に原告適格

---

11) X_1 の利益は私的性格というより社会的性格を帯びるが，このことは，X_1 の財産権が墓地使用者の使用権によって制限されることや墓地が無税地であることによっても裏付けられうる。ただし，受忍限度論的発想に関しては，仕組み解釈からの乖離のほか，民事不法行為法上の基準を持ち込むことの問題性が指摘されている。

12) 山本・判例行政法 440 頁参照。

が認められるべきことに鑑み[13]，100mを基準とすることの一応の合理性を裏付けることもできる。

(2) 競業者の原告適格

X_1 が新しいタイプの墓地を提供する結果，利用者の減少等による経済的損失を被るおそれのある X_3 の原告適格は，競業者訴訟に係る判例の蓄積に照らして判断される。競業者の原告適格を肯定した古典的判例である最判昭和37・1・19民集16巻1号57頁［百選Ⅰ-19事件］は，適正配置基準や需給調整規定の存在に加え，当該事業が国民生活上不可欠な役務の提供であって，強力な規制に服することを根拠としている[14]。墓地経営は，確かに，公共的サービスとしての性格を有しており，廃業許可制（法10条2項），埋葬の受諾義務（同13条），報告徴収権限（同18条1項），命令・取消権限（同19条）等に服する。しかし，先に示した第一の構図に則るならば，墓地経営は，基本的に職業選択の自由に属し，根拠法令および関係法令から，既存業者の経営上の地位を保護する趣旨・目的は読み取り得ないため，X_3 の原告適格は否定されざるを得ない。また，第二の構図に則るならば，既存業者の利益は，申請者の利益とともに，社会慣習に基づくものとなり，この国民一般の宗教上の利益から個別的に切り出しうるだけの手がかりが必要となるため，同様の結論になる。

2 重大な損害

差止訴訟は，いわば早められた取消訴訟であることから，重大な損害要件（積極要件）と補充性要件（消極要件）を満たす場合に提起されうるものであり（行訴37条の4第1項），処分がされた後の取消訴訟と執行停止によって十分な救済が得られる場合には認められない。重大な損害要件については，名宛人が自らに対する処分の差止めを求める場合（二面関係）と第三者が名宛人に対する処分の差止めを求める場合（三面関係）とでは，問題状況が基本的に異なる。後者の場合には，処分相手方予定者の利益をも衡量しつつ，損害の回復の困難

---

[13] 神橋一彦「原告適格論と憲法の視点」立教法学82号（2011年）260-264頁参照。
[14] 競業者訴訟に関しては，病院開設許可の取消に係る最判平成19・10・19判時1993号3頁など，入口を突破できない状況が続いてきたが，たばこ小売業許可の取消しを求めた既存業者の原告適格を認めた熊本地判平成23・12・14判時2155号43頁，一般廃棄物処理業許可の取消しを求めた既存業者の原告適格を認めた最判平成26・1・28判時2215号67頁（事例⑥Ⅲ2⑴）などが現れている。

の程度を考慮し，損害の性質・程度および処分の内容・性質を勘案しなければならないからである（同条2項）。

　三面関係に分類されうる本件事案につき，第三者たる X_2 らにおいては，処分に基づいて作られる物的施設の管理の段階にいたって，その不備から被害が生ずるおそれがあるにすぎず，また，景観などとは異なり[15]，処分ないし工事着手によって直ちに回復不可能な損害が生ずるわけではない。これに対し，名宛人たる X_1 においては，事前手続の履践状況に照らしても，その期待利益は保護されてしかるべきレベルに達している。したがって，X_2 らは，このタイミングで差止訴訟によって争うのではなく，許可処分を待ってから，取消訴訟と執行停止申立てによって救済を求めるべきである。差止訴訟は結局，重大な損害要件を満たさず不適法であるとして却下されよう。

V　本案における違法事由（設問2②）

　仮に差止訴訟の提起が適法であると認められた場合には，本案審理において主張すべき違法事由に問題が移ることになる（なお，差止訴訟が不適法とされ，事後に許可処分の取消訴訟が提起される場合も，同様である）。裁判所は，行政庁が差止訴訟に係る処分をすることが違法であると認められるときに，差止判決を行う（行訴37条の4第5項）。原告は，裁量権の逸脱濫用を主張することになるが，その際，行訴法10条1項の定める「自己の法律上の利益に関係のない違法」の主張制限に服さなければならない[16]。主張制限の範囲に関しては，原告適格を基礎づける規定の違反しか主張し得ないとする厳格な判例実務の傾向に対し，一定の関わりがある以上，公益の実現を目的とする規定の違反を主張しうるとする有力な見解が示されている[17]。専ら原告以外の者の利益に関わる違法事由の主張制限については，ほぼ争いがない。

　X_2 らは，実体的違法事由として，墓地の設置場所基準の違反（条例6条），構造設備基準の違反（同7条・12条），公衆衛生，周辺環境との調和，墓地の

---

15) 広島地判平成21・10・1判時2060号3頁〔鞆の浦事件判決〕等参照。
16) 差止訴訟に関しては，行訴法10条1項は準用されないものの，主観的訴訟としての性格から，解釈上準用することが妥当であると考えられる。
17) 野呂充「原告適格論の再考」法時82巻8号（2010年）17頁参照。

建設工事の方法に係る違反（同18条1項1号・2号・3号）を主張しうる。周辺環境との調和に関しては，良好な住環境が害されること，犯罪の多発・誘発のおそれがあること，墓参による交通量の増加によって児童の交通安全が脅かされることなども，主張はなされうる。本件においてはとりわけ，距離制限規定の公益的見地からの適用除外（同6条1項2号・2項）が問題となりうるが，墓地の設置形態や設置場所の状況などに鑑みるならば，裁量権の逸脱濫用までは認められまい。また，X_2らは，手続的違法事由として，事前手続（標識設置〔同16条〕，説明会開催〔同17条〕，協議実施〔18条〕）の不遵守を主張しうる。もっとも，手続の遵守は処分要件に法的には組み込まれていないから，手続面での義務違反は処分の違法を直ちにもたらすものではない。さらに，X_2らは，墓地の永続性と非営利性の要請から地方公共団体を墓地供給の第一次的主体とする法の趣旨に照らし，墓地の需給予測の誤りを主張しうる[18]。計画行政的観点からの統制は有効であるが，ただし，本件墓地は都市計画事業として建設されるものではなく，都市計画法違反は直接には主張され得ない[19]。以上に対し，X_2らは，例えば，通路の幅員や駐車場の構造など，専ら墓地利用者の利益に関わる規定の違反を主張することは許されない。

■ 関連問題

　Y_1市は，市内を南北に縦断する市営地下鉄南北線を経営してきたが，新たに，市内を東西に横断する市営地下鉄東西線を新設することとし，南北線と東西線を軸とするコンパクトシティの実現を目指して，公共交通ネットワークの再編を行うこととした。Y_1市は，営業キロ数の延長に応じた運賃の上限の変更について，国土交通大臣Y_2の認可を受けた上で（鉄事16条1項），認可を受

---

[18] 熊本地判昭和55・3・27判時972号18頁。なお，名義貸しの防止の要請から，財務状況の事前審査制度や宗教法人の在市期間（3年程度）要件を定める条例が存在しているが（例えば，横浜市墓地等の経営の許可等に関する条例），その場合には，財務基盤や宗教法人としての活動の実態を争うことができる。

[19] 墓地は，都市計画法上の都市施設として位置づけられ（都計11条1項2号），都市計画事業として建設される場合には，都市計画事業認可（同59条）をもって墓地経営許可がなされたものとみなされる（法11条）。加えて，「墓地計画標準について」と題する建設省通知（昭和34年5月11日発計第25号）が，都市の総合的土地利用計画の観点からの規律を要請している。

けた運賃の上限の範囲内で運賃を定め，Y_2 に届出を行った（同条3項）。その際，Y_1 市は，都心部における地下鉄利用の促進のため，基幹駅を中心とした南北・東西ともに3駅までのエリア内を一律200円とする運賃設定をした。その結果，都心部においては，6駅区間乗車しても200円であるのに対し，終点駅付近においては，1駅区間であっても250円となる区間が存在することになった。

運賃250円となる1駅区間を反復継続的に利用している X_1，および，都心部においてバス事業を経営しているバス会社 X_2 は，Y_1 市による運賃設定に不満を有している。X_1 と X_2 は，訴訟によって争うことができるか。

鉄道事業法（昭和61年法律第92号）

第1条　この法律は，鉄道事業等の運営を適正かつ合理的なものとすることにより，輸送の安全を確保し，鉄道等の利用者の利益を保護するとともに，鉄道事業等の健全な発達を図り，もつて公共の福祉を増進することを目的とする。
（旅客の運賃及び料金）
第16条①　鉄道運送事業者は，旅客の運賃及び国土交通省令で定める旅客の料金（以下「旅客運賃等」という。）の上限を定め，国土交通大臣の認可を受けなければならない。これを変更しようとするときも，同様とする。
②　国土交通大臣は，前項の認可をしようとするときは，能率的な経営の下における適正な原価に適正な利潤を加えたものを超えないものであるかどうかを審査して，これをしなければならない。
③　鉄道運送事業者は，第1項の認可を受けた旅客運賃等の上限の範囲内で旅客運賃等を定め，あらかじめ，その旨を国土交通大臣に届け出なければならない。これを変更しようとするときも，同様とする。
④　鉄道運送事業者は，特別車両料金その他の客車の特別な設備の利用についての料金その他の国土交通省令で定める旅客の料金を定めるときは，あらかじめ，その旨を国土交通大臣に届け出なければならない。これを変更しようとするときも，同様とする。
⑤　国土交通大臣は，第3項の旅客運賃等又は前項の旅客の料金が次の各号のいずれかに該当すると認めるときは，当該鉄道運送事業者に対し，期限を定めてその旅客運賃等又は旅客の料金を変更すべきことを命ずることができる。
　一　特定の旅客に対し不当な差別的取扱いをするものであるとき。
　二　他の鉄道運送事業者との間に不当な競争を引き起こすおそれがあるものであるとき。
（事業改善の命令）
第23条①　国土交通大臣は，鉄道事業者の事業について輸送の安全，利用者の利便その他公共の利益を阻害している事実があると認めるときは，鉄道事業者に対し，次に掲げる事項を命ずることができる。
　一　旅客運賃等の上限若しくは旅客の料金（第16条第1項及び第4項に規定するものを除く。）又は貨物の運賃若しくは料金を変更すること。

COMMENT 鉄道運賃認可処分の取消訴訟における反復継続的利用者の原告適格については，これを否定した近鉄特急事件判決（最判平成元・4・13判時1313号121頁［百選Ⅱ-172事件］）に対し，北総鉄道事件判決（東京地判平成25・3・26判時2209号79頁，東京高判平成26・2・19訟月60巻6号1367頁，最決平成27・4・21判例集未登載〔平成26（行ツ）254，（行ヒ）266］）がこれを肯定する判断を下している。関連問題においては，Y_1市が，Y_2によって認可された上限の範囲内で設定し，Y_2に届け出た運賃体系について，いかなる訴訟によって争いうるか，争いうる場合に，X_1とX_2の当事者適格が認められるかを検討する必要がある。届出の争い方について，届出をした者以外の第三者が争うという事案類型の違いに留意しつつ，（届出をした者が争うという事案類型を扱った）事例①を参照しながら検討した上で，仮に何らかの抗告訴訟の手段を用いることができる場合には，利用者X_1の原告適格に関しては上記2判決を比較し，また，競業者X_2の原告適格に関しては事例⑦および事例⑥を参照しながら検討し，抗告訴訟を用いることができない場合には，当事者訴訟の手段を用いることができるか，検討されたい。

9 障害者総合支援法に基づく勧告および処分をめぐる紛争

以下の 事例 ,【資料１：ＡとＢの法律事務所の会議録】,【資料２：関係法令】を読んで 設問 に答えなさい。

事例

　Ｘは，Ｙ県内において，特別養護老人ホーム，デイサービスセンター，グループホームを経営するほか，障害者の日常生活及び社会生活を総合的に支援するための法律（以下では，単に「障害者総合支援法」という）29条１項に基づくＹ県知事の指定を受けて，障害者支援施設ａ（以下では，単に「施設ａ」という）を開設している社会福祉法人である。平成27年10月に障害者虐待の防止，障害者の養護者に対する支援等に関する法律（いわゆる障害者虐待防止法）に基づく内部通報があり，Ｙ県の職員が施設ａに立入検査をしたところ，Ｙ県知事は，施設ａの職員が入所者を殴ったり蹴ったりする，トイレに拘束する，暴言を浴びせるなどの虐待行為があったにもかかわらず，Ｘの理事長や施設長がこれらを調査することなく放置していると認定し，Ｘに対し，１か月以内の改善および報告などを勧告し，勧告に従わなかったときには，その旨を公表することがあること，また，正当な理由がなくて勧告に係る措置をとらなかったときには，措置命令をすることがあることを告知した。その後，Ｘは，虐待防止委員会を設置する一方で，虐待は認めなかったため，平成28年５月に，Ｙ県知事は，Ｘに対し，同年６月20日までに勧告に従うかどうかを回答すること，勧告に従わなかったときには，極めて異例ではあるが措置命令ではなく施設ａに係る指定の取消しないし効力停止を検討していることを伝えた。このような事態を受けて，Ｘの職員Ｃが弁護士ＡとＢの事務所を訪れた。

設問

１　Ｘは，どのような訴訟上の手段によって，本件勧告に従わなかった旨の公表の差止めを求めるべきか，論じなさい。

２　Ｘが，本件指定の取消し・効力停止の仮の差止め（行訴37条の５第２項）

を申し立てた場合に，認容される見込みがあるかどうか，検討しなさい。

資料1：AとBの法律事務所の会議録

A弁護士：施設aにはどのような方々が入所しているのでしょうか。

C：施設aでは，Y県知事から指定を受けて，生活介護，短期入所，施設入所支援の3つのサービスを行っておりまして，定員は，生活介護が40名，短期入所が3名，施設入所支援が30名となっています。少しややこしいですが，障害者総合支援法上は，短期入所については，「指定障害福祉サービス事業者」の指定を受けていまして，施設入所支援と生活介護については，「指定障害者支援施設」の指定を受けているということになります。

A弁護士：わかりました。そして，X側としては，施設aに関するY県知事の勧告は違法であると考えているわけですね。

C：はい。Y県側は，施設aの職員による虐待行為を認定していますが，しかし，実際のところは，職員の暴行とされているものは，いずれも入所者がパニック的な行動をとったことに対する正当防衛ですし，職員の暴言とされているものも，それほど大層なものではないというのが我々の認識です。当方としましては，このような違法な勧告に従わないからといって，あたかも違法な施設を運営しているかのように公表されるのは，社会的信用に関わります。さらにいいますと，万が一，施設aが一時的にせよ閉鎖されることになれば，当方が大きな損害を受けるのはもちろんのこと，70名あまりの入所者が行き場を失って自宅待機ということになりますので，入所者とその家族が多大な迷惑を被ることになります。代わりの受入施設をすぐにみつけることは容易ではありません。

A弁護士：でしたら，とりあえずは，XがY県知事の勧告に従わなかった旨の公表を差し止める必要がありますね。そのための訴訟上の手段は色々と考えられると思いますが，B先生，どのような手段が適切か，考えをまとめておいてください。

B弁護士：承知しました。それから，厚生労働省社会・援護局障害保健福祉部長通知（平成18年12月6日障発第1206001号〔平成28年3月30日障発0330第11号改正現在〕第1の2および平成19年1月26日障発第0126001号〔平成27年3月31日障発0331第21号改正現在〕第1の2）では，基準に違反することが明らかになった場合のうち，特に「利用者の生命又は身体の安全に危害を及ぼすおそれがあるとき」には，基準に従った適正な運営ができなくなったものとして，措置命令を飛ばして直ちに指定の取消しや効力停止をすることができる旨が定められています。Y県知事の通告はこの通知に則ったものですので，今後Y県知事が指定の取消しや効力停止を行う可能性が高いとみて，備えておくべきだと思います。

A弁護士：なるほど，たしかにそうです。指定の取消しや効力停止は取消訴訟の対象

となる処分ですから，さしあたり，これらの処分が行われた後に取消訴訟を提起して，執行停止を申し立てることが考えられますが，これらの処分を事前に差し止めると，これらの処分が行われたことの公示も確実に封じることができますので，それに越したことはありません。B先生，この可能性も検討してください。

B弁護士：承知しました。

資料2：関係法令

障害者の日常生活及び社会生活を総合的に支援するための法律（平成17年法律第123号）

（定義）

第4条① この法律において「障害者」とは，身体障害者福祉法第4条に規定する身体障害者，知的障害者福祉法にいう知的障害者のうち18歳以上である者及び精神保健及び精神障害者福祉に関する法律第5条に規定する精神障害者（発達障害者支援法（平成16年法律第167号）第2条第2項に規定する発達障害者を含み，知的障害者福祉法にいう知的障害者を除く。以下「精神障害者」という。）のうち18歳以上である者並びに治療方法が確立していない疾病その他の特殊の疾病であって政令で定めるものによる障害の程度が厚生労働大臣が定める程度である者であって18歳以上であるものをいう。

② この法律において「障害児」とは，児童福祉法第4条第2項に規定する障害児をいう。

③ この法律において「保護者」とは，児童福祉法第6条に規定する保護者をいう。

第5条① この法律において「障害福祉サービス」とは，居宅介護，重度訪問介護，同行援護，行動援護，療養介護，生活介護，短期入所，重度障害者等包括支援，施設入所支援，自立訓練，就労移行支援，就労継続支援及び共同生活援助をいい，「障害福祉サービス事業」とは，障害福祉サービス（障害者支援施設，独立行政法人国立重度知的障害者総合施設のぞみの園法（平成14年法律第167号）第11条第1号の規定により独立行政法人国立重度知的障害者総合施設のぞみの園が設置する施設（以下「のぞみの園」という。）その他厚生労働省令で定める施設において行われる施設障害福祉サービス（施設入所支援及び厚生労働省令で定める障害福祉サービスをいう。以下同じ。）を除く。）を行う事業をいう。

⑦ この法律において「生活介護」とは，常時介護を要する障害者として厚生労働省令で定める者につき，主として昼間において，障害者支援施設その他の厚生労働省令で定める施設において行われる入浴，排せつ又は食事の介護，創作的活動又は生産活動の機会の提供その他の厚生労働省令で定める便宜を供与することをいう。

⑧ この法律において「短期入所」とは，居宅においてその介護を行う者の疾病その他の理由により，障害者支援施設その他の厚生労働省令で定める施設への短期間の入所を必要とする障害者等につき，当該施設に短期間の入所をさせ，入浴，排せつ又は食事の介護その他の厚生労働省令で定める便宜を供与することをいう。

⑩ この法律において「施設入所支援」とは，その施設に入所する障害者につき，主として夜間において，入浴，排せつ又は食事の介護その他の厚生労働省令で定める便宜を供与することをいう。

⑪ この法律において「障害者支援施設」とは，障害者につき，施設入所支援を行うとともに，施設入所支援以外の施設障害福祉

サービスを行う施設（のぞみの園及び第1項の厚生労働省令で定める施設を除く。）をいう。
（報告等）
第9条② 前項の規定による質問を行う場合においては，当該職員は，その身分を示す証明書を携帯し，かつ，関係人の請求があるときは，これを提示しなければならない。
③ 第1項の規定による権限は，犯罪捜査のために認められたものと解釈してはならない。
（介護給付費又は訓練等給付費）
第29条① 市町村は，支給決定障害者等〔市町村の介護給付費等を支給する旨の決定を受けた障害者または障害児の保護者のこと〕が，支給決定の有効期間内において，都道府県知事が指定する障害福祉サービス事業を行う者（以下「指定障害福祉サービス事業者」という。）若しくは障害者支援施設（以下「指定障害者支援施設」という。）から当該指定に係る障害福祉サービス（以下「指定障害福祉サービス」という。）を受けたとき，又はのぞみの園から施設障害福祉サービスを受けたときは，厚生労働省令で定めるところにより，当該支給決定障害者等に対し，当該指定障害福祉サービス又は施設障害福祉サービス……に要した費用……について，介護給付費又は訓練等給付費を支給する。
（指定障害福祉サービス事業者及び指定障害者支援施設等の設置者の責務）
第42条③ 指定事業者等〔「指定障害福祉サービス事業者及び指定障害者支援施設等の設置者」のこと〕は，障害者等の人格を尊重するとともに，この法律又はこの法律に基づく命令を遵守し，障害者等のため忠実にその職務を遂行しなければならない。
（指定障害福祉サービスの事業の基準）
第43条② 指定障害福祉サービス事業者は，都道府県の条例で定める指定障害福祉サービスの事業の設備及び運営に関する基準に従い，指定障害福祉サービスを提供しなければならない。
（指定障害者支援施設等の基準）
第44条② 指定障害者支援施設等の設置者は，都道府県の条例で定める指定障害者支援施設等の設備及び運営に関する基準に従い，施設障害福祉サービスを提供しなければならない。
（報告等）
第48条① 都道府県知事又は市町村長は，必要があると認めるときは，指定障害福祉サービス事業者若しくは指定障害福祉サービス事業者であった者若しくは当該指定に係るサービス事業所の従業者であった者（以下この項において「指定障害福祉サービス事業者であった者等」という。）に対し，報告若しくは帳簿書類その他の物件の提出若しくは提示を命じ，指定障害福祉サービス事業者若しくは当該指定に係るサービス事業所の従業者若しくは指定障害福祉サービス事業者であった者等に対し出頭を求め，又は当該職員に関係者に対して質問させ，若しくは当該指定障害福祉サービス事業者の当該指定に係るサービス事業所，事務所その他当該指定障害福祉サービスの事業に関係のある場所に立ち入り，その設備若しくは帳簿書類その他の物件を検査させることができる。
② 第9条第2項の規定は前項の規定による質問又は検査について，同条第3項の規定は前項の規定による権限について準用する。
③ 前2項の規定は，指定障害者支援施設等の設置者について準用する。この場合において，必要な技術的読替えは，政令で定める。
〔3項につき，障害者の日常生活及び社会生活を総合的に支援するための法律施行令（平成18年政令第10号）25条の2は，1項の「指定障害福祉サービス事業者であった者等」を

「指定障害者支援施設等の設置者であった者等」に,「指定障害福祉サービスの事業」を「指定障害者支援施設等の運営」に,2項の「前項」を「次項において準用する前項」にそれぞれ読み替えている。〕

(勧告,命令等)

第49条① 都道府県知事は,指定障害福祉サービス事業者が,次の各号に掲げる場合に該当すると認めるときは,当該指定障害福祉サービス事業者に対し,期限を定めて,当該各号に定める措置をとるべきことを勧告することができる。
　二　第43条第2項の都道府県の条例で定める指定障害福祉サービスの事業の設備及び運営に関する基準に従って適正な指定障害福祉サービスの事業の運営をしていない場合　当該基準を遵守すること。

② 都道府県知事は,指定障害者支援施設等の設置者が,次の各号……に掲げる場合に該当すると認めるときは,当該指定障害者支援施設等の設置者に対し,期限を定めて,当該各号に定める措置をとるべきことを勧告することができる。
　二　第44条第2項の都道府県の条例で定める指定障害者支援施設等の設備及び運営に関する基準に従って適正な施設障害福祉サービスの事業の運営をしていない場合　当該基準を遵守すること。

③ 都道府県知事は,前2項の規定による勧告をした場合において,その勧告を受けた指定事業者等が,前2項の期限内にこれに従わなかったときは,その旨を公表することができる。

④ 都道府県知事は,第1項又は第2項の規定による勧告を受けた指定事業者等が,正当な理由がなくてその勧告に係る措置をとらなかったときは,当該指定事業者等に対し,期限を定めて,その勧告に係る措置をとるべきことを命ずることができる。

(指定の取消し等)

第50条① 都道府県知事は,次の各号のいずれかに該当する場合においては,当該指定障害福祉サービス事業者に係る第29条第1項の指定を取り消し,又は期間を定めてその指定の全部若しくは一部の効力を停止することができる。
　二　指定障害福祉サービス事業者が,第42条第3項の規定に違反したと認められるとき。
　四　指定障害福祉サービス事業者が,第43条第2項の都道府県の条例で定める指定障害福祉サービスの事業の設備及び運営に関する基準に従って適正な指定障害福祉サービスの事業の運営をすることができなくなったとき。

③ 前2項の規定は,指定障害者支援施設について準用する。この場合において,必要な技術的読替えは,政令で定める。

〔3項につき,障害者の日常生活及び社会生活を総合的に支援するための法律施行令26条の2は,2号の「指定障害福祉サービス事業者」を「指定障害者支援施設の設置者」に,4号の「第43条第2項」を「第44条第2項」に,「指定障害福祉サービスの事業の設備及び運営に関する基準」を「指定障害者支援施設等の設備及び運営に関する基準」に,「指定障害福祉サービスの事業」を「指定障害者支援施設」にそれぞれ読み替えている。〕

(公示)

第51条　都道府県知事は,次に掲げる場合には,その旨を公示しなければならない。
　四　前条第1項(同条第3項において準用する場合を含む。)の規定により指定障害福祉サービス事業者又は指定障害者支援施設の指定を取り消したとき。

Y県指定障害福祉サービスの事業等の人員，設備及び運営の基準に関する条例

(指定障害福祉サービス事業者の一般原則)
第3条③　指定障害福祉サービス事業者は，利用者の人権の擁護，虐待の防止等のため，責任者の設置その他の必要な体制の整備を行うとともに，従業者に対し，研修の実施その他の必要な措置を講じるよう努めなければならない。
(管理者の責務等)
第53条①　管理者は，当該指定療養介護事業所の従業者及び業務の管理その他の管理を一元的に行わなければならない。
(身体的拘束等の禁止)
第72条①　指定療養介護事業者は，指定療養介護の提供に当たっては，利用者又は他の利用者の生命又は身体を保護するため緊急やむを得ない場合を除き，身体的拘束その他利用者の行動を制限する行為(以下「身体的拘束等」という。)を行ってはならない。
②　指定療養介護事業者は，身体的拘束等を行う場合には，その態様及び時間，その際の利用者の心身の状況並びに理由その他必要な事項を記録しなければならない。
(準用)
第108条　……第53条……第72条……の規定は，指定短期入所の事業について準用する。……

Y県指定障害者支援施設の人員，設備及び運営の基準に関する条例

(指定障害者支援施設の一般原則)
第3条③　指定障害者支援施設は，利用者の人権の擁護，虐待の防止等のため，責任者の設置その他の必要な体制の整備を行うとともに，従業者に対し，研修の実施その他の必要な措置を講じなければならない。
(管理者による管理等)
第10条③　管理者は，当該指定障害者支援施設の従業者及び業務の管理その他の管理を一元的に行わなければならない。
(身体的拘束等の禁止)
第50条①　指定障害者支援施設は，施設障害福祉サービスの提供に当たっては，利用者又は他の利用者の生命又は身体を保護するため緊急やむを得ない場合を除き，身体的拘束その他利用者の行動を制限する行為(以下「身体的拘束等」という。)を行ってはならない。
②　指定障害者支援施設は，身体的拘束等を行う場合は，その態様及び時間，その際の利用者の心身の状況並びに理由その他必要な事項を記録しなければならない。

● CHECK POINT

① 公表の種別と差止め
② 仮の差止めの要件

● 解説

I　はじめに

　本問は，障害者総合支援法[1] 49条1項から3項に基づく勧告および公表，ならびに，同法50条および51条に基づく指定の取消し・効力停止および公示を素材として，行政指導[2]に対する不服従の事実の公表（設問1），ならびに，行政処分（より具体的には，不利益処分）およびその公表（設問2）を差し止めるための訴訟上の手段をとるにあたり，議論を適切に組み立てることができるかどうかを問うものである。行政指導に対する不服従の事実の公表を差し止めるための訴訟上の手段とは何かという問題について，実務上これといった答えが必ずしも定まっていないように思われるのに対し[3]，不利益処分およびその公表を差し止めるための訴訟上の手段とは何かという問題については，【資料1：AとBの法律事務所の会議録】においてA弁護士が述べているように，不利益処分の差止訴訟を提起して仮の差止めを申し立てるという答えが比較的容易に思い浮かぶであろう。そこで，本問の設問1においては，行政指導に対する不服従の事実の公表を差し止めるための訴訟上の手段とは何かという問題について，自由に論じてもらう一方で，設問2においては，不利益処分およびその公表を差し止めるべく仮の差止めを申し立てた場合の認容の見込みについて，具体的な事案に即して検討してもらうこととした。本問のモデルとなっ

---

1) 障害者総合支援法は，障害者自立支援法（平成17年法律第123号）が地域社会における共生の実現に向けて新たな障害保健福祉施策を講ずるための関係法律の整備に関する法律（平成24年法律第51号）によって題名を改めたものである。
2) 行政指導の概念については，芝池・総論講義251頁を参照。
3) この問題については，施行状況の検証211-212頁を参照。

た裁判例は，東京高決平成 19・11・13 判例集未登載（平成 19(行ス)35。原審は宇都宮地決平成 19・6・18 判例集未登載〔平成 19(行ク)1〕）であるが，同決定は，介護保険法 103 条に基づく勧告および命令に係る公表の差止めに関するものであり，本問を作成するにあたり，事案に大幅に修正を加えている。

なお，本問に登場する障害者虐待防止法では，発見者からの通報または障害者からの届出を受けた市町村（障害虐待 16 条）の長および市町村からの報告を受けた都道府県（同 17 条）の知事は，障害者総合支援法などに基づく権限を適切に行使するものと定められている（同 19 条）。また，本問の事例において，X は，Y 県知事から指定障害福祉サービス事業者および指定障害者支援施設の指定を受けているが，指定都市（自治 252 条の 19 第 1 項）および中核市（同 252 条の 22 第 1 項）の場合，市長が指定権者である（また，市が障害者総合支援法 43 条および 44 条所定の条例の制定権者である。地方自治法施行令 174 条の 32 第 1 項・174 条の 49 の 12 第 1 項）ので，注意されたい。

II 設問 1 について

1 公表の法的性質

設問 1 においては，本件勧告に従わなかった旨の公表を差し止めるための訴訟上の手段が問題となっているが，公表には，大きく分けて，①国民への情報提供としての公表と②制裁としての公表がある[4]。

このような公表の分類論が実益を有する局面は，第 1 に，公表に法律の授権が必要であるかどうかを論じる局面である。すなわち，①国民への情報提供としての公表には法律の根拠が必要ではないのに対し，②制裁としての公表には法律の根拠が必要であると解される（例えば，東京高判平成 15・5・21 判時 1835 号 77 頁は，集団食中毒の原因に関する公表について，「現行法上，これを許容し，又は命ずる規定が見あたらないものの，関係者に対し，行政上の制裁等，法律上の不利益を課すことを予定したものでなく，これをするについて，明示の法的根拠を必要としない」とする）[5]。

次に，公表の分類論が実益を有する第 2 の局面は，法律上，行政指導に対す

---

4) 芝池・読本 155 頁。

る不服従の事実の公表が予定されていない場合に，事実の公表が行政手続法32条2項所定の「不利益な取扱い」に該当する（したがって許されない）かどうかを論じる局面であり6)，①国民への情報提供としての公表は「不利益な取扱い」に該当しないため許されるのに対し，②制裁としての公表は「不利益な取扱い」に該当して許されないと解される7)。

　もっとも，公表をこのように分類するときに何に着目して分類するか——もっぱら公表の趣旨・目的に着目するか，あるいは，公表の実際の効果にも着目するか——という問題がある。仮に，公表の趣旨・目的だけではなく，公表が実際にどれほどの制裁的効果を有するかにも着目して，公表を分類するという立場をとると，法律の留保との関係でも，行政手続法32条2項との関係でも，法律上予定されていない公表が許されない場合が多くなることになろう8)。

　そして，このような公表の分類論は，設問1 で問題となっている，法律上，行政指導に対する不服従の事実の公表が予定されている場合に，公表を差し止めるための訴訟上の手段とは何かを論じる局面においても意義を有することになる。

2　本問の解答

(1)　本件勧告の取消訴訟・違法確認訴訟

　法律上，行政指導に対する不服従の事実の公表が予定されている場合において，事実の公表を差し止めるために，従来の学説が提示した訴訟上の手段の一

---

5) 芝池・読本156頁は，行政指導に対する不服従の事実の公表について，「「制裁」という表現は強すぎ，むしろ実効性確保目的の公表と言うのが穏当であろう」と指摘し，①情報提供としての公表，②制裁としての公表に加えて，③実効性確保のための公表という概念を提示するが，法律の授権の要否の問題については，②の公表および③の公表のいずれにも法律の授権が必要であるとしている。したがって，ここでは，表現上の問題はさておき，②の公表と③の公表を区別しない。なお，塩野・行政法Ⅰ 266-267頁も参照。

6) なお，法律上，行政指導に対する不服従の事実の公表が予定されている場合には，この法律と行政手続法32条2項が特別法と一般法の関係になるため，公表が許されることは当然である。髙橋・手続法368頁を参照。

7) 塩野・行政法Ⅰ 334頁を参照。

8) 髙橋・手続法369頁は，「行政指導に従わなかったときにその事実を公表する制度が法令ではなく行政内部規程等によって設けられていた場合」について，「制度目的が制裁的効果にない場合でも，公表の効果が行政罰と同一視しうるほどの制裁的効果をもつ場合には，不利益な取扱いと評価すべきである」と指摘する。

つが，先行する行政指導を捉えて，取消訴訟（行訴3条2項）9) ないし違法確認訴訟（同4条後段）10) を提起するということである。このような見解によれば，本問の事例では，本件勧告の取消訴訟ないし違法確認訴訟を提起すべきということになる。

　まず，本件勧告の取消訴訟という手段について検討すると，なるほど，本件勧告の取消訴訟を提起して執行停止（行訴25条2項）を申し立てることが許容されるとすれば，本件勧告に従わなかった旨の公表を差し止める手段として十分なものであろう11)。ただし，本件勧告は本来的には行政指導に該当するはずであり12)，問題は，本件勧告に処分性が認められるかどうかである。たしかに，過去には，生活保護法27条1項所定の指導または指示（被保護者がこれに従わなかったときには，同法62条3項が保護の変更，停止または廃止を予定している）に処分性を認めた下級審裁判例（秋田地判平成5・4・23行集44巻4=5号325頁）があり，本件勧告に従わなかった旨の公表が有する実際の制裁的効果（の大きさ）に着目すると，本件勧告にも同様に処分性を認める余地があろう。さらに，周知のように，医療法30条の7所定の勧告（病院開設の中止の勧告）に処分性を認めた最高裁判例（最判平成17・7・15民集59巻6号1661頁［百選Ⅱ-167事件］）もある。

　とはいえ，前者の下級審裁判例は，行訴法平成16年改正前のものである。したがって，仮にこの裁判例を肯定的に理解するとしても，平成16年改正によって法定抗告訴訟の類型が多様化し，確認訴訟の活用が立法者のメッセージとされた現行の行訴法下においては，あえて処分性を拡大して行政指導の取消訴訟を許容するより先に，ほかに不服従に対する制裁を差し止めるために適切

---

9) 塩野・行政法Ⅰ〔第2版増補〕（1999年）201頁，芝池・総論講義252, 262頁。なお，高橋・手続法369頁も参照。
10) 塩野・行政法Ⅰ〔第4版〕（2005年）220頁を参照。
11) なお，改正行政事件訴訟法施行状況検証研究会『報告書』（2012年）43頁（施行状況の検証404頁）は，執行停止の要件としての重損要件（行訴25条2項）について，行政事件訴訟法（行訴法）平成16年改正前の「回復の困難な損害」の要件と比べて，「損害が財産的なものである場合や社会的信用といったものに関係する場合についても執行停止の申立てが認容される可能性を高めたものとして評価できる」とする。
12) 芝池・総論講義251頁は，「不服従に対して刑罰や過料（秩序罰）が定められている場合」には，その行為を権力的行為と理解するのに対し，「不服従の事実の公表や給付の打ち切りを予定している場合」には，このような措置を行政指導と理解する。

な訴訟上の手段がないかどうかを検討する必要がある。また，後者の最高裁判例は，より最近のものではあるが，あくまでも，勧告に従わない場合に「相当程度の確実さをもって」受けることとなる「後行行政処分による不利益が深刻であり，その段階での実効的権利救済の困難さ」13) という特殊な事情に基づくものと理解できる。本問の事例においては，たとえ，厚労省部長の通知を手掛かりとして，本件勧告に従わない場合に相当程度の確実さをもって指定の取消し・効力停止を受けることとなると理解することができるとしても，本件勧告の違法性を争うこと自体は，後の指定の取消し・効力停止の段階でも一応は可能である。そうすると，本件勧告に処分性を認めることに権利救済上メリットがあるとすれば，それは，公表を差し止めるために執行停止を申し立てることが許容されるようになるということであるが，しかし，現在の裁判例は，仮の救済の必要性を考慮して処分性を拡大することには，必ずしも積極的ではない（例えば，東京地判平成 22・3・30 判時 2096 号 9 頁を参照）という問題がある。しかも，本件勧告に処分性を認めた場合に，仮に本件勧告に公定力が付着するとすれば，取消訴訟の出訴期間経過後は不可争となるため，かえって権利救済上デメリットが生じることになりかねない。

次に，本件勧告の違法確認訴訟という手段についていうと，当事者訴訟には執行停止の規定が準用されていない（行訴 41 条 1 項）ため，この手段が許容されるとしても，別途，公表を仮に差し止めるための訴訟上の手段を検討しなければならないという問題がある。ちなみに，既述のように，Xが本件勧告の違法性を争うこと自体は，後の指定の取消し・効力停止の段階でも可能であるので，本件勧告の違法確認訴訟を選択することには，権利救済上さして大きなメリットはない。さらに，現在の裁判実務において，権利義務関係に引き直しての確認訴訟ではなく，行政の行為の違法確認訴訟がはたして許容されるかということも明らかではない14)。

(2) **本件勧告に従わなかった旨の事実の公表の差止訴訟**

法律上，行政指導に対する不服従の事実の公表が予定されている場合において，事実の公表を差し止めるために，従来の学説が提示したもう一つの訴訟上

---

13) 百選 II-167 事件の角松生史教授の解説を参照。
14) 施行状況の検証 213 頁を参照。

の手段は，公表それ自体を捉えて，取消訴訟を提起するということである[15]。ただし，このような見解も，「公表制度特有の問題として，それが，公表を通じて世人に訴えるというものであるので，事後の救済である取消訴訟は必ずしも効果的な手段ではない」[16]ということを認めていた。したがって，現行の行訴法下において，公表を処分と構成して抗告訴訟を提起するとすれば，公表の差止訴訟（行訴3条7項）を提起するということになるであろう。

本件勧告に従わなかった旨の事実の公表の差止訴訟を提起して仮の差止めを申し立てることが許容されるとすれば，事実の公表を差し止めるための訴訟上の手段としては十分なものであるといえる（差止訴訟や仮の差止めの要件が厳格にすぎるのではないかということは，別の話である）。問題は，公表に処分性を認めることができるかどうかであるが，特に，既述のように，公表を分類するときに，その趣旨・目的だけではなく，それが実際に有する制裁的効果にも着目するという立場をとると，本問の事例における公表を制裁としての公表に分類し（換言すると，公権力的事実行為として理解し），必要とされる法律の授権は，障害者総合支援法49条3項によって与えられていると捉える余地があるであろう。そして，これまで，公権力的事実行為に処分性を認めるためには，継続的性質を有するもの（行審〔平成26年法律第68号による全面改正前のもの〕2条1項を参照）でなければならないと一般的に理解されてきたが[17]，このような理解はあくまでも取消訴訟や無効確認訴訟を前提としたものであり，行政庁が一過性の行為をすべき旨やしてはならない旨を裁判所が命じることはありうるのであるから，義務付け訴訟や差止訴訟においては，公表のように継続的性質を有しない公権力的事実行為にも処分性を認めることは考えられる。

(3) 民事保全法に基づく仮処分

しかし，もし，本問の事例における公表を公権力的事実行為として理解することが認められないとすると[18]，残る手段は，民事保全法上の仮処分を申し立てることということになる。たしかに，公表が「行政庁の処分その他公権力

---

15) 塩野・行政法Ⅰ〔第2版増補〕201頁。
16) 塩野・行政法Ⅰ〔第2版増補〕201頁。
17) 芝池・読本297頁。
18) 本問のモデルとなった裁判例である前掲宇都宮地決平成19・6・18は，「行政機関による公表は，非権力的な事実行為」であるとし，前掲東京高決平成19・11・13も，「本件公表は，国民に対する情報の提供」であるとした。

の行使に当たる行為」(行訴3条2項・44条)に該当しない以上は,その裏返しとして,公表については仮処分が許容されるはずである[19]。もっとも,現在の裁判実務において,公表について仮処分が許容されているかどうかは,もう一つ判然としない[20]。

(4) まとめ

既述のように,行政指導に対する不服従の事実の公表を情報提供としての公表に分類すべきか,あるいは,制裁としての公表に分類できるかによって,公表を差し止めるための訴訟上の手段は影響されることになる。本問の事例における公表を差し止めるためには,情報提供としての公表に分類すべきとすれば,民事保全法上の仮処分を申し立てる(本件勧告の違法性について,終局的には,民事訴訟,後述の指定の取消し・効力停止の差止訴訟で争う)一方で,制裁としての公表に分類できるのであれば,公表の差止訴訟を提起して仮の差止めを申し立てるか,勧告の取消訴訟を提起して執行停止を申し立てることになるが,後二者においては,いずれにしても,処分性概念は一定の変容ないし拡大を迫られることになる。

III 設問2 について

1 差止訴訟の訴訟要件

仮の差止めの第1の要件は,本案訴訟である差止訴訟の適法な係属である(行訴37条の5第2項)。したがって,仮の差止めを申し立てるためには,その前提として,差止訴訟の訴訟要件,すなわち,処分がされる蓋然性の要件(同3条7項),「重大な損害」の要件(いわゆる重損要件。同37条の4第1項・2項),補充性の要件(ただし消極要件である。同条1項),および,原告適格の要件(同条3項・4項)が充足されていることが必要である。

本問の事例においては,差止訴訟の訴訟要件のうち,処分がされる蓋然性の

---

[19] 施行状況の検証211-212頁を参照。塩野・行政法I〔第3版〕(2003年)213頁も参照。ただし,処分に該当しない行為については仮処分が許容されるはずであるということは,あくまでも公権力性を欠く個別的・具体的行為に妥当する論理であり,一般的・抽象的な公権力的行為が紛争の成熟性を欠くという理由で処分性を認められない場合に,だからといって仮処分が許されるわけではあるまい。

[20] 施行状況の検証212頁を参照。

要件，補充性の要件，原告適格の要件が充足されることに問題はなく，問題になりそうなのは，重損要件が充足されるかどうかである[21]。もっとも，後述のように，仮の差止めには，「償うことのできない損害」というより重い要件が課されているので，(設問2)に回答するためには，重損要件よりも「償うことのできない損害」の要件が充足されているかどうかを検討すれば，足りるであろう。

2 本問の解答

(1) 仮の差止めの要件

仮の差止めには，積極要件として，「償うことのできない損害」の要件，および，「本案について理由があるとみえるとき」という要件（行訴37条の5第2項）が課されており，また，消極要件として，「公共の福祉に重大な影響を及ぼすおそれがあるとき」という要件（同条3項）が課されている。

(2) 「償うことのできない損害」の要件

仮の差止めの要件としての「償うことのできない損害」の要件は，「およそ金銭賠償が可能なものはすべて除かれる」と解釈されるものではなく，「むしろ，社会通念に照らして，金銭賠償のみによることが著しくやはり不相当と認められるような場合も含むもの」である。そして，行訴法平成16年改正の立案関係者によってこの要件が充足される典型的な事案として想定されていたのは，例えば「営業停止などの制裁処分が公表されたりして，そうして名誉や信用が害される場合」（この場合には「もう職業として成り立たないという場合もあり得る」）である[22]。本問の事例において，指定の取消し・効力停止は，一応，上記の意味での「償うことのできない損害」の要件が充足される典型的な事案に近い[23]。指定の取消しの場合はもちろんのこと，指定の効力停止によって施設aが長期にわたり閉鎖されると，短期の入所者はともかく，長期の入所者は，その間に移った別の施設に定着する可能性が高いため，施設aの再開は難

---

[21] 差止訴訟の訴訟要件としての重損要件の論拠については，最判平成24・2・9民集66巻2号183頁［百選Ⅱ-214事件］を参照。
[22] コンメ行訴・国賠421-422頁［深澤龍一郎］を参照。
[23] ちなみに，本問のモデルとなった裁判例である前掲宇都宮地決平成19・6・18は，「償うことのできない損害」の要件の充足を認定しなかったが，改正行訴法施行状況検証研究会・前掲注11)72頁（施行状況の検証433頁）は，これに対して批判的である。

しくなるであろう。

　しかし他方で，Xが施設a以外に特別養護老人ホームなどを手広く経営していることは，その結果として，施設aが閉鎖されても，取引先との取引が継続しやすくなり，それゆえXの事業活動に対する打撃が小さくなるので，仮の差止めの申立てを却下する方向に働く要因となる。

　そして，本問の事例において，仮の差止めの申立てを却下する方向に働く要因となるのは，何よりも，施設aにおいて，Y県知事が虐待行為と認定する行為が行われている（そして，Xもこの事実自体は認めている）ことである。この事実を前提とすると，仮の差止めをすることによって，第三者である入所者の利益が著しく侵害されるおそれがある。仮の差止めの申立てを認容すべきかどうかを判断するときに，このような第三者の利益は，「公共の福祉に重大な影響を及ぼすおそれがあるとき」という消極要件の認定において考慮することも考えられるが，この要件は「ある意味で伝家の宝刀」として位置づけられるものである[24]。そこで，執行停止の要件や差止訴訟の訴訟要件としての重損要件の認定において，「処分〔又は裁決〕の内容及び性質」（行訴25条3項・37条の4第2項）をも勘案するものとするとされていることを参考にすると，このような第三者の利益は，「償うことのできない損害」の要件の認定の枠内で考慮すべきものであると解される。

　また，現在の裁判実務では，執行停止の要件としての重損要件の認定において「処分が違法である蓋然性」が考慮されているようであり[25]，このような実務を肯定的に評価するとすれば，「償うことのできない損害」の要件の認定においても，「処分が違法である蓋然性」が考慮されるべきことになる。本問の事例において，「処分が違法である蓋然性」が高ければ，「償うことのできない損害」の要件が充足されやすくなるが，こうした事情を読み取ることは難しいように思われる。

　最後に，【資料1】において，Cが施設aの閉鎖によって入所者とその家族の利益が大きく損なわれることに言及している。執行停止の要件としての重損要件について，処分の内容・性質に鑑みて，第三者の利益を本人の利益として考慮することが適切と判断される場合には，当該第三者の不利益を本人の不利

---

24) コンメ行訴・国賠423頁〔深澤〕。
25) 改正行訴法施行状況検証研究会・前掲注11)52頁（施行状況の検証413頁）を参照。

益と同視して考慮することが望ましいのであり[26]，「償うことのできない損害」の要件についても，同様に考えることができるであろう。ただし，本問の事例において，施設aの入所者とその家族の利益をX自身の利益と同視することは困難である。

■ 関連問題

上記の 事例 において，Xは， 設問1 の訴訟上の手段として以下の手段を選択した場合において，それぞれ，どのような違法事由を主張することが考えられるか。Y県の職員による立入検査は抜き打ちで行われ，その際にXの職員は事情を訊かれたこと，Y県知事の勧告は認定事実および根拠法条を記載した文書で行われたこと，Y県では，行政手続法32条から36条までの規定と同様の内容を有するY県行政手続条例が制定されていることを前提として，検討しなさい。

1　Y県知事の勧告に従わなかった旨の公表について，抗告訴訟としての差止訴訟を提起して仮の差止めを申し立てた場合。
2　Y県知事の勧告の取消訴訟を提起して執行停止を申し立てた場合。

> COMMENT　X側の根本的な不服は，Y県知事の勧告が違法であるということである。X側は，勧告が障害者総合支援法49条1項2号および2項2号の要件を欠き，実体的に違法であると主張する以外にも，手続（調査手続を含む）が違法であると主張する余地がある。X側が手続違法を主張するためには，勧告がどのような法的性質を有しており，どのような手続的規制を受けるかについて考えなくてはならず，その前提として，行訴法上の処分性概念に合わせて行政手続法上の処分性概念も変化するのかどうか（変化するのであれば，1と2の場合とで，勧告の法的性質は異なってくる）について検討する必要がある。また，手続違法の効果についても，考えてもらいたい。

---

26)　改正行訴法施行状況検証研究会・前掲注11)52-54頁（施行状況の検証413-415頁）を参照。

ごみ処理広域化をめぐる利益調整のあり方

以下の 事例 ,【資料１：Ｅの法律事務所の会議録】,【資料２：関係法令】を読んで 設問 に答えなさい。

事例

　Ｘ₁市（人口40万人），Ｘ₂市（人口５万人）およびＹ町（人口３万人）は，「ごみ処理の広域化計画について」と題する国の通知に基づいてＡ県が策定した「Ａ県ごみ処理広域化計画」の枠組みのなかで，ごみ処理の広域化に向けて協議を続けてきた。10年にわたって，Ａ県内のＢ市とＣ市も交えた協議が行われていたが，基本的方針の違いから２グループ体制に分かれた後，Ｘ₁，Ｘ₂およびＹの２市１町は，平成20年２月にごみ処理広域化協議会を設立し，１か月に１回程度の頻度で会議を開催しながら作業を進め，平成22年10月，民間事業者によって467万円の委託料で作成された報告書に基づいて，ごみ処理広域化基本計画案を策定するとともに，広域処理の体制として一部事務組合（地方自治法〔以下「法」という〕284条２項）を設立する（設立時期については別途協議する）ことを内容とする覚書を締結した。基本計画案においては，Ｘ₁市に生ごみ資源化施設と焼却施設を，Ｘ₂市に最終処分場を，Ｙ町に不燃ごみ等選別施設を設置することが定められたが，施設候補地や経費負担割合は今後検討していくものとされた。２市１町は，平成23年11月，循環型社会形成推進地域計画を作成し，国の交付金（循環型社会形成推進交付金）を申請し，交付を受けることになった。Ｙ町は，施設整備に関する計画支援事業として，測量・地質調査，環境影響評価等を実施するため，平成24年度に1138万円（うち交付金507万円）を支出した。

　このようななか，平成25年１月，Ｙ町町長選挙が実施され，環境保護の観点からごみ処理広域化の見直しを公約の一つとして掲げたＺが当選した。新町長Ｚは，ごみの減量化・資源化の推進によって自区内処理を原則とすることをＹ町町議会において表明したところ，議会は，Ｙ町が有する唯一の小型焼却施設が老朽化し，莫大な補修・維持管理費用を充てたとしても自区内処理は限界を

迎えているとして，Zの方針に反対する決議を行った。しかしZは，議会の反対決議を振り切って，平成25年5月，X₁市とX₂市に対し，両市長との面談を申し入れたものの拒否されたことから，協議会からの離脱を一方的に通知し，これを受けて2市1町協議会が解散された。

設問

以上の事案について，ごみ処理広域化の方針への不満から協議会からの離脱を考えているP県Q市の職員Rが，弁護士Eに調査検討を依頼することにした。Q市の職員から依頼を受けた弁護士の立場に立って，以下の設問に答えなさい。

1　X₁市とX₂市は，Y町の一方的通知により，長年にわたる協議がとん挫したことについて，どのような手段によって，どのような解決を求めることができるか。

2　Y町議会議員が提出した住民投票条例案に関して，
　①どのような制度設計上の論点があるか。
　②仮に違法な条例が制定された場合，Zはどのような措置をとるべきか。

3　Zの方針に強く反対しているY町民であるX₃は，Zの責任を追及するために，どのような手段を用いることができるか。

資料1：Eの法律事務所の会議録

R：Q市は，隣接する市町とともに，本件事案と同様の枠組みでごみ処理の広域化に取り組んできましたが，協議会が多数決で可決した施設設置場所や経費負担割合に承服することができず，協議会からの離脱を検討せざるをえなくなりました。ただ，仮に協議会から離脱するとしても，隣接市町とは他の行政分野においても協力関係を維持していかなければなりませんし，当然のことながら，議会や住民の意向はできる限り尊重したいと考えています。したがいまして，本件事案について，訴訟に限られない解決方法を第三者の視点から検討していただけますと幸いです。

E弁護士：確かに，他の地方公共団体との関係や議会・住民との関係については，訴訟による解決に限界もありますので，様々な可能性を考えてみましょう。

R：まず，X₁市とX₂市はY町に対して損害賠償を請求するだろうと思いますが，どのような理論構成を採るのでしょうか。地方公共団体同士が争う場合には，行政と私人が争う場合とは異なって，何らかの特別の留意点があるかどうかも，教えて下さい。

E弁護士：参考判例を示しながらお答えすることにします。そもそも協議は，うまく

いかないことがあるのは当然ですから，果たして損害があるといえるのかも検討しておきましょう。そう考えると，訴訟で白黒をつけるのではなく，行政的解決の可能性も探っておいたほうがよいかもしれません。地方公共団体相互間の紛争の調停手続や協議からの脱退手続について，簡単にまとめてみます。

R：お願いします。次に，長と議会との関係については，地方自治法にいくつかの調整ルールが定められていますが，特に気になるのは，Y町議会の一部の議員が最近提出した住民投票条例案です（【資料2：関係法令】）。このような条例が適法なのか，仮に条例が違法であるとしたら，長はどのような措置をとるべきなのか，教えて下さい。

E弁護士：住民投票制度は，憲法上の問題と制度設計上の問題とが絡み合って，相当に難しいのですが，制度設計上の問題に重点を置いて検討しておきます。ごみ処理権限は法令によって市町村に与えられていますから，本件条例が法令に抵触しないか，住民投票結果の法的拘束力の有無をはじめ，論点を洗い出してみましょう。仮に本件条例が違法である場合には，最近の名古屋市での事例のように，長は再議手続をとることになります。

R：住民投票制度もそうですが，住民の意見をどのように反映させるべきかは，いつも悩んでいるところです。本件事案でも，行政官顔負けに勉強した上で，Z町長の方針を厳しく批判し提言を行う住民グループがあると聞いています。そのような住民と協働してよりよい行政を目指していくことは，一つの方向であるとも思いますが，おそらく一刀両断の答えは出せないのではないかと考えています。今回は，地方自治法に定められた住民自治の制度が，本件に即して具体的にどのように用いられるのかを整理していただけますか。

E弁護士：分かりました。選挙や直接請求の手段もありますが，ごみ処理広域化施策のための支出が既になされたようですから，住民訴訟に焦点を当てて検討しておきましょう。Y町は国に交付金を返還することになると思いますので，この交付金返還が特に問題になるかもしれません。

資料2：関係法令

廃棄物の処理及び清掃に関する法律（昭和45年法律第137号）

第1条　この法律は，廃棄物の排出を抑制し，及び廃棄物の適正な分別，保管，収集，運搬，再生，処分等の処理をし，並びに生活環境を清潔にすることにより，生活環境の保全及び公衆衛生の向上を図ることを目的とする。

第6条①　市町村は，当該市町村の区域内の一般廃棄物の処理に関する計画（以下「一般廃棄物処理計画」という。）を定めなければならない。

②　一般廃棄物処理計画には，環境省令で定めるところにより，当該市町村の区域内の一般廃棄物の処理に関し，次に掲げる事項を定めるものとする。

一　一般廃棄物の発生量及び処理量の見込み

二 一般廃棄物の排出の抑制のための方策に関する事項
三 分別して収集するものとした一般廃棄物の種類及び分別の区分
四 一般廃棄物の適正な処理及びこれを実施する者に関する基本的事項
五 一般廃棄物の処理施設の整備に関する事項
第6条の2① 市町村は，一般廃棄物処理計画に従つて，その区域内における一般廃棄物を生活環境の保全上支障が生じないうちに収集し，これを運搬し，及び処分（再生することを含む。……）しなければならない。
② 市町村が行うべき一般廃棄物（……）の収集，運搬及び処分に関する基準（……）並びに市町村が一般廃棄物の収集，運搬又は処分を市町村以外の者に委託する場合の基準は，政令で定める。

Y町のごみ処理政策について住民の意思を問う住民投票条例案[1]

第1条 この条例は，Y町が X_1 市および X_2 市との間で行ってきたごみ処理広域化に向けた協議から離脱したことについて，住民参加により見直すべきか，又は見直しは必要ないかについて，町民の意向を確認することを目的とする。

第2条 前条の目的を達成するため，町民による投票（以下「住民投票」という。）を行う。

第4条 住民投票の期日（以下「投票日」という。）は，この条例の施行の日から起算して60日を超えない範囲において町長が定める日とする。

第7条 住民投票の投票は，ごみ処理広域化協議からの離脱について，住民参加により見直すべきと思う者は投票用紙の「住民参加により見直す」の欄に，見直しを必要ないと思う者は投票用紙の「見直しは必要ない」の欄に〇の記号を記載して，これを投票箱に入れる方法によるものとする。

第11条① 町長は，次に掲げる情報を，町民に対して提供するものとする。

(1) 住民投票を実施する趣旨および経過
(2) 投票資格者が的確に判断するために必要な関連資料

② 町長は，前項に規定する情報の提供に当たっては，事案についての中立性を保持しなければならない。

第13条 投票場所，投票時間，投票立会人，開票場所，開票時間，開票立会人その他住民投票の投票および開票に関しては，公職選挙法（昭和25年法律第100号），公職選挙法施行令（昭和25年政令第89号）および公職選挙法施行規則（昭和25年総理府令第13号）の規定を準用するものとする。

第14条 住民投票は，投票した者の総数が投票資格者の総数の2分の1に満たないときは，成立しないものとする。

第16条 町長は，住民投票が成立したときはその結果を尊重し，速やかに町民の意思を X_1 市および X_2 市に通知しなければならない。

---

[1] この条例案は，「東京都の小平都市計画道路3・2・8号府中所沢線計画について住民の意思を問う住民投票条例」（小平市平成25年条例第13号・第14号）に倣って作成した仮のものである。

補助金等に係る予算の執行の適正化に関する法律（昭和30年法律第179号）

第17条① 各省各庁の長は，補助事業者等が，補助金等の他の用途への使用をし，その他補助事業等に関して補助金等の交付の決定の内容又はこれに附した条件その他法令又はこれに基く各省各庁の長の処分に違反したときは，補助金等の交付の決定の全部又は一部を取り消すことができる。

第18条① 各省各庁の長は，補助金等の交付の決定を取り消した場合において，補助事業等の当該取消に係る部分に関し，すでに補助金等が交付されているときは，期限を定めて，その返還を命じなければならない。

● CHECK POINT

① 行政主体間の紛争解決方法
② 住民投票
③ 住民訴訟

● 解説

I 本問の趣旨

　地方自治行政は，国家行政を専らの対象として形成されてきた行政法学にとって，付随的・周辺的なものに見えるかもしれない。だが実際には，私たちの生活は，霞が関の中央省庁よりはるかに，地元の地方公共団体に依存している。国と地方公共団体の仕事量の割合はおよそ2対3と言われており，しかも，近時の地方分権改革を通じて，私たちの日常生活に関わる事務・権限は，国から地方公共団体への移譲が進められている。それだけに，紛争もまた地域レベルで生ずることになる。行政法に関心を有している(はずの)読者が法律家になった暁には，地方自治行政をめぐる争いを避けて通ることはできないであろう。ただ，本問の趣旨は，このような実際上の必要にとどまるものではない。地方自治行政を舞台とした利益調整のあり方を模索することを通じて，裁判所による法的解決の限界に気付かされ，その裏返しとして訴訟の意義を突き詰めること，また，立法政策論の魅力と危険を知り，その歯止めとして法解釈論を鍛え直すことが，本問筆者の自らに課した課題でもある。

　本問には，仮にこの趣旨が成功すれば醍醐味を味わえるであろう素材が盛り込まれている。 設問1 は，地方公共団体相互の関係を対象として，行政・私人間の調整ルールと比較しながら，裁判的調整に主眼を置き，加えて行政的調整を探るものである。 設問2 は，議会と長の関係を対象として，政策法務的観点をも交えながら，住民投票制度に焦点を当てるものである。 設問3 は，住民と長の関係を対象として，住民がどのように関与すべきなのかを考えながら，住民自治の諸制度，なかでも住民訴訟を論ずるものである。なお，本問は

横浜地判平成23・12・8判時2156号91頁をモデルとしているものの，大幅な修正を加えている[2]。

II 地方公共団体相互間の関係調整（ 設問1 ）

1 司法型調整
(1) 紛争構造の把握

本件事案は，X_1市，X_2市およびY町という対等の立場にある法主体が，ごみ処理広域化という共通の目標に向けて，協議会の設立，基本計画案の策定，覚書の締結，交付金の申請・受領といったプロセスを経てきたところ，一当事者が他の二当事者の意思に反してこれらの行為の効力を破棄したものである。三者間の関係は，合同行為の成立と消滅に関する枠組みに拠って捉えることもできよう。本件事案は，Y町の政策変更の利益と長年にわたる協議を通じて醸成されたX_1市・X_2市の信頼利益とが，さらには，何らかの契約によって生み出された三者間の権利・義務がぶつかり合うという構造を有している。

(2) 調整ルール——不法行為責任と債務不履行責任

このような紛争構造を前に，前提として，最判平成14・7・9民集56巻6号1134頁〔宝塚市パチンコ条例事件判決〕[百選Ⅰ-115事件]の射程を確認しておこう。この判決は，地方公共団体が，「財産権の主体として自己の財産上の権利利益の保護救済を求める」場合か，それとも，「専ら行政権の主体として国民に対して行政上の義務の履行を求める」場合かを区別し，後者の場合には「法規の適用の適正ないし一般公益の保護を目的とするもの」であるから「法

---

[2] この事件は，神奈川県横須賀市，三浦市および葉山町が一部事務組合の設立によるごみ処理広域化を目指した協議を続けてきたところ，葉山町が町長の交代によって離脱したため，横須賀市と三浦市は，新たに2市間の事務委託によるごみ広域処理の仕組みを整える羽目になり，それまでの協議会経費と人件費に相当する損害賠償請求（合計約1億4800万円）を行ったものである。ちなみに，葉山町は，町長の当選直後の決断により，交付金申請に向けた会議に職員を出席させないことにし，その後，離脱を通告したものであって，国の交付金を受けていない。この事件については，1審において合計395万円の損害賠償請求が認容され（横浜地判平成23・12・8判時2156号91頁），控訴審において1審判決の結論が支持された後（東京高判平成24・12・19判例集未登載），最高裁において上告不受理決定がなされた（最決平成25・12・10判例集未登載）。なお，ごみ広域処理をめぐっては，三浦半島に限らず，各地でトラブルが発生しているが（東京都小金井市，岡山県美作市等），その解決方法は模索されている最中である。

律上の争訟」に当たらないと判断したものである。X_1市・X_2市が「財産権の主体として」損害賠償を求める訴訟は，問題なく許容される。これに対し，X_1市・X_2市が「行政上の義務の履行を求める」訴訟は，法律上の争訟性の前段で，そもそも，協議に基づく実体的請求権の導出という難題にぶつかる。本件事案は，損害賠償責任のレベルで解決するのが適切であろう。

まず参照されるべき判例として，最判昭和56・1・27民集35巻1号35頁〔宜野座村工場誘致政策変更事件判決〕〔百選Ⅰ-29事件〕がある。地方公共団体が社会情勢の変動等に伴って——とりわけ，選挙という住民自治の原則の帰結として——政策を変更すること自体は正当に認められるけれども，一定の基準・要件の下で不法行為責任を生ぜしめる。ここで梃子とされたのは，信義誠実の原則（「密接な交渉を持つに至った当事者間の関係を規律すべき信義衡平の原則」）という法の一般原則である。法の一般原則であるがゆえに，私人相互間，行政・私人間にとどまらず，行政主体相互間にも通用すると解するならば，本件事案は昭和56年最判の射程内にある。しかし，この点は，少しく吟味する必要があろう。というのも，本件事案における当事者は，——昭和56年最判における当事者が，行政主体とその「勧告ないし勧誘」に誘導されるだけの私人であるのとは異なり——，対等の立場に立って，政策を決定・実現する地方公共団体同士であるからである。2市1町は，自らの事務をどのように処理するかをめぐって，自治権を自ら制約しながら，当事者全体の公益を双方向的に模索してきたのである。かかる当事者間において協議を尽くすことの義務をいかに担保するかは，昭和56年最判が示した基準・要件そのままではない可能性がある[3]。

不法行為責任にとどまらず，債務不履行責任に至りうる場合には，最判平成21・7・10判時2058号53頁〔福間町公害防止協定事件判決〕〔百選Ⅰ-98事件〕が参照に値する。この判決は，地方公共団体と事業者との間の公害防止協定中の条項に法的拘束力を認めたが，その限界として，法律の優位の原則および私法上の有効要件とりわけ公序良俗の遵守を要求したものである。公害防止協定

---

3) 本件事案は，X_1市・X_2市とY町のみならず，通知と補助金を通じて広域処理政策に誘導する国（旧厚生省，現環境省），そして，国の政策を計画策定によって推進する県をも実質的なアクターとするものである。Y町の政策変更は，国の政策の問い直しとしての意味を有しうる。かような背景までを考慮に入れるならば，本件事案の判断枠組みは，昭和56年最判のそれとは異なってしかるべきであろう。

は，その目的（住民の生命・身体・健康への被害防止）と制約される自由の性質・態様（事業者つまり社会的強者が，企業活動の自由を経済的計算に基づいて自ら制約する）に鑑みて許容されている。本件事案について見ると，カテゴリカルな判定としては，当事者の組織的性格からして当然に，目的の正当性（公益の実現）と制約される自由の性質・態様の相当性（地方公共団体相互が，対等の立場に立って，自治権を自ら制約する）が肯定されうる。行政主体に固有の制約がクリアされたあとは，一般的な契約法理に基づき，法的拘束力の有無は，個々の合意内容の明確性に依存することになろう。

(3) **本件事案への当てはめ**

以上を踏まえると，X_1市とX_2市は，法的拘束力のある合意が成立したと認められるか否かに応じて，債務不履行または不法行為という理論構成に拠って，Y町に対する損害賠償請求訴訟を提起することになる。

まず，法的拘束力の有無を判断するに，これまでのプロセスのなかで，覚書は，一部事務組合の設立に関する合意ではあるが，設立時期という基本的な要素すら内容としていないし，基本計画案は，あくまでも案であるのに加え，施設候補地や経費負担割合という"紛争の火種"に触れていない。したがって，当事者を法的に拘束するほどの明確性が確実に認められるとは言い切れない。

そこで，不法行為責任構成を選択することにして，X_1市・X_2市の利益の要保護性を判断するに，2市1町は既に，受領した交付金をもとに，ごみ処理広域化の実現に着手している。もはや，組織や手段の設計の段階から，具体的事業の遂行の段階に移っているのである。この局面の移行は，X_1市・X_2市の信頼を法的レベルに押し上げることになろう。にもかかわらず，Y町が，町長の交代という一事をもって方針の変更に踏み切り，X_1市・X_2市との間で何ら実質的な協議を行うことなく，一方的に離脱を表明したことは，保護されるべき信頼を損なうものとして，不法行為責任を生ぜしめると評価される。

ただしなお，X_1市・X_2市が果たして損害を被ったと言いうるのかが検討されなければならない。そもそも，地方公共団体相互間の協議は，その最終目標とされた政策の実現という実体的義務を含むものではなく，誠実な交渉を通じた妥協・譲歩の可能性の追求という手続的義務を課すにとどまる。X_1市，X_2市，Y町はいずれも，この手続的義務を尽くしてもなお合意に達しえなければ，たとえ最終局面に差しかかっていたとしても，協議を中止する可能性を留

保し続けなければならない。この場合には，協議に係る義務が履行されているから，損害賠償請求権は生じない。もっとも，本件事案は，交付金の受領と事業の着手という段階に応じた方針の食い違いには当たらず，かつ，当該段階にふさわしい協議がなされなかったことから，X_1 市・X_2 市の損害は認められよう。

2 行政型調整

本件事案は，以上のように，裁判所による紛争解決に一応服するものである。ただし，法のルールに則って損害を確定し賠償させるというこの事後処理の方法は，政策を突き合わせて，公益の追求に注力してきた行政主体にとって，必ずしも最適であるとは言えまい。

そこで，将来に向けた柔軟な解決を図るべく，行政型調整の可能性が浮上する。行政型調整には，政策の決定・実現にあたっての行為準則を探り出すことも期待されよう。まず挙げられるのは，自治紛争処理委員による調停（法251条の2）である。近時に活用されたこの手法は，当事者から独立した中立的な第三者が，時間をかけて当事者の互譲を引き出しつつ紛争を解決しうる点にメリットがある[4]。もっとも，この手法は，――裁判的解決よりは迅速であるものの[5]――紛争の早期決着を要請する本件事案にはそぐわないかもしれない。ごみ処理という事務は止めておくことができず，X_1 市・X_2 市側にせよ Y 町側にせよ，事情の変化を踏まえた"次の手"を打たなければならないからである。なお，本件事案においては，A 県によるインフォーマルな調停の可能性が検討の対象となりうる。A 県は，国の通知の直接の名宛人として，県内の市町村を「指導」するべく，計画の策定を行ったのである。広域処理政策のなかで県が果たすべき責任は，相応に重い。ただし，県の「指導」的役割が分権理念

---

[4] 佐賀県と長崎県との間の砂利採取計画の認可に係る管轄の境界をめぐる紛争について，自治紛争処理委員による調停が行われた（平成24年3月26日）。自治紛争処理委員は，地方公共団体相互間または機関相互間の紛争の調停に加え，関与の審査（法251条の3），後述の審査請求等に対する審理（同255条の5）を行う。調停手続については，委員の任免，調停の開始と終了，当事者・参考人の陳述聴取等の基本的な事柄しか定められておらず（期間の制限もない），委員による自由かつ柔軟な手続の進行・運営に委ねられている（髙橋滋「自治紛争処理委員による調停制度」地方自治781号〔2012年〕12-13頁）。

[5] 例えば，佐賀県と長崎県との間の調停は1年4か月強を要したのに対し（平成22年11月11日調停申請，平成24年3月26日調停成立），横須賀市・三浦市の葉山町に対する訴訟は，平成21年1月に提起され，およそ5年をかけて争われた末に，最高裁の上告不受理決定をもって終了した。

との関係においてどのように評価されるかは，慎重な考慮を要する。

　端的な手立てとして，協議からの離脱に関する手続的ルールを定めておくことが挙げられる。実際，「地方自治法の一部を改正する法律」（平成24年法律第72号）によって，協議会からの脱退が，2年前の予告を条件として制度化された（法252条の6の2）。この脱退手続の簡素化は，合意による縛りを緩和するとともに，脱退の影響への対処を可能ならしめるという方向で，地方公共団体相互間のルールを設定するものである。ただし，2年という期間の適否は，ケースごとに異なる。法所定の手続のいわば特約として，例えば，協議会の設立規約のなかに，事案に応じた期間の設定を含む脱退手続を盛り込んでおくことも考えられよう。

III　議会と長の間の関係調整（設問2）

1　紛争構造の把握

(1)　本件事案は，X_1市，X_2市およびY町という行政主体相互間の外部的な対立構造のみならず，Y町内部の対立構造をも抱えている。その一つに，長と議会の政策方針の対立がある。自区内処理を掲げて協議から離脱するという長の政策に対し，広域処理に向けた協議を継続すべしという議会の方針が衝突している。長が，平成25年1月の選挙により表明された直近の民意を基盤としているのに対し，議会は，従前の民意の反映としての方針に固執しているようにも見える。しかし，このことをもって，住民意思と議会意思の乖離を単純に語ることはできない。というのも，住民は，公約の一つであるごみ処理政策に限ることなしに，Zという人物を町長として選んだのであり，また，議会は，——それぞれに主張を有する個々の議員としてではなく——合議体として，慎重な審議を尽くして民意を形成することに意義をもつものであるからである。いずれにせよ，この局面においては，住民は，代表民主制の枠組みに吸収され，前面には出てこない。

(2)　議会と長との政策方針の対立を裁くための地方自治法上の究極のルールは，議会による長の不信任議決と長の議会解散権である（法178条1項）。このルールは，究極であるがゆえに，厳格な要件に服せしめられている。議会の不信任議決は高いハードル（議員数の3分の2以上の出席とその4分の3以上の同意）を越えなければならず，また，長の解散権行使は，不信任議決の通知を受

けた日から10日以内に限られている。議会と長の間のこの関係調整ルールは，住民に対して，新たな選挙を用意し，新たな代表者を選出させるものであり，すなわち，紛争解決の端緒を委ねるものである。

　Y町議会議員が提出した住民投票条例案は，同様に，議会と長の対立の打破を住民に託そうとするものである。より正確に言うならば，議会が，長の政策を覆すために，住民投票を利用しようとするものである。ここに，住民投票条例をめぐる代表民主制と直接民主制の輻輳状況が露わになる。すなわち，本件住民投票は，議会の制定する条例により創設され，長に対抗するために利用される――つまりは代表民主制的論理に基づいた――直接民主制的手段として性格付けられるのである。以下では，人を選ぶという地方自治法の基本構造と照らし合わせながら，個別政策を選ぶという住民投票条例の制度設計のあり方を吟味していく。

2　実体的調整――住民投票条例の適法性

　住民投票条例の適法性は，法令と条例の関係に関する定式に則って[6]，代表民主制・直接民主制に関する憲法・地方自治法の解釈を踏まえつつ，個別の権限規定の解釈によって決せられる。最大の論点は，住民投票結果の法的拘束力の有無――諮問型住民投票か決定型住民投票か――であるが，本件条例案16条は，長の住民投票結果の尊重義務を定めるにとどめ，法的拘束力までは認めていないと解される[7]。諮問型住民投票がもたらす政治的拘束力と決定型住民投票がもたらす法的拘束力との区別を一応の前提とした上で，検討を進める。

　まず，対象事項の選択の問題が挙げられる。本件事案においては，廃棄物処理法（6条の2第1項）がごみ処理権限（どのように処理するかを含む）をY町に与えているところ，仮に，協議会からの離脱――すなわち広域処理施策の放

---

6)　条例が法令に違反するかどうかは，最高裁によれば，「それぞれの趣旨，目的，内容及び効果を比較し，両者の間に矛盾抵触があるかどうかによってこれを決しなければなら〔ず〕」，法令と条例が同一事項について併存する場合でも，a)法令と条例の目的が異なり，条例の適用が法令の目的と効果を阻害しないときや，b)両者の目的が同一であっても，法令の趣旨が，全国的に一律に規制するのではなく，地方の実情に応じた別段の規制を容認しているときは，条例は法令に違反しない（最大判昭和50・9・10刑集29巻8号489頁〔徳島市公安条例事件判決〕［地方自治百選31事件］）。

7)　那覇地判平成12・5・9判時1746号122頁［地方自治百選25事件］は，現行法の制度原理が間接民主制であるとの前提に立ち，条例の定める尊重義務規定について，法的拘束力を否定した。現在のところ，住民投票条例はすべて諮問型である。なお，平成24年地方自治法改正に際して，大規模な公の施設の設置に係る住民投票制度の創設が検討されたものの，地方六団体の納得を得ることができず，見送られた。

棄——の是非を住民投票に委ねるとするならば，Y町の権限を侵し，同時に，Y町の責任を免れさせることになりうる。

そこで，選択肢の設定の仕方に着目すると，権限規定との抵触を避けるべく，広域処理施策の是非ではなく，Zの政策変更の方法に焦点を当てることが考えられる。本件条例案（1条・7条）はまさしく，施策自体への賛否ではなく，住民参加による見直しの要否を問うている。ただし，当該施策を公約したZに対し，選挙によって信を託した直後に，住民投票を介して他ならぬ当該施策の見直しを迫ることが妥当かどうかは問題となりうる。そして，仮に，Zが住民投票結果に従って広域処理施策を継続する決断に至ったとしても，協議会への復帰如何は相手方（X_1市とX_2市）次第である。

かくして，本件事案は，X_1市とX_2市の事務・権限にも絡んでくる。住民投票結果は，たとえ決定型であったとしても，X_1市とX_2市のごみ処理権限に対して法的な影響を及ぼすものではないが，ただし，Y町民の意思が通知されること（条例案16条）は，それなりの重みを持つ。住民投票の対象事項が当該地方公共団体の事務・権限に限られるか否かは，Y町民の意見表明の可能性を決する一方で，X_1市とX_2市の政治・行政過程における考慮要素を左右しかねない。広域的行政課題にとって，投票対象事項はクリティカルな問題である。

以上の論点は，投票区域・投票権者の範囲の問題にも関連する。広域的行政課題という性質に鑑み，Y町・Y町民のみならず，X_1市・X_1市民，X_2市・X_2市民までをも住民投票の範囲に組み入れるべきか。その答えは否であろう。なぜなら，本件事案においては，X_1市・X_2市とY町との利害対立が明らかであり，かつ，X_1市民・X_2市民（に加えY町民の一部）の意思が多数を占めることが明らかである以上，住民の意思を問うという本件住民投票の存在意義がそもそも成立しえないからである[8][9]。

3 手続的調整——再議手続

仮に，住民投票条例が制定され，これが違法であると認められる場合には，

---

[8] この結論は，本件住民投票が，特定の政策に関する当該地方公共団体内部での意見対立・紛争の解決という機能を期待されていることに負っている。したがって，例えば，国の法律ないし政策に対する牽制・対抗・拒絶という政治的機能が住民投票に期待されるケースにおいては，別の結論になりうる。

Zは，理由を示して再議に付さなければならない（法176条4項）。再議手続は，長の議会に対する対抗手段であるが，同時に，議会での議論を惹起し，議会の活性化につながる契機ともなるものである。Zの要求に応じて，Y町議会が再度議決を行ったが，この議決がなお違法であると認められる場合には，Zは，A県知事に対し，審査を申し立てることができる（同条5項）。A県知事は，Zから要求があったとき，または，特に必要があると認めるときは，自治紛争処理委員の審理を経た上で，裁定を行う（法255条の5）[10]。本件事案においては，Zは，国の通知に基づいてA県が策定したごみ処理広域化計画に反旗を翻すものであり，したがって，A県知事は，Zが覆した広域処理政策を再度軌道に乗せる方向で裁定を下す可能性が高い。県知事の裁定に不服があるときは，町長は，議会を被告として，裁判所に出訴することができる（同176条7項・8項）[11]。この訴訟は，機関訴訟（行訴6条）の代表例の一つである。かくして，──国・県の影を負った──Y町議会とZとの対立は，最終的には裁判所によって裁断されることになろう。ここでは，条例の適法性を審査する限りにおいて，裁判所が，法律（地方自治法）によって特別に出番を与えられる。

IV 住民の地方公共団体への関与（設問3）

1 紛争構造の把握

本件事案は，直近の選挙によってY町長に選出されたZが，公約に従って政策変更を行い，結果としてY町に損害を与えたものである。住民と長との関

---

9) さらに，投票の成立要件の設定の問題が挙げられる（条例案14条）。一定の投票率は，代表民主制とのバランス，事実上の拘束力の正当化，特定の住民集団による意思表明の手段化などの弊害の防止等にてらして，要求されることがある。本件事案は，町長選挙が行われた上に住民投票を行うものであることから，特定の政策に関する住民の意思を確実に問う必要性をもって，投票成立要件が裏付けられよう。また，住民投票の発議権者の問題も挙げられるが（長，議会，住民またはこれらの組合せ），本件事案においては，条例施行日から60日以内に住民投票が実施されることになっている（条例案4条）。発議段階における長・議会の関与の排除は，代表民主制内部での調整から直接民主制への付託へと──強制的に──舞台を移す機能を有する。

10) 名古屋市長と名古屋市議会との対立をめぐって，この仕組みが活用された（斎藤誠「名古屋市議会の再議議決に係る市長の審査申立てに対する愛知県知事の裁定（2件，平成23年1月14日）」自研87巻6号〔2011年〕121頁参照）。

11) 名古屋地判平成24・1・19判例集未登載（平成23(行ウ)33）〔地方自治百選127事件〕参照。

係は，行政法関係のアクターとして一般に想定されている私人＝国民と行政＝国家行政機関との関係とは異なる特性を有している。本件事案における両者の関係は，いかなる構造のなかで把握されるべきか。

まず，Zの政策変更が適切でなかったとして，その責任を追及するべく，Y町民が——自ら選挙によって選出した——Zを罷免するという途，すなわち，長の解職請求（法81条以下）が考えられる。だが，政策変更を公約した候補者を選出し，その者をまさしくそのことを理由に罷免することは，選挙という日本の政治体制の基幹的部分を突き崩しかねない。リコールはつまるところ実質的な再選挙であるという重みを踏まえ，選挙の意義を没却せしめるような"濫用"は慎むべきであろう。本件は，民主的正統性の付与に係る事案類型には必ずしもなじまない。

また，本件事案は，まちづくりを典型例とするような，主観的価値の統合を通じた公益の形成が求められる類型ではなく，迷惑施設の設置を典型例とするような，三面関係における第三者（周辺住民等）の権利利益の保護が求められる類型でもない。本件は，行政の意思形成過程への参加に係る事案類型には必ずしも当てはまらない。

それでは一体，本件事案における住民の利益とは何か。着目すべきは，公金の使用のコントロールである。議会の議決事項のなかに財政に係る個別処分が数多く定められていること（法96条4号以下）に象徴されるように，地方公共団体は，国に比べ，住民による財産の信託という考え方に基づき，財政民主主義の要請に強く服する。本件事案は，Zによる政策変更という決断によってY町民の財産的損害がもたらされたものであり，このなかで住民は，公金支出のコントロール主体として位置付けられる。そのための手段となるのが住民訴訟である[12]。

2 調整ルール——住民訴訟

住民訴訟は，地方公共団体の財務会計上の行為につき，住民が——住民であ

---

[12] 住民訴訟は，住民参政の一環として性格付けられることがあるが（最判昭和38・3・12民集17巻2号318頁，最判昭和53・3・30民集32巻2号485頁［百選Ⅱ-222事件］），住民訴訟を直接民主主義的制度の一つとして捉えることに対しては，出訴権者が選挙権を有する日本国民に限られていないこと等にてらし，問題が指摘されている（塩野・行政法Ⅲ 215-216頁）。

れば誰でも（未成年者，外国人，法人を含む）単独で——その違法性を争いうる民衆訴訟（行訴5条）である。民衆訴訟は，機関訴訟と同じく，特定人の権利利益の主張ではなく公共の利益の主張を基礎とする客観的訴訟であって，法律に定める場合において，法律に定める限りで認められるにとどまる。住民訴訟を提起する際には，住民監査請求前置主義，期間制限，被告適格など，地方自治法の特別の定めに十分な注意を払わなければならない。

　法242条の2の定める4つの類型のなかで，4号請求訴訟（法242条の2第1項4号）は，財務会計行為の違法を理由に，当該職員または相手方に対して損害賠償請求や不当利得返還請求という形でその個人責任を追及するものである。4号請求訴訟は，住民の強力な武器となる。というのも，住民は，この武器のおかげで，財務会計行為を手がかりとしつつ，財務会計行為に先行する原因行為の違憲性・違法性の主張を介して，地方公共団体の行政運営一般を間接的にコントロールしうるからである。実際，政教分離原則（憲20条1項・3項）違反ないし宗教上の組織・団体への公金支出禁止の原則（憲89条前段）違反が問われた憲法訴訟の多くは，住民訴訟として提起されたものである[13]。

　ただし，この"違法性の承継"[14] は，一定の限界に服さなければならない。住民訴訟は本来，地方財務行政の適正化を目的とするものであるから，非財務会計行為の適否ひいては行政運営一般の監督是正までをも対象とするのは，立法趣旨に反しかねない。その歯止めとして，原因行為が財務会計行為の「直接の原因をなすもの」であるか否かという基準[15]，また，財務会計行為を行う職員が，原因行為の違法性を認識し，当該財務会計行為を阻止する義務を負っていたか否かという基準[16] が，判例によって示されている。

---

13) 最大判昭和52・7・13民集31巻4号533頁〔津地鎮祭訴訟〕〔憲法百選Ⅰ-46事件〕，最判平成5・2・16民集47巻3号1687頁〔箕面忠魂碑・慰霊祭訴訟〕〔憲法百選Ⅰ-51事件〕，最大判平成9・4・2民集51巻4号1673頁〔愛媛玉串料訴訟〕〔憲法百選Ⅰ-48事件〕等。なお，国レベルには，住民訴訟に相当する制度は存在していない。
14) 取消訴訟におけるそれとは異なり，住民訴訟における"違法性の承継"とは，原因行為が違法である場合に，このことを理由に，当該原因行為を前提にしてされた財務会計行為もまた違法となることを意味する。
15) 最判昭和60・9・12判時1171号62頁。
16) 最判平成4・12・15民集46巻9号2753頁。

3 本件事案への当てはめ

かかる枠組みに則って、本件事案において対象とすべき財務会計行為は何か、その違法性はどのように判断されるかを検討しよう。

本件事案においては、住民訴訟の対象を画定すること自体、なかなかに厄介である。公金支出を伴う何らかの作為を争うという住民訴訟の典型事例とは異なり、協議会からの離脱は、協議会経費と人件費の支出の中止をもたらすにすぎないからである。本件事案で行われた支出は、①計画案作成委託費（467万円）、②計画支援事業実施費（1138万円〔うち交付金507万円〕）、③X_1市・X_2市に対する損害賠償である。①のうちのY町負担分は、広域処理施策のための支出であるから、対象とはならず（なお、X_1市・X_2市負担分は③に含まれうる）、③は、裁判所によって損害賠償を命ぜられた場合には対象となるであろう。検討に値するのは②である。

Y町は、施設整備を中止したのであるから、そのために交付された補助金を返還しなければならない[17]。補助金適正化法（補助金等に係る予算の執行の適正化に関する法律）によると、環境大臣は、補助金交付決定を取り消し（17条1項）、補助金の返還を命ずることになろう（18条1項）。この補助金返還というY町の支出行為は、——施設整備中止がやむをえない事由による場合には必要ないものであるが——損害として評価されうる。そこで、Y町民X_3は、補助金返還の差止めを求め（法242条の2第1項1号）、また、Y町としてZに対し、返還された補助金分の損害賠償請求を行うことを求めて（同項4号）[18]、住民訴訟を提起することがありえよう。

しかし、第一の障壁として、補助金返還によって損害賠償請求権が実体法上成立するかという問題がある。補助金返還は、補助金適正化法の定めるところに従い、義務の履行として適法になされたものであるから、損害を発生させるとはいえないとも解される[19]。だが、後行行為が先行行為に基づく義務の履

---

[17] なお、計画支援事業のいわゆる裏負担（総事業費から国の交付金を除いたY町負担分）は、広域処理施策のための支出であって、本件住民訴訟の対象とはならない。

[18] なお、この損害賠償請求権については、補助金交付決定の取消がされる前の段階においても、取消決定がされることを条件とした条件付債権が発生していると解することもできる（東京地判平成19・5・16判例集未登載〔平成16(行ウ)528〕参照）。

[19] 名古屋高金沢支判平成14・4・15判例集未登載（平成12(行コ)25）参照。

行であることのみを理由として，財務会計法規上の義務が否定されることにはならない[20]。特殊な事情があるときには，例外的に，長の阻止義務が肯定される可能性がある。そこで，仮に，X_3 が，補助金返還を行う原因となった行為は違法であったと主張するとしても，第二の障壁として，Z による政策変更と補助金返還との間に"違法性の承継"が認められるかという問題がある。環境大臣による交付決定の取消というプロセスが介在し，すなわち，別主体による裁量的判断の余地が認められるとするならば，Z による政策変更は補助金返還の「直接の原因をなすもの」とは言えないおそれがなくはない。

裁判上の救済のこのような見通しの暗さは，しかし，司法の本分の帰結として正視するべきであろう。住民訴訟は，国の裁判所による国の法律の適用を通じた地方財務行政のコントロールであり，したがって，地方自治との間に緊張関係を内在させている。このことに鑑みるならば，住民訴訟に前置される住民監査請求こそ，その本来的意義を十全に果たすことが期待されるのかもしれない。

■ 関連問題

上記の事例において，仮に，生ごみ資源化施設と焼却施設を設置する X_1 市，最終処分場を設置する X_2 市，および，不燃ごみ等選別施設を設置する Y 町の間において，長きにわたるシビアな交渉と調整の末に，施設候補地や経費負担割合に関する合意が整い，合意書が取り交わされたとする。合意書には，環境に対する負荷が最も重大な最終処分場を設置する X_2 市に対し，当該処分場周辺の継続的な環境保全について，X_1 市と Y 町が一定の財政負担を行うことが，条件として盛り込まれた。その後，それぞれの処分場がようやく設置され稼働をはじめたが，2 年後に，財政状況が厳しくなった X_1 市と Y 町は，環境保全対策は既に講じられたから財政負担の条件は果たされたとして，次年度以降の経費負担割合をその趣旨に沿って変更する方向で合意書を解釈すべきであるとし，X_2 市に対して，合意内容を具体化した計画を提示し，当該計画に即した義務の履行を求めた。これに不満を有する X_2 市は，計画を白紙撤回させたいと考えているが，訴訟によって争うことはできるか。

---

20) 最判平成 20・1・18 民集 62 巻 1 号 1 頁［百選 I -100 事件］参照。

COMMENT　行政主体の出訴資格に関する判例法理は，現在のところ，必ずしも明らかではない。本問解説Ⅱ1(2)で取り上げた宝塚市パチンコ条例事件判決（最判平成14・7・9）は，財産権の主体と行政権の主体との二分論に拠って，法律上の争訟（憲76条，裁3条）のレベルで決着をつけた。この枠組みに則った判決例として，関連問題のモデルとした池子米軍住宅合意書事件判決（東京高判平成19・2・15訟月53巻8号2385頁［地方自治百選121事件］）や，杉並区住基ネット事件判決（東京地判平成18・3・24判時1938号37頁［地方自治百選4事件］，東京高判平成19・11・29判自299号41頁）はいずれも，地方公共団体が原告となった事件において，法律上の争訟性を否定した例であり，他方，那覇市自衛隊基地情報非公開請求事件判決（最判平成13・7・13訟月48巻8号2014頁［地方自治百選118事件］）は，国が「本件建物所有者として有する固有の利益」に着目して，法律上の争訟性を肯定した例である。この枠組みに拠るならば，X_2市が，合意に基づいて財政負担を履行する義務があることの確認を求める民事訴訟ないし当事者訴訟は，法律上の争訟に当たらないとして不適法とされよう。

　しかし，——処分に対する出訴ではなく——行政上の合意に基づく出訴の場合については，福間町公害防止協定事件判決（前掲最判平成21・7・10。本問解説Ⅱ1(2)）が法律上の争訟性を前提として判断を下しており，この判決にてらすならば，関連問題の事案において（池子米軍住宅合意書事件判決においても）法律上の争訟性が肯定されるべきであるとも考えられる。また，行政権の主体として出訴した場合についても，国民健康保険事件判決（最判昭和49・5・30民集28巻4号594頁［百選Ⅰ-1事件］。上級行政機関と下級行政機関との関係であることを理由に，訴えを却下）や日田市サテライト事件判決（大分地判平成15・1・28判タ1139号83頁［地方自治百選120事件］。原告適格を否定）など，法律上の争訟性自体は問題としていない判決例が存在している。

　塩野・行政法Ⅲ252頁以下，藤田宙靖『行政組織法』（有斐閣，2005年）45頁以下に加え，最近の文献として，村上裕章「国・自治体間等争訟」岡田正則ほか編『現代行政法講座Ⅳ自治体争訟・情報公開争訟』（日本評論社，2014年）11頁以下を参照されたい。

と畜場法に基づく検査をめぐる紛争

以下の 事例 ,【資料1：AとBの法律事務所の会議録】,【資料2：関係法令】
を読んで 設問 に答えなさい

事例

　Xは，と畜場の運営を行うため，小規模なと畜業者が集まって設立された中小企業等協同組合である。Xは，Y県知事から，と畜場法（以下，単に「法」と呼ぶ）4条1項に基づき一般と畜場の設置許可を得て，Y県内でと畜場を運営していた（以下,「本件と畜場」と呼ぶ）。本件と畜場の土地や建物は，Y県が所有するものであり，Xは，これらの土地や建物をY県から賃貸していた。賃貸契約は1年ごとに更新され，10年以上にわたって更新され続けており，また，Xの収入の9割は本件と畜場の利用料によるものであった。Y県は，財政状況の悪化から，平成24年になって，県内のと畜場を再編することを計画し，小規模でもあり，老朽化が始まっていた本件と畜場を廃止して土地を売却し，と畜場の業務については県内の他のと畜場の業務と統合することを計画した。しかし，同じ県内とは言え，他のと畜場はかなり距離が離れ，冷蔵設備の強化や，車両の買い換えが必要となり，零細事業者が多いXの組合員にとっては重い負担となることが予想された。また，本件と畜場の設備は老朽化しはじめているとは言え，現時点では衛生上支障はなく，継続して使い続けることができるものであった。Xは，そのため，本件と畜場の廃止に反対し，本件と畜場の存続を図るため，Y県と1年近く交渉を続けていた。しかし，Y県は，Xとの交渉を打ち切り，本件と畜場の土地や建物の賃貸借契約の更新を拒否した。さらに，Y県知事は，Xが本件と畜場の設備を使えなくなったことから，法18条1項1号に該当するとして，平成25年11月1日，本件と畜場の設置許可を取り消す処分を行った（以下,「本件処分」と呼ぶ）。Xは，と畜場の設置許可を取り消されると，と畜場で獣畜のとさつを行うことができなくなってしまうため，法的な対応を検討すべく，A弁護士とB弁護士の法律事務所に相談した。A弁護士らは，Xが本件と畜場の建物等につき賃借権を有することを求める仮処分を

申し立て、裁判所は、同月22日に、Xが賃借権を有することを仮に定める旨の仮処分決定をした。

しかし、さしあたり賃借権が認められても、設置許可が取り消されており、このままでは、Xが本件と畜場を運営することはできない。そこで、A弁護士らとXは、行政訴訟による対応を考えることとした。

【設問】
以下の訴訟や仮の救済手段については、いずれも行政事件訴訟法に規定があるものに限る。
1　本件処分に対する取消訴訟において、①本件処分が違法であり取り消されるべきであると言うために、Xはどのような主張を行うべきか。
　　②Xは、仮の救済手段としてどのような法的救済手段を使うことができるか。また、当該救済手段の要件は充足しているか検討せよ。
2　①法14条の検査が処分であることを示した上で、Xが提起すべき適切な訴訟と当該訴訟の訴訟要件が充足しているかを検討せよ。
　　②Xが法14条の検査を受けるためには、どのような仮の救済手段を使うことが考えられるか。また、当該救済手段の要件は充足しているか検討せよ。

資料1：AとBの法律事務所の会議録（平成25年12月9日）

C（Xの代表者）：おかげさまで、賃貸借契約が更新されていることについては仮処分決定が認められたので、土地や建物は使うことができるようになりました。しかし、依然本件と畜場の設置許可は取り消されたままなので、とさつができない状況が1か月以上続いております。

A弁護士：そうすると、民事訴訟とは別に、本件処分に対して行政訴訟で争うことになりますね。

B弁護士：はい。本件処分は、行政事件訴訟法3条における処分に該当しますし、取消訴訟で争うことになります。

A弁護士：取消訴訟で争うとすると、本件処分が違法であるという主張をしなければならなくなりますが、どのような違法事由が考えられますか。

B弁護士：処分庁のY県知事は、既に賃貸借契約は終了しているという前提で、Xは本件と畜場を使う使用権原を喪失し、と畜場の設備を使えなくなったのだから、当然に、法18条1項1号に該当すると考えているようです。

A弁護士：法5条1項に規定されているのは公衆衛生に関する規定なので、これだけ

では18条1項1号に該当すると言えるかどうかは問題でしょうし，この点を指摘しておく必要はありますね。また，設備が使えなくなったことが18条1項1号に該当するとしても，既に仮処分決定が下されているわけですから，知事の主張は適切ではないと考えられます。

B弁護士：仮処分や民事訴訟の内容については別に検討する必要があります。ここでは，Xの賃借権は存続しているという仮処分決定を前提として考えることとしましょう。

A弁護士：その他に，本件処分の違法事由として，何か考えられますか。

B弁護士：本件処分には行政手続法が適用されるはずですが，Cさんにうかがったところ，聴聞のような不利益処分に関する事前手続がなかったようです。

C：はい。こちらからの意見が聞かれることはまったくなく，直ちに，本件処分がされました。

B弁護士：Y県の担当者に聞いたところ，それまで1年近く交渉を行っていたのであるし，また，通常であれば行政手続法上聴聞手続が必要であるが，本件での契約更新の拒否が契約書等の「客観的な資料」によって直接に証明されるので行政手続法13条2項2号に該当するから，事前手続としての聴聞は不要であるという見解でした。

A弁護士：その様に考えることが妥当かどうかは，行政手続法が不利益処分に対して聴聞を要するとした趣旨に沿って考えてみる必要がありますね。それではこれらの内容を整理して，本件処分に対する取消訴訟を提起することにしましょう。また，取消訴訟で判決が出るまで，本件と畜場が利用できないと，X自体の経営が立ちゆかなくなると考えられますから，仮の救済を考えることにしましょう。

C：よろしくお願いします。しかし，もうひとつ問題があるのです。Y県知事は，本件処分を行った後，と畜検査員による検査を行わないと言っているのです。

A弁護士：と畜検査というと，法14条にあるものですね。

B弁護士：はい。そうです。と畜検査員による検査を受けないと，と畜場でとさつ等をすることはできません。

C：先日，仮処分決定が出たのと同じ日に法施行令7条に基づいて検査の申請をしました。Y県の担当者は申請書を受け取ってくれはしましたが，「本件と畜場は廃止するので，と畜検査員に検査を行わせません。」と口頭で言っていました。その後何も言ってきません。これまではすぐに検査していたので，これだけ時間がかかるのは異例です。

A弁護士：そうすると，検査を求める訴訟を考える必要がありますね。ところで，法14条の検査の法的な性格はどのようなものですか。

B弁護士：検査自体は事実行為であろうと思います。しかし，後で検討することになりますが，仮の救済との関係もありますので，検査が行政処分にあたるとして，訴訟を考えることが適切と思います。ただ，検査が行政処分にあたることを，法や施行令

の条文に照らして主張する必要があります。

A弁護士：では，法令の規定から検査が行政処分であることを示した上で，適切な訴訟として何が考えられるか，さらに，当該訴訟が訴訟要件を充足しているかを中心に検討していただきましょう。

C：よろしくお願いします。また，検査についても判決が出るまで待っていたのでは困りますので，すぐに検査をしてもらうよう法的な手段を考えていただきたいのですが。

A弁護士：先ほどB先生から話が出ていましたが，仮の救済としてどのような手段が可能か，また，それが認められるかを検討しましょう。

資料2：関係法令

と畜場法（昭和28年法律第114号）

（この法律の目的）
第1条　この法律は，と畜場の経営及び食用に供するために行う獣畜の処理の適正の確保のために公衆衛生の見地から必要な規制その他の措置を講じ，もつて国民の健康の保護を図ることを目的とする。
（定義）
第3条①　この法律で「獣畜」とは，牛，馬，豚，めん羊及び山羊をいう。
②　この法律で「と畜場」とは，食用に供する目的で獣畜をとさつし，又は解体するために設置された施設をいう。
③　この法律で「一般と畜場」とは，通例として生後1年以上の牛若しくは馬又は1日に10頭を超える獣畜をとさつし，又は解体する規模を有すると畜場をいう。
⑤　この法律で「と畜業者」とは，獣畜のとさつ又は解体の業を営む者をいう。
（と畜場の設置の許可）
第4条①　一般と畜場又は簡易と畜場は，都道府県知事（保健所を設置する市にあつては，市長。以下同じ。）の許可を受けなければ，設置してはならない。
②　前項の規定による許可を受けようとする者は，構造設備その他厚生労働省令で定める事項を記載した申請書を都道府県知事に提出しなければならない。

第5条①　都道府県知事は，前条第一項の規定による許可の申請があつた場合において，当該と畜場の設置の場所が次の各号のいずれかに該当するとき，又は当該と畜場の構造設備が政令で定める一般と畜場……の基準に合わないと認めるときは，同項の許可を与えないことができる。
一　人家が密集している場所
二　公衆の用に供する飲料水が汚染されるおそれがある場所
三　その他都道府県知事が公衆衛生上危害を生ずるおそれがあると認める場所
（獣畜のとさつ又は解体）
第13条①　何人も，と畜場以外の場所において，食用に供する目的で獣畜をとさつしてはならない。ただし，次に掲げる場合は，この限りでない。
②　何人も，と畜場以外の場所において，食用に供する目的で獣畜を解体してはならない。ただし，前項第1号又は第4号の規定によりと畜場以外の場所においてとさつした獣畜を解体する場合は，この限りでない。
（獣畜のとさつ又は解体の検査）
第14条①　と畜場においては，都道府県知事の行う検査を経た獣畜以外の獣畜をとさ

つしてはならない。
② と畜場においては，とさつ後都道府県知事の行う検査を経た獣畜以外の獣畜を解体してはならない。
③ と畜場内で解体された獣畜の肉，内臓，血液，骨及び皮は，都道府県知事の行う検査を経た後でなければ，と畜場外に持ち出してはならない。……
⑦ 前項に定めるもののほか，第1項から第5項までの規定により都道府県知事及び厚生労働大臣の行う検査の方法，手続その他検査に関し必要な事項は，政令で定める。
（と畜場の設置の許可の取消し等）
第18条① 都道府県知事は，次に掲げる場合には，第4条第1項の規定による許可を取り消し，又はと畜場の設置者若しくは管理者に対し，期間を定めて，当該と畜場の施設の使用の制限若しくは停止を命ずることができる。

一 当該と畜場の構造設備が第5条第1項の規定による基準に合わなくなつたとき。
（と畜検査員）
第19条① 第14条に規定する検査の事務に従事させ……るため，都道府県知事は，当該都道府県の職員のうちからと畜検査員を命ずるものとする。
（罰則）
第24条 次の各号のいずれかに該当する者は，3年以下の懲役又は300万円以下の罰金に処する。
一 第4条第1項の規定に違反した者
二 第13条第1項又は第2項の規定に違反した者
三 第14条第1項から第3項まで（同条第4項において準用する場合及び同条第5項の規定の適用がある場合を含む。）の規定に違反した者

と畜場法施行令（昭和28年政令第216号）

（検査の申請）
第7条 法第14条の規定による検査を受けようとする者は，厚生労働省令で定める事項を記載した申請書を都道府県知事に提出しなければならない。

● CHECK POINT
① 抗告訴訟における仮の救済
② 事実行為の処分性

● 解説

I　はじめに

　本問は，と畜場法という教室ではなじみがないであろう個別法を題材として，行政事件訴訟法における仮の救済に関して考えてもらうことが目的である。仮の救済については，本書でもこれまで触れられなかったわけではないが，平成16年改正後の行政事件訴訟法による仮の救済制度についても一定の事例の蓄積が見られることから，これに関する問題をまとめて取り扱うことが出題意図である。

　本問でも少し触れられているように，民事訴訟であれば仮処分という救済手段が存在している。しかし，行政事件訴訟法は，44条で「行政庁の処分その他公権力の行使に当たる行為については，民事保全法（平成元年法律第91号）に規定する仮処分をすることができない」としており，「公権力の行使」については仮処分を排除している。そして，その代わりに，「公権力の行使」に関する訴訟については，取消訴訟や無確認訴訟には執行停止（行訴25条）が，義務付け訴訟や差止訴訟には仮の義務付け・仮の差止め（行訴37条の5）が，それぞれ定められている。これらの仮の救済制度は，対応する訴訟が異なるだけではなく，要件も微妙に異なっており（実際にはどこまで異なっているかという問題はあるが），それぞれの違いを踏まえて理解をしておく必要がある。また，時として誤解があるので指摘しておくが，行政事件訴訟法44条が仮処分を排除しているのは，「公権力の行使」に該当する場合であり，行政事件訴訟法が適用されるすべての訴訟について仮処分が排除されているわけではない。したがって，例えば，「公権力の行使」に該当しない行為に関して，公法上の当事者訴訟によって争われるときには，行政事件訴訟法による訴訟であるが，必ず

しも仮処分が排除されているわけではない[1]。

本問のモデルとしたのは，と畜場法の検査につき仮の義務付けを認めた東京地決平成24・10・23（判時2184号23頁。以下，「モデル決定」と呼ぶ）である。同決定については，本案の判決も既に下されている[2]。また，本件決定にあたる許可取消処分についての執行停止決定も下されている[3]。本問の事実関係はほぼモデル決定に沿うものであるが，作問の都合上若干の変更を加えている。

II 設問1

設問1についてだが，本問では既に本件処分に対する取消訴訟が適法に提起できることは認められているので，それを前提として考えていくこととなる。

1　小問①について

本件処分の違法事由についてである。以下，実体的な違法性と手続的な違法性についてXが主張しうる点について，検討する。いずれか一方のみでも取消事由になりうるが，Xの主張としては，双方について考える必要がある。

(1)　実体的な違法事由

本問ではあまり問題にならないかもしれないが，以下のように考えることになるであろう。本件処分が適法であるとして，Y県の主張する主要な点は，賃借権が消滅している以上，Xはそもそも使用できると畜場の構造設備を有しないのであるから，法5条1項の基準に適合しておらず，したがって，法18条1項1号に基づき本件処分がなされたというものである。

Y県の主張については，Xからは次のように反論することになるであろう。まず，仮処分決定がなされているのだから，これを前提とする限りは，Xは本件と畜場の使用権原を有していることになる。そうすると，Xは，と畜場に使用できると畜場の構造設備を有していることとなる。また，本問の事案を見る限り，本件処分は，法5条1項各号に規定されているようなと畜場の衛生に関する問題点を理由として行われたものではない。Cによると，本件と畜場

---

1) 参照，施行状況の検証301頁。
2) 東京地判平成25・2・26判例集未登載（平成24（行ウ）223, 293, 457）。
3) 東京地判平成24・4・19判例集未登載（平成24（行ク）134）。

の設備は老朽化しはじめているとは言え，現時点では特に衛生上支障がない施設だと言うことである。だとすると，いずれにせよ，法5条1項には該当しないのであり，法18条1項1号の処分要件は充足していないこととなる。したがって，本件処分は処分要件を欠き，違法である。

(2) **手続的な違法事由**

次に，手続的瑕疵についてである。本件処分は行政手続法13条1項1号イに該当する処分であると考えられる。そうすると，本件処分には聴聞が必要とされるのに，Y県知事は聴聞を行っていないことをどのように考えるのかである。本問では，原則として聴聞が必要なことや，聴聞を行っていないという事実には争いがないのであるから，聴聞を行わなくてもよいという例外的な場合にあたるかが問題となり，Y県の主張とそれに対するXの主張を検討することになる。

まず，Y県の担当者の発言として，1年近く交渉を行っていたという点を述べているが，これは次のように理解される。すなわち，交渉の当事者であるXにとっては，本件と畜場の契約関係が消滅したことについては，既に事情はよく知っているはずであり，逆に，Xの事情についても交渉過程でY県知事は理解しているので，特に不利益処分手続をとる必要はないというものであろう。しかし，聴聞制度の趣旨は，不利益処分につき，処分を行う前に処分を受ける相手方の言い分を聞くことによって，処分の適法性を担保し，不利益処分の相手方である国民の権利を保護しようとするものと考えられる[4]。そうすると，1年近く交渉を継続していたので，相手方の事情はよくわかっているからと言って，聴聞手続をとる義務が免除されることはないと考えられる。また，行政手続法にも，その様な場合に聴聞手続が不要となるという規定はなく，Y県からの反論としては成り立ちえないであろう。

では，行政手続法13条2項2号該当についてはどのように考えるべきなのか。上で見たように，不利益処分の相手方の権利を保護するために，聴聞のような手続的な保障が必要と考えられるとしても，例えば，「行政効率の確保の要請と相手方に対する手続的権利の保障の要請との比較衡量の観点」[5]から考

---

4) 参照，塩野・行政法Ⅰ 295頁。
5) IAM＝行政管理研究センター編『逐条解説行政手続法 27年改訂版』（ぎょうせい，2015年）169頁。

えて，聴聞を行う必要がないと考えられる場合もありうる。行政手続法13条2項はこのような場合を具体化している規定と考えられる。そして，本問で適用の可能性があるのは，13条2項2号であるが，それは，資格を喪失した場合のように一定の要件に該当する場合には「必ずすることとされている不利益処分」であって（＝裁量の余地がない），当該要件に該当することが「客観的な資料により直接証明された」場合には聴聞の義務を免除する規定である。

　Y県知事は，契約関係が消滅したことは契約書等の「客観的な資料」によって証明され，また，要件に該当する場合には法18条1項の処分は必ずすることとされていると考えたのであろうが，このような考え方は妥当だろうか。まず，法18条1項の処分は条文を見れば明らかであるが，処分をするか否か，どのような処分をするかについては，行為の選択の幅があり（取消だけではなく停止もある），裁量の余地が認められる処分と言うことができる。そうなると，「必ずすることとされている不利益処分」にはあたらない。さらに，それだけではなく，契約書等が「客観的な資料」と言えるかどうかも問題である。客観的な資料として考えられるのは，一定の資格を有する者がそれを取り消された場合や確定判決といったものであり[6]，本件の契約書のように解釈の余地があるものについては「客観的な資料」にはあたらない。ましてや，本件の契約書の場合には，契約の扱いで別に民事訴訟で争われているように，聴聞が不要なほど明確な内容を持つものと考えることはできない。したがって，本件処分には適法な聴聞が欠けていたと考えることができる。

　さらに，以上のように聴聞を経ていないという手続的瑕疵が認められるとしても，本件処分が取り消されるべきなのかは別に考える必要がある。手続的瑕疵が取消事由になるのは，判例によると，手続的瑕疵が処分の内容に影響を与える場合，すなわち，適法な手続が履行された場合には異なる処分がなされえた場合の他に，手続的瑕疵が「法の趣旨に違背する重大な違法」[7]となるときも取消事由になると考えられている。本問においては，聴聞の手続がとられて

---

[6]　参照，IAM＝行政管理研究センター編・前掲注5）174頁以下，宇賀克也『行政手続三法の解説〔第1次改訂版〕』（学陽書房，2015年）116頁。

[7]　参照，最判昭和50・5・29民集29巻5号662頁［百選Ⅰ-126事件］。また，モデル決定やその本案判決も，直接には本件処分の取消に関わるものではないが，聴聞における瑕疵が取消事由になるとしている。

もそれによって処分庁の結論に直ちに影響を与えた場合とは考えにくいが，不利益処分の相手方の権利を保護するために求められている聴聞をまったく行わなかったという手続的瑕疵は，「重大な違法」であると考えることができ，取消事由になると結論してよいであろう[8]。

2 小問②について

取消訴訟が提起されており，かつ，本件処分は不利益処分であるから，仮の救済として考えられるのは執行停止（行訴25条2項）であることは容易にわかる。しかし，執行停止には，効力の停止，執行の停止，手続の続行の停止の3種類があるので，どれを選ぶかについては一応考えておく必要がある。特に，効力の停止は，「処分の執行又は手続の続行の停止によつて目的を達することができる場合には，することができない」（同項ただし書）とされているので注意が必要である。本問の場合には，本件処分は，不利益処分であり，特に執行され，あるいは後続する手続が考えられる場合ではないので，効力の停止を求めるべきである。したがって，Xは，本件処分の効力の停止を求めることとなる。

では，Xの執行停止申立ては認められるだろうか。行政事件訴訟法25条に沿って考えてみよう。まず，「重大な損害を避けるため緊急の必要があるとき」に該当するかどうかである。仮の救済の損害要件については後に触れる仮の義務付けにおいても検討することとなりやや重なるが，次のように考えられる。Xらが本件処分によって被る損害は，と畜場の経営に関するものであり，財産的な性格の損害ではあるが，Xの収入の9割が本件と畜場から得られていることやXを構成する組合員である業者には零細業者が多いことから，本件処分の効力が維持された場合には，Xは存続することができず，またXの組合員である業者らは負担が増え廃業を余儀なくされると考えられる。そうすると，一旦廃業せざるをえなくなるとすれば，Xらが被る損害は，社会通念上，事後的な金銭賠償等で回復させることは困難と考えられる。したがって，「損害の回復の困難の程度を考慮する」（行訴25条3項）と，Xが被る損害は「重大な損害」にあたり，また，本件処分により既に本件と畜場の業務はストップ

8）参照，宇賀・概説Ⅰ 461頁。

していることから「緊急の必要」も認められると考えられる[9]。
　次に，執行停止の消極要件（行訴25条4項）についてであるが，本件処分には違法事由を想定することができるのは小問①で見たとおりであり，「本案について理由がないとみえるとき」にはあたらない。また，本件処分の効力が停止しても，Y県知事が本件処分を行ったのは本件と畜場の衛生上の理由によるのではないから，仮に本件と畜場が業務を再開しても，「公共の福祉に重大な影響を及ぼすおそれがあるとき」と言うことはできない。
　以上のように，Xの立場からは本件処分の執行停止が認められるべきと考えられる。

Ⅲ 設問2

1 小問①について

　まずは，設問の指示どおり，法14条の検査を処分として構成することを考えることになる。検査の法的性格をはっきりさせれば，残りの問題はたやすく解答できるはずである。

(1) 検査の法的な性格

　法14条の検査の法的な性格についてであるが，一般的な理解に基づいて考えれば，行政調査の一種と考えてよいであろう。検査とは，獣畜が病気になっていないかどうか等を検査員が獣医学的な観点から調査することだからである。そうすると，検査自体は，「行政庁の処分その他公権力の行使に当たる行為」（行訴3条2項）ではないという考え方もありうる[10]。しかし，モデル決定は検査の処分性を肯定しているし，また，本問の設問は処分性を有することを示せとしているのであるから，処分性を肯定するための説明を考えなくてはならない。
　処分性の有無を検討する場合，特に事実行為であることが問題となる場合には，当該行為だけで見れば，具体的な法的な効果はなくても，個別法や他の法

---

[9] 多くの場合には，「重大な損害」と「緊急の必要性」はまとめて判断される。参照，宇賀・概説Ⅱ293頁。
[10] 処分性が否定されれば，検査義務存在確認を求める公法上の当事者訴訟の一種を想定することができる。

律まで含めて考えて，何らかの法的効果があると言えるかどうかがポイントとなる。そのためには，検討の対象となる行為が個別法の中でどのような位置付けになっているのかを見ておく必要がある。以下，法に沿って考えてみよう。

　法14条は1項から3項にわたって獣畜のとさつ，解体，外部への持ち出し（通常は店舗で販売するためであろう）のそれぞれについて知事による（もちろん，実際には知事自身が行うわけではなく，法19条に基づいて検査員が行う）検査を義務付け，違反行為については刑事罰が科せられることがわかる（法24条3号）。また，食用の獣畜のとさつはと畜場以外で行うことはできないとされる（法13条）。つまり，Xにとっては，検査は，本件と畜場での本来の業務であるとさつや解体等が行われるための要件になっており，刑事罰によって検査を経ることが義務付けられていると考えられる。そうすると，法14条の検査は，適法にとさつ等を行うことを可能にするという法的な効果を生じさせるものであると言うことができる。また，Xを構成すると畜業者にとっては，多くの場合，解体した肉等を外部に搬出して販売しない限り意味がないものであるから，その様な権利を制限されていると言うこともできるであろう。したがって，法14条の検査は，以上のような法的効果を有し，処分にあたると考えることができる。

　本問への解答としては上記の内容でよいが，説明を補足しておく。検査のような事実行為に処分性が肯定されるのは，やや奇妙な印象を受けるかもしれない。しかし，行政が行う様々な検査や調査によって安全性が確認されることによって一定の行為が法的に可能になるという場合には，そのような検査に関して処分性が肯定されることは，必ずしも珍しいことではない。例えば，最判平成16・4・26民集58巻4号989頁〔冷凍スモークマグロ食品衛生法違反通知事件〕は，輸入食品が食品衛生法に違反するという内容の通知に処分性を肯定した判例である[11]。同最判は，検疫所長が届出に基づいて輸入食品の安全性をチェックした結果，食品衛生法に適合しないと判断される場合には当該食品の廃棄等を指導する旨の通知書が送付され，そうすると関税法上の輸入許可を得ることができなくなるとして，処分性を肯定している。食品の安全に関する検査という点でも，本問とは類似していると言うことができる。また，逆に，検査に関して，処分性が否定された最近の事例としては，大阪高判平成25・6・

---

11) 同判例の問題点について，参照，山本・判例行政法327頁以下。

28 判時 2199 号 3 頁を挙げることができる。同判決では，発電用の原子炉に対する定期検査終了証の交付は，それによって原子炉の運転等の制限が解除される等の法的しくみがとられていないとして，法的効果を認めず処分性を肯定しなかった。もっとも，これらの事例は，検査自体に処分性を肯定しているのではなく，検査結果や検査が終了したとの通知を交付する行為の処分性を肯定しているのであり，ややモデル決定の場合とは異なる。法 14 条 3 項の検査については，検査を通過した肉に対して検印の制度があるものの[12]，必ずしも検査結果を書面で交付する等の行為が引用した法令上には見られないからであろう。いずれにせよ，法 14 条の検査が行政事件訴訟法上，処分性を肯定されうるという結論には影響ないであろう。

(2) Xが提起すべき訴訟

上で見たように，モデル決定と同様に，法 14 条に基づく検査に処分性を肯定することができれば，「検査を求める訴訟」は，法 14 条に基づく検査をせよとの義務付けを求める訴訟ということになる。行政事件訴訟法は，処分を求める義務付け訴訟を 2 種類定めていることから，X が提起すべき訴訟が，非申請型義務付け訴訟（行訴 3 条 6 項 1 号）か申請型義務付け訴訟（行訴 3 条 6 項 2 号）かを区別しておく必要がある。本問の検査については，上でも見たように，法施行令 7 条が検査を申請する手続を定めていることから，申請型の義務付け訴訟を提起することになる。

申請型義務付け訴訟の訴訟要件は，それほど複雑ではない。申請に対して処分庁がどのような対応を行ったかに注意を払えばよい。本問の場合には，Y 県の担当者が口頭で拒絶するような対応をしているものの，処分庁である Y 県知事は，何もせずに放置しているという状況で，申請を拒否する処分をしていないと考えられる。そうすると本問の状況では，法令に基づく申請は行われたがそれに対して処分庁が何ら対応をしない不作為状態であるということになる。したがって，X としては，申請を行ったのに放置されているという不作為状態を捉えて，不作為の違法確認訴訟（行訴 3 条 5 項）を提起して，申請型

---

[12] 法施行令 9 条によると「都道府県知事は，法第 14 条第 3 項の規定による検査を行ったとき（同条第 5 項の規定により都道府県知事及び厚生労働大臣が検査を行ったときを含む。）は，厚生労働省令で定めるところにより，検査に合格した肉，内臓及び皮に検印を押さなければならない」とされる。問題文では必ずしも解答に必要ではないため引用していない。

義務付け訴訟と併合して提起することになる（行訴37条の3第3項1号）。

併合提起される不作為の違法確認訴訟は適法に提起されるが，申請型義務付け訴訟の訴訟要件は，さらに，「当該法令に基づく申請又は審査請求に対し相当の期間内に何らの処分又は裁決がされないこと」（行訴37条の3第1項1号）であるから，本件でも「相当の期間」を経過しているか，すなわち併合されている不作為の違法確認訴訟の本案勝訴要件が充足しているかについても検討しておく必要がある。本問においては，Cの発言にあるように，異例の時間がかかっていることがわかり，「相当の期間」を経過していると考えてよいであろう。

以上のように，Xは，不作為の違法確認訴訟と検査を求める申請型義務付け訴訟を適法に提起することができると考えられる。

2　小問②について

申請を拒否する処分については，たとえ申請者が取消訴訟を提起できる場合であっても執行停止は認められない。そして，本問のように申請が留保されている場合には，不作為の違法確認訴訟が提起されることとなり，やはり執行停止を申し立てることはできない。したがって，本問のような場合に，仮の救済を求めるとすれば，仮の義務付けを求めることになる（行訴37条の5）。

仮の義務付けが認められるためには，まずは義務付け訴訟が適法に提起されていなければならないが，この点は既に1(2)で説明したとおりである。次に，仮の義務付けが認められるための要件を，行政事件訴訟法37条の5に沿って検討していくこととなる。

まず，「償うことのできない損害を避けるため緊急の必要」についてであるが，「償うことのできない損害」は執行停止の要件である「重大な損害」と比較して要件を加重しているとされ，一般的には，金銭賠償では救済することができないか，金銭賠償による救済が社会通念上著しく不相当な場合であるとされる[13]。もっとも，「償うことのできない損害」であるかどうかは，事例に応じて具体的に判断せざるをえない。これまでの決定例を見ると，入学等の仮の義務付けのように教育を受ける権利が制約を受ける場合に「償うことのできな

---

[13]　参照，小林久起『行政事件訴訟法』（商事法務，2004年）290頁。決定例としては，仮の差止めに関する例だが，大阪地決平成18・8・10判タ1224号236頁。

い損害」に該当するとするものが見られるが[14]，このような権利は非財産的なものであり，金銭賠償による救済が不可能な典型例と言えよう。一方，財産的な損害の場合には「償うことのできない損害」に該当しにくいと考えられるが，本問のような経営に関する財産的な損害であっても，「償うことのできない損害」にあたることが認められることはある。例えば，名古屋地決平成22・11・8判タ1358号94頁は，タクシー料金の認可について，認可がされないと，「申立人はタクシー事業を行うことができなくなり，その影響は，法人である申立人の営業活動ができなくなり倒産の危機が現実的になることにとどまらず，その従業員の収入が途絶えることにもつながる」として，「償うことのできない損害」にあたると認めている。つまり，財産的な損害の場合，後から賠償を貰っても，それだけでは損害を回復できると言えないような事情があるかどうかが判断の分かれ目になっていると言えよう。では，本問の場合はどうなるか。Xが被る損害もやはり財産的な損害と考えられる。しかし，Xの収入の9割が本件と畜場によっていることや，その構成員に零細業者が多いことを考えると，検査が開始されなければ，と畜場を再開できず，Xは組合として存続することができなくなると考えられる。したがって，Xが被る損害は，社会通念上，事後的な金銭賠償等で回復させることは不可能あるいは著しく困難であって，「償うことのできない損害を避けるため緊急の必要」がある[15]。

次に，「本案について理由があるとみえるとき」である。もちろん本案訴訟の結果は現時点では不明であるが，モデル決定が示すように，Xが勝訴する見込みがあり，その蓋然性があると言えなくてはならない[16]。法14条の検査が行政処分であるとすると，条文上検査を行うかどうかにつき裁量が認められる場合ではないので，義務付け訴訟の本案勝訴要件は「行政庁がその処分若しくは裁決をすべきであることがその処分若しくは裁決の根拠となる法令の規定から明らかであると認められ」るとき（行訴37条の3第5項）である。小問①でも見たように，本件と畜場に衛生上の問題がなく，また，仮処分決定を前提

---

[14] 例えば，東京地決平成18・1・25判時1931号10頁，奈良地決平成21・6・26判自328号21頁等。

[15] モデル決定の損害に関する判断につき，中島肇「原告適格・仮の差止めに関する実務的雑感」論ジュリ8号（2014年）54頁参照。

[16] 「理由があるとみえるとき」にあたらないとした決定例として，東京地決平成24・11・12判自377号28頁。

として考えると，本件と畜場は適法に設置されており，Y県知事は，申請があれば検査を行うべきであり，少なくともXが勝訴する蓋然性があると認めることができるであろう。

最後に，消極要件である「公共の福祉に重大な影響を及ぼすおそれがあるとき」（行訴37条の5第3項）だが，仮に検査が義務付けられるとすると，Y県にとっては検査員を派遣することで費用の負担が増え，ただでさえ厳しい財政に影響を与える可能性がある。しかし，そもそも以前は検査員を派遣していたのであるし，小規模とされる本件と畜場の検査員が増員されるとしてもY県の財政や事務負担がそれほど増加するとは考えられず，消極要件が問題になることはないであろう。

IV　おわりに

仮の救済は，訴訟そのものと比べるとややマイナーな印象を受ける分野であるが，裁判を受ける権利の保障に含まれると考えられるし，また，実務的には本案の訴訟と同じくらい（あるいはそれ以上に）重要なこともある。本問を通じて，仮の救済の要件や制度について理解を深めていただきたいと思う。最後に，補足的にではあるが，現在の義務付け訴訟や仮の義務付けの制度上の問題点に少し触れておきたい。

モデル決定は，と畜場法の検査につき仮の義務付けを認める決定を行ったが[17]，義務付け訴訟の判決である前掲注2)東京地判平成25・2・26を参照するかぎり[18]，モデル決定で相手方となった地方公共団体の長は，仮の義務付けを命じられたのに，これに従わなかったとのことである。モデル決定で問題となったのは，仮の義務付け決定であるが，義務付け判決であったとしても，裁判所が行政庁に代わって処分を行うわけではなく，行政庁に対して処分をすることを命じるにとどまるとするのが現在の行政事件訴訟法のしくみである[19]。したがって，理論的には，仮の義務付け決定（あるいは義務付け判決）が確定しても，行政庁が従わないという事態は考えられる。しかし，立法時点

---

[17]　判時（2184号24頁）の匿名解説によると，モデル決定は抗告されたが確定しているとのことである。

[18]　モデル決定の判タ（1395号97頁）における匿名解説も参照。

では，裁判所の決定や判決に行政庁が従わないという事態はそもそも想定できないと考えられ，このような事態に対処するしくみは，少なくとも行政事件訴訟法上特に設けられていない。これまで，仮の義務付け決定や義務付け判決が履行されなかったケースはあまり見られなかったと思われ，モデル決定はこのような現在の行政訴訟制度上の問題点を明らかにするという意味でも興味深い事案である。

■ 関連問題

　上記の 事例 の 設問2 において，Xが，不作為の違法確認訴訟を提起したところ，X勝訴の判決が下され，確定した。しかし，Y県は，いずれにせよと畜場は廃止するのだとして，判決を無視し，何ら検査を行うことなく，放置している。Xは，このような不作為状態に不満であり，Yに対して国家賠償訴訟を提起して争うこととした。

1　Xが提起する国家賠償訴訟において，Xが被る損害はどのような内容のものと考えられるか。

2　Xが提起する国家賠償訴訟において，不作為の違法確認訴訟での勝訴判決が確定していることは，訴訟の結果にどのような影響を与えると考えられるか。

COMMENT　問題文本文でも示したように，不作為の違法確認訴訟や義務付け判決が下されても行政がそれを放置して何ら対応をとらないという場合は考えられる。このような場合，訴訟で対応するとすれば，国家賠償訴訟が考えられる。このような国家賠償訴訟において，不作為の違法確認訴訟での勝訴判決が確定していることが国家賠償責任の成立にどのような意味を持つのかは，国家賠償法の違法論に関わる論点である。最判平成3・4・26民集45巻4号653頁［百選Ⅱ-226事件］や，宇賀・概説Ⅱ445頁以下を参考にして考えてほしい。

19）参照，塩野・行政法Ⅱ244頁。なお，付言すると，取消判決の場合には，行政庁の行為なしに直ちに処分の効力が消滅するので，義務付け判決のような問題は生じない。

12　宅地造成等規制法による規制権限をめぐる紛争

以下の 事例 ,【資料１：ＥとＦの法律事務所の会議録】,【資料２：関係法令】を読んで 設問 に答えなさい。

事例

　Ｙ県のＡ地区は，山に囲まれた盆地となっており，その一部に水田や民家が点在している。産業廃棄物処理業者であるＢは，Ａ地区の山の斜面にある土地を買い受け（以下，「本件土地」と呼ぶ），産業廃棄物処理施設を作るため，造成工事を行い，遮水シート（廃棄物を搬入した後，外部に排水が漏れないように敷くシート）を敷くなどしていた。しかし，経営の悪化により，Ｂは産業廃棄物処理施設の設置を断念した。その後，不動産業者Ｃが本件土地をＢから購入し，本件土地の造成工事をさらに継続することとした。Ｃは，「駐車場・資材置き場」にすることを目的に，土地を造成する工事を開始した（以下，「本件工事」と呼ぶ）。Ｃは，本件土地に大量の土砂を搬入し，工事を開始したが，遮水シートを放置したままその上に土砂を搬入し，また，大量の土砂が搬入されたため，山の斜面にある本件土地は次第に急な傾斜地になりはじめている。

　本件土地の真下には，Ｘが居住する家屋が存在していた。

　(1)　Ｘは，本件土地に多量の土砂が搬入され，次第に急な傾斜となってきたことから，土砂崩れが起きるのではないかと不安を感じ，また，本件土地のあるＡ地区は，宅地造成等規制法（以下，「宅造法」と呼ぶ）3条1項によって宅地造成工事規制区域に指定されているのに，Ｃが無許可で本件土地に対して工事を行っているのは違法ではないかと考え，Ｙ県知事に対して，本件工事は違法ではないのか，また，本件工事が継続すると本件土地が崩落するおそれがあり，危険であるので，宅造法上の権限によってＣに対する規制を行うよう書面で要望を行った。これに対して，Ｙ県知事は，Ｃによる工事が行われていることは把握していたが，本件土地の用途は宅地ではなく「駐車場・資材置き場」なので，宅造法の規制対象である「宅地」にはあたらないと考え，Ｙ県知事には権限がないので本件土地に対して宅造法の監督処分は行わないことを記した

書面（以下，「本件書面」と呼ぶ）をXに交付した。Xは，やはり不安なので行政による対応を求めたいと考え，訴訟で争うことを決意し，弁護士EとFの法律事務所を訪れた。

(2) XがEらの法律事務所に相談に行った後，A地区に集中豪雨が降った（降雨の量は多かったが，A地区では通常予測できる規模である）。そのため，本件土地で大規模な土砂崩れが発生し，土砂が本件土地の下にある地域を襲った。その結果，Xの自宅は全壊し，さらに，Xも重傷を負った。Xは，このような土砂崩れが起きたのは，Y県知事が宅造法上の規制権限を適切に行使しなかったためであると考え，Y県に対して国家賠償請求訴訟を提起することとした。

〔設問〕

1 Xは，(1)の段階で，Y県知事の権限行使によってCの工事をやめさせるために，どのような訴訟を提起して争うことが適切と考えられるか，【資料1：EとFの法律事務所の会議録】を読んで，検討せよ。なお，検討する訴訟については，行政事件訴訟法に規定があるものに限る（仮の救済について検討する必要はない）。

2 Xは，(2)の段階で提起した国家賠償請求訴訟において，どのような主張を行うべきであると考えられるか。Y県の反論を考慮しながら検討せよ。

■ 資料1：EとFの法律事務所の会議録 ■

E弁護士：Xさんは県に対応を申し出られたとのことですが，県の対応はどのようなものでしたか。

X：本件書面によると，本件土地の用途は，宅地ではなく，「駐車場・資材置き場」なので宅造法上は対応できないとのことでした。法的にはそれで正しいのでしょうか。

E弁護士：Fさん，宅造法の規制の対象となる宅地には「駐車場・資材置き場」は含まれないのが，一般的な考えなのでしょうか。

F弁護士：いいえ，宅造法2条1号は，「宅地」の定義規定を置いていますが，宅造法上の「宅地」は「農地，採草放牧地及び森林並びに道路，公園，河川その他政令で定める公共の用に供する施設の用に供されている土地以外の土地」なので，「駐車場・資材置き場」も宅造法上の規制対象になると思いますし，そのような解釈が一般的です。本件書面の内容はY県知事の法解釈のミスではないでしょうか。Y県の担当部局が作っている宅造法のマニュアル等にも，「駐車場・資材置き場」も宅造法上の「宅地」にあたると書かれています。

E弁護士：そうすると，本件土地には宅造法上の権限の行使ができるということになるのでしょうが，知事が権限行使をするとすればどのような権限が問題になるのでしょうか。

F弁護士：宅造法は14条に監督権限の規定を置いていますので，本件では，この権限が問題になると思います。これらの権限の行使がされ，工事が中止されるなどすれば，本件土地の安全性は確保されると思います。

E弁護士：それではY県知事に宅造法上の権限を行使させるための訴訟の可否を検討することにしましょう。

X：お願いします。私の住んでいるところは，本件土地から100mも離れていません。私が見ていただけでも本件土地にはかなり大量の土砂が搬入されました。このまま工事が進められて，本件土地が崩れたら，自宅は大量の土砂の直撃を受ける状態です。梅雨も近い時期ですのでたいへん不安に感じています。また，以前，Bが放置した遮水シートの上に，Cは土砂を積んでいました。遮水シートはゴム製で滑りやすいので，危ないのではないかと思います。本件書面を提出した後，県庁の担当者であるDさんが本件土地を見に来られたのですが，彼もこれでは危ないですねと言っていたくらいです。

E弁護士：ところで，この場合，Xさんは，Cに対して民事訴訟によって工事の差止め等を請求することもできますね。

F弁護士：はい，それも可能です。しかし，民事訴訟については，別の機会に検討するとして，今回は行政訴訟のみを考えることにしましょう。

資料2：関係法令

宅地造成等規制法（宅造法）（昭和36年法律第191号）

（目的）
第1条 この法律は，宅地造成に伴う崖崩れ又は土砂の流出による災害の防止のため必要な規制を行うことにより，国民の生命及び財産の保護を図り，もって公共の福祉に寄与することを目的とする。

（定義）
第2条 この法律において，次の各号に掲げる用語の意義は，それぞれ当該各号に定めるところによる。

一　宅地　農地，採草放牧地及び森林並びに道路，公園，河川その他政令で定める公共の用に供する施設の用に供されている土地以外の土地をいう。

二　宅地造成　宅地以外の土地を宅地にするため又は宅地において行う土地の形質の変更で政令で定めるもの（宅地を宅地以外の土地にするために行うものを除く。）をいう。

三　災害　崖崩れ又は土砂の流出による災害をいう。

五　造成主　宅地造成に関する工事の請負契約の注文者又は請負契約によらないで自らその工事をする者をいう。

六　工事施行者　宅地造成に関する工事の請負人又は請負契約によらないで自らその工事をする者をいう。

七　造成宅地　宅地造成に関する工事が施

行された宅地をいう。
(宅地造成工事規制区域)
第3条① 都道府県知事……は，この法律の目的を達成するために必要があると認めるときは，関係市町村長（特別区の長を含む。以下同じ。）の意見を聴いて，宅地造成に伴い災害が生ずるおそれが大きい市街地又は市街地となろうとする土地の区域であつて，宅地造成に関する工事について規制を行う必要があるものを，宅地造成工事規制区域として指定することができる。
(宅地造成に関する工事の許可)
第8条① 宅地造成工事規制区域内において行われる宅地造成に関する工事については，造成主は，当該工事に着手する前に，国土交通省令で定めるところにより，都道府県知事の許可を受けなければならない。……
② 都道府県知事は，前項本文の許可の申請に係る宅地造成に関する工事の計画が次条の規定に適合しないと認めるときは，同項本文の許可をしてはならない。
③ 都道府県知事は，第1項本文の許可に，工事の施行に伴う災害を防止するため必要な条件を付することができる。
(宅地造成に関する工事の技術的基準等)
第9条① 宅地造成工事規制区域内において行われる宅地造成に関する工事は，政令（その政令で都道府県の規則に委任した事項に関しては，その規則を含む。）で定める技術的基準に従い，擁壁，排水施設その他の政令で定める施設（以下「擁壁等」という。）の設置その他宅地造成に伴う災害を防止するため必要な措置が講ぜられたものでなければならない。
(監督処分)
第14条① 都道府県知事は，偽りその他不正な手段により第8条第1項本文……の許可を受けた者又はその許可に付した条件に違反した者に対して，その許可を取り消すことができる。
② 都道府県知事は，宅地造成工事規制区域内において行われている宅地造成に関する工事で，第8条第1項……の規定に違反して第8条第1項本文……の許可を受けず，これらの許可に付した条件に違反し，又は第9条第1項の規定に適合していないものについては，当該造成主又は当該工事の請負人（請負工事の下請人を含む。）若しくは現場管理者に対して，当該工事の施行の停止を命じ，又は相当の猶予期限を付けて，擁壁等の設置その他宅地造成に伴う災害の防止のため必要な措置をとることを命ずることができる。

● **CHECK POINT**

① 非申請型義務付け訴訟の訴訟要件
② 規制権限不作為に関する国家賠償責任

● **解説**

I　はじめに

　今回は，非申請型義務付け訴訟とそれに関連して規制権限不行使型の国家賠償に関する事例を扱う。
　平成16年に改正された行政事件訴訟法は，ふたつの類型の義務付け訴訟を設けた（行訴3条6項）。ひとつが，非申請型義務付け訴訟（同項1号）であり，もうひとつが，申請型義務付け訴訟（同項2号）である。申請型義務付け訴訟については，事例②で取り上げられているが，申請に対する処分の義務付けを求めるタイプの訴訟である。それに対して，非申請型義務付け訴訟は，申請型義務付け訴訟以外の場合に処分の義務付けを求める訴訟であり，対象となる処分は様々である。立法時に想定されていたのは，第三者に対して行政の規制権限の行使を求める訴訟である。しかし，非申請型義務付け訴訟は，それに限られず，申請によらない処分であれば自己に対する処分を求めることもでき，例えば，自己に対して職権による授益的な処分を求める場合が考えられる[1]。
　もうひとつ本問で扱うのは，規制権限の不作為に関する国家賠償請求である。国家賠償訴訟の重要な分野といってよいであろう。本問では，非申請型義務付け訴訟については訴訟要件を，国家賠償訴訟については本案での主張を問う形とした[2]。
　本問のモデルとしたのは，広島地判平成24・9・26判時2170号76頁である。同判決は国家賠償に関するものであり，義務付け訴訟に関するものではない。

1）　例としては，自己の住民票の作成を求める場合（東京地判平成19・5・31判時1981号9頁。後掲注5)最判平成21・4・17の第1審判決）や，争いはあるものの，自己に対する在留特別許可を求める義務付け訴訟が見られる（例えば，名古屋地判平成22・12・9判タ1367号124頁）。

また，事案については作問のため，かなり変更を加えている[3]。

II 設問1 について
——非申請型義務付け訴訟の訴訟要件について

【資料1：EとFの法律事務所の会議録】や問題文で，宅造法上の規制権限行使を求めて訴訟を行うことが明示されており，具体的には弁護士Eの発言に見られるように，宅造法14条の監督処分権限の発動を求める訴訟を考えることとなる。宅造法14条の監督処分権限の発動は行政処分であると考えてよいので，Xは行訴法3条6項に基づいて，義務付け訴訟を提起して争うことになる。

1 非申請型義務付け訴訟か申請型義務付け訴訟か

義務付け訴訟の可否を検討する上では，非申請型か申請型かの区別をしなければならない。両義務付け訴訟は，条文も異なれば訴訟要件も異なるからである。いずれの義務付け訴訟を提起すべきかという点につき，本問では，やや迷うかもしれない。というのは，Xは，Y県の担当者に相談し，本件書面の交付を受けているが，このような書面が行政から交付されているとき，当該書面の交付の法的な性格はどのようなものであるかにより，義務付け訴訟の訴訟類型の判断に影響するからである。もし，本件書面の交付が，処分の申請を拒否する行為に該当するとすれば，このような書面の交付に対しては取消訴訟を提起して争うことができるはずであり，さらには，申請通りの行為を行うことを求めて申請型の義務付け訴訟を併合して提起することが考えられる（行訴37条の3）。逆に，本件書面の交付が，そのような性格を持たず，単なる事実上の行為に過ぎないのであれば，非申請型義務付け訴訟を考えることになる。

では，本件書面の交付は，申請の拒否にあたるのであろうか。このような判

---

2) 国家賠償請求と非申請型義務付け訴訟の本案勝訴要件として検討すべき点はほぼ重なりうることから，本問では非申請型義務付け訴訟については訴訟要件のみを問うこととした。両者の関係について，下山憲治「消極的裁量濫用——義務付け訴訟と国賠請求訴訟」法時85巻2号（2013年）35頁以下参照。

3) 同判決は国家賠償請求を認めている。逆に，宅造法上の規制権限不作為を違法としなかった判決として，奈良地判平成5・2・9判自112号80頁。

断をするためには，申請─処分というしくみが法律によって作られているかどうかが判断の基準となる。そこで，本件で問題になっている宅造法の条文を見る限りは，このような私人からの申し出を申請として扱うことを定めた規定は特に見られないし，それに対する処分庁の応答についての規定も見られない。したがって，Xが行った申し出は，Y県知事に対して，職権による規制権限の発動を促す行為に過ぎないと考えられる。そうすると，本件書面の交付は，申請に対する応答ではなく，単なる事実行為であって行政処分としての性格は認められない[4]。やや事案は異なるが，職権による住民基本台帳記載を求める申入れに対して，市長から行われた応答につき，同回答は，「法に根拠のない事実上の応答」に過ぎないとして処分性を否定している判例も見られる[5]。本件書面の交付行為も，同判例のように考えることができ，宅造法はこのような申し出に対する応答を義務付けているわけではないと考えられる。

以上のように，本問では，申請型義務付け訴訟は適切ではなく，非申請型義務付け訴訟で争うこととなる。

2 非申請型義務付け訴訟の訴訟要件は充足しているか

次に本問でXが提起する訴訟は，非申請型義務付け訴訟であるとして訴訟要件の有無を検討していく。行訴法37条の2に基づいて検討していくこととしよう。

(1) 「一定の処分」(行訴37条の2第1項)

まず，義務付けの対象となる行為が，「処分その他公権力の行使」(行訴3条2項) に該当する必要がある。すなわち処分性が肯定されなければならず，また，義務付けを求める処分をある程度特定しておくことも必要である。もっとも，義務付けるべき処分の特定を厳格に要求するとすれば，場合によっては (例えば，とりうる処分の選択肢がいくつかある場合) 原告に不可能を強いることになり，非申請型義務付け訴訟が機能しなくなるおそれがある。このような理由から，「一定の処分」は，根拠法令の趣旨等に照らして，「裁判所の判断が可能な程度に特定されていることが必要」であるとされている[6]。

---

4) 周辺住民が宅造法上の規制権限行使を求める行為は，申請にあたらないとした裁判例として，横浜地判昭和59・4・18判自59号121頁。
5) 最判平成21・4・17民集63巻4号638頁[百選Ⅰ-65事件]。

それでは，本問の場合にはどのように考えるべきであろうか。本問で，Y県知事が義務付けられる処分は，宅造法上の規制権限の行使である。本件土地は，宅造法上の宅地造成工事規制区域にあたるのに，無許可で工事を行っているのであるから，Cの工事は宅造法8条1項に反しており，Y県知事が行使すべき規制権限は，宅造法14条2項の権限となる。同条の規制権限の行使が，「処分その他公権力の行使」に該当することは明らかであろうから，処分性について詳しく論じる必要はない。次に「一定の処分」についてである。宅造法14条2項によると，Y県知事は「当該工事の施行の停止を命じ，又は相当の猶予期限を付けて，擁壁等の設置その他宅地造成に伴う災害の防止のため必要な措置をとることを命ずることができる」とされている。このとき，具体的にどのような措置を知事が命じるのかについて，Xが特定の処分を示すことはできないであろう。また，上で見たように行訴法37条の2第1項の趣旨からもそこまで特定することは要求されていない。したがって，Xとしては，「本件土地での工事につき，Cに対し，宅造法14条2項に基づき，工事の施行の停止又は宅地造成に伴う災害の防止のため必要な措置をとること」をY県知事に命じるよう，裁判所に対して請求すれば，「裁判所の判断が可能な程度に特定」されており，「一定の処分」という訴訟要件は充足していると考えることができる。

(2) **「重大な損害を生ずるおそれ」（行訴37条の2第1項）**

　義務付け訴訟の訴訟要件には「重大な損害」が必要とされ，行訴法37条の2第2項の基準で判断される。「重大な損害」の判断には，原告が被る損害を具体的に主張する必要があるか，あるいは，具体的な損害を示す必要はなく，ある程度定型的に損害を示せばよいのかについて争いがあり，裁判例の立場も分かれているとされるが[7] 本問では，37条の2第2項に沿ってやや具体的に考えてみることとしよう。

　Xが被る損害は，農地や家屋といった財産的な損害と生命・身体等に対するものである。Xは，本件土地から100mほど下に居住しているので，一旦土

---

6) 参照，宇賀・概説Ⅱ 343頁。このように判断した裁判例として，廃棄物処理法に関する事件であるが，福岡地判平成20・2・25判時2122号50頁。

7) 定型的に「重大な損害」を認めたとされる例として，廃棄物処理法に関する事件であるが，福島地判平成24・4・24判時2148号45頁参照。

砂崩れが発生すれば，これらの権利に対して大きな損害を受けると考えてよいであろう。そうすると，とりわけ，Xの生命・身体に対する被害については，損害の回復は困難であるかそもそも不可能であり（「損害の回復の困難の程度を考慮」），また，これらの権利の重要性や一旦土砂崩れが起きたときの損害の程度から考えても（「損害の性質及び程度」），重大な損害にあたると考えてよいであろう。また，家屋や農地は財産権ではあるが，Xの生活の基盤に関する重要な財産であると考えることができ，たとえこれらの権利への侵害であっても「重大な損害」にあたると考えてよいであろう。

(3) 「その損害を避けるため他に適当な方法がないときに限り」(行訴37条の2第1項)

「他に適当な方法」については，個別法において特別な救済手続が規定されているような場合が典型例とされている[8]。本問においては，少なくとも参照条文を見る限りは特別な救済制度はない。また，【資料1】にも見られるとおり，Xは，財産権や人格権侵害のおそれ等を根拠として，Cに対して，工事停止を求めて，民事訴訟を提起することができるが，このような民事訴訟については，「他に適当な方法」にあたらないとされており，本問において義務付け訴訟を妨げる理由とはならない[9]。

(4) 「法律上の利益」（行訴37条の2第3項・4項）

最後に，法律上の利益，すなわち原告適格についてである。非申請型義務付け訴訟においても，自らに対して職権による授益的処分を求めて争う場合があり，そのような場合には，原告適格を特に論じる必要はない。しかし，本問のように，第三者（本問であればC）に対する権限行使を求めて義務付け訴訟を提起する場合には，取消訴訟等と同じく原告適格の検討が必要となる。原告適格については，事例⑧Ⅳ1において，詳細な解説がされていることから，以下では，本問の解答に必要な程度で解説する。

原告適格については，法律上保護された利益が侵害されるかどうかが問題となる。本問であれば，宅造法によって保護されているXの利益が，単なる公益としてではなく，個別に保護されているかの検討が必要となる。非申請型義

---

8) 参照，塩野・行政法Ⅱ239頁。
9) 廃棄物処理法上の規制権限行使の義務付けを認めた福岡高判平成23・2・7判時2122号45頁（前掲注6）福岡地判平成20・2・25の控訴審判決）も，民事訴訟は「他に適当な方法」にあたらないとする。

務付け訴訟においても，行訴法9条2項が準用され（行訴37条の2第4項），原告適格の有無を判断する基本的な枠組みは，取消訴訟と同じであり，①当該法令の趣旨及び目的，②当該処分において考慮されるべき利益の内容及び性質，のふたつから，宅造法がXの利益を個別に保護しているかを検討することとなる。

　まず，宅造法の趣旨目的についてである。本問で義務付け訴訟の対象となる処分は，宅造法14条2項の監督処分権限であるが，同規定は，宅地造成工事規制区域で宅造法8条1項に基づく許可がなく行われている工事に対する監督処分権限の発動を知事に授権している。そして，宅造法8条1項が，宅地造成工事規制区域での宅地造成工事を許可制の下に置いたのは，宅造法3条が災害のおそれがある地域を宅地造成工事規制の対象としていることや，宅造法1条の目的や宅造法9条1項の基準から考えると，必要な防災措置を講じない状態でこのような地域で宅地造成工事を行うと，崖崩れや土砂崩れといった災害が発生するおそれがあり，そのような災害を防止して，国民の生命及び財産の保護を図るためであると考えられる。上記のような監督処分権限が適法に発動されなければ，近隣の住民は，家屋等の財産権のみならず生命・身体といった重要な権利利益を侵害されることになり，宅造法はこれらの者がこのような重要な権利利益を侵害されないという利益を個別に保護していると考えられる。そして，Xは，本件土地から100mほどしか離れていない土地に居住しており，仮に本件土地で崖崩れ等が起きれば，その生命・身体や財産権に重大な被害を受けることになるのは確実である。

　以上のように，適法な規制権限行使がされないと，Xは法律上保護された利益を侵害されることになり，したがって，原告適格を有すると考えられる[10]。

III 設問2 について——規制権限不作為型国家賠償について

　設問2 はいわゆる規制権限の不作為による国家賠償の問題である。本問における知事の宅造法上の権限が，国賠法1条1項における「公権力の行使」や

---

[10] 参照，宅造法8条1項の許可に対する取消訴訟につき周辺住民の原告適格を認めた裁判例として，横浜地判平成22・3・24判自335号45頁。

「職務を行うについて」に該当することや損害が生じていることについては争いがないと考えられるので，以下では，権限不作為の違法を中心に解説する。

1 不作為責任の成立要件

国家賠償責任における不作為責任には，義務付け訴訟の2類型と同じく，規制権限不作為型と申請不作為型が見られるが，本問で問題になるのは前者なので，前者についてのみその成立要件を整理する。

(1) 反射的利益論と自由裁量論

規制権限の不作為による国家賠償責任が問題になる場合には，ふたつのハードルがあるとされ，第1が，反射的利益論であり，第2が行政裁量である。反射的利益論は，規制権限の行使によって保護される利益は公益であり，私人の利益が結果的に規制によって保護されることがあるとしても，法律はそれらの利益を保護しているのではないから，それらが侵害されても，国賠法上違法とはならないと考えるものである[11]。もっとも，設問1で検討したように，本件では，Xは，「法律上の利益」が侵害されるのであり[12]，また，Xのように生命・身体に被害を受けた場合には，これを反射的利益と考えることはできないであろう。したがって，本問では反射的利益については，侵害されるXの利益は生命・身体等であることと，これらが宅造法上保護されるべき利益であることを端的に示せばそれで充分である。

次に，行政裁量についてである。行政庁が行使する規制権限の行使には一定の裁量が認められることが多い。行政庁が当該規制権限を行使しないことが，裁量の範囲内であれば，その不作為は国賠法上違法とはならない。したがって，裁量があるとしても，当該事案で規制権限の行使が義務付けられており，権限の不作為が国賠法上違法と判断されることを主張しなければならない。本問で，重要なのは本論点であり，次項で詳述する。

(2) 権限の不作為が違法とされる要件

行政の権限不作為がどのような場合に国賠法上違法とされるのかについては，

[11) 反射的利益の侵害については，違法性の問題ではなく，国賠法上の「損害」の問題とする考え方も見られる。参照，宇賀・概説Ⅱ454頁。

[12) 反射的利益と原告適格について，例えば，神橋一彦『行政救済法』（信山社，2012年）364頁参照。

学説上様々な整理が見られるが，本稿では比較的最近の判例の枠組みに基づいて検討する。

まず，薬事法に関する判例によると[13]，権限不作為が国賠法上違法とされるのは，「薬事法の目的及び厚生大臣に付与された権限の性質等に照らし，右権限の不行使がその許容される限度を逸脱して著しく合理性を欠くと認められるとき」であるとされる。学説や下級審判決には，いわゆる裁量零収縮論により，利益侵害の危険性，予見可能性，回避可能性，補充性，期待可能性といった個別の要件から，権限不作為の違法を判断するものが見られるが，最高裁判例は，上記のようにこれらの個別の要件を示しているわけではなく，必ずしも裁量零収縮論を採用していないとされる[14]。もっとも，「権限の不行使がその許容される限度を逸脱して著しく合理性を欠く」かの判断については，実質的には上記のような各要件を考慮せざるを得ず，これらの要件の考慮により権限不作為の違法性が判断されていると考えてよい。

具体的には以下のような判断枠組みで検討する[15]。第1に，薬品の副作用や土砂崩れのような権限行使の前提となる危険性の存在である。第2に，当該危険性への行政の対処の可能性である。すなわち，まずは，損害の発生が予見することができたのかという予見可能性の存在であり，次に，権限行使による損害の回避が可能であったのかという回避可能性の存在である。これらは，裁量零収縮論でも取り上げられる。回避可能性は，行政が適切に権限行使をすれば損害の発生を回避することができたのか，という点だけではなく，行政が法令上当該権限行使をすることができたのかという点についても必要である。というのも，本問のように行政処分の権限不作為が問題になる場合であれば，行政の権限行使を可能にするためには，根拠法に規定されている権限行使の要件が充足していなくてはならないからである。第3に，行政の権限行使が必要であったかである。すなわち，裁量零収縮論での補充性の問題であり，私人が自ら対処できない性質の危険であれば行政が権限行使をする必要は高く，逆に私人が自ら対処できる危険であれば行政の介入の必要性は乏しいとされる。また，

---

13) 最判平成7・6・23民集49巻6号1600頁［百選Ⅱ-230事件］。
14) 裁量零収縮論や他の学説の詳細については，宇賀克也『国家補償法』（有斐閣，1997年）154頁以下参照。
15) 参照，芝池・救済法講義260頁。

行政の権限行使が期待されていたかという，裁量零収縮論の期待可能性が考慮されることもある。しかし，生命・身体等の重要な権利に対する危険が問題になるときは，予見可能性と回避可能性が認められれば，「適時かつ適切」な権限行使が義務付けられていたとして，期待可能性等については触れない判例も見られる[16]。

2 本問の検討

それでは，上記のような考え方を本問に当てはめてみよう。第1に，本問では，既に危険が現実化しており，Xに被害が発生している。したがって，行政が対処すべき危険性が存在していたことは明らかと考えられる。また，Xが被った損害も上で見たように反射的利益であると考えることはできない。

第2に，権限行使が可能であったかについてである。まず，損害発生を予見することができたかについてであるが，Y県知事に対してXは書面によって危険性を知らせて対処を求めており，Y県の担当者であるDも実際に現場を訪れ，本件土地の危険性を認識できたと考えられる。また，土砂崩れの直接の原因となった豪雨が予測を超える規模のものだったわけではない。次に，宅造法14条2項の処分要件は，宅地造成工事規制区域内で，宅造法8条の許可を得ずに宅造法の適用される工事を行っていることである。これらの処分要件は本件では充足していたし，Y県知事もこれらの事実は認識していたと考えられる。もちろん，Y県知事が宅造法上の権限行使をしなかったのは，本件土地が宅造法上の宅地ではないと考えたからである。しかし，知事の法解釈が誤りであるのは，弁護士Fの発言から明らかである。公務員が違法な法解釈を採用しても，そのような解釈を採用することにつき「相当の根拠」があれば[17]，公務員が違法な行政活動であることは予見できなかったとされることがあるが，本問の場合には，「駐車場・資材置き場」が宅造法上の宅地に該当することはY県のマニュアルにも示されており，「相当の根拠」があるとは言いがたい。したがって，Y県知事は宅造法14条2項の権限行使は可能であったと考えられる。

---

[16] 最判平成16・10・15民集58巻7号1802頁［百選II-232事件］。また，期待可能性については主観的な要件であり不要とする見解も見られる。芝池・救済法講義265頁参照。

[17] 参照，最判平成16・1・15民集58巻1号226頁［地方自治百選11事件］。

第3に，権限行使の必要性であり，補充性や期待可能性の問題である。本問のように，Xの財産権だけではなく生命・身体が危険にさらされている場合であれば，損害発生を予見することができ，かつそれを行政が回避できるのであれば，「適時かつ適切」に権限を行使して損害の発生を阻止すべきであったと考えることもできる（本問のモデルとした判決もこのような考え方に近い）。また，補充性や期待可能性が必要であるとしても，本問のように，土砂崩れによる危険性であれば，私人が自ら対処できる危険性ということはできず，権限の行使が期待されていたと考えられる。

　以上のように，Y県知事の権限の不行使は，その許容される限度を逸脱して著しく合理性を欠くと考えられ，国賠法上違法であると考えられる。

Ⅳ　むすびにかえて

　本問の解答では，義務付け訴訟については訴訟要件のみを問うているので，特に論じる必要はないが，義務付け判決が可能かという点まで考えるとすると，以下のような問題がある。やや発展的な論点であるが，最後に，問題の所在のみを示しておこう。

　本問のように第三者への不利益処分の発動を義務付け訴訟で求めるときには，第三者の手続上の保障をどのように考えるかという問題がある。本問で義務付け判決が出るとすれば，Y県知事はCに対する工事停止等を命じる処分が義務付けられることとなる。このときこれらの処分は不利益処分であることから，普通は行政手続法上の不利益処分手続が必要である。もし，これらの不利益処分手続を踏まなければ，義務付け判決が下せないと考えると，非申請型義務付け訴訟のかなりの場合で義務付け判決を下すことは困難であろう。また，一方で，これらの不利益処分手続を何ら経ることなく，義務付け判決を直ちに下しうると考えると，今度は第三者の手続的保障が不十分になってしまうが，それでよいかという問題がある。この問題については，現時点では，必ずしも一致した見解が見られるわけではなく，また，第三者の手続的保障の必要性も個別の制度毎に異なるであろうが，義務付け訴訟の訴訟手続において第三者の手続的保障を図ることで義務付け訴訟と不利益処分手続の調整を図る見解が見られる[18]。義務付け判決にはこのような問題点もあることに留意されたい。

■ 関連問題

　上記の**事例**において（**事例**の(1)の段階），Cの立場にたって，以下のような場合にいかなる訴訟で争うことが適切か，また，訴訟要件が充足していると考えられるか検討しなさい（行政事件訴訟法に規定されているものに限る）。

1　Y県知事が，Cに対して工事中止命令を発することを決断し，Cに対して行政手続法上の不利益処分手続を開始したが，Cは，工事中止命令が行われることに不満であり，工事中止命令が発せられる前の段階で，訴訟によって争うことを希望している。

2　XがY県に対する義務付け訴訟で勝訴し（上記**事例**の**設問1**の訴訟），義務付け判決が確定したことから，Y県知事がCに対して工事中止命令を発したが，Cは，工事中止命令は違法ではないかと考えており，訴訟によって争うことを希望している。

> COMMENT　本問は，**事例**の問題と同じ状況下でCの立場からどのような訴訟が考えられるかを検討することを求めるものである。いずれも，基本的な訴訟要件を問うだけの問題である。1については，工事中止命令を予防する訴訟である点に気付いていれば，適切な訴訟を考えることは，それほど難しくないはずである。また，2においては，判決の効力についても頭に置いて考えてほしい（参照，宇賀・概説Ⅱ346頁，条解行訴764頁［川神裕］）。

18）　橋本・要説116頁。その他，条解行訴761頁［川神裕］参照。

13 親水公園の管理をめぐる紛争

以下の **事例**、【資料1：B・C・Dの法律事務所の会議録】、【資料2：関係法令】を読んで **設問** に答えなさい。

事例

　Y市では、「市の豊かで美しい自然と共存し、やすらぎとうるおいのある地域社会の形成に寄与する」（Y市P公園設置条例1条）ことを目的として、15年前に市内を流れる河川の横に、親水公園としてP公園を設けた。P公園は、親水公園であるため、水辺に安全柵等はなく、公園の利用者は水に触れることができるようになっていた。河川からは流水を引いてきているものの、公園自体は河川とは分離して造られたので、タイルやコンクリート等の人工物でできていた。水深は、水辺に近いところは水遊びができるよう浅瀬になっており、10～20cm程度であったが、岸から離れると30cm程度で、さらに離れたところには、2箇所ほど1m以上の深みがあった。また、構造上、水に接する土手部分が水面と垂直の切り立ったコンクリート造りであるため、一旦、水に落ちると、身長の低い者が這い上がるのはやや困難であった。P公園の陸部分の地面も人工であり、水面に接した部分はほとんどタイル張りであったが、水に濡れた靴やサンダルで歩くと滑りやすい材質であった。P公園は住宅地にあったが、周囲には小学校、幼稚園、保育所があり、普段から児童らが遊びに来ることが多い施設であったし、P公園設置当初から児童らがP公園を利用することは想定されており、Y市の担当者もそのような利用実態があることは把握していた。

　平成15年に地方自治法が改正され、地方公共団体の公共施設については、指定管理者制度が導入された（自治244条の2第3項）。Y市は、同条4項に基づいて、「Y市公の施設に係る指定管理者の指定の手続等に関する条例」（以下、「Y市条例」と呼ぶ）を定め、P公園についても指定管理者を指定することとした。そこで、翌平成16年に、Y市条例に定められた手続に基づいて、5年の期間で、民間の事業者であるZをP公園の指定管理者として指定した。YとZは、Y市条例7条に基づいて、「Y市立P公園の管理に関する基本協定書」

(以下,「本件協定書」と呼ぶ）を締結した。Zは，特に問題を生じることもなくP公園の管理を行い，平成21年には指定管理者の指定を更新された（5年の期間で更新）。

(1) 平成25年8月，折からの猛暑の中，P公園に同じ年齢の友人と水遊びに来ていたA（当時，5歳。身長は1m程度で同年齢では平均的な身長）は，水辺で足を滑らせ，P公園内の小川に転落した。Aは，岸に這い上がろうとしたが，身長が低くまた前日の雨でやや水量が多かったため，這い上がることができず，そのまま水に流され，ちょうど転落箇所の岸から近くにあった1mの深みにはまってしまった。Aの友人らは，自分たちで救助することはできなかったので，P公園の管理事務所に連絡し，Zの職員がAを救助したが，Aは既に死亡していた。Aの親であるXは，本件事故は，P公園の構造等の瑕疵が原因であると考え，損害賠償請求をするため，B弁護士の法律事務所に相談した。

(2) P公園では，Y市が直営で管理していた時期には死亡事故が発生したことはなかった。Aの死亡事故につき，市民から非難の声が高まり，翌年選挙を控えていたY市市長は，市民の非難を抑えるため，平成25年10月の記者会見で直営に戻すことを表明し，Zに対する指定管理を即刻打ち切ることとした。Y市市長は，同年11月1日に，地方自治法244条の2第11項に基づき，Zに対する指定管理者の指定を取り消した（以下，「本件取消し」と呼ぶ）。Zは，【資料1：B・C・Dの法律事務所の会議録】に見られるように，Zの職員の管理にミスがあったわけではなく，むしろ，P公園の設置に関わる瑕疵が事故原因なのに，本件取消しをされたことに対して不満に思っている。また，Y市市長が本件取消しをするにあたって，取消しの理由は適切に示されていたものの，事前にZの主張を聞く機会が何ら設けられなかったのもおかしいのではないかと考え，訴訟で争うことを考えている。

【設問】

1 Xは，Aの死亡はP公園の設置管理に瑕疵があったためであると考え，国家賠償法2条1項に基づいて，損害賠償請求をすることを決めた。Xは，どのような主張をすべきと考えられるか，【資料1：B・C・Dの法律事務所の会議録】を読んで，相手方の反論を考慮しながら，検討せよ。

2 Zは，本件取消しに対してどのような訴訟で争うことができ，また，どの

ような主張をすべきと考えられるか，検討せよ（行政事件訴訟法に規定がある訴訟に限り，また，仮の救済について検討する必要はない）。なお，Ｙ市条例・本件協定書はいずれも適法なものとする。

資料１：Ｂ・Ｃ・Ｄの法律事務所の会議録

（ＣとＤはいずれもＢ弁護士の事務所の弁護士である）

Ｂ：Ｘさんの事件についてですが，やはり損害賠償請求をするとすれば，国賠法２条によって，行うことでよいでしょうか。

Ｃ：はい。Ｐ公園は地方自治法244条１項に定められた「公の施設」でもありますし，国賠法２条１項の「公の営造物」にあたると考えてよいと思います。

Ｂ：この場合，Ｐ公園はＹ市の「公の施設」ですが，実際の管理は，指定管理者であるＺが行っています。その点は何か問題があるでしょうか。

Ｄ：このような場合，Ｚのような指定管理者が責任を負うべきかについては，学説にはいくつかの見解が見られます。しかし，Ｚの管理に問題があったことが原因であるとしても，Ｐ公園の設置管理に瑕疵があれば，少なくとも被害者との関係でＹ市が営造物管理責任を負うことについては一致していると考えてよいと思います。また，今回の事故は，もともとＹ市が設置したＰ公園の構造や設備が原因であって，事故時においてはＺの職員は事故に迅速に対応しており，この点では職員にミスはなかったと考えられます。

Ｂ：それでは，本件においては，Ｐ公園の設置管理の瑕疵につきＹ市を被告として損害賠償請求するということで考えていきましょう。そうすると，次に考えておかなくてはならないのは，Ｐ公園の設置管理に瑕疵があったかどうかですが，どのような点に注意すればよいでしょうか。

Ｃ：Ａさんはタイルの上で滑って転倒したということですが，Ｐ公園については設置以来，地面のタイルが滑りやすいという苦情が市民から何度も出ていたようです。しかし，この苦情について，15年間にわたってＹ市は対応していなかったようです。ＺもＰ公園の管理開始後，このような苦情については市民から受け付けていましたが，タイルの貼替えのような工事は，Ｚの管理工事には含まれていないとされていたことから，苦情についてはＹ市に伝えていたということです。

Ｂ：タイルが滑りやすいということに対する対策というとどのようになるのでしょうか。

Ｃ：はい。最近は滑りにくいタイルが開発されています。Ｐ公園が設置された頃には普及していなかったようですが，ここ数年間に新たに作られた親水公園ではこれらの滑りにくいタイルを使うことが一般的になっているようです。Ｙ市には，Ｐ公園以外に親水公園はないのですが，近隣の類似施設ではほぼこのようなタイルが使われてい

るようです。
D：P公園で滑りにくいタイルを設置するとタイルを張り替えることになりますが，費用がかかることになりませんか。
C：水に近いところだけ張り替えればよいので，それほど費用はかからないと思います。P公園の年間の管理費用でまかなえる程度です。
B：そのあたりは具体的に検討する必要がありそうですね。その他，P公園の問題点としてはどのような点がありますか。
C：P公園の小川は岸に近いところは水に入る子供がいることを想定して浅くなっているのですが，岸から離れたところでは少し深くなっているところが2箇所ほどあります。Aさんが遊んでいて転落した箇所はちょうどそのような深みのところでした。
B：深みについての注意書き等はなかったのですね。
C：特に何も掲示はありませんでした。市の担当者によると，流水の作用によって，深いところができているのは知っていたが，岸の近くではないので，P公園の設置以来，特に掲示するまでもなく，放置していたとのことです。
B：その点についても検討してみることにしましょう。

資料2：関係法令

Y市公の施設に係る指定管理者の指定の手続等に関する条例

（趣旨）
第1条　この条例は，地方自治法（以下「法」という。）第244条の2第4項の規定に基づき，同条第3項に規定する指定管理者（以下「指定管理者」という。）の指定の手続等に関し必要な事項を定めるものとする。
（指定管理者の指定の申請）
第3条　指定管理者の指定を受けようとする団体（以下「申請団体」という。）は，次に掲げる事項を記載した申請書を市長等に提出しなければならない。
（指定候補者の選定）
第4条①　市長等は，前条第1項の規定による申請があったときは，次に掲げる基準に照らして審査したうえ，指定管理者の候補となる団体（以下「指定候補者」という。）を選定するものとする。
(1)　指定施設の利用に関し不当な差別的取扱いが行われるおそれがないこと。
(2)　指定施設の設置の目的に照らしその管理を効率的かつ効果的に行うことができるものであること。
(3)　指定施設の管理を適確に遂行するに足りる人的構成及び財産的基礎を有するものであること。
（指定管理者の指定）
第5条①　市長等は，指定候補者を指定管理者に指定する旨の議案が市議会において議決されたときは，速やかに当該指定候補者を指定管理者に指定しなければならない。
（協定の締結）
第7条①　指定管理者は，……市長等と指定施設の管理に関する協定を締結しなければならない。
②　前項の協定には，次に掲げる事項を定めるものとする。
(1)　第3条第2項第2号に規定する事業計

画書に記載された事項
(2) 指定施設の管理に要する費用に関する事項
(3) 指定施設の利用者等に係る個人情報……の保護に関する事項
(4) 指定施設の管理を行うに当たって保有する情報の公開に関する事項
(5) 法第244条の2第7項に規定する事業報告書に記載すべき事項
(6) その他市長等が必要と認める事項

Y市立P公園の管理に関する基本協定書（本件協定書。なお，甲はY市，乙はZを指す）

（甲による指定の取り消し等）
第30条1項① 甲は，次の各号のいずれかに該当するときは，地方自治法第244条の2第11項の規定により乙に対する指定管理者の指定を取り消し，又は期間を定めて本業務の全部又は一部の停止を命ずることができる。
(1) 乙がこの協定に違反したとき
(2) 乙が地方自治法第244条の2第10項の規定による甲の指示に従わなかったとき
(3) 乙が管理業務を継続することが不適当であると甲が認めたとき
(4) 乙がこの協定を履行することができないと甲が認めたとき

● CHECK POINT

① 営造物の設置後に開発された設備と営造物管理責任
② 不利益処分と行政訴訟による救済
③ 不利益処分の違法事由

● 解説

I はじめに

　今回は，民間への行政活動の委託に関わる事例につき，国家賠償法（国賠法）2条に基づく損害賠償責任と，指定管理者に対する不利益処分の問題を扱う。民間への行政活動に関わる事例は，他の事例でも扱われているが，現在の行政法学では，私人が行政活動に関わる場合の法的問題が理論的にも実務的にも重要となっている。

　国家賠償責任には，違法な公権力の行使（または不行使）に関する責任（国賠1条）と公の営造物の設置管理の瑕疵に関する責任（国賠2条）の2つがある。国賠法2条に基づく損害賠償責任（以下，単に「営造物管理責任」と呼ぶ）は，1条の公権力の行使に関する損害賠償責任とは，後に見るとおり，要件も大きく異なる。また，指定管理者に関わる事故についても，国賠法1条と2条による損害賠償責任を考えることができるが，国賠法1条に関する事件は既に扱っているので，そちらを参照されたい[1]。さらに本問では，指定管理者の指定取消しに関する訴訟についても，問うている。

　本問は，前橋地判平成21・7・17判時2072号116頁や浦和地判平成3・11・8判時1410号92頁の他，いくつかの転落事故に関する判決を参考にして作問したものであり，特定の判決をモデルとしたものではない。また，問題文中に見られる，「滑りにくいタイル」に関する事実は，作問の都合上，筆者が創作した内容に過ぎないので，その旨留意されたい[2]。

1）　事例②Ⅳ 参照。

II 設問1 について――営造物管理責任の検討

　P公園につき，営造物の設置管理に瑕疵があったかが本問で検討すべき点である。本問においては，P公園が国賠法2条1項における「公の営造物」に該当することについては，**【資料1：B・C・Dの法律事務所の会議録】**で示されているし，また，損害の発生等の営造物管理責任の他の要件が具備していることは明らかである。したがって，本問で検討すべきポイントとなるのは，P公園の設置管理に瑕疵があったかという点である。以下では，まず，本問に解答する上で必要な「設置管理の瑕疵」が，一般的にどのように理解されているかを解説し，次に，P公園の設置管理に瑕疵があったのかを検討することとする。

　その前に，指定管理者が管理する施設で事故が生じた場合，誰が責任を負うのか，すなわち，管理を委ねられていた指定管理者が責任を負うのか，あるいは公共団体が責任を負うのかという論点も考えられる。本論点は，既に**【資料1】**で，解答の方向性が示されているので，解答にあたっては検討する必要はないが，補足的に説明をしておく。指定管理者が管理する施設の営造物管理責任について，一般的な理解によると，指定管理者の管理に委ねられたとしても地方自治法上「公の施設」としての性格を喪失したわけではないことや，被害者救済の必要性といった観点から，少なくとも被害者との関係では公共団体が営造物管理責任を免れることはできないと考えられている[3]。一方で，学説には，指定管理者自身に何らかのミスがあった場合には，民法717条に基づく責任等を指定管理者が負うのではないかとの見解も見られる[4]。もっとも，本問では，仮にこれらの学説の見解に従ったとしても，Y市はその責任を免れることはないと考えられる。

---

2) 参考にした判決は，水路上の鉄蓋（グレーティング）に滑り止めがなかったことを設置管理の瑕疵とした千葉地判平成14・1・21判時1783号127頁。
3) 成田頼明監修『指定管理者制度のすべて〔改訂版〕』（第一法規，2009年）136頁。また，小幡純子「『公の営造物』概念に関する試論――主に民間委託・民営化等との関連で」原田尚彦先生古稀記念『法治国家と行政訴訟』（有斐閣，2004年）509頁参照。
4) 西埜章『国家賠償法コンメンタール〔第2版〕』（勁草書房，2014年）821頁参照。

1 「設置管理の瑕疵」とは

(1) 通常有すべき安全性の欠如

設置管理の瑕疵とは、例えば、道路に穴があいているのに放置されていたため、自動車が落ちて事故が起きたといった、物的な欠陥によって損害が発生した場合をイメージしてもらえればわかりやすい。もっとも、いかなる物的な欠陥でもそこから損害が生じれば、常に国や公共団体が責任を負うわけではないとされ、営造物管理責任は、いわゆる結果責任ではないと考えられている。判例も、「設置管理の瑕疵」については、「営造物が通常有すべき安全性を欠いていることをいい、これに基づく国および公共団体の賠償責任については、その過失の存在を必要としない」と解している[5]。すなわち、営造物が、通常有しているべきと考えられる安全性のレベルに達していなかった場合が、設置管理の瑕疵となるのであり、「通常」かどうかの判断にあたっては、設置管理を行った者のミスが考慮されうる。判例が述べるように、通常有すべき安全性が欠けているかの判断にあたっては、少なくとも主観的な意味での過失の存在は不要とされているが（無過失責任）[6]、後に見るとおり、設置管理の瑕疵の判断においては、設置管理者に何らかのミスがあることを前提としていると考えられる[7]。その意味では、設置管理の瑕疵は判例上無過失責任とされているものの、実質的には過失と近いということもできるであろう[8]。

さらに、設置管理の瑕疵の有無は、「当該営造物の構造、用法、場所的環境及び利用状況等諸般の事情を総合考慮して具体的個別的に判断すべきもの」[9]とされており、それぞれの営造物が置かれている個別具体的な状況によって異なる判断がされることになる。同じような営造物の瑕疵であっても、営造物管理責任の検討においては特に具体的な事情の違いに注意を払いながら検討することが必要となる。例えば、先に挙げた道路に穴があいているという場合であって

---

[5] 最判昭和45・8・20民集24巻9号1268頁［百選Ⅱ-243事件］。
[6] 本文中にも述べたように、判例は営造物管理責任を無過失責任としているが、実質的には過失の判断に近い評価がされることが多い。
[7] 塩野・行政法Ⅱ341頁参照。また、宇賀・概説Ⅱ473-474頁は、瑕疵判断に人的要素が含まれているとする。
[8] 阿部・解釈学Ⅱ522頁は、営造物管理責任は「薄められた過失責任」として説明している。
[9] 最判昭和53・7・4民集32巻5号809頁。

も，当該道路が交通量の多い道路かどうかといった様々な具体的なファクターによって，通常有すべき安全性は判断される。

(2) **営造物管理責任の判断基準**

判例が述べるように「通常有すべき安全性に欠ける」ことが「設置管理の瑕疵」であるとしても，それだけでは事案の検討はできない。もう少し具体的な基準を立てて考える必要がある。多くの教科書や体系書は，おおよそ以下のような判断基準を考えているが，これらの判断基準は判例の整理に基づくものであり，論者によって整理の仕方に若干の違いがある[10]。以下の整理は，あくまでも，事案の検討を行うための手がかりである[11]。

第1の判断基準は，営造物における危険性の存在である。危険性が低いと考えられる場合には，当該危険に対して営造物の設置管理者が対応する必要はないから，事故が生じたとしても，通常有すべき安全性が欠けていたとは考えられない。もっとも，このような危険性の有無は具体的に判断されるのであり，例えば，大人にとってはそれほど危険ではなくとも，本問のような児童にとっては危険な営造物というものは存在する。したがって，当該営造物の利用状況（どのような利用者が多かったのか）が，考慮されなくてはならない。

第2に，予見可能性の存在である。営造物の設置管理者が，通常の注意を払っておれば，損害の発生を予測できたかが問題となる。例えば，利用者が，営造物の本来の用法とは異なる危険な用法で営造物を利用したため，被害が発生したという場合，そのような用法での利用は予見不可能であるため，設置管理の瑕疵が否定されるということがありうる[12]。もちろん，このような場合にも，具体的な事案においてそのような危険な用法が一般化していて，営造物の設置管理者がそれを認識できていたという事情があれば，予見可能性があったとされることがあるので注意が必要である。

第3に，回避可能性の存在である。営造物の管理者が通常必要な注意を払い，安全対策をとっていたとしても，損害の発生を防止することができなかった場合には，営造物管理責任は認められない。例えば，道路上の工事現場につき注意喚起するための赤色灯が自動車の接触によって消えていたため，後続する自

---

10) 営造物管理責任の詳細については，コンメ行訴・国賠 550 頁以下 [北村和生]。
11) 参照，芝池・読本 416 頁以下。その他，宇賀・概説Ⅱ 474 頁以下も参照。
12) 最判平成 5・3・30 民集 47 巻 4 号 3226 頁 [百選Ⅱ-248 事件]。

動車が工事現場に気がつかず事故を起こした場合が考えられる。このような場合，赤色灯が消えたのは後続車両が現場を通りかかる直前であり，たとえ道路管理者が適切な見回りの体制をとっていたとしても，対応する時間的余裕がなかったとして，営造物管理責任を認めなかった判例が見られる[13]。このような判例は，時間的な意味での回避可能性がないとされた事例と考えることができる。

以上の，3つの基準が営造物管理責任を考える上での基本的な判断枠組みと言える。しかしながら，営造物管理責任には，具体的な事案に応じて，他にも多様な論点がある。本問との関係で重要なのは，設置時点において安全なものとして設置された営造物について，後に新たな安全設備が開発された場合，その設置管理の瑕疵はどのように判断されるかという論点である。以下，項を改めて本論点について解説する。

(3) 新たに開発された安全設備

設置時点では安全とされた営造物であっても，その後の技術の開発によって新たな安全設備が開発されることは十分に考えられる。公の営造物の種類にもよるが，多くは一定の年数，改良を重ねながら，使われるものだからである。このような場合，新たに設置される営造物では，当然のことながら新しい安全設備が設置されるであろうが，新設備開発以前に設置された施設については，これらの新設備がないことは直ちに設置管理の瑕疵を構成するものではないと考えられている。

判例を見てみよう。駅のホームに視力障害者のための点字ブロックが設置されていないことが設置管理の瑕疵にあたるかどうかが争われた事件で，最高裁は，新しい安全設備がないことが設置管理の瑕疵にあたるかは，「その安全設備が，視力障害者の事故防止に有効なものとして，その素材，形状及び敷設方法等において相当程度標準化されて全国的ないし当該地域における道路及び駅のホーム等に普及しているかどうか，当該駅のホームにおける構造又は視力障害者の利用度との関係から予測される視力障害者の事故の発生の危険性の程度，右事故を未然に防止するため右安全設備を設置する必要性の程度及び右安全設

---

[13] 最判昭和50・6・26民集29巻6号851頁。反対に，時間的余裕があったとして，営造物管理責任が認められた場合として，最判昭和50・7・25民集29巻6号1136頁［百選Ⅱ-244事件］参照。

備の設置の困難性の有無等の諸般の事情を総合考慮」[14]して，判断すると判示している。すなわち，このような場合の設置管理の瑕疵については，安全設備の普及度や，その有効性，当該営造物で特に安全設備を必要とする事情があったか，安全設備がないことによる危険の内容（生命等に関わるかどうか等），さらには，安全設備を設置するための費用や技術的な困難さが考慮されることになる[15]。そして，普及度については同じような状況におかれている他の営造物において，既に当該安全設備が設置されているかが考えるべき点となる。例えば，北海道の高速道路に侵入したキツネによって交通事故が生じたという場合に，キツネのような小動物の侵入を防止するための特別な設備を備えていなかったとしても，そのような対策が全国あるいは北海道の高速道路で広くとられていたという事情がないことや，そのような対策には多額の費用がかかること等を考慮し，設置管理の瑕疵を否定した判例が見られる[16]。

2 P公園の設置管理の瑕疵の有無

以下，1で整理した営造物管理責任の判断基準を前提にして，本問におけるP公園の設置管理の瑕疵の有無を考えることとしよう。本問では，P公園の構造上の瑕疵という問題とP公園の地面のタイルに関する瑕疵という問題の2点に関して，P公園の設置管理の瑕疵を考えることができるので，これらについて順に検討する。

(a)P公園の構造上の瑕疵　まず，P公園の親水施設が危険な状態にあり，かつ，事故が発生する予見可能性はあったと考えてよいであろう。確かに，岸に近いところでは，水深20cm程度であり，その程度の深さであれば，児童を含む多くの利用者にとって，それほど危険とはいえないかもしれない。しかし，岸から離れたところでは，場所によっては1m以上の深さに達するところもあったということであり，P公園が普段から児童が水に親しむために使用する施設であることを考えると，児童が過って水に落ちるか，水遊びをするために自ら

---

[14] 最判昭和61・3・25民集40巻2号472頁［百選II-247事件］。
[15] 前掲注5)最判昭和45・8・20によると，一般的には安全対策をとるための費用が多額にのぼることは免責事由とはならないとしているが，新たに開発された安全設備に関しては，本文のように考えられている。
[16] 最判平成22・3・2判時2076号44頁。

の意思で水に入るということは十分に予見できることであり[17]，P公園が公の営造物として危険な状態にあったということができる。
　また，P公園は，構造上岸の部分がコンクリート製で垂直になっていて，P公園に来園することが予測される児童にとっては，一度落ちると這い上がることが困難な構造となっていたのであり，一層危険性が高いと考えられる。P公園については，児童が利用することが想定され，実際に児童が多く利用している以上，そのようなことを想定した，安全な構造にする必要があるからである[18]。
　回避可能性に関わる点では，Y市の反論として考えるべき点がある。すなわち，単なる池や河川であれば安全対策として，転落等を防止するための柵を設置することが考えられるが，親水公園としてのP公園の性質を考慮するならば，利用者が，水にアクセスできる状態にしておくことは不可欠であり，また，水が流れている以上，深みができることがあるのは不可避であり，完全な安全対策をとることはできなかったのではないかという点である。確かに，P公園の営造物の性質からは，安全設備を徹底すると，親水公園としての性格を損ない，とるべき安全対策に限界があることは否定できないであろう[19]。しかし，P公園の場合には，深みの存在は2箇所ほどであり，その程度であれば改修することで対応できたかもしれないし，また，少なくとも深みの存在を標識で示して注意喚起をすることで，危険性を減らすことはできたはずである[20]。
　しかし，Y市の担当者がそのような事実を把握しながら，P公園について，危険性を知らせる表示すらしていなかったのは設置管理の瑕疵と考えざるを得ないであろう。なお，P公園には危険を示す標識がなかったが，仮にあったとしても，利用が多い児童のためであることを考えると，当該標識が，児童にと

17）　最判昭和56・7・16判時1016号59頁は，幼児にとってプールが「誘惑的存在」であるとしてプールに接近することが予見できるとした。
18）　やや事案は異なるが，年少の児童が遊ぶことが多い公園においては，公園から飛び出す児童がいることを想定して公園を管理すべきとした名古屋地判平成21・3・6判時2043号109頁が見られる。
19）　芝池・救済法講義296頁以下が，「措置の限界論」として論じている。
20）　本問のモデルとした前掲・前橋地判平成21・7・17が，水中の深みの危険を知らせる表示が不十分だったことを考慮している。

って容易に理解できる内容のものでなければ，不十分な対応と考えられる。

(b)**タイルに関する瑕疵**　次に，P公園では新たに開発された滑りにくいタイルに張り替えていなかったことが設置管理の瑕疵にあたるか検討してみよう。

滑りにくいタイルはP公園の設置後に開発され普及したとの前提があるので，新たに開発された安全設備に関する事例と考えられる。そうすると，1(3)で整理した基準に当てはめて考えていくこととなる。まず，新しいタイルについては，少なくともY市の周辺の地域では一定程度普及していたことがわかる。また，P公園では，開設当初から苦情が出ていたのであり，また，Aの事故もそうであるが，安全柵のない親水施設で転倒すれば重大な結果を生じることもあることは予測できるし，既に述べたように，児童が多く訪れる施設という性格を考えれば，一層重大な生命に関わる事故が生じることも予測可能であろう。そうすると，むしろ優先的にP公園には新たな安全設備を設置すべきであったということができる。また，滑りにくいタイルの設置についても，技術的な困難さや，費用が特に高額になる事情もないとのことであるから，これらの点を考慮しても，P公園には滑りにくいタイルを設置していなかったことについても，設置管理の瑕疵があったと考えられる。

以上のように，(a)と(b)の両方から検討した結果，P公園には設置管理の瑕疵があったということができる。

Ⅲ　設問2について——不利益処分の違法事由

本問は，指定管理者と公共団体間の紛争を問うものである。通常，法科大学院や学部の講義ではあまり扱われない事案かもしれないが，内容的には基礎的な問題である。よって，問題文中に現れた事実に即して，整理すれば容易に解答できるはずである。

1　指定管理者の指定取消と救済手段

指定管理者の指定や指定取消の法的性格をどう考えるかが問題となる。指定管理制度が導入される以前の民間委託は，契約の一種と考えられていたが，指定管理制度による指定は，契約ではなく行政処分にあたると考えられている。処分性は地方自治法等の法令の規定の仕方からも肯定できるが，指定管理者は，

民間委託契約の場合と異なり，使用許可等の行政処分を行いうることもあり，このような権限を地方公共団体から委任するという行政処分の性質を有すると考えられている[21]。裁判例の中にも，処分性自体は争点となっていないが，市立保育園の指定管理者を指定する処分に対して，保育園に児童を通わせている保護者らが提起した取消訴訟を適法としたものがあり[22]，指定管理者の指定に処分性が肯定されることが前提とされている。そして，指定管理者としての指定に処分性が肯定できるとすれば，通常は，指定によって生じた法効果を消滅させる指定取消しにも処分性が肯定されると考えてよいであろう。

したがって，本件取消しは行政処分であり，Ｚが選択すべき救済手段は本件取消しの取消訴訟と考えられる（行訴3条2項）。処分性以外の訴訟要件に関して，少なくとも本問の記述からは特に争点になる点はなく，適法に取消訴訟が提起できる。

2　本件取消しの違法事由

次に，本件取消しの違法事由である。本問の事実の多くは，【設問1】に関するものであるため，本件取消しの違法事由として考えられることはそれほど多くないが，以下のような点を挙げることができるであろう。

第1に，本件取消しの実体的な違法性である。地方自治法244条の2第11項は，「普通地方公共団体は，指定管理者が前項の指示に従わないときその他当該指定管理者による管理を継続することが適当でないと認めるときは，その指定を取り消し，又は期間を定めて管理の業務の全部又は一部の停止を命ずることができる」として，本件協定も同規定を若干具体化している。本件で，Ｚが指示に従わない等の事情はないので，本件協定30条1項(3)にも見られるように，管理の継続が不適当と考えられるかが問題となる。本問においては【資料1】にも見られるように，事故時の対応等についてＺには特に落ち度があるわけではない。Ａの事故は主としてＹ市のＰ公園の設置管理の瑕疵が原因である。このように考えるなら，Ｚについて，管理の継続が不適当と認められる事情はなく，選挙を控えた市長のパフォーマンスに過ぎないとも考えられ，一

---

21)　参照，福士明「指定管理者制度の法的論点・ポイント」自治体法務研究1号（2005年）6頁以下。
22)　横浜地判平成21・7・15判自327号47頁。

種の他事考慮として本件取消しは違法と考えられる。また，死亡事故が起きている以上，管理の継続が不適当と認められる事情があるのだとしても，これまで10年近く適切に管理を行い，また今回の事故でも特にミスがないZに対する本件取消しは，処分として重きに失するものであり，比例原則に照らして違法であると考えることもできる。

　第2に，手続的瑕疵である。本件取消しは，法律に基づく不利益処分の一種である以上，特に定めがない限り，行政手続法の適用を受けることになる。本問の場合には，「許認可等を取り消す不利益処分をしようとするとき」（行手13条1項1号イ）に該当し，聴聞の機会を設ける必要があるにもかかわらず，Zの言い分を聞く機会をまったく設けていないということであるから，聴聞手続がとられていないと考えられる。もちろん，聴聞は，行政手続法13条2項の各号に該当する場合であれば不要であるが，本問の場合13条2項各号のうち考えうるのは1号「公益上，緊急に不利益処分をする必要があるため，前項に規定する意見陳述のための手続を執ることができないとき」であろう。例えば，Zによる公園の管理が著しく杜撰で利用者の身体に危害を生じる可能性があるような場合であれば別だが，本問の場合には，そもそもZの管理には問題はないのであり，13条2項に該当すると考えることもできない。したがって，聴聞の手続をとっていないという手続的瑕疵を指摘することができ，また，聴聞手続の重要性を考えれば，手続的瑕疵ではあるが，取消事由にも該当するであろう。

　以上のように，本件取消しの違法事由を考えることができる。

Ⅳ　おわりに

　営造物管理責任の事例は，比較的解答が容易なものが多く，本問でも必要な事実をうまく整理できれば，解答できるはずである。最後に，指定管理者に関する紛争について少し説明を付け加えておく。

　指定管理者制度は，平成15年の導入後，全国に普及しているが，本問で扱ったような指定管理者が管理する施設での事故に関わる営造物管理責任が訴訟で争われる事例は決して多くはない[23]。その理由は必ずしも明確ではないが，指定管理者と公共団体の間で締結される協定書において（協定書は本問で示し

た基本協定の他に年度毎に作成される詳細な協定書もある），指定管理者が損害賠償責任保険に加入することや[24]，あるいは，賠償責任の負担についての具体的なルールが定められていることが原因と考えうる[25]。

　また，設問2では，指定管理者と公共団体との訴訟を扱った。これまで比較的見られたのは，むしろ解説中でも引用した指定管理者指定と指定管理者による管理に反対する利用者による訴訟である。例えば，保育所の指定管理者の指定の取消しを利用者が求めるタイプの訴訟である[26]。設問2のような，指定管理者に対する指定が地方公共団体によって取り消される事例は決して少なくないが[27]，訴訟として争われる事例はこれまではあまり見られなかった。このようなタイプの訴訟が少ないのは，指定管理者が比較的最近導入された制度であることも理由のひとつであろう。しかし，既に指定管理者制度導入後10年近い時間がたっていることから，今後は，本問のように，指定管理者（あるいは指定管理者に応募したが指定されなかった者）と公共団体の訴訟が提起されることも考えられる。

■ 関連問題

　上記の事例において，Y市は，P公園の設置の際，Q県から補助金を得て，それを加えた資金でP公園を設置していた。Q県は，県内の親水公園の整備ために補助金を出していたため，水辺に関する整備にのみ補助金を支出することとしており，また，親水公園の設計図を含む申請書を市町村に提出させ，申請書を精査して審査し，補助金支給の可否を決定していた。P公園につき，Q県が支出した補助金は，水辺の整備の3分の2にあたる金額であったが，公園全体の整備費の4分の1ほどであった。このとき，Xは，Q県に対して国家

---

[23] 例えば，札幌地判平成27・3・26判例集未登載（平成24(ワ)1570）。
[24] 参照，米丸恒治「行政の多元化と行政責任」新構想Ⅲ 315頁。
[25] 協定書について，官民連携プロジェクト研究会編著『Q&A実践・指定管理者制度』（ぎょうせい，2006年）73頁以下。
[26] 参照，前掲注22)横浜地判平成21・7・15。
[27] 総務省の調査によると，平成21年から平成24年の3年間で800件以上の指定取消しが見られるとのことである。参照，「公の施設の指定管理者制度の導入状況等に関する調査結果」(http://www.soumu.go.jp/main_content/000189434.pdf)。

賠償請求を行うことができるか。また、現在の判例に則して考えた場合、Xの請求は認容されるか。

> **COMMENT** 本問は、補助金支出と国家賠償法3条による費用負担者の責任に関する設問である。最判昭和50・11・28民集29巻10号1754頁［百選Ⅱ-250事件］、最判平成元・10・26民集43巻9号999頁を当てはめて考えてほしい。短い問題文だが、補助金の支給割合等の問題文に出てくる具体的な事実を適切に使って考えてほしい。

課税処分をめぐる利益調整のあり方

以下の 事例 ,【資料1：TとSの法律事務所の会議録】,【資料2：関係法令】を読んで 設問 に答えなさい。

事例

　Xは，A県B市に居住しC社に勤務しているが，平成元年，父親の逝去に伴う相続によって，自宅に隣接したアパート（9室）およびP県Q村に所在する父親の生家（家屋とその敷地）と山林（1200㎡）を取得した。

　本件山林について，Xは，平成元年以来，Q村長から固定資産税の賦課決定をされ，これを納付してきたが，平成24年に至って，本件山林周辺の土地を所有しているRから，本件山林に係る表示登記の抹消登記手続等を求める訴訟を提起された。その結果，当該登記は昭和39年になされた分筆時の過誤によって作出されたものであって，当該登記は存在しない土地の所有権を表示する不実の登記である旨の判決が下され，平成25年10月20日にこの判決は確定した。その後，当該登記は抹消され，それに則って平成26年分の固定資産税賦課決定は行われた。Q村長は，平成元年から平成25年までにXが納付してきた本件山林に係る固定資産税については返還の対象とならないとして，平成26年4月14日にX宅においてこの旨を口頭で説明した。

　一方，本件アパートについて，Xは，平成元年以来，所轄のY税務署長から青色申告の承認を受け，青色申告書により所得税の確定申告を行ってきた。青色申告制度は，帳簿書類の備付け・取引記録・保存等を義務付けるのとひきかえに，租税実体法上・手続法上の様々な特典を認めるものであって，特典の一つに事業専従者控除の特例がある。Xは毎年，その配偶者Zに事業専従者給与100万円を支払い，これを必要経費に算入してきたが，平成26年4月28日，Y税務署長から事業専従者控除の件で調査を行う旨の通知を受けた。

設問

1　Xは，平成元年以来納付してきた本件山林に係る固定資産税相当額を取り

戻したいと考えている。Xは，どのような訴訟を提起し，どのような主張をすべきか。

2　Xは，Y税務署長による調査の実施を防ぐために，どのように争うべきか。また，調査の結果，仮に増額更正処分が行われた場合，Xは，調査の適法性について争うことができるか。

資料1：TとSの法律事務所の会議録

X：4月14日にQ村職員がわが家に説明にきましたが，山林が法律上存在しないことが訴訟で確定したにもかかわらず，25年間も払わされてきた固定資産税は返還されないとのことでした。何とも納得できません。

T弁護士：お気持ちはよく分かりますが，Sさん，固定資産税の過大徴収に対する救済には，幾重にも壁が立ちはだかっているのですよね。

S弁護士：はい。固定資産課税台帳に登録された事項について不服があるときは，法定期間内に不服申立てを行い，その上で取消訴訟を提起するというルートに乗らなければなりませんが，Xさんの場合には，不服申立期間がもはや徒過していますから，このルートは閉ざされています。また，賦課処分が無効である場合には，納付と同時に還付請求権が成立し，誤納金として還付されますが（地税17条），この還付請求権は，請求をすることができる日から5年を経過したときは時効により消滅しますので（同18条の3），仮に無効の主張が奏功したとしても，平成21年から平成25年までの5年間に納めた固定資産税相当額（150万円）しか取り戻すことができません。

X：平成元年から20年間にわたって600万円も納付してきたのに，そちらは何とかならないのですか。

S弁護士：確かに，これまでにも固定資産税の過大徴収に係る大規模なミスの発生を受けて，救済の可能性を探る努力がなされています。一つには，各地方公共団体が地方自治法232条の2に基づいて固定資産税過誤納金返還事務要綱を作成し，時効にかかった過払税額を返還するという方法があります。Q村は【資料2：関係法令】の通り要綱を作成しており，10年分の過払税額はカバーされえます。もう一つには，過払税相当額を損害とする国家賠償請求を行うという方法があります。国家賠償請求権は，民法の規定（724条）に従って，損害および加害者を知った時から3年の時効，不法行為時から起算して20年の除斥期間にかかります。ただし，公務員の不法行為とりわけ過失の主張立証は難しいかもしれません。

T弁護士：期間の点からすると，国家賠償請求が最も有利そうですね。まずは，過失の問題をクリアできるかどうか，国家賠償請求の可能性を検討してみましょう。次に，Q村は要綱を適用しないとのことですが，要綱に基づく返還請求を行ってみて，こ

れが拒否された場合にどのように争うべきかを考えてみましょう。また，課税処分の無効は他の処分のそれに比べると認められる見込みがなきにしもあらずですから，せめて 150 万円は取り戻せるよう努力します。

X：よろしくお願いします。実は，もう一つご相談があります。私は，相続した自宅隣のアパートの不動産所得について青色申告を行ってきましたが，Q 村職員が自宅に来た 2 週間後に，Y 税務署長から，事業専従者控除の件で調査するという通知がきました。これまでずっと同様の処理をしてきたのに，突然調査を受けるなんて，固定資産税の件が絡んでいるとしか思えません。Q 村職員が説明の合間にアパートのことを含め根掘り葉掘り聞いてきたのは，今にして思えばおかしなことです。踏んだり蹴ったりのこんな調査には応じたくないと思っているのですが，大丈夫でしょうか。

T 弁護士：ご立腹の由はお察しします。ただ，税務署長は法律によって調査権限を与えられており（税通 74 条の 2），調査を拒否すると刑罰を科されるおそれがありますから（同 127 条），もう少し冷静に検討したほうがよいと思います。おそらく，Y 税務署長は，X さんのアパート貸付けが「事業」に該当するかどうか（所得税 57 条 1 項）を調査しようとしているのだと思いますが（「事業」に該当しない場合には，事業専従者給与の必要経費への算入は認められません），この点はもっと詳しくご事情を伺わなければ判断できませんので，まずは取り急ぎ，調査の実体的違法と手続的違法を中心に，訴訟提起とその見通しまで視野に入れて，S さんに整理してもらいます。次回の面談は週明けですので，S さんの報告を聞きながら，対応をじっくり検討することにしませんか。

X：よろしくお願いします。

資料 2：関係法令

地方税法（昭和 25 年法律第 226 号）

（過誤納金の還付）
第 17 条 地方団体の長は，過誤納に係る地方団体の徴収金……があるときは，政令で定めるところにより，遅滞なく還付しなければならない。

（地方税の消滅時効）
第 18 条① 地方団体の徴収金の徴収を目的とする地方団体の権利……は，法定納期限……の翌日から起算して 5 年間行使しないことによって，時効により消滅する。……
② 前項の場合には，時効の援用を要せず，また，その利益を放棄することができないものとする。
③ 地方税の徴収権の時効については，この款に別段の定があるものを除き，民法の規定を準用する。

（還付金の消滅時効）
第 18 条の 3① 地方団体の徴収金の過誤納により生ずる地方団体に対する請求権及びこの法律の規定による還付金に係る地方団体に対する請求権……は，その請求をすることができる日から 5 年を経過したときは，時効により消滅する。
② 第 18 条第 2 項及び第 3 項の規定は，前

項の場合について準用する。
（固定資産の納税義務者等）
第343条① 固定資産税は，固定資産の所有者……に課する。
② 前項の所有者とは，土地又は家屋については，登記簿又は土地補充課税台帳若しくは家屋補充課税台帳に所有者……として登記又は登録されている者をいう。……
（固定資産の評価に関する事務に従事する市町村の職員の任務）
第403条② 固定資産の評価に関する事務に従事する市町村の職員は，総務大臣及び道府県知事の助言によって，且つ，納税者とともにする実地調査，納税者に対する質問，納税者の申告書の調査等のあらゆる方法によって，公正な評価をするように努めなければならない。
（固定資産の実地調査）
第408条 市町村長は，固定資産評価員又は固定資産評価補助員に当該市町村所在の固定資産の状況を毎年少くとも1回実地に調査させなければならない。

Q村固定資産税過誤納金返還事務要綱

第1条 この要綱は，固定資産税に係る過誤納金のうち，地方税法の規定により還付不能となる税相当額について，固定資産税に係る過誤納金返還金（以下「返還金」という。）を支払うことにより，納税者の不利益を救済し，もって，税務行政に対する信頼を維持することを目的とする。

第2条 返還金は，地方自治法第232条の2の規定に基づく支出とする。

第3条 返還金の支払の対象となる過誤納金は，固定資産税に係る過誤納金のうち以下の各号に掲げる理由により発生したもので，返還金の支出を決定する日の属する年度から起算して10年前までの間に賦課した税額相当の金額（以下「過払税額」という。）とする。

一 住宅用地の認定処理の誤り
二 所有者認定処理の誤り
三 家屋滅失処理の誤り
四 前三号に掲げるもののほか，重大な課税事務上の誤りで，村長が認めるもの

第4条 村長は，過払税額を確認したときは，当該過払税額が生じる原因となった賦課処分を受けた者に対し返還金を支払うものとする。

第6条 返還金の支払を受けようとする者は，固定資産税過誤納金返還支払請求書により村長に対し請求しなければならない。

第7条 村長は，前条の請求書を受理したときは，その内容を審査し，返還金支払についてその可否を決定し，請求した者に対して通知するものとする。

● CHECK POINT

① 行政処分に関する国家賠償責任
② 課税処分を争う訴訟形式
③ 行政調査と行政訴訟による救済

● 解説

I 本問の趣旨

　課税処分は，行政処分の最たるものであるかに見える。課税処分は，言うまでもなく，国家が特定の私人から——最も重要な価値であるとされてきた「自由と財産」のうちの——金銭を一方的に取り上げる侵害的行政活動であって，この行政活動は，法律→行政行為（課税処分）→強制行為（滞納処分＋租税罰則）からなるいわゆる三段階構造に則って貫徹される。だが，このような権力関係的把握は，租税法律関係の一つの"顔"にとどまる。今日ではむしろ，租税法律関係の別の"顔"のほうが強調されている。課税処分を国家が私人に対して租税と呼ばれる金銭給付を請求する行為であるとし，租税法律関係を国家と私人との間の債権債務関係であると性質づける考え方が，それである（債務関係説）[1]。この考え方は，租税法学の行政法学からのアイデンティティの獲得につながった。

　"後発"の学問分野である租税法学は逆に，行政法学に対して大きなインパクトをも及ぼしている[2]。その主たる功績の一つが，行政調査論の確立・発展への寄与である。伝統的な行政法学は，質問，検査，立入り等を「即時強制」の手段として取り上げてきたが[3]，その理論上の欠陥を衝いて「行政調査」と

---

1) 金子宏『租税法〔第20版〕』（弘文堂，2015年）24頁以下参照。
2) 租税法は，行政法総論との間で相互参照される各論領域の代表例である（大橋・行政法Ⅰ 17-18頁参照）。この「参照領域論」を基礎に，行政法各論を再構築しようとする意欲的な取組みとして，原田大樹『例解行政法』（東京大学出版会，2013年）がある。
3) 田中・行政法上180頁以下等。

いう独自の概念を構成することを迫ったのは、税務調査をめぐる争訟を通じて考察を深めてきた租税法学であった[4]。

昭和40年代後半のこの学問上の革新にとどまらず、租税法学は、立法・行政・司法の実務と理論において、ますますの輝きを放っている。そのなかの重要な判例実務として、金銭の徴収・給付に係る取消争訟と国家賠償請求との関係を整序づけた最判平成22・6・3民集64巻4号1010頁［百選Ⅱ-241事件］がある。この問題は、公定力をはじめとする行政行為論に関わるものであって、ひいては、行政法学の民法学からのアイデンティティ獲得の歴史的営みと、行政法学から独立し民法学に通ずる視角をも基盤とする租税法学との交錯地点に位置するものであるとも言えよう。

いささか大風呂敷の感がある以上の構図を頭の片隅に置きながら、課税処分をめぐる利益調整のあり方を考えてみたい。 設問1 は、賦課課税方式をとる市町村税である固定資産税が過大に徴収されていた場合に、どのような争訟ルートを選択し、どのように救済を求めるべきかを問うものである。 設問2 は、 設問1 の事件を事実上の契機として、申告納税方式をとる国税である所得税に関して行政調査が行われた場合に、行政調査が服すべき実体的・手続的要請に基づいて、どのように争うべきかを問うものである。情報の取得・管理・利用のあり方は、設問全体を通じた基本的視点の一つとなろう。なお、 設問1 は、神戸地判平成24・12・18判例集未登載（平成23(行ウ)43, 78）とその控訴審である大阪高判平成25・7・25判例集未登載（平成25(行コ)18, 79）をモデルとしているものの、大幅な修正を加えており、また、 設問2 は、本問筆者が追加したものである[5]。

Ⅱ 課税処分の法的仕組み

前提として、課税処分の法的仕組みを法律関係の成立・展開に沿いながら確

---

4) 金子宏「判批」判評172号（判時700号）14頁。塩野宏「行政調査」法教〔第2期〕3号（1973年）132頁をも参照。

5) 専従者給与の必要経費算入の可否をめぐって不動産貸付けの事業的規模が問題となった事案は、多数存在している（例えば、国税不服審判所平成8・7・31裁決事例集52集41頁）。ちなみに、アパートについては、おおむね10室以上である場合には、事業として行われているものとされる（所基通26-9）。

認しておく。

　納税義務は，課税要件の充足によって法律上当然に成立し，法定の方式（①課税庁の賦課処分による賦課課税方式，②納税義務者の申告行為による申告納税方式または③確定行為を必要とせず法律上当然に確定される自動確定方式）によって確定され，法定の事由（納税義務の履行または強制徴収）によって消滅する。各プロセスには，課税処分の特性に応じた要件・手続が仕組まれている。

　設問1の主たる舞台は消滅段階である。ここには，課税処分の性質から強く要請される画一性・公平性，早期確定・安定性，迅速・効率性を充たすための仕組みが前面に押し出されている。S弁護士の説明の通り，固定資産税に関しては，台帳課税主義（縦覧をはじめとする一定の手続的保障を経た上で，――実体的真実ではなく――固定資産課税台帳に登録された事項に従って賦課処分が行われるという原則）の下，不服のある納税者は，法定期間内に不服申立て（価格については固定資産評価審査委員会に対する審査申出）を前置した上で取消訴訟を提起するという取消争訟手続の利用を強制される（取消争訟の排他性）。しかも，課税処分が取り消すべき瑕疵にとどまらず無効の瑕疵を帯びる場合でさえ，5年間という時効・除斥期間が及ぼされ，それ以前の過大徴収は救済されえない。そこで，この救済の壁を何とかクリアすべく，地方自治法232条の2に基づく過誤納金返還要綱の手法や国家賠償請求の手法が活用されている。

　課税処分にはさらに，情報の非対称性（課税要件事実が納税者の支配下にある）という基本的特性がある。この特性は，行政調査の必要性を根拠づける[6]。調査は，法律による行政の原理の下で，およそあらゆる行政決定の前提となるものであるが（「調査の先行しない行政決定はない」[7]），なかでも税務調査は，情報の非対称性という特質に基づき，より根本的なレベルで要請される。現に，課税庁は，相手方の協力に基づく任意調査の手法を事実上駆使するのみならず，正当な理由のない調査拒否に対して刑罰を科す間接強制調査の手法を一般的制度として備え（税通74条の2・127条2号），さらに，相手方の同意なしに，かつ，その抵抗を実力で制圧しながら断行できる強制調査の手法までをも認めら

---

6) 情報の非対称性という特性は，課税処分の確定に係る申告納税方式を根拠づけるものでもある。なお，申告納税制度を，憲法理論的には国民主権原理の一つの表現であるとする見解も存在する（北野弘久『納税者の権利』〔岩波書店，1981年〕39頁等）。

7) 塩野・行政法Ⅰ283頁。

れている（税犯2条等）。行政調査は，適切な行政決定を担保するための資料収集の利益と私人の自由な生活領域の確保という相対立する利益の調整の下にあることから，①私人の権利利益の保護という視角，②適切な調査の発動を求める権利利益の視角，③これらを包摂しうる行政情報の収集・管理・公表という一連の行政情報の流れという視角に留意しながら，法的統制のあり方を考える必要がある[8]。

III 固定資産税の過大徴収に対する救済方法（設問1）

Xは，争訟期間制限と不服申立て前置という手続的制約ゆえに，取消争訟のルートを閉ざされている。そこで，取消争訟の排他性によって妨げられないルートを——T弁護士の訴訟戦略に則って期間面での有利性に着目しながら——探ってみよう。

1 国家賠償請求

第一に考えられるのが，国家賠償法に基づく損害賠償請求である（時効3年，除斥期間20年〔民724条〕）。納税者が取消争訟の手続を経ずに過誤納金相当額の損害賠償請求をすることができるかという問題は，判例・学説を二分してきた。国家賠償請求は，取消訴訟とは要件（違法性のみならず故意過失）および効果（処分の効力の否定ではなく損害賠償）を異にすることから，「行政処分が違法であることを理由として国家賠償の請求をするについては，あらかじめ右行政処分につき取消又は無効確認の判決を得なければならないものではない」[9]（行政処分の公定力は国家賠償請求には及ばない）。ただし，金銭徴収・給付を目的とする処分に限っては，国家賠償請求が結果的に処分の取消の場合と同様の経済的効果をもたらすことになるため，取消争訟の排他性の実質的な潜脱が懸念されたのである。前掲最判平成22・6・3は，昭和36年最判によって確立された法理はかかるケースであっても通用し，「違法な固定資産の価格の決定等によって損害を受けた納税者が国家賠償請求を行うことを否定する根拠となる規定等は見いだし難い」として，国家賠償請求を肯定する方向で争いに決着を

---

8) 曽和・総論を学ぶ347頁。
9) 最判昭和36・4・21民集15巻4号850頁［百選II-240事件］。

つけた。

　そこで問題は，"取消違法と国賠違法の異同"に移る。国家賠償法1条にいう「違法」要件に関しては一般に，公権力発動要件欠如説と職務行為基準説の対立のなかで，学説における強い批判にもかかわらず[10]，判例は後者の立場を採用する傾向にあるとされている[11]。この整理に則って職務上の法的義務の違背を検討するに[12]，本件で着目すべきは，賦課課税方式がとられ，かつ，調査権限が法定されている点である。申告納税方式の下では，納税者のイニシアチブによる情報提供が期待されるのに対し，賦課課税方式の下では，行政庁の調査義務に重きが置かれる。殊に固定資産税に関しては，「納税者とともにする実地調査，納税者に対する質問，納税者の申告書の調査等のあらゆる方法」を用いた公正な評価が公務員の任務として明定され（地税403条2項），かつ，年に1回以上の実地調査が義務づけられている（同408条）。かくしてXは，課税客体である本件山林の存在そのものに係る事実認定の誤りは，職務上尽くすべき注意義務を怠ったものであると主張することができよう。

　だが，ここでの調査義務が課税技術上の要請に基づいて緩和されていることにも注意しなければならない。短期間での大量処理を要する固定資産税賦課処分に関しては，複雑多岐にわたる民事上の真実の法律関係を確定することは現実的に不可能であることから，台帳課税主義が妥当している（地税343条）。かかる調査義務の緩和は，人的・財政的・時間的資源の限界にてらし，効率性の規範に基づいて要請される。そこで，固定資産の実地調査としては，「外観上土地の利用状況，現況地目等を確認し，これらに変化があった場合にこれを認識する程度で足りる」[13]と解すべきであるならば，登記上の過誤に由来する本件事案については調査義務違反は否定されよう。

---

10) 公権力発動要件欠如説を一貫して主張する学説としてとりわけ，宇賀・概説Ⅱ 429頁以下参照。

11) 刑事上の逮捕・勾留・訴追，裁判，立法行為等の特殊な国家活動にとどまらず，典型的な行政処分である課税処分について職務行為基準説を採用した最判平成5・3・11民集47巻4号2863頁［百選Ⅱ-227事件］は，一つのターニングポイントとなった。

12) 過失の判断基準に関して，北村和生「金銭の給付や徴収に関する行政処分と国家賠償請求」水野武夫先生古稀記念『行政と国民の権利』（法律文化社，2011年）24-30頁参照。

13) 大阪地判平成18・12・20判時1987号39頁。

2 要綱に基づく過誤納金返還請求

第二に考えられるのは，要綱に基づく過誤納金返還請求である（10年分〔要綱3条〕）。Xは，本件が要綱3条4号に該当するとして，村長に対して返還金の支払を請求することになるが（同6条），村長は，本件には要綱を適用しない方針を既に固めているため，Xに対して拒否通知を行うこと（同7条）が想定される。そこで，この要綱に基づく拒否通知をどのように争うべきか，具体的には処分性の有無が問題となる。

本件を労災就学援護費支給決定に係る最判平成15・9・4判時1841号89頁〔労災就学援護費不支給決定事件〕[百選Ⅱ-164事件]（**事例⑤Ⅱ2**参照）にてらし合わせてみると，Q村要綱は，「公益上〔の〕必要」に基づく「寄附又は補助」を授権する地方自治法232条の2を頼みとした——いわば苦心の——救済策であって[14]，内部規範にすぎない要綱まで視野に入れたとしても，処分性を肯定するのは困難である。Xは，過誤納金相当額の支払または贈与契約締結の申込みに対する承諾を求める訴えという形で公法上の当事者訴訟ないし民事訴訟を提起するべきであろう。

なお，登録免許税還付通知請求拒否通知に係る最判平成17・4・14民集59巻3号491頁[百選Ⅱ-168事件]は，還付金請求訴訟を認めるとともに，当該拒否通知が「簡易迅速に還付を受けることができる手続を利用することができる」という「手続上の地位を否定する法的効果を有するものとして」処分性を肯定し，取消訴訟をも認めたものである。Q村要綱は，確かに，還付請求権それ自体の存在から切り離された特別の制度であるものの，（手続上であれ）何らかの法的地位を与えるものではない。本件は，平成17年最判とは明らかに事案を異にする。

3 処分の無効を前提とする不当利得返還請求

第三に考えられるのは，処分の無効を前提とする不当利得返還請求である

---

[14] なお，地方自治法232条の2に基づくかかる要綱に関しては，5年の時効・除斥期間を定める地方税法に抵触しないかどうかが，租税法律主義の観点から別個に問題となりうる。さらに，地方公共団体によって救済の期間や要件が大きく異なることは，租税平等原則の観点からの疑問が提起されうる。

（時効5年〔地税18条の3第1項〕，時効10年〔民167条1項〕）。処分の無効は，争訟期間の徒過により不可争となった後もなお，例外的に救済を図る必要性がある場合に持ち出される概念である——無効な行政処分は公定力がない——。原則的に要求される"瑕疵が重大かつ明白である"という特別の無効事由のうち15)，明白性の要件は，課税処分に関しては，「一般に，課税処分が課税庁と被課税者との間にのみ存するもので，処分の存在を信頼する第三者の保護を考慮する必要のないこと」16)から，不要とされうる。昭和48年最判によると，①「当該処分における内容上の過誤が課税要件の根幹についてのそれであって」，②「徴税行政の安定とその円滑な運営の要請を斟酌してもなお，不服申立期間の徒過による不可争的効果の発生を理由として被課税者に右処分による不利益を甘受させることが，著しく不当と認められるような例外的な事情のある場合には」，処分は無効となる。

　これを本件にあてはめてみるに，①課税客体である本件山林の存在自体に係る事実認定の誤りは，課税要件の根幹についてのそれであると言いうる。また，②徴税行政上の必要性とXの救済の必要性との間の利益衡量に関して，Xは，一方において，分筆時の登記の過誤に関して何らの責むべき事情がなく，また，平成24年に至るまで，他者からの指摘や係争はまったくなかったこと，他方において，本件のような事例は稀であって，山林に係る固定資産税はそもそも生じえないのだから，処分の表見上の効力を覆滅することによって徴税行政上格別の支障・障害をもたらすとは言い難いことを主張することができよう。

　かくしてXは，当該処分に基づく税額の納付に法律上の原因がなかったとして，誤納金相当額の不当利得返還請求を行うことになる。ここでのXにとっての関心事は，これを民法上の請求（時効10年）としてなしうるのか（民703条・167条1項），それとも地方税法上の請求（時効5年）としてしかなしえないのか（地税17条・18条の3第1項）である。地方税法の規定は民法の不当利得の特則を定めたものであるとする判例・通説に対し，救済上の不合理を克服するために，誤納金の範囲を「誰にも明白な誤納」に限定する解釈上の工夫を施すことによって，それに当たらないような「納税者が気づくことのできな

---

15) 最判昭和34・9・22民集13巻11号1426頁〔百選Ⅰ-85事件〕。
16) 最判昭和48・4・26民集27巻3号629頁〔百選Ⅰ-86事件〕。

い重大な瑕疵」を含む課税処分に関しては，――税法上の誤納金としてではなく――民法上の不当利得としての返還請求を認めるべきであるとする見解が打ち出されている17)。

IV　行政調査の法的統制（設問2）

1　行政調査の実施の差止め

　Xは，Q村職員が，固定資産税問題の説明にかこつけて所得税に関する情報を入手し，Y税務署長に知らせたのではないかと疑い，調査を拒否したいと考えているが，調査拒否は，T弁護士の説明の通り，処罰の対象となるおそれがある。そこで，Xが，このおそれを回避すべく，調査の実施を防ぐことができるか検討してみよう18)。

　検討の出発点は，調査の処分性の有無である。まず，調査は，刑罰による担保を通じて受忍義務を課すものであり，公権力の行使に当たる事実行為（権力的事実行為）であるとして，処分性を肯定することが考えられる。この場合には，次に，差止訴訟の訴訟要件である重大な損害要件が吟味されなければならない（行訴37条の4第1項)19)。重大な損害要件に関しては，本件は名宛人が自らに対する処分の差止めを求めるケースであるから，X自身の状況にてらして，損害の回復の困難の程度を考慮し，損害の性質・程度および処分の内容・性質を勘案すればよい（同条2項）。Xの被るある種のプライバシー利益の侵害は，事後的救済に限界があるものの，精神的負担・苦痛にとどまる反面，調査は，公平確実な税務行政にとって必要かつ正当であることから，損害の重大性は否定されざるをえないであろう。

　以上に対し，処分性が認められない場合には，当事者訴訟の可能性が探られなければならない。調査に応じる義務の不存在確認訴訟や調査権限不存在確認訴訟がありえよう。確認の訴えが認められるためには，確認の利益が必要であ

---

17)　碓井光明「違法な課税処分による納付税額の回復方法」金子宏編『租税法の発展』（有斐閣，2010年）561-563頁。
18)　曽和俊文「行政調査論再考(1)」三重大学法経論叢4巻2号（1998年）57-61頁参照。
19)　なお，Xは，調査をあくまで拒否し，拒否に対する罰則を科す刑事訴訟手続で調査の違法性を争いうるものの，補充性要件の限定的解釈の必要からして，刑事訴訟手続は"他の適当な方法"には当たらないと解される。

り，対象選択の適否，即時解決の必要性および方法選択の適否が問題となる。とりわけ方法選択の適否に関しては，調査受忍義務違反がもたらしかねない刑罰や青色申告承認取消などの不利益を回避するために，また，Xの当面の関心事であるいわれのない調査実施そのものの阻止という紛争の実態に即した解決を図るために，確認訴訟がふさわしいと解されうる。

2 行政調査の実体的違法

　行政調査が実施されることを前提に，進んで，その実体的・手続的要件を検討する。

　実体的要件としては，「客観的な必要性」が基本的に要請される上で，「質問検査の範囲，程度，時期，場所等実定法上特段の定めのない実施の細目については，……質問検査の必要があり，かつ，これと相手方の私的利益との衡量において社会通念上相当な限度にとどまるかぎり，権限ある税務職員の合理的な選択に委ねられている」[20]。すなわち，税務職員の広範な裁量は，調査の必要性と比例原則に服せしめられている。そこで，かかる要請にてらし，調査対象の選択および調査形態の選択の合理性が問題となる。

　まず，調査対象の選択に関しては，Xに対する所得税の税務調査が固定資産税問題を事実上の契機としていることから，行政機関相互間における情報融通[21]のほか，"狙い撃ち"の疑念が浮かび上がる。

　行政機関相互間における情報融通の問題に関しては，犯則調査と税務調査の関係について分厚い議論の蓄積が存在するのに対し[22]，異なる行政主体間の情報融通（固定資産税務行政を担うQ村と所得税務行政を担うY税務署〔国〕との間の情報融通）の問題は必ずしも詰められていない。確かに，調査の服すべき手続的ルールは共通しており，また，課税庁間の協力[23]が正当に必要とされ

---

20)　最決昭和48・7・10刑集27巻7号1205頁［百選Ⅰ-110事件］。
21)　小早川・行政法上70頁。
22)　質問検査権は，犯罪捜査のために認められたものと解してはならないとされている（税通74条の8）。かかる定めをめぐる解釈として，最判昭和63・3・31判時1276号39頁（犯則調査によって得られた資料を課税処分の基礎として用いることは許される），最決平成16・1・20刑集58巻1号26頁［百選Ⅰ-111事件］（質問検査権の行使に当たって，取得収集される資料が後に犯則事件の証拠として利用されることが想定できたとしても，そのことによって直ちに違法とはならない）等参照。

ることもあろう。しかし，一般的な規律としてはまず，行政機関個人情報保護法・条例24) が適用される。行政庁は，保有個人情報の目的外利用・提供を禁止されているが，例外的に，個人情報の提供を受ける他の行政機関が，「法令の定める事務又は業務の遂行に必要な限度で提供に係る個人情報を利用し，かつ，当該個人情報を利用することについて相当な理由のあるとき」には，目的外利用・提供を許される（行政個人情報 8 条 2 項 3 号参照）。本件は，公益上の必要性・相当性を充たし，この例外に当たるであろう。一般的な規律としてはまた，公務員の守秘義務が課される。犯則調査と行政調査の関係をめぐって，公務員の守秘義務（国公 100 条，地公 34 条，税通 126 条）と告発義務（刑訴 239 条 2 項）の衝突が論じられてきたが，本件については，公務員の守秘義務（および X の広義のプライバシー利益）と税務行政上の利益とのバランスのなかで，情報の流れを遮断すべきか否かを論ずることになろう。申告納税制度の下では，納税者の自発的納税協力（および調査協力）を確保するべく，納税者の信頼保護の見地から，その秘密ないし情報を手厚く保護するという考え方は，示唆的である25)。

その上で，"狙い撃ち"の問題に関して，X は，25 年間にわたって何らの指摘も受けたことがなかったにもかかわらず，別件でピックアップされたがゆえに調査対象となったとも考えられる。確かに，X の信頼は保護に値するレベルに達しているとも解されるが，仮に，長年にわたる"黙認"の末に疑いが発覚した場合には，税務署長は調査に基づいて処分を行う責務を負っていること26)，本件は特定の思想信条や行動に関わるものではないこと27) などから，調査対象選択の違法性は認められないであろう。

---

23) ちなみに，国税通則法 74 条の 12 第 6 項は，調査に関し参考となる帳簿書類等の閲覧・提供等の協力の要請について定めている。
24) ここでは，わが国の地方公共団体の大半が，行政機関個人情報保護法に先駆けて，あるいは，これに倣って条例を制定しているという事実に鑑みて，Q 村も同様であるとみなす。
25) 金子宏「税務情報の保護とプライバシー」同『所得課税の法と政策』（有斐閣, 1996 年）241 頁。
26) 申告納税方式のメタルの裏側として，積極的で適切な質問検査権の行使とそれに基づく正しい課税処分の実現，また，納税者の自発的な調査協力義務が語られている（曽和俊文「質問検査権をめぐる紛争と法」芝池義一ほか編『租税行政と権利保護』〔ミネルヴァ書房, 1995 年〕98 頁以下）。
27) この意味において，本件は，民主商工会会員を狙い撃ちしたとも解される一連の民商事件（なかでも，東京地判昭和 43・1・31 判時 507 号 7 頁は，「団体の構成員の結社の自由に対する介入行為」への懸念を示していた。曽和・前掲注 26) 112 頁参照）とは異なる。

次に，調査形態の選択に関しては，多種多様な調査手法のなかで，比例原則に基づき，プライバシー侵害の度合いの低い手法が選択されるべきである[28]。所得税調査に関しては，質問，物件の検査または物件の提示・提出（税通74条の2）と提出物件の留置き（同74条の7）という手法が認められている。Y税務署長による調査の必要性の判断が，Q村職員が別件のついでに口頭で入手した情報の提供に基づくにすぎないのであれば，帳簿書類の備付け・取引記録・保存等を義務付ける青色申告制度の趣旨に鑑みて，まずは帳簿書類の提示が求められることになろう。

3 行政調査の手続的違法

手続的要件をめぐる議論の的となってきたのは，憲法上の手続保障（31条〔罪刑法定主義〕・35条〔令状主義〕および38条〔自己負罪拒否特権〕）の有無である。最高裁は，昭和47年と48年の2つの民商事件を通じて基本的態度を明らかにした[29]。すなわち，判例は，憲法による保障は，純然たる刑事手続のみならず，それ以外の手続にも及びうるとしながら，税務調査には及ばないとし，立法による明示の規定がない場合の具体的な手続のあり方については，税務職員の広範な裁量を認めた。

最高裁判例による憲法上の保障の限界に鑑みてか，現在ではむしろ，舞台は立法に移っている。まず，行政手続法の制定（1993年）に際し，調査の手続的規律の必要性が認識されたものの，調査の多種多様性にてらして一律的な規定が必ずしも適切でないことから，調査は適用除外とされ（3条1項14号・2条4号イ），将来の課題として残された。この課題への一定の対応として，国税通則法の改正がなされ（2011年），各税法分野を横断する通則法的規律が定められるに至った。調査の開始日時，場所，目的，対象税目，対象期間，対象物件等の事前通知義務（税通74条の9），調査の終了の際の手続（同74条の11）や身分証明書の携帯義務（同74条の13）[30]などが，それである。残された問題として，調査理由の開示義務がある。Xとしては，最大の関心事である調査理

---

28) 曽和・総論を学ぶ346頁は，機能的差異に応じた合理的な調査手段の選択を説いている。
29) 最大判昭和47・11・22刑集26巻9号554頁〔百選Ⅰ-109事件〕および前掲注20)最決昭和48・7・10。加えて，最大判平成4・7・1民集46巻5号437頁〔百選Ⅰ-124事件〕も重要判例の一つである。

由の個別的具体的な開示を，適正手続という法の一般原則に基づいて求めることになろう。加えて，Y税務署長による調査の実施が，Q村職員による所掌事務の範囲を超えた情報収集に基づいて決定されたものであるとして，調査実施自体の判断過程の過誤が争われうる。

4 調査義務違反の効果

以上の実体的規制と手続的規制を踏まえた上で，仮に行政調査を基礎として増額更正処分が行われた場合，その取消訴訟においてXが調査の適法性を争いうるかについて検討する。

調査の瑕疵が，これを基礎として行われた処分の効果に対し，果たしてまたどのような影響を与えるかは，判例上未決着の論点である。調査義務違反は，一般には，独立して問題とされることはない。というのも，調査の瑕疵は処分の違法性（主に事実認定の問題）に吸収されるからである。ただし，調査が必要であるにもかかわらず全く怠った場合等は，この瑕疵自体をもって処分の効果が否定される[31]。

本件においては，調査に係る重大な瑕疵は実体面・手続面を通じて見出し難く，したがって，Xは調査の違法性を独立の取消事由として主張することはできまい。Xとしては，事後の裁判的救済よりむしろ，事前の手続的保障に懸けるべきであろう。租税正義の名の下に，適正な調査に協力し，その結果としての公平な負担に服することが，——納税者全体の利益をも視野に入れた上での——納税者個々人の権利であり義務であると考えられるからである。

■ 関連問題

教育研究施設を運営するXは，教育の用に供している自らの土地と建物について，固定資産税を賦課されたことがなく，しかも，Y税務署長の行政指

---

30) なお，身分証明書の携帯・提示義務（所税旧236条）は，従来から，個別法において定められていた。
31) 名古屋高判昭和48・1・31行集24巻1=2号45頁等。なお，近時は，説明責任との関係において，調査の有無や質という要素が裁量統制手法として活用されている（例えば，東京高判平成17・10・20判時1914号43頁参照）。

導という形で，固定資産税を非課税とする取扱いをする旨の通知を受けていた。しかし，10年余り経過したある日に突然，Yは，Xに対し，過去5年分の固定資産税を賦課する処分を行った。以下の場合についてそれぞれ，Xはどのように争うべきか。

1　Xは，非課税とする解釈が誤っていたことを認め，課税要件の充足については争わないが，当該処分は取り消されるべきであると考えている場合。
2　Xは，非課税とするYの行政指導が誤っていたために損害を被ったと考え，損害の賠償がなされるべきであると考えている場合。

COMMENT　1　Xは，当該処分の取消しを求めるにあたって，個別行政実体法規違反を主張することはできないから，法の一般原則である信義誠実原則の違反を主張することができるか否かを検討する必要がある。課税処分については，租税法律主義の厳格な適用が求められることから，法の一般原則の適用は限られている。この点に関する有名な判決である文化学院事件判決においては，1審の東京地判昭和40・5・26行集16巻6号1033頁が，禁反言の原則に基づく原告の主張を認容したのに対し，2審の東京高判昭和41・6・6行集17巻6号607頁は，非課税通知は事実上の措置にすぎず，原告も，この通知によって誤解を深め，従来どおりの学校経営を続けたにすぎないなどとして，これを認めなかった。この判決と比較しながら，関連問題におけるXの主張が認められるか，検討されたい。

　2　Xは，Yの行政指導を違法な公権力の行使であるとして，国家賠償請求訴訟を提起することになる。任意性を損なわない行政指導について公権力の行使に当たることを認めた判決として，最判平成22・4・20集民234号63頁がある。この判決においては，的確な法的根拠もないまま，長年にわたり組織的かつ主導的に違法な運用がなされており，単なる教示にとどまらない積極的な行政指導が行われたことについて，違法な公権力の行使に当たると判断された。この判決と比較しながら，関連問題におけるXの主張が認められるか，検討されたい。

予防接種健康被害の救済と個人情報

以下の 事例 ,【資料1:K・L・Sの法律事務所の会議録】,【資料2:関係法令】を読んで, 設問 に答えなさい。

事例

(1) A県B町に居住するXは,Rの父である。Rは,平成24年5月17日,Sクリニックにおいて麻しん(はしか)の予防接種(本件予防接種)を受けたが,同月20日に急死した(当時1歳)。Rの死亡は予防接種の副反応によるものと考えたXは,予防接種施策を進める国や地方公共団体の事故対策が十分であったのか疑問に思っている。

(2) Xは,知り合いの弁護士の助言に従い,予防接種法15条1項に基づく死亡一時金及び葬祭料の給付を請求した(本件請求)。B町長は,同町予防接種健康被害調査委員会に対し意見を求めたところ,本件予防接種とRの死亡との間に因果関係がある可能性は否定できない旨の報告を受けた。町長は,厚生労働大臣に対し予防接種法15条1項に基づく同大臣による死亡の認定について上記委員会の報告内容を添えて進達したところ,同大臣は,本件予防接種とRの死亡との間の因果関係を否認する旨の通知をした。この通知を受け,町長は,Xに対し,死亡一時金及び葬祭料を支給しない旨の処分(本件処分)をした。

(3) 本件処分の取消しを求め裁判を起こしたXは,弁護士の真摯な努力の甲斐あって勝訴判決を手にし,死亡一時金及び葬祭料の支給を受けた。しかしXは,裁判では勝ったものの,本件処分に至る過程で国が因果関係を否認する判断を示したことはなお不満である。本件処分の通知書には,「当該予防接種と疾病の因果関係について否定する明確な根拠はないが通常の医学的見地によれば否定する論拠があるため否認する」とあったが,この記載だけでは理解も納得もできず,審査会の議事録を入手して詳細な理由を知りたいと考えている。そしてXは,遺族として,今回のRの事故で得られた教訓が十分に周知徹底され,安全対策に活用されることこそを強く望んでいる。できることなら,Rの

情報のその後の取扱い，国の安全対策の現状についても調べてみたいと考えている。

設問

1　(1)において，Xは救済を求め，国家賠償または損失補償の請求をすることはできるか。「国家補償の谷間」とはどのような問題かを確認せよ。
2　(2)において，Xが抗告訴訟を提起して争うとしたら，審査会の意見，大臣の否認判断，町長の本件処分のいずれをとらえることとなるか。
3　(3)において，Xが，審査会の議事録を入手して否認判断の詳細理由を知るためには，どのような手立てがあるか。

資料1：K・L・Sの法律事務所の会議録

L弁護士：Xさんのご相談についてです。予防接種事故の事案で，ご両親は今も悲しみが癒えていないとおっしゃいます。当然でしょう。Rちゃんの可愛らしいお写真も拝見して本当に心が痛みました。Xさんのご相談は，病院の関係者から「予防接種健康被害救済制度」の存在を聞いたということで，死亡一時金及び葬祭料を請求できないかということでした。まずはその方法を考えますが，予防接種禍については，「国家補償の谷間」の問題として行政法の教科書の最後に少しだけ書いてあった記憶がありますね。今はどう整理がついているのでしたっけ？

S弁護士：死亡一時金等が不支給になったり給付内容が不十分だったりすれば，裁判上の請求も考えなければいけなくなりますものね。現在の判例の立場も確かめておきましょう。行政法が必修科目の世代であるK君にお願いします。なお，昔の判例を見る際には，予防接種制度の変遷に留意して下さい。かつては強制接種でしたが，今ではA類疾病であっても勧奨接種，つまり行政指導でお勧めしているだけです。そのような場合にも損失補償構成なんてありうるのでしょうか。

K弁護士：「国家補償の谷間」という言葉自体もすでに懐かしいというか，修習では民刑事法ばかりやっていましたし，ローでもあまり時間をかけて習った記憶はないですが，了解しました。小樽種痘禍事件の最高裁判決で国家賠償請求構成が固まったという暗記的知識はありますが，概要を調べてみたいと思います。

S弁護士：お願いします。今回はいずれにしても，法に基づく健康被害救済制度の給付金の支給申請をすることになります。これがやや複雑な仕組みですので，申請が拒否された場合の争い方についても検討しておいて下さい。申請の相手方は「市町村長」ですが，因果関係の認定は「厚生労働大臣」が行うことになっており，その認定にあたっては「疾病・障害認定審査会」の意見を聴かなければならないようです。町

長による拒否処分をとらえて争えばよいのか，専門家の意見を踏まえてされた因果関係の認定判断自体を争う以上は，当該審議会の意見や国の否認判断を争うことになるのか……。

L弁護士：それらも全部，K君にお任せしましょう。検討方よろしくお願いします。もう1つお願いがあるのですが，Xさんの一番の願いは，当局の判断過程を知りたいということに加え，今回の副反応事故の情報を医療従事者ほか予防接種関係者の間で共有してもらい，Rちゃんと同じような悲しい事故を可能な限り防ぐことだとおっしゃっています。Rちゃんの副反応の報告は行政のどこかにあがっているのかと思うのですが，どのように活かされているのか，確認する手立てはあるでしょうか。安全性情報の取扱いは，行政活動において特に重要な位置を占めているようにも思います。論点を整理してみて下さい。

K弁護士：了解しました。因果関係に関する判断の過程については，XさんがRちゃんのケースに関する審査会議事録を開示請求してみられれば一番よいかもしれませんね。検討してみます。安全性情報の取扱いについては，副反応の報告制度に関連して法改正があったようですので，確認しておきます。

○Rの臨床経過メモ
・3月18日，40.0度の発熱，T内科・小児科受診，薬剤処方を受ける。3日ほどで解熱するも，せき・鼻汁等の症状は5月初旬まで残る。
・5月17日，Sクリニック来院。来院時体温37.0度。同クリニック医師がRを診察，咽頭部及び胸腹部に異常所見を認めず，提出されたRの問診票にも問題となる事項を認めなかったことから，予防接種の実施が可能と判断し，Rに対し，本件予防接種を実施。
・5月19日午前，38.5度の発熱，せき及び鼻汁等の症状を示す。同日午後，Sクリニック来院。来院時の体温38.7度，喉頭に軽度の発赤あり。薬剤処方。
・5月20日，午後4時ころ嘔吐，解熱剤服用，午後7時ころ液状の緑色の便を排出，午後8時就寝，午後10時ころまでの間に心肺停止状態となり，X及びRの母により手配された救急車によって県立中央病院到着，同45分ころ，同病院において死亡。
・5月21日，Rの剖検を実施。Rの死亡原因を肺水腫と判断。
※何らかのウイルス感染を契機として，急性髄膜炎の一種である急性髄膜脳炎（より具体的には脳幹脳炎）を来し，非常に早い段階で脳幹部に異常を生じ，突然の心肺停止状態に至ったことが考えられるが，何らかのウイルスは特定されていない。

○救済制度の流れ

健康被害を受けた者やその保護者
①申請↓　　↑⑥支給・不支給
市町村
②申達↓　　↑⑤認定・否認
厚生労働省
③意見聴取↓　　↑④意見
疾病・障害認定審査会 （感染症・予防接種審査分科会）

資料 2：関係法令

予防接種法（昭和 23 年法律第 68 号）

（目的）
第 1 条　この法律は，伝染のおそれがある疾病の発生及びまん延を予防するために公衆衛生の見地から予防接種の実施その他必要な措置を講ずることにより，国民の健康の保持に寄与するとともに，予防接種による健康被害の迅速な救済を図ることを目的とする。

（定義）
第 2 条①　この法律において「予防接種」とは，疾病に対して免疫の効果を得させるため，疾病の予防に有効であることが確認されているワクチンを，人体に注射し，又は接種することをいう。
②　この法律において「A 類疾病」とは，次に掲げる疾病をいう。
　四　麻しん

（定期の予防接種等を受けたことによるものと疑われる症状の報告）
第 12 条①　病院若しくは診療所の開設者又は医師は，定期の予防接種等を受けた者が，当該定期の予防接種等を受けたことによるものと疑われる症状として厚生労働省令で定めるものを呈していることを知ったときは，その旨を厚生労働省令で定めるところにより厚生労働大臣に報告しなければならない。
②　厚生労働大臣は，前項の規定による報告があったときは，遅滞なく，厚生労働省令で定めるところにより，その内容を当該定期の予防接種等を行った市町村長又は都道府県知事に通知するものとする。

（定期の予防接種等の適正な実施のための措置）
第 13 条①　厚生労働大臣は，毎年度，前条第 1 項の規定による報告の状況について厚生科学審議会に報告し，必要があると認めるときは，その意見を聴いて，定期の予防接種等の安全性に関する情報の提供その他の定期の予防接種等の適正な実施のために必要な措置を講ずるものとする。
③　厚生労働大臣は，第 1 項の規定による報告又は措置を行うに当たっては，前条第 1 項の規定による報告に係る情報の整理又は当該報告に関する調査を行うものとする。
④　厚生労働大臣は，定期の予防接種等の適正な実施のため必要があると認めるときは，地方公共団体，病院又は診療所の開設者，医師，ワクチン製造販売業者……，定期の予防接種等を受けた者又はその保護者その他の関係者に対して前項の規定による調査を実施するため必要な協力を求めることができる。

（機構による情報の整理及び調査）
第 14 条①　厚生労働大臣は，独立行政法人医薬品医療機器総合機構（以下この条において「機構」という。）に，前条第 3 項に規定する情報の整理を行わせることができる。
②　厚生労働大臣は，前条第 1 項の規定による報告又は措置を行うため必要があると認めるときは，機構に，同条第 3 項の規定による調査を行わせることができる。
③　機構は，第 1 項の規定による情報の整理又は前項の規定による調査を行ったときは，遅滞なく，当該情報の整理又は調査の結果を厚生労働省令で定めるところにより，厚生労働大臣に通知しなければならない。

（健康被害の救済措置）
第 15 条①　市町村長は，当該市町村の区域内に居住する間に定期の予防接種等を受けた者が，疾病にかかり，障害の状態となり，又は死亡した場合において，当該疾病，障害又は死亡が当該定期の予防接種等を受け

たことによるものであると厚生労働大臣が認定したときは，次条及び第17条に定めるところにより，給付を行う。
② 厚生労働大臣は，前項の認定を行うに当たっては，審議会等（国家行政組織法（昭和23年法律第120号）第8条に規定する機関をいう。）で政令で定めるものの意見を聴かなければならない。

（給付の範囲）
第16条① A類疾病に係る定期の予防接種等又はB類疾病に係る臨時の予防接種を受けたことによる疾病，障害又は死亡について行う前条第1項の規定による給付は，次の各号に掲げるとおりとし，それぞれ当該各号に定める者に対して行う。
　四　死亡一時金　予防接種を受けたことにより死亡した者の政令で定める遺族
　五　葬祭料　予防接種を受けたことにより死亡した者の葬祭を行う者

予防接種法施行令（昭和23年政令第197号）

（審議会等で政令で定めるもの）
第9条　法第15条第2項の審議会等で政令で定めるものは，疾病・障害認定審査会とする。

（政令への委任等）
第17条①　前条に定めるもののほか，第15条第1項の規定による給付（以下「給付」という。）の額，支給方法その他給付に関して必要な事項は，政令で定める。
②　前条第2項第1号から第4号までの政令及び同項の規定による給付に係る前項の規定に基づく政令は，独立行政法人医薬品医療機器総合機構法（平成14年法律第192号）第15条第1項第1号イに規定する副作用救済給付に係る同法第16条第1項第1号から第4号までの政令及び同条第3項の規定に基づく政令の規定を参酌して定めるものとする。

（事務の区分）
第29条　……第15条第1項……の規定により市町村が処理することとされている事務は，地方自治法……第2条第9項第1号に規定する第1号法定受託事務とする。

● CHECK POINT

① 「国家補償の谷間」，予防接種健康被害の救済
② 行政機関相互間の行為の処分性
③ 個人情報保護制度に基づく自己情報開示請求

● 解説

I　はじめに——本問の趣旨

　今回は，予防接種健康被害をめぐる事案を取り上げた。いわゆる「国家補償の谷間」の著名な例として行政法教科書に必ず登場する重要なテーマである。
　現行の予防接種法は，直接の目的の第一として，「伝染のおそれがある疾病の発生及びまん延を予防するために」，その達成手段として「公衆衛生の見地から予防接種の実施その他必要な措置を講ずることにより」，究極的な目的として「国民の健康の保持に寄与する」こと，そして第二の直接の目的として，「予防接種による健康被害の迅速な救済を図ること」を掲げている（1条）。予防接種法に基づく予防接種は，社会防衛上行われる重要な予防的措置であるが，関係者がいかに注意を払っても極稀であるものの不可避的に死亡や後遺障害等の健康被害が起こりうるという医学的特殊性がある。しかし，それにもかかわらず，あえてこれを実施しなければならない。そのことにかんがみ，予防接種により健康被害を受けた者に対しては特別な配慮が必要であるので，国家補償的観点から，無過失責任による法的救済措置が設けられている[1]。予防接種法第5章に定められた，「定期の予防接種等による健康被害の救済措置」（15条〜22条）がそれであって[2]，損害賠償請求訴訟等の紛争解決手段に比べ簡易な手続で迅速に救済することを趣旨目的とする制度といえよう。本件のような不支

---

1)　逐条予防接種法97頁。
2)　給付行政の一例ともいえるが，いわゆる社会保障行政ではなく，「医事・衛生行政」（保健衛生行政及び予防衛生行政）の仕組みに属するものと整理することもできる。参照，村上武則編『応用行政法〔第2版〕』（有信堂高文社，2001年）第7章，第8章。

給決定の争い方を含め，予防接種健康被害者の救済を十全に果たすには，行政法理論の正しい理解に加え，個別行政法の制定趣旨等を踏まえた解釈が必要となってくる。

さらに今回は，行政機関相互間の行為の処分性等に加え，個人情報保護法制の基本論点を学ぶこともねらいの1つとしている。以下，順次検討していくこととしよう。

本事例は，徳島地判平成21・5・29判例集未登載を下敷きとしているが，事実関係を一部改変している3)。

II 設問1について

1 「国家補償の谷間」
(1) 問題の所在
違法な行為に起因する損害に関する国家賠償制度と，適法な行為に起因する損失（特別の犠牲）に関する損失補償制度は，その出発点を異にし，別個の制度として存在してきた。そこで，行政活動によって国民が損害を被った場合に，両制度のいずれによっても救済がなされない「国家補償の谷間」の問題が生じる。たとえば，国家賠償法1条が過失責任主義をとっていることから，公務員の行為が客観的には違法であったり（人違いの逮捕など），結果的に違法な事態を発生させたり（強制予防接種による死亡事故など）した場合でも，その実施にあたった公務員に故意または過失がないと，被害者は国家賠償を求めることができない。こうした被害の救済を図るために，特定の行政分野では，国家賠償制度とは別に，特殊な補償制度が設けられていることがあるが（予防接種法に基づく救済給付の他，刑事補償法に基づく刑事補償制度等），そうした特別の立法

---

3) 因果関係の認定に際して医学的に厳密な証明までは不要としても，医学的知見を基礎として社会通念に照らした上での相当程度の蓋然性は必要である。麻しんワクチンは生ワクチンであり，ワクチンの中に存在する弱毒化された麻しんウイルスが体内で増殖する時期（接種後5〜14日）を中心として，発熱，麻しん様の発しんが見られる（国立感染症研究所感染症情報センターhttp://idsc.nih.go.jp/disease/measles/QA-3.html#q3-7 accessed Feb. 5, 2016)。モデルとした事案は，麻しん予防接種から3日後に児童が死亡した事例であるが，裁判所は，予防接種のワクチンに含まれていた弱毒生麻しんウイルスが他の何らかのウイルスを活性化し，Rの脳幹部に異常を生じさせうることにも一定の医学的合理性が認められるとして，因果関係を認定した。

がなければ救済はされないわけであるし，特別法があってもその補償金額が低額である等の場合には，いぜんとして谷間の問題は残っているといわざるを得ない。

(2) **判例の展開**

本問の素材である予防接種健康被害をめぐっては，損害賠償説，損失補償説，結果責任説，危険責任説などの理論構成による救済が試みられてきた。下級審判決の中には，損失補償の理論構成で救済を認めたものもあったが（東京地判昭和59・5・18判時1118号28頁［憲法百選Ⅰ-109事件］），最判平成3・4・19民集45巻4号367頁〔小樽種痘禍事件〕［百選Ⅱ-225事件］は，医師の予診義務を高いレベルで要求し，予診を尽くしたことの反証がない限り禁忌者該当性を推定することで，賠償責任を広く認めようとする。これにより，不法行為による過失責任の枠組みの中で処理をする判例の立場は固まったものといえる[4]。その後，東京高判平成4・12・18判時1445号3頁〔東京予防接種禍事件〕は，厚生大臣（当時）は，接種担当者が禁忌識別を誤り禁忌該当者に接種して重大な副反応事故が発生することを予見することができ，また，予診の拡充等により禁忌者を識別・除外する体制を作る等の措置を講じて被害発生を回避する可能性があったとして，過失を認定している。実際的には，公務員の個人過失というよりも，厚生省（当時）という組織が予防接種に関する行政活動に関して行った決定における公務運営ないし職務執行体制全体についての過失（「組織的過失」）を問うものであった。

(3) **損失補償構成の意義**

上記の諸判決によって国家賠償構成による救済が定着したということができるが，なお論争が決着したわけではない。すなわち，損失補償の法理は，公平負担，特別犠牲の観念を基礎として組み立てられたもので，適用の場面が財産権であることは必要的前提条件ではなく，むしろ前二者の観念を重視するなら

---

[4] なお，最判平成3年は直接的には被接種者の禁忌者該当を推定するのみである。かかる者への接種行為についての過失の有無が問題となるが，最判昭和51・9・30民集30巻8号816頁は，「禁忌すべき者の識別判断を誤って予防接種を実施した場合において，予防接種の異常な副反応により接種対象者が死亡又は罹病したときには，担当医師は接種に際し右結果を予見しえたものであるのに過誤により予見しなかったものと推定するのが相当である」と判示しており，担当医師の過失の推定を明示している。禁忌者該当を推定することで，接種行為についての過失も容易に認められることとなろう。

ば，財産以上の保護価値である生命・身体に対する適法侵害についての損失補償という構成で，その請求権の具体化として憲法29条3項を援用するのが素直ではないか，という有力な学説が存在する[5]。確かに，かかる見解を肯定するとしても，意図的な侵害は射程外であるわけで，生命の剥奪等を正面から認めることになるわけではなかろう。さらに，損害賠償構成であると，論理的には無過失損害賠償責任を認めるわけではないので，国等の過失を認定できず救済され得ない場合は残り続けているといえる。そうした意味で，判例法理は損害賠償構成で固まってはいるが，なお損失補償的構成を残す意義は完全には否定されていないと思われる。

2 その他の問題

(1) 国家賠償と損失補償の併合請求

予防接種健康被害が発生した場合に，かかる接種が適法な原因行為といえるのか，それとも違法なのかは，必ずしも明らかではない。それでは，国家賠償請求を提起した後に，損失補償請求を追加的に併合することは可能であろうか。まず，取消訴訟を中心とする行政事件訴訟法の規定を確認しておこう[6]。取消訴訟の審理促進を図るという観点から，行訴法は関連請求という観念（行訴13条）を設定し，これら相互間では訴えの併合を認めることとしている（同16条―請求の客観的併合，同17条―共同訴訟）。訴えの併合は，訴えの提起時にも認められるが（原始的併合），追加的併合も認められる（行訴18条―第三者による請求の追加的併合，同19条―原告による請求の追加的併合）。

以上の知識を前提に検討するならば，損失補償請求は実質的当事者訴訟であるので，行訴法16条ないし19条の規定が準用されることとなる（行訴41条2項）。損失補償請求を行った後で，国家賠償請求を関連請求として併合したり，あるいは追加的に併合したりすることは可能である。逆に，国家賠償請求に損失補償請求を追加的に併合することは可能であろうか。行訴法には明文の規定はないが，民事訴訟である国家賠償請求に，公法上の当事者訴訟である損失補償請求を追加的に併合提起した場合について，行訴法の規定ではなく，民訴法143条の規定による訴えの追加的変更に準じて追加的併合を認めた事例もあり

---

5) 塩野・行政法Ⅱ383頁以下。
6) 塩野・行政法Ⅱ155頁以下。

(最判平成 5・7・20 民集 47 巻 7 号 4627 頁[7])[百選Ⅱ-217 事件])、可能な場合もあるであろう。

(2) **強制か,勧奨か**

　昭和 23 年の予防接種法制定当時は、被接種者に対して接種義務を課した上、被接種者が接種を怠った場合には罰金を科すこととして、接種を間接的に強制する仕組みを採用しており（感染症予防法の入院措置のような即時強制は認められていない）、個人予防（接種した個人の発病予防や重症化防止）よりも、社会防衛的な観点の強い集団予防に傾斜していた[8]。しかし、予防接種によっては極稀に死亡その他の副反応が発生することは避けられず、何ら落ち度もなく、あるいは自発的に接種を受けたわけでもない被害者にその負担を押し付けたままでは社会的に妥当でない。適切な被害者救済は、公的に予防接種を実施していく上で必要不可欠のことと解されるようになり、昭和 51 年、法律に基づく特別の救済制度が設けられることとなった。同年の改正で罰則は廃止されたのであるが、その後、被接種者の接種義務が努力義務規定に変更され（平成 6 年改正、9 条）、現在では、予防接種の勧奨に関する規定も置かれている（平成 23 年改正、8 条）。いずれにしても訓示規定であって、接種を受けるか否かは本人または保護者の最終判断によるものとなっている。

7) 旅館等の営業者が、自然景観の眺望を享受する利益や水資源を利用しうる利益等を有するところ、福岡県のダム設置運営等により、右利益等につき損失を被ったと主張して、憲法 29 条 3 項の規定に基づく損失補償請求を予備的、追加的に併合することを申し立てた事案。請求根拠を私法上の権利とするか公法上の権利とするかの法的構成に違いがあることを除いては、実質的な請求内容が当初の請求とほぼ同一の金銭請求を追加的に併合した特殊なものであった。最高裁の判断の背景には、公法上の当事者訴訟である損失補償請求訴訟と、民事訴訟である国家賠償請求訴訟が実質的に同質性を有するとの考え方を基礎として、両者の併合を認めながらも、損失補償請求訴訟についての行訴法上の手続保障を尊重するという観点から（公法上の当事者訴訟である損失補償請求訴訟については行政庁の参加等の行訴法上の手続が認められるので、最判平成 5 年もこれを予備的、追加的に併合するには被告行政庁の同意がいるとしていた）、実質的に行訴法 16 条 2 項の趣旨を併合の要件に取り込むという機能的アプローチがあるのではないかとの指摘もある。参照、実務的研究 252 頁、316 頁。
8) その後の数次にわたる改正で、ヒトからヒトへの感染がなく、直接的な集団予防効果はない予防接種が法に位置付けられ（昭和 51 年改正で日本脳炎、平成 6 年改正で破傷風が対象疾病に加えられる）、個人予防目的に重点を置いたインフルエンザも対象疾病に加えられていく（平成 13 年改正）。戦後からの復興、経済成長等に伴う生活水準の改善や衛生環境の向上、疾病の罹患率の低下による「公衆衛生」水準の相当程度の改善と、国民個人の健康意識の高まりが背景にあるといえる。参照、逐条予防接種法 21 頁以下。

いわゆる強制接種の仕組みの下では、加害行為は権力的行為であったといえるが、それでは、勧奨（行政指導）による接種＝非権力的行為による損失であれば、補償請求は認められなくなるのであろうか。結論を先に言えば、そのような限定は不要で、非権力的行為である行政指導による損失についても損失補償を認めることに、問題はないであろう。判例でも、たとえば行政指導として工場誘致を行ったところ、政策を変更した場合に何らかの代償的措置（補償）を要することを認めたものもあったように[9]、損失補償の要否のポイントは、「公共のために」、「適法行為」に起因する「特別の犠牲」があったかであり、損失補償の原因となる行為を、権力的な行為に限定することは正しくないであろう[10]。むしろ、予防接種健康被害救済制度においては、集団予防目的に重きを置くA類疾病と、個人予防目的に比重を置いて予防接種が行われるB類疾病との区分のほうが重要である（その他、「定期の予防接種」、「臨時の予防接種」という区分もある）。B類疾病については法律上の接種勧奨や努力義務の規定が置かれておらず、予防接種に対する公権力の行使及び公的関与の度合いに差があるとして給付額にも差異が設けられている[11]。

III 設問2について

1 本件処分の争い方

給付行政における法律関係にはいくつかのタイプがあり、給付を求めて訴訟を提起する際には、各類型に沿った方法を検討する必要があること、具体的には、①基本的には行政庁の処分などの行為を必要としない類型、②行政庁の処分を経て給付が行われる類型、③契約に基づき給付が行われる類型などがあることは、すでに 事例⑤ I 2 でも取り上げた。そして、本件事案が、②の類型に属することは容易に理解できるであろうが、それでは、本件処分をどのように争うか。給付申請を却下または拒否する決定は予防接種法15条1項に根拠

---

9) 最判昭和56・1・27民集35巻1号35頁〔宜野座村工場誘致政策変更事件判決〕〔百選 I -29事件〕。
10) 芝池・読本428頁以下。
11) B類疾病への給付額に比して、臨時の予防接種は約1.4倍、A類疾病の定期の予防接種は約1.8倍である。参照、逐条予防接種法105頁。

を有するが，同条項に基づく当該事務は市町村の法定受託事務であり，地方自治法255条の2の区分に従い，都道府県知事に対し行政不服審査法による審査請求をすることが可能である。不服申立前置を要求する規定はない。

　一方，本件処分の背景には，予防接種とRの死亡との間の因果関係を否認した国（大臣・審査会）の判断がある。かかる判断行為と，市町村長による本件処分との関係が問題となる。

2　大臣の認定と市町村長の決定

(1)　審査会の意見・大臣の認定・市町村長の決定

　厚生労働大臣は，予防接種法15条1項の認定を行うにあたっては，疾病・障害認定審査会の意見を聴かなければならない（同条2項，予防接種法施行令9条）。大臣の因果関係の認定は，医学的・科学的見地を踏まえた上で行われなければならない専門性，技術性の高い事項であることから，専門家の意見を聴取した上で判断することを法律上義務付けるものである。通常，このような場合の審査会は，いわゆる審議会，すなわち，「重要事項に関する調査審議，不服審査その他学識経験を有する者等の合議により処理することが適当な事務をつかさどらせるための合議制の機関」（行組8条）として設置されている（「8条委員会」）。その特徴としては，「利害関係ある各層の意見を行政の施策に反映させる」，または「専門技術的な知見を聴取しつつ科学的にも合理的な行政を実現する」ことを目的とすること，諮問機関としての性質から，その答申は行政庁を法的に拘束しないこと，したがって行政庁は答申の意見を参酌した上で判断すればよいが，法令上，諮問機関の諮問を経ることが要請されている以上その答申は十分に尊重されるべきであって，あえてそれと異なる判断をする際にはそれ相応の合理的説明ができるのでなければならないことなどを指摘できる。

　本件予防接種健康被害の場合には，審査会による因果関係の判断結果は，認定申請に係る処分庁（認定申請に係る予防接種の実施市町村長）の決定を事実上拘束する点に特徴がある。もっとも，審査会は審議会にとどまり，それ自体として外部に意思を表示することはないのが原則であって[12]，市町村を直接に拘束するのは厚生労働大臣の認定行為である。それでは，Xが市町村長に申請し，本件処分を受けるまでの間にある，大臣の認定行為の法的性質はどのよ

うなものであろうか。

(2) **行政機関相互間の行為に関する判例**

　まず，最判昭和34・1・29民集13巻1号32頁〔東山村消防長同意取消事件〕〔百選Ⅰ-24事件〕を確認しておこう。建築許可権限を有する行政庁（知事）が，同許可に際して事前に消防行政を所管する行政庁（消防長）の同意を得ることを要する仕組みにおいて，当該同意（事案では，いったんなした同意の取消し）の処分性が問題となった事案である。最高裁は，知事に対する消防長の同意は行政機関相互間の行為であって，対国民との直接の関係においてその権利義務を形成しまたはその範囲を確定する行為とは認められないとして，処分性を否定した。最高裁は，そのように解したとしても，消防庁の同意がないまま許可申請をすれば当然に受けるであろう「建築出願不許可処分に対し，その違法を理由として行政訴訟を適法に提起し，その訴訟において，右不許可処分の前提となった消防長の同意拒絶乃至同意取消の違法を主張しうること」を指摘している。内部行為（行政機関相互間の行為）の処分性が否定されても，後続の関連処分がある場合にはそれを土俵として当該内部行為の違法性を含めて判断することで紛争を解決すべきであるという考え方であるが（最判平成7・3・23民集49巻3号1006頁〔盛岡市公共施設管理者同意拒否事件〕〔百選Ⅱ-163事件〕，最判平成16・4・26民集58巻4号989頁〔冷凍スモークマグロ食品衛生法違反通知事件〕の横尾和子裁判官の反対意見も同趣旨），その際は，救済可能性という点で何ら不都合がないという前提が必要であろう。

　本件の厚生労働大臣の認定についても，実務上，市町村を拘束するものであるが，市町村に対する厚生労働大臣の認定の通知という行政機関相互間の行為であって，直接に個々の国民に対する権利義務を設定する行為ではなく，市町村の処分に至る一連の過程における処分に先行する行政機関同士の内部行為に

---

12) もっともこの点は，必ずしも徹底されているわけではない。たとえば，都道府県に置かれる自治紛争処理委員は，調停案を作成して関係者に示す権限を有しており（自治251条の2第3項），その限りでは直接外部に対して自己の名により活動しうるが，この調停は，もっぱら地方自治法上の執行機関たる都道府県知事が調停に付すこととしたことによるものであることから，なお附属機関の範疇に属するものと解することができる。また，固定資産の評価について不服審査にあたる固定資産評価審査委員会は，執行機関として設置されるものであるが（自治180条の5第3項），都市計画法上の不服審査機関である開発審査会は，不服審査に関する限りは行政庁であるものの（都計50条），地方自治法上は附属機関として整理されている。

過ぎないと解されている[13]。そのように解しても，認定を踏まえてなされた本件処分をとらえて争い，その訴訟の中で先行する国の認定自体の違法性を主張することはできるのであって，実際の救済可能性という点で不都合はないといえよう。審査請求にあたった都道府県知事も，厚生労働大臣に対し，行政不服審査法33条・34条に基づき関係物件の要求や鑑定を求めることによって，厚生労働大臣の専門的・技術的判断についても斟酌した上で判断することは可能とされている。

IV 設問3 について

1 情報の開示を求める手段
(1) 情報公開法制の利用可能性？

国に対して情報の開示を求めるのだから「情報公開」法を使えばよいのだろうなどと，短絡的に考えてはならない。本件でXが開示を求めたい審査会の議事録の中には，R個人に関する情報をめぐる議論が記載されているが，何人も開示請求者になれる情報公開法において，個人情報[14]は原則不開示であるからである（同法5条1号）。最判平成13・12・18民集55巻7号1603頁〔兵庫県レセプト公開請求事件〕〔百選Ⅰ-44事件〕によれば，情報公開法制において開示請求者は，「そこに記録されている情報が自己の個人情報であることを理由に，公文書の開示を特別に受けること」はできない（しかもXはRの保護者でしかない）。同最判は，「情報公開制度が先に採用され，いまだ個人情報保護制度が採用されていない段階」における本人開示（情報公開制度を用いた自己情報開示請求）の余地を認めていたが，その後，平成18年3月末までにすべての都道府県・市区町村において個人情報保護条例が制定されている状況である。今回，情報公開法制を用いた開示請求は考えにくい。

---

13) 逐条予防接種法99頁。
14) 「個人」に死者を含むかについての明文の規定はないが，死者の名誉やプライバシー保護の要請，死者の情報開示が遺族のプライバシー侵害になりうることもあることなどを考慮すると，情報公開法にいう「個人」には死者を含むものと解すべきであろう。参照，宇賀・情報公開57頁以下。

(2) 個人情報保護法制のポイント

現代社会において個人のプライバシーを保護しようとするためには，消極的に私生活領域への進入やそこからの暴露に対する防御だけを語るのでは不十分であり，他者が保有している自己についての情報をコントロールする権利を確立する必要がある。そのため，平成17年に全面施行された個人情報保護法制では，以下の仕組みが設けられている。すなわち，(a)流通している個人情報に対する本人の権利を「請求権」として実定化すること（開示，訂正，利用停止等の各請求権），(b)「個人情報の取扱いのルール」を定め，個人情報の取扱者に遵守を義務付けたこと，(c)個人情報の安全管理措置の徹底である。(b)の中には，たとえば，あらかじめ定められた収集目的に従うこと（目的明確化），原則として本人から収集すること（本人収集），収集目的に照らして最小限の収集にとどめること（必要最小限），あらかじめ明示された目的以外に個人情報を原則として利用したり提供したりしないこと（目的拘束）などがある。同時に，個人情報保護の仕組みは個人情報の有効な利用・流通をも企図するものであるから，本人外収集や目的外利用・第三者提供の要件等も定められている。

本件では，そもそもRに関する情報が「個人情報」かが問われてくる。個人情報保護法制における「個人情報」とは，「生存する個人に関する情報であって，当該情報に含まれる氏名,生年月日その他の記述等により特定の個人を識別することができるもの（他の情報と容易に照合することができ，それにより特定の個人を識別することができることとなるものを含む。）」15)（傍点・下線は筆者）である。Rが生存中であれば，Xは保護者として開示請求が可能であった（行政機関個人情報保護法12条2項は，法定代理人による開示請求を認める）。

死者の情報を法の対象としなかったのは，開示請求権等を行使しうるのは生存者であるためで，死者の情報が同時に死者の遺族の情報でもあるような場合には，遺族の個人情報として保護すれば足りるからである。医療の分野では，医療従事者等は，遺族（患者の配偶者，子，父母及びこれに準ずる者）に対して，患者が死亡した際には遅滞なく，死亡に至るまでの診療経過，死亡原因等の診療情報を提供しなければならない16)。「医療・介護関係事業者における個人情報の適切な取扱いのためのガイドライン」（平成16年12月24日〔平成22年9

---

15) 個人情報保護法2条1項。行政機関個人情報保護法2条2項，独立行政法人等個人情報保護法2条2項も同趣旨だが下線部がない。

月17日最終改正])においても，医療・介護関係事業者は，遺族に対して診療情報等の記録の提供を行うものとされているが，これらは病院や医療者等に関する規定であり，副反応報告を受け付ける厚生労働大臣（及び大臣から当該報告に係る情報の整理及び調査を委託される独立行政法人医薬品医療機器総合機構〔PMDA〕）に対して開示等を求める場面の問題ではない。

それでは，死者の情報を含まない現行法の下では，すでに亡くなったRの情報は個人情報ではなく，元保護者＝遺族に過ぎないXは何も手を打てないのであろうか。死者の情報が死者の遺族の個人情報となる場合か否かの判別は容易ではなく，問題になる。この点，個人情報保護条例に基づく本人開示の事案の中には，自殺した生徒の父親が自殺に関する全校生徒の作文の開示請求をした事案において，死者である子の情報が同時に親の個人情報であることがありうるとの判断を示した判決例もあるほか（東京地判平成9・5・9判時1613号97頁，東京高判平成11・8・23判時1692号47頁），近親者固有の慰謝料請求権が発生することに絡めて，子どもの事故に関する情報は当該近親者の個人情報でもあるなどと解する余地もあろう。そうした解釈上の工夫の他にも，近時の個人情報保護条例においては，死者の情報を開示請求しうる者を類型的に定めるものが見られるし（たとえば，秋田市，仙台市，横須賀市，吹田市，大分市等），今後，医療等分野における情報の利活用と保護をめぐる議論を通じて，立法上の対応に進展が見られる可能性もある[17]。

(3) 審査会議事録の開示等

さて，上記の問題をクリアできたとして，大臣による否認判断の理由を詳しく知りたいXとすれば，その根拠となった審査会の審議過程に関心を寄せるのは当然で，審査会の議事録の開示請求をすることが考えられる。かつては，委員等の意見陳述部分は，行政機関個人情報保護法14条6号に該当するなどとして不開示とされていた。予防接種と健康被害との間の因果関係に関する医学的判断を行う審査会にとっては，委員等が率直な意見を交換するとともに，議論の中立性が確保されることが必要な他，審査の結果は結論のみがホームページにおいて公開されており，委員等は，個々の発言が公開される予定がな

---

16) 平成15年9月12日医政発第0912001号（各都道府県知事あて厚生労働省医政局長通知）「診療情報の提供等に関する指針」9。

17) 以上につき参照，宇賀・個人情報215頁以下。

いことを前提に議論に臨んでいるからである。したがって，予防接種の副作用に関し，一般的なよく知られた考え方や，原処分における開示部分と実質的に同じ内容の発言などであればともかく，それ以外の部分についてこれを公にすると，審議における率直な意見交換が不当に損なわれるおそれがあるとされてきた[18]。もっとも，審査会は高度に専門技術的な判断を担っており，そうであるがゆえに"専門家としての説明責任"が積極的に求められるとも考えられる。現在では，委員氏名等の個人識別情報及び第三者の個人情報を除き，原則として全て開示することとされているようである[19]。

いずれにしても，本件処分は申請拒否処分に当たり，理由の提示が義務付けられる（行手8条）。最終的に申請者Xが否認理由を知るのはこのタイミングとなろう。最判昭和60・1・22民集39巻1号1頁〔旅券法事件〕［百選I－129事件］等の判例によって，かかる場合の理由の提示としては，処分の根拠規定を示すだけでは十分でなく，また，いかなる事実関係に基づきいかなる法規を適用して拒否処分がなされたかを，申請者がその記載自体から了知しうるものでなければならないとされていることは，行政手続論の所で学んでいることであろう。本件のように，判断基準を繰り返すのみの説明だけでは否認理由の説明としては十分ではないのであって，審査会での議論も含め国として否認決定に至った判断の根拠が丁寧に説明され，被害者・遺族の理解・納得を得ていくのが本筋である。

2 安全性情報の活用——結びに代えて

生命・健康あるいはその他の日常生活の安全等を守るためには，悪結果が発生してから民事・刑事上の責任を事後的に問題にしたり健康被害救済給付金を支給したりすることではなく，事故や紛争の予防を目的として，行政が事前に関与する行政法的仕組みが十分に機能することが必要である。報告・届出・調査等を通じた情報の収集と分析，情報提供・公表や監督処分等の諸制度を通じて，社会の公共的な利益を全体としていかに確保するかという課題の検討は，まさに行政法的な発想を必要とする課題であろう。たとえば，薬害肝炎事件で

---

18) 同旨，内閣府情報公開・個人情報保護審査会平成22年2月23日答申（平成21年度（行個）答申第88号）。
19) 内閣総理大臣答弁書（内閣衆質174第568号）。

は，フィブリノゲン製剤に対する製造承認段階の有効性・安全性の審査のあり方，名称・製造過程の変更段階でのチェック体制，再評価を含む市販後対策の妥当性などと並んで，「副作用情報や海外の規制情報の収集・分析・伝達体制」のあり方が問われていた[20]。日常的に安全性情報の流れを取りさばく行政には，情報収集・更新の適時性，内容の正確さ，必要十分な情報量の担保のほか，関係者・関係機関との連携も強く要請されるところである[21]。事例(3)の後半部分は，Xら予防接種禍被害者・遺族が広く共有する思いである。

　個別法に立ち入った検討になってしまうので簡潔に紹介すると，予防接種法の一部を改正する法律（平成25年法律第8号）によって，予防接種法の対象となる予防接種に係る副反応報告を医療機関に義務付けるとともに，予防接種法上の副反応報告と薬事法上の副作用等報告の報告ルートを厚生労働省宛に一元化し，医療機関の報告事務を簡素化する等の改正が行われた（法12条～14条）。厚生労働省は副反応に係る情報を速やかに当該予防接種の実施主体である地方公共団体に対して提供する。副反応報告の個別事例については，PMDAが情報整理・調査を行い，国立感染症研究所は必要に応じて協力・連携する。PMDAによる情報整理・調査に基づき，評価・検討組織が薬事・食品衛生審議会と連携して，副反応報告に係る評価を行った上で，国が必要に応じて接種の一時見合わせ等の措置を講ずるなど，情報を活用した安全性対策の強化が図られている。評価結果の集計・公表も年3回程度とするなど，発信の強化にも留意するほか，予防接種による副反応を正しく評価するためには，医療機関による報告とともに，一般から寄せられる副反応に係る情報も重要であり，予防接種法の対象外のワクチンによる副反応に係る情報を含め，できるだけ幅広く情報収集に努めることとされている[22]。

　Rの情報にX個人がいくらアクセスできたとしても，安全性情報の有効活用（及びそのチェック）の手法としては限界がある。より本質的で重要なことは，「安全性情報を取得・管理する行政が，それをどのように取りさばき，将

---

[20] 薬害肝炎の検証及び再発防止に関する研究班「最終報告書」（2010年3月）http://www.mhlw.go.jp/shingi/2010/03/s0300-1.html（accessed Feb. 5, 2016）。

[21] 参照，磯部哲「行政保有情報の開示・公表と情報的行政手法」新構想II 343頁，同「行政法」南野森編『法学の世界』（日本評論社，2013年）72頁，74頁。

[22] 厚生科学審議会感染症分科会予防接種部会「予防接種制度の見直しについて（第二次提言）」（平成24年5月23日）参照。

来の防ぎうる健康被害をいかに防ぐか」という点である。本書はそもそも，「法曹だけではなく，公務の分野で活躍することを考えている学生諸君にも役立つ」[23] ことをも期待して執筆されたものであった。読者諸兄姉におかれては，行政法事例問題に取りかかる際にはぜひ，個別行政法の条文や個々の事実関係の背景にある人々の声に耳を傾け，その願いに応えるために求められる行政活動の姿とはどのようなものかといった点についても，一考，二考……を加えてみてほしい。

■ 関連問題

Xは，インフルエンザに罹患したXの子Pが死亡したことについて，服用した独立行政法人医薬品医療機器総合機構法（以下「機構法」という）所定の許可医薬品である抗インフルエンザウイルス剤のオセルタミビルリン酸塩（いわゆる「タミフル」）の副作用によるものであるとして，機構法に基づく医療手当に係る未支給の救済給付・遺族一時金・葬祭料の給付の各請求をしたところ，独立行政法人医薬品医療機器総合機構からいずれも不支給とする旨の決定を受けたため，これを不服として争いたいと考えている。

1　Xは，誰を相手に，いかなる審査を申し立て，また訴訟を提起して争えばよいか。

2　Xは当該被害が医薬品の副作用によるものであると信じているが，裁判上そのことについての立証責任は誰が負うか。またその証明の程度はどの程度のものを要するか。

　　COMMENT　事例で取り上げた予防接種健康被害救済給付は，ワクチン接種による副反応被害の問題であるが，同じく医薬品に起因する健康被害に関する救済給付の制度として，独立行政法人医薬品医療機器総合機構（PMDA）が給付業務を担う医薬品副作用救済給付がある。両者は一見すると似通ったケースを扱っているようにも思えるが，根拠法規も制度の仕組みも異なっているので，機構法の諸規定を確認しつつ検討してほしい（医薬品副作用救済給付の根拠規定は同法16条，不支給決定に関する審査の申立

23）法教391号（2013年）79頁。

については同法35条及び同法施行規則に定めがある）。

　1　医薬品副作用救済給付に係る支給決定に処分性が認められるか。これについては，同給付が一種の見舞金的性格の強い給付と位置づけられること，救済給付の財源は製薬会社等からの拠出金に負っていることを根拠に，かつて一部には処分性を否定する見解も見られたが，裁判実務ではこれをどのように取り扱っているであろうか（たとえば関連問題のモデル事案でもある東京地判平成26・9・18裁判所HPなど参照）。

　2　副作用の被害が「医薬品の副作用」（機構法4条6項）によるものであることの立証責任については，その困難さから，しばしばその負担軽減を望む声が聞かれる論点である（モデル事案における原告の主張も同旨である）。医薬品副作用救済給付の支給決定の授益的処分としての性質及び根拠法規の構造（機構法16条1項が請求権の権利発生事由を定め，同条2項では同請求権の権利障害事由といえる不支給事由について定める），文言等に照らして検討してみよう。証明の程度については，重要な判例は最判昭和50・10・24民集29巻9号1417頁〔東大病院ルンバール事件〕（「通常人が疑を差し挟まない程度に真実性の確信を持ち得るものであること」を要するという）であるが，その上で，機構法中その軽減を図る特別の規定があるか否かなどを確認しておこう。

16 法に基づく提出文書と情報公開

以下の 事例 ,【資料1：K・L・Sの法律事務所の会議録】,【資料2：関係法令】を読んで, 設問 に答えなさい。

事例

　宗教法人N寺は，宗教法人法（以下「法」という）25条4項等の規定に基づき，所定の書類の写しをN寺の所轄庁であるT県知事に提出した。法87条の2は，同25条4項を第一号法定受託事務と規定するが，こうして提出された書類につき情報公開条例等に基づく開示請求があった場合の取扱いについては，「宗教法人法に係る都道府県の法定受託事務に係る処理基準について」（平成16年2月19日付15庁文第340号文化庁次長通知。以下「本件通知」という）が定められており，原則として不開示の取扱いとするよう通知されていた。
　▲年4月5日，T県内に住所を有するBは，T県情報公開条例（以下「条例」という）に基づき，実施機関であるT県知事に対し，N寺の最新及び前年度の規則，役員名簿，財産目録，収支計算書等について開示請求を行った。
　その後の展開として，以下の2つのパターンがあったとしよう。

【パターンA】

　(1) 条例13条1項に基づくT県当局からの意見照会に対し，N寺は開示により支障を生ずる旨回答したが，▲年4月24日，情報公開に積極的で有名なT県知事は，記者会見で部分開示決定を行う見通しを明らかにした。
　(2) ▲年5月10日，T県知事はBに対し，N寺の規則，責任役員名簿及び財産目録並びに通常会計収支計算書（ただし，一部を除く。以下「本件文書」という）について，公文書部分開示決定（以下「本件決定」という）を行った。N寺は，条例9条2項1号及び同条項3号アに違反するなどと主張して，本件決定を争いたいと考えている。

【パターンB】

　(3) N寺の反対意見を踏まえてT県知事が不開示決定をしたとする。そして，申請を拒否されたことを不服としたBが，当該不開示決定の取消しを求めて出

訴したところ，本件文書が書証として提出されるに至った。

> 設問
>
> 1 事例(1)において，開示決定によって情報が広く公表されては非常に困るので，何としても開示を差し止めたいと考えたN寺は，どのような訴訟を提起して争うべきか。K弁護士の立場で，仮の救済も含めて検討せよ。
> 2 事例(2)において，本件決定の適法性を，K弁護士の立場で，主に条例9条2項1号該当性の関連で検討せよ。
> 3 事例(3)において，不開示決定の取消しを求めるBの訴えの利益は消滅するか。

■資料1：K・L・Sの法律事務所の会議録
▲年4月26日の昼下がり――

L弁護士：昨日，宗教法人N寺の代表者のRさんが相談にいらっしゃいましたね。どのような内容でしたか。
S弁護士：はい。今回，T県の意見照会に対する自分たちの回答が無視され開示決定の見通しだということで，Rさんは強く憤っておられました。B氏であろうが誰であろうが，Rさんとしては，法律上も限られた人しか閲覧できない本件文書が開示されては困ると。前にも，情報公開請求をきっかけに「不正蓄財？ 信者とトラブル？？」などと事実無根の記事を書き立てられ，名誉や信用を大きく損なったことがあったので，今回は何としても開示を防ぎたいようでした。知事の記者会見を見てすぐブックオフへ行き立ち読み（！）した『ポケット六法』で行政事件訴訟法を見たら，「差止めの訴え」というのがあったのでこれはどうか，などと熱心におっしゃっていました。
L弁護士：現時点では，まだ開示決定はなされていませんね。この決定が処分であって抗告訴訟で争えることは問題ないですが，今回のT県条例のケースでは，えーっと……，国の情報公開法と同様，開示決定から開示の実施まで少なくとも2週間ありますから，抗告訴訟のどの類型で争うことになりますかね。いずれにしても，情報はいったん公表されたらおしまいですから，仮の救済も含めて検討することが重要です。K君，どうでしょう？
K弁護士：過去の判例も参照しつつ，訴訟要件など条文をよく検討しながら，問題状況に見合った最適な抗告訴訟及び仮の救済を考えることとします。
L弁護士：お願いします。ところでSさん，しかし問題は，開示決定が条例に照らして違法かどうかですよね。

S弁護士：その通りです。確かに本件通知には，「情報公開条例等に基づき法第 25 条第 4 項の規定により宗教法人から提出された書類の開示請求があった場合の取扱い」について，「登記事項等の公知の事項を除き，原則として不開示の取扱いとすること」と記載されており，本件決定はこれに違反しているように見えます。しかし，条例 9 条 2 項 1 号が規定するのは，法令等の他は「実施機関が従わなければならない各大臣等の指示その他これに類する行為」により公にすることができない情報です。公権力の行使に当たる「関与」である是正の指示等であればともかく，地方自治法 245 条の 9 にいう処理基準はそうした関与とは異なります。処理基準にとどまる本件通知がどの程度の拘束力を持つのかが 1 つの問題でしょう。

L弁護士：書架にあった松本英昭先生の逐条解説を見ると，法定受託事務に係る処理基準は，「事務を処理するに当たり『よるべき基準』であり，地方公共団体は，それに基づいて事務を処理することが法律上予定されているものである」[1] とありますね。K 君は，法科大学院において行政法を必修科目として勉強した世代だし，地方自治法にも詳しいはずですよね。この点はどう考えればいいのですか？

K弁護士：うーん，確かに行政法の講義の中でも地方自治法の条文はよく見ましたし，処理基準の語も聞いたことはありますが……。手っ取り早く宇賀克也先生の教科書を見てみると，「対等・協力の関係にある行政主体に対して示されるものである以上，処理基準は法的拘束力を持つものではない」[2] と書かれています。塩野宏先生の教科書でも，「処理基準は，下級行政官庁ではない地方公共団体に対し，直ちに法的義務を課するものではないと解するのが，併立的協力関係論からの帰結である」とあります。でも，そのすぐ後で，「ただし，各大臣は，処理基準に反していると認めるときは，是正の指示をすることがあるという関係にはある」[3] とあります。

L弁護士：人の本を引用するだけじゃ頼りないなあ。それでは，それらの学説を踏まえて検討してみてください。同条号はいわゆる法令秘情報ですから，宗教法人法との関係でもよく検討してください。

S弁護士：しかし，情報公開条例は自治事務のはずですよね。その運用についてまで国が処理基準で定めていいものなのでしょうか。松本先生の逐条解説では，情報の管理自体が法定受託事務と考えられるもの（たとえば戸籍簿），その情報の管理が法定受託事務の処理と密接不可分の関係を有するもの（たとえば法定受託事務の処理について決裁中の文書）などがあり，これらの情報の管理については各大臣が処理基準の中でその取扱いについて定めることも可能であるとありますが[4]，およそ情報の管理に関する問題であっても，戸籍簿や法定受託事務関連で決裁中の文書の取扱いと，本

---

1) 松本英昭『新版逐条地方自治法〔第 8 次改訂版〕』（学陽書房，2015 年）1136 頁。
2) 宇賀・地方自治 386 頁。
3) 塩野・行政法Ⅲ 245 頁。
4) 松本・前掲注 1)1138 頁。

来的に自治事務である情報公開条例上の開示・不開示の取扱いの問題とでは，問題の性質は大きく異なる気もします。

L弁護士：おっしゃる通りだと思いますが，ここではその論点には深入りしないでおきましょう。まずは先ほどの2点，N寺が争う場合の最適な訴訟類型・仮の救済の問題と，処理基準に反する開示決定の違法性の問題を検討することとします。K君，それぞれ見解をまとめた報告書を作って，明日までに私に提出してください。法人情報該当性のところは後ほど検討するので無視しても結構です。

資料2：関係法令

宗教法人法（昭和26年4月3日法律第126号）

（財産目録等の作成，備付け，閲覧及び提出）
第25条① 宗教法人は，その設立（合併に因る設立を含む。）の時に財産目録を，毎会計年度終了後3月以内に財産目録及び収支計算書を作成しなければならない。
② 宗教法人の事務所には，常に次に掲げる書類及び帳簿を備えなければならない。
　一 規則及び認証書
　二 役員名簿
　三 財産目録及び収支計算書並びに貸借対照表を作成している場合には貸借対照表
　四 境内建物（財産目録に記載されているものを除く。）に関する書類
　五 責任役員その他規則で定める機関の議事に関する書類及び事務処理簿
　六 第6条の規定による事業を行う場合には，その事業に関する書類
③ 宗教法人は，信者その他の利害関係人であって前項の規定により当該宗教法人の事務所に備えられた同項各号に掲げる書類又は帳簿を閲覧することについて正当な利益があり，かつ，その閲覧の請求が不当な目的によるものでないと認められる者から請求があったときは，これを閲覧させなければならない。
④ 宗教法人は，毎会計年度終了後4月以内に，第2項の規定により当該宗教法人の事務所に備えられた同項第2号から第4号まで及び第6号に掲げる書類の写しを所轄庁に提出しなければならない。
⑤ 所轄庁は，前項の規定により提出された書類を取り扱う場合においては，宗教法人の宗教上の特性及び慣習を尊重し，信教の自由を妨げることがないように特に留意しなければならない。
（事務の区分）
第87条の2 ……第25条第4項，……の規定により都道府県が処理することとされている事務は，地方自治法（昭和22年法律第67号）第2条第9項第1号に規定する第1号法定受託事務とする。

T県情報公開条例

（開示義務）
第9条② 実施機関は，開示請求に係る公文書に次の各号に掲げる情報のいずれかが含まれている場合には，……当該開示請求に係る公文書を開示しないものとする。
(1) 法令若しくは条例（以下「法令等」という。）の規定又は実施機関が従わなければならない各大臣等の指示その他これに類する行為により公にすることができない情報
(3) 法人その他の団体（国，独立行政法人等，地方公共団体，地方独立行政法人及び公社を除く。以下「法人等」という。）に関する情報又は事業を営む個人の当該事業に関する情報であって，次に掲げるもの。
 ア 公にすることにより，当該法人等又は当該個人の権利，競争上の地位その他正当な利益を害するおそれがあるもの

（第三者に対する意見書提出の機会の付与等）
第13条① 開示請求に係る公文書に県以外のもの（以下「第三者」という。）に関する情報が記録されているときは，実施機関は，諾否決定をするに当たって，当該第三者に対し，開示請求に係る公文書の内容その他実施機関の定める事項を通知して，意見書を提出する機会を与えることができる。
③ 実施機関は，前2項の規定により意見書の提出の機会を与えられた第三者が当該公文書の開示に反対の意思を表示した意見書（以下「反対意見書」という。）を提出した場合において，開示決定をするときは，開示決定の日と開示を実施する日との間に少なくとも2週間を置かなければならない。この場合において，実施機関は，開示決定後直ちに，反対意見書を提出した第三者に対し，開示決定をした旨及びその理由並びに開示を実施する日を書面により通知しなければならない。

宗教法人法に係る都道府県の法定受託事務に係る処理基準について
（平成16年2月19日付15庁文第340号文化庁次長通知）

　宗教法人には，所轄庁が文部科学大臣であるものと都道府県知事であるものがあり，所轄庁における規則の認証の基準及び所轄庁に提出された書類の取扱い等について，統一的に取り扱われる必要があることから，宗教法人法（以下「法」という。）に係る都道府県の法定受託事務の処理について，地方自治法第245条の9第1項の規定に基づき，都道府県が当該事務を処理するに当たりよるべき基準について，下記のとおり定めましたので通知します。ついては，当該事務の処理に当たっては，この基準によることとするとともに，宗教法人の宗教上の特性及び慣習を尊重し，信教の自由を妨げることがないように特に留意の上，遺漏のないようにお願いします。
　なお，この基準は，宗教法人に関する事務の処理に係る従前の通達及び通知を踏まえて定めたものであることを申し添えます。

記

第2 事務所備付け書類の写しの所轄庁への提出及びその取扱について（法第25条第4項関係）
2 情報公開条例等に基づき法第25条第4項の規定により宗教法人から提出された書

類の開示請求があった場合の取扱いについては，当該書類が宗教法人の内部情報であり，法第25条第3項に規定する閲覧請求権者が，閲覧することについて正当な利益があり，かつ，不当な目的をもたない信者その他の利害関係人に限定されている趣旨及び法第25条第5項の規定を踏まえると，当該情報の開示により当該宗教法人及びその関係者の信教の自由が害されるおそれがあることから，登記事項等の公知の事項を除き，原則として不開示の取扱いとすること。

● CHECK POINT

① 情報公開制度における不開示事由
② 差止訴訟と取消訴訟の関係
③ 地方公共団体の事務の性質と国との関係
④ 狭義の訴えの利益の消滅

● 解説

I　はじめに——本問の趣旨

　本問では，情報公開条例をめぐる事案を取り上げる。行政法の科目では，「行政過程論」の一内容として「情報公開・個人情報保護」の項目が用意されており，行政機関情報公開法を中心に，行政機関における情報公開制度の存在理由及び情報開示請求権の仕組みを，行政機関個人情報保護法を中心に，個人情報の取扱い及び自己情報開示・訂正等請求権の仕組みを，それぞれ具体的に理解することが求められている。さらに「行政法の基本原理」の中でも，法律による行政の原理や適正手続の原則と並んで，「説明責任の原則」は重要な位置を占めている。行政法の学習の中で，情報公開法制の重要性は質量ともに大きいといえる。

　もっとも，今回の事案では，開示請求対象文書は，法 25 条 4 項の規定により宗教法人から提出された書類であり，その取扱いについて地方自治法に規定のある「処理基準」が定められている。「行政法では，個別法の規定の検討と理論的な思考を，バランスよく行うことが求められる」[5] が，本件でも，当該情報公開条例の規定だけを読んで答えを導こうとするのでは全く不十分であって，宗教法人法という個別法の規定やその趣旨を丁寧に検討しながら，かつ，地方自治の基本理念などをも踏まえながら，適切な解釈論を行うのでなければならない。

---

5) 橋本博之「〔行政法入門〕法律による行政の原理・法の一般原理」法セ 652 号（2009 年）13 頁以下〔15 頁〕。

今回の事例は、鳥取県情報公開条例の適用が問題となった鳥取地判平成18・2・7判時1983号73頁［地方自治百選18事件］、その控訴審である広島高松江支判平成18・10・11判時1983号68頁[6]を下敷きとしているが、事実関係については一部大きく改変している。

II 設問1 について

1 訴訟類型の選択[7]
(1) 開示を差し止めたいなら差止訴訟？
N寺代表者のR氏の願いは、何としても本件文書の開示を差し止めたい、未然に防ぎたいという点にある。そのため、素人ながらに熱心に[8]六法を紐解き、「差止めの訴え」（以下、「差止訴訟」という）はどうか、と問うてきた。しかしここは、法律家としては落ち着いて考える必要がある。「状況の如何によっては」[9]差止訴訟も提起できる可能性はあるが、開示決定後の取消訴訟及び執行停止を用いても、開示は十分に防げるからである。

差止訴訟とは、行政庁が一定の処分をすべきでないにもかかわらずこれがなされようとしている場合に、当該処分をしてはならない旨を命ずる訴訟である（行訴3条7項）。義務付け訴訟が現状の改善を目的とするのに対し、こちらは現状の悪化防止が目的である。行訴法37条の4が定める訴訟要件としては、「一定の処分又は裁決がされることにより重大な損害を生ずるおそれがある場合」（損害の重大性）、「その損害を避けるため他に適当な方法があるとき」（補充性）の各要件と、原告適格（取消訴訟の定めと同様に「法律上の利益」が必要で、解釈指針として行訴9条2項を準用する）がある。本件で問題となるのは、損害の重大性である。

(2) 損害の重大性
差止訴訟の訴訟要件の1つとして、当該処分がされることにより「重大な損

---

6) 磯部哲「判批」地方自治百選32頁以下参照。
7) 事例⑧ほかでも扱われている論点である。
8) もっとも、『ポケ六』を当てずっぽうに立ち読みしただけで「熱心」であるとまで評してよいかは議論があろう。
9) 塩野・行政法I 372頁。

害を生ずるおそれ」があることが必要であり（行訴37条の4第1項），その有無の判断に当たっては，損害の回復の困難の程度を考慮するものとし，損害の性質及び程度並びに処分の内容及び性質をも勘案するものとされている（同条2項）。

差止訴訟は，取消訴訟と執行停止では十分な救済を図れない場合があることから法定されたものであるから，「行政庁が処分をする前に裁判所が事前にその適法性を判断して差止めを命ずるのは，国民の権利利益の実効的な救済及び司法と行政の権能の適切な均衡の双方の観点から，そのような判断と措置を事前に行わなければならないだけの救済の必要性がある場合であることを要するものと解される」（最判平成24・2・9民集66巻2号183頁［百選Ⅱ-214事件］）。そうした立法趣旨からすれば，処分前の差止訴訟は例外的で，当該処分後の取消訴訟を提起することを原則的かつ優先的な争訟手段と解するべきであろう10)。前掲最判平成24・2・9もその理を認め，重大な損害を生ずるおそれがあると認められるためには，その損害が，取消訴訟・執行停止等の事後の方法により「容易」に救済を受けられるものではなく，事前差止めによらねば救済を受けることが「困難」なものであることを要するとした上で11)，一連累次の懲戒処分により生ずる損害の回復の困難の程度等の総合考慮を経て，要件該当性を判断していたところである。

本件は，前掲最判平成24・2・9のような不利益処分の事案ではなく，Bに対して申請認容処分が出ると，第三者N寺が損害を受けると主張している事案であるが，ここでもまずは，処分後に取消訴訟を提起するのではN寺にとって十分な救済を図ることが困難かどうかを問題にする必要がある。開示決定の直後に開示をされるおそれがあったり，あるいは条例所定の通知がされなかったりするのであれば，当該第三者は開示を差し止めるべく争うことは「困難」になってしまうが（そのような場合であれば，差止訴訟が有用となろうか），本件条例13条は，行政機関情報公開法13条と同じく，第三者による意見書提出の機会の付与の規定を置き，開示決定から開示の実施まで少なくとも2週間を置

---

10) 橋本・要説125頁。
11) 藤田・総論458頁以下は，「『重大な損害を生ずるおそれ』があると認められる場合とは如何なる場合かにつき，最高裁がこの判旨部分によって「一般的基準を示し，差止訴訟の取消訴訟に対する副次性を明らかにした」という。

くことで，その間に行審法に基づく不服申立てや取消訴訟を提起することを可能にしている。第三者の争訟の機会が実質的に保障されており，今回の事案では，差止訴訟を選択することはできないと思われる。

(3) 若干の留意点
(ア)補充性との関係

差止訴訟は，「その損害を避けるため他に適当な方法があるとき」には提起できない（補充性）が，同要件は行訴法37条の4第1項但書で規定されており，ごく例外的な場合に限られると解されている。差止めを求める処分の前提となる先行処分があり，先行処分の取消訴訟を提起すれば後行処分をすることができなくなる仕組みが法令上定められているような場合である[12]。処分後の取消訴訟及び執行停止で実効的な権利救済を図ることができるかどうかという観点は，先に見たように損害の重大性の要件で考慮すべきであり，補充性の要件の中で考慮するのは妥当でない。

(イ)「少なくとも2週間」（条例13条）

もし条例13条の通知がのんびりぎりぎりに届くようでは，上記の争訟機会を保障しようとする条例の趣旨は没却されてしまうので，同条3項に規定する「開示決定後直ちに」の文言は，「即時に」，「間をおかずに」の意味で読むべきである。申請に対する認容処分を早く得たい開示請求者の利益に配慮して，迅速な開示を実現することは肝要であるが，他方で，開示決定を争いたい第三者からすれば，2週間以内に準備をせよというのは，実質的に不服申立期間（原則として60日。行審14条1項・45条）及び出訴期間（原則として6か月。行訴14条1項）を大幅に短縮する効果を持つものでもある[13]。実務上は，開示決定通知が遅延して争訟の機会を実質的に損なうことがないよう，十分に留意する必要があろう。

2　執行停止の可能性

第三者の情報が記録されている行政文書が開示されると，当該第三者に不利

---

12) たとえば，国税徴収法90条3項により第2次納税義務者が納付告知の取消訴訟を提起すると，その訴訟継続中は当該国税につき滞納処分ができないとされているので，滞納処分の差止訴訟は補充性を満たさないこととなろう。
13) （行政機関情報公開法13条に関してであるが）参照，宇賀・情報公開142頁。

益になることがありうるので，当該第三者には，取消訴訟の原告適格は認められる。しかし，取消訴訟を提起したとしても，執行不停止原則が採用されている以上，開示決定の効力を停止することはできず，開示の実施日が到来し粛々と開示が実施されてしまっては，取消訴訟の訴えの利益が失われることになりかねない。そこで，本件のようないわゆる逆FOIA（＝第三者の情報を含む行政文書の開示決定に対し，開示により不利益を被る当該第三者が争う構図）の事案においては，開示決定の取消訴訟を提起するとともに，開示決定の執行停止の申立てもしておくべきである。このほか，行審法に基づく審査請求や執行停止の申立て（行審25条）をすることもできる[14]。

　執行停止の積極要件は，本案訴訟の適法な係属と，「重大な損害を避けるため緊急の必要があるとき」である（行訴25条2項。さらに同条4項は，消極要件として，公共の福祉に重大な影響を及ぼすおそれと，本案について理由がないとみえることを定める）。平成16年行訴法改正で，執行停止の要件が「回復の困難な損害」から「重大な損害」に緩和された。かつての「回復の困難な損害」の語は，回復困難性という損害の性質に係る判断のみがポイントと解釈されるおそれがあり，かつ，不可逆性までも想定されるような概念上硬い要件であったので，これを柔軟にし，損害の程度や処分の内容及び性質も考慮するような規定とするために「重大な損害」の文言とし，25条3項の考慮事項を定めたのであった。これにより，個々の事案ごとの事情に即した適切な判断がされることが期待されている[15]。

　本件事案から要素を拾うとすれば，①損害の性質：N寺の損害は財産的評価や事後的な損害賠償になじみにくく，むしろ，条例の不開示条項の定めによって個別的利益として保護される「開示されない利益」への損害は，文字通り回復が困難であるということができる。さらに，②損害の程度：N寺が受けるおそれのあるダメージは社会通念上けっして小さくないし，③処分の内容・性質：N寺の受ける深刻な影響と，迅速な開示を求める申請者の利益とを慎重

---

[14] 情報公開法は不服申立前置主義を採用していないので，行審法による不服申立てを行うことなく直ちに訴訟を提起することも可能である。ちなみに，自由選択主義の例外を定めうるのは形式的意義の法律だけであり（行訴8条1項），情報公開条例で不服申立前置を定めることはできない。条例に基づく各種決定が処分である以上，一般概括主義をとる行審法のもとでは当然に出訴が許されなければならない。

[15] 橋本・要説143頁。

に比較考量すれば，自ずと答えは明らかではないか。これらを総合判断すれば，やはり一度出てしまっては「見なかったことにしてくれ」とはできない情報の本来的特徴を重視して，執行停止は認められるものと思われる。

III 設問2 について

1 処理基準との関係
(1) 問題の所在

条例9条2項1号は，①「法令等」と並んで，②「実施機関が従わなければならない各大臣等の指示その他これに類する行為」により公にすることができない情報を，不開示情報と定める。このうち，①と本件決定との関係は，後に宗教法人法の解釈問題として論じるので（III 2参照），以下まずは②との関係で，処理基準である本件通知がこれに該当するかを考察しよう。

処理基準である本件通知に反する開示決定の適法性如何という本設問は，あるいはなじみがなくてピンとこないかもしれない。いわば「現場対応型」の問題であるが，条文及び資料を丹念に読めば，(a)処理基準は法定受託事務について定めるものであること，(b)本件では，法25条4項が法定受託事務とされているが，①同条項に規定された提出書類の受付事務と提出された書類の管理事務をどう区別するか，後者は法定受託事務か否か，②書類管理事務に情報公開条例に基づく事務も含めてよいか，③処理基準で情報公開条例上の対応を定めてよいか，については議論があること，(c)処理基準の定めはT県知事を拘束するか，すなわち，法令等と同列に扱ってよいかが問われていること，などの諸論点は明確に読み取っていただけるであろう。設問2 は，このうち主に(c)を聞くものである。

(2) 処理基準の法的効果（拘束性）――肯定／否定のロジック

本問のモデル事案の1審判決は，処理基準について「法的拘束力を有する一般的基準」という表現を用いていた。一方，控訴審判決は，処理基準の法的拘束力については言及しなかったが，特段の理由を示すことなく，同処理基準を条例所定の「指示その他これに類する行為」に該当すると判断した。松本・前掲注1)の逐条解説も，読み方によっては処理基準の拘束力を肯定するかのようである。本件書類は信教の自由に特に配慮して取り扱うことが要請されてお

り(法25条5項[16])、全国的に(本件通知の言葉を借りれば)「統一的に取り扱われる必要」がある事務であること、あるいは、情報の取扱いという事務の性質上、是正の指示等の事後的な関与を待つのでは不十分であることなどから、処理基準の拘束性を認め、条例9条2項1号該当性を肯定していく筋もあるであろうか。

他方で、機関委任事務[17]時代の通達が衣替えした(だけの)処理基準も少なくないのが実情であって、処理基準が従前通りの通用力を持つのでは新たな国・地方関係のあり方として妥当でないなどとして、資料に掲げられた諸学説同様、処理基準の拘束力を否定する筋も有力であろう。「統一的に取り扱われる必要」があるとしても、それは是正の指示等の段階で実現できていればよいという判断のほか、そもそも会議録にあったように、情報公開条例に基づく事務について処理基準的なものを定めること自体が不適切だという見解もありうる[18]。かかる見地からすれば、処理基準を法令と同列に位置付け、本件通知により不開示が義務付けられるとの結論には賛成できないこととなろう(条例9条2項1号該当性を否定)。いずれの立場でも、説得的な論を展開できていればよい。

(3) **運用上の工夫**

行政文書の管理は本来地方公共団体の自治事務であるとすれば、法定受託事務に伴い作成又は取得した文書であっても条例の対象となる。したがって、その開示・不開示の判断も、実施機関の責任において行われるべきものである。法令秘情報の中で処理基準をどのように位置付けるかについては、各地方公共

---

16) その趣旨は、提出書類が宗教活動の事務的・財産的表現等であることを含む場合が少なくないからである。参照、渡部蓊『逐条解説宗教法人法〔第4次改訂版〕』(ぎょうせい、2009年) 216頁。

17) 平成11年の地方分権改革で廃止された制度である。都道府県知事を国の機関である主務大臣の指揮監督に、市町村長を国の機関としての知事の指揮監督に服するものとして、国の事務を執行させる仕組みであったが、住民によるコントロールが及ばず、地域の自主性・創造性を大きく損なう点などが批判の対象とされた。かつて機関委任事務であったものは、現在、事務自体の廃止、国の直接執行事務、自治事務、法定受託事務に振り分けられている。櫻井=橋本・行政法55頁以下等、行政法の概説書でも取り上げられている基本的な知識である。

18) 自治事務について処理基準的なものを策定する必要がある場合には、法律又はこれに基づく政令で定めるのが本来の姿である。しかし、その際にも、「国は、地方公共団体が地域の特性に応じて当該事務を処理することができるよう特に配慮しなければならない」(自治2条13項)。

団体の条例の規定ないし解釈運用の基準等の中で，その範囲を明確にする様々な工夫が見られている[19]。そういう観点からは，そもそも「その他これに類する行為」（条例9条2項1号）というあいまいな規定の仕方自体が問題であるという批判も十分可能だと思われる[20]。

2 宗教法人法の解釈から

条例9条2項1号のようないわゆる法令秘情報の規定は，行政機関情報公開法にはない。条例は，法令に違反しない限りにおいて制定することができるのであり（憲94条，自治14条1項），法令上，明らかに公開することができないものとされている情報を条例に基づき開示するわけにはいかないので，両者の平仄を合わせる観点から置かれる規定である。明文の規定をもって公開が禁止されている情報に限るべきではなく，法令等の趣旨，目的からみて公開することができないと明らかに認められる情報であれば，それもまた法令秘情報と解することができるであろう。

法25条3項は，閲覧することについて正当な利益があり，かつ，その閲覧の請求が不当な目的によるものでないと認められる者に限って，閲覧を認めている。たとえば，平成7年宗教法人法改正の際の国会答弁では，(a)「プライバシー」性，(b)機関委任事務，(c)宗教法人法の限定的閲覧の仕組みの諸点を踏まえ，慎重な取扱いを期する旨が述べられていた[21]。(b)の事情は今や参酌しようもないが，それ以外の要素（(a)は法人情報該当性でも考慮されよう）を踏まえると，閲覧を制限する法の規定の解釈との抵触を避けるため，条例に基づく文書の開示が制限されることはありうるであろう。

---

19) 詳細は，参照，磯部哲「法定受託事務と処理基準の意義をめぐって――宗教法人財務情報開示決定取消請求事件」自治総研372号（2009年）42頁以下〔55頁以下〕。
20) 同旨，人見剛「国の通達と自治体の法令自主解釈権」北海道自治研究458号（2007年）1頁，同「分権改革と自治体政策法務」ジュリ1338号（2007年）96頁〔99-100頁〕。地方自治体の自主立法権のあり方こそが問われているとの人見教授の指摘は妥当である。
21) 参議院宗教法人等に関する特別委員会（平成7年12月1日）における質疑より。

Ⅳ 設問3 について

(1) 問題の所在

　訴訟制度を利用し本案判決を得るためには，当該請求の当否につき裁判所が判断するだけの客観的利益ないし必要性がなければならない。これが「(狭義の）訴えの利益」の問題である。その判断にあたっては，原告の個別的な利害状況や法律の仕組みとの組合せに応じて多様な現れ方をする，「具体的な四囲の状況」[22]に着目する必要がある。とりわけ，「処分後の事情」によって訴えの利益が消滅するかどうかについては，たとえば(a)訴訟係属中の処分の取消し・変更，(b)期日・期間の経過，(c)法令の改廃，(d)処分の執行，(e)工事の完了，(f)処分後の事情変更による侵害状態の解消，(g)その他権利利益の回復可能性が問題となる場合等々に分類した上で[23]，様々な事案を学ぶことになる。

　本件事案は，不開示決定によって当該情報を知る権利が侵害されたなどとして争っていたところ，当該文書が書証として提出されたことによって，処分の取消しを待つまでもなく権利利益が回復したことになり，訴えの利益が消滅したかが問題になるケースである。保安林指定解除処分の取消しを求める訴えの利益が，代替施設の設置により洪水・渇水の危険が解消された場合には消滅するとした最判昭和57・9・9民集36巻9号1679頁［百選Ⅱ-182事件］と同じパターン（上記(f)）といってよい。

(2) 判例から

　公文書非公開決定の取消訴訟係属中に，被告が当該公文書を書証として提出した場合に，同非公開決定の取消しを求める訴えの利益が消滅するかについて，最判平成14・2・28民集56巻2号467頁は，訴えの利益は消滅しないと判示している。

　同最判は，愛知県公文書公開条例に係る事案であるが[24]，同県条例が請求者の知・不知によって情報公開手続の利用を制限することなく，広く公文書の

---

[22] 最高裁判所事務総局編『続々行政事件訴訟十年史』（法曹会，1981年）127頁。
[23] 以上の整理の詳細については，参照，条解行訴312頁以下［定塚誠＝澤村智子］。
[24] 情報公開事件の諸判決の射程を考える際には，事件ごとに適用法令・条例及びその規定ぶりは区々なので，当該法令・条例の趣旨や文言を踏まえて検討する必要があることに留意されたい。

閲覧又は写しの交付という公開方法を定めていることに鑑みて，所定の手続を利用して公文書の開示を受ける利益を保障する趣旨と解したのであった。したがってたとえば，かつて開示決定を得るなどして内容を知っている文書について再度開示請求をした場合であっても，処分庁としては不開示事由に該当しない限り当該公文書の開示決定をしなければならないことになる。本件の条例においても，開示請求者はこの意味で法律上の利益を有するであろうから，請求に係る公文書の不開示決定の取消訴訟において当該公文書が書証として提出されたとしても，当該公文書の不開示決定の取消しを求める訴えの利益は消滅するものではないと解するべきであろう。

V 結びに代えて

最後にもう少し，以下の【資料3：別件】を通して考えてみよう。

資料3：別件

S弁護士：もう1点よろしいでしょうか。実は，同じく宗教法人関連ということでたまたま相談を受けていた「別件」があるのですが，T県及び隣のS県に境内建物を備える法人Zが，宗教法人としての認証を申請し認証されたのですが，その後直ちに，Zには宗教団体としての実態がないことが判明したと。所轄庁は係る事案には厳正に対処する方針のようで，すでに聴聞手続を終えて認証の取消処分を行ったようなのですが，Zとしては同処分に対する取消訴訟を提起したいということでした。
L弁護士：（いくら締切りに追われた急ごしらえの演習問題でも，そこまで都合よく宗教法人法の案件が重なるなんてことはなさそうですが……）その場合は取消訴訟を提起することとして，処分性も原告適格も問題なさそうですね。あ，不服申立前置はどうなのかな。誰に対してどのような不服申立てをする必要があるのかどうか。N寺とは所轄庁が違うことになりそうですか？　仕組み解釈を学んできた世代のK君なら丁寧に条文を確認してくれることでしょう。この際，一緒によろしくお願いします。

〔参考条文〕

宗教法人法

（認証の取消し）
第80条① 所轄庁は，第14条第1項又は第39条第1項の規定による認証をした場合において，当該認証に係る事案が第14条第1項第1号又は第39条第1項第3号に掲げる要件を欠いていることが判明したと

きは，当該認証に関する認証書を交付した日から1年以内に限り，当該認証を取り消すことができる。
⑦　第1項の規定による認証の取消しについては，行政手続法第27条第2項の規定は，適用しない。〔本項の規定は平成26年6月13日法律第69号によって削除された〕

行政手続法

（不服申立ての制限）
第27条②　聴聞を経てされた不利益処分については，当事者及び参加人は，行政不服審査法による異議申立てをすることができない。……〔本項の規定は平成26年6月13日法律第69号によって削除された〕

　この【資料3】の問題は，本問を法学教室誌に掲載した当時の行審法及び行手法を念頭に，最後のまとめのために付け加えたものであった（紙幅の限界もあり，関連条文は各自ご参照を願う）。平成26年の両法改正によって関連規定は大きく変容しているので，現規定との相違点に注意しながら以下を読んで頂きたい。
　法5条は，主たる事務所所在地を管轄する知事を所轄庁とする一方，他の都道府県内に境内建物を備える宗教法人など一定のものについては文部科学大臣が所轄庁となる旨を定めている。上記「別件」事案における認証取消処分は法80条1項に基づくものであるが（処分の根拠規定をまずきちんと確認しよう），同処分については不服申立前置が求められているので（法87条・80条の2），これを訴訟で争うためには正しい不服申立てを経ることが必要となる。
　ここでまず確認すべきは都道府県が担う事務の性格であるが，第1号法定受託事務とされている（法87条の2には，同「第80条第1項……の規定により都道府県が処理することとされている事務」があげられている）。したがって，もしN寺が同じ状況になった場合には，所轄庁はT県知事であるので，法定受託事務に係る不服申立ての特別規定である地方自治法255条の2第1項1号により，文部科学大臣に審査請求をすることとなる。平成26年改正前の行審法下においては，法律に特別の定めがなければ，審査請求ができる場合には処分庁（知事）に対する異議申立てをすることはできなかったので（旧行審5条・6条），審査請求に対する裁決を経た上で，取消訴訟を提起することとなったであろう。他方，Zの場合は，所轄庁が文部科学大臣となる。主任の大臣であり，「上級行政庁があるとき」からは除かれ区別されるので（同5条1項1号），特別の規

定がない以上，処分庁（大臣）に対する異議申立てしか選択できなかったが，本件は聴聞を経てなされた不利益処分であるから，平成26年改正前の行手法27条2項によって異議申立ては排除されることとなりかねない。そこで，旧行審法による異議申立ての制度があった当時の法では，所轄庁が知事である場合に審査請求が認められることとの均衡に配慮して，かかる場合にも異議申立てを認める特例規定（法80条7項）を置いていたのであった。結論的には，処分庁（大臣）に対する異議申立てを行い，それに対する決定を経て，取消訴訟を提起することとされていたのである[25]。

このように，所轄庁が知事と大臣に分かたれうる法の仕組みにおいては，制度運用上の不均衡を回避する措置を要すること，言い換えれば（再び，本件通知の言葉を借りると），「統一的に取り扱われる必要」のある事柄は確実にあるということである。それでは，本件のような情報公開のあり方は，どこまで「統一的に取り扱われる必要」があるであろうか。どこまでは法律によって規律されるべきか，処理基準等で国が自由に「処理」してよいのか[26]，あるいは地域の独自性をどのように尊重すべきなのか。地方自治行政を素材とした事例問題を前にしたら，ぜひこうした視点も加味しつつ検討するようにしてほしい。

---

[25] 繰り返すが，「別件」に対する以上の解答は平成26年改正前の法，行審法及び行手法を前提にしたものである。行審法改正後の現在の対応としては，所轄庁が知事の場合でも大臣の場合でも，それぞれ審査請求を選択することとなる（審査請求への原則一元化）。N寺に関しては所轄庁がT県知事で，これには上級行政庁がないものの，法定受託事務に係る仕組みによって文部科学大臣に審査請求をすることに変わりはなく（行審4条1項の「法律……に特別の定めがある場合」に該当する），所轄庁が文部科学大臣となるZの場合は，行審法4条1項1号によって，当該処分庁である文部科学大臣に対して審査請求をすることとなる。なお，再調査の請求は個別の法律に定めがある場合に限り認められるが（同5条），宗教法人法には係る定めはない。法定受託事務に係る裁定的関与として行われる審査請求審理の前段階において，処分庁である都道府県に対する再調査の請求が認められている例には，公害健康被害の補償等に関する法律106条1項がある。

[26] たとえば，全国学力・学習状況調査結果の開示請求に対する不開示決定が各地で争われ，情報公開審査会答申や諸判決で判断が分かれて議論になっていることなどは周知であろう。これも，情報公開条例の運用と（処理基準でさえない）国の非公開通知の関係が問題となった事例である。参照，磯部哲「判批」自治総研404号（2012年）54頁以下，中村誠「全国学力調査結果の情報公開に関する判決及び情報公開審査会答申の論点」岡山大学法学会雑誌63巻2号（2013年）342頁以下。

■ 関連問題

1　上記の事例において，開示請求対象文書の条例9条2項3号（法人情報）該当性を検討しなさい。

2　Xは，A県情報公開条例に基づいて，同県教育委員会に対して，文部科学省が全国の小学校6年生及び中学校3年生を対象にして行った平成◆年度全国学力・学習状況調査の結果のうち，A県内市町村別及び学校別データが記載された行政文書の公開請求を行ったところ，同条例8条1項4号該当を理由として非公開の決定を受けたので，当該処分の取消しを求めて争うこととした。文部科学省は，調査結果の取扱いについて，実施要領の中で以下のように述べているが，かかる見解の妥当性及び本件文書の非公開事由該当性について検討しなさい。

文部科学省「平成◆年度全国学力・学習状況調査に関する実施要領」

文部科学省が公表する内容以外の調査結果の取扱い

（ア）文部科学省は，調査結果のうち，公表する内容を除くものについて，これが一般に公開されることになると，序列化や過度な競争が生じるおそれや学校の設置管理者等の実施への協力及び国民的な理解が得られなくなるなど正確な情報が得られない可能性が高くなり，全国的な状況を把握できなくなるなど調査の適正な遂行に支障を及ぼすおそれがあると考えられるため，行政機関の保有する情報の公開に関する法律（平成11年法律第42号）第5条第6号の規定を根拠として，同法における不開示情報として取り扱うこととする。

（イ）教育委員会等は，文部科学省から提供を受けた調査結果のうち公表する内容を除くものについて，上記（ア）を参考に，それぞれの地方公共団体が定める情報公開条例に基づく同様の規定を根拠として，情報の開示により調査の適正な遂行に支障を及ぼすことのないよう，本実施要領の趣旨……を十分踏まえ，適切に対応する必要があること。

A県情報公開条例

第8条　実施機関……は，次の各号のいずれかに該当する情報が記録されている行政文書を公開しないことができる。

　四　県の機関又は国等の機関が行う取締り，監督，立入検査，許可，認可，試験，入札，契約，交渉，渉外，争訟，調査研究，人事管理，企業経営等の事務に関する情報であって，公にすることにより，当該若しくは同種の事務の目的が達成できなくなり，又はこれらの事務の公正かつ適切な執行に著しい支障を及ぼすおそれのあるもの

COMMENT　1　本件文書が，公にすることにより当該法人等の権利その他正当な利益を害するおそれがある情報か否かが問われている。たとえば最判平成6・2・8民集48巻2号255頁は，営業上の秘密やノウハウなど同業者との対抗関係上特に秘匿を要する情報が記録されているか，業者の社会的評価が低下する等の不利益があるかといった視点を示唆した事例であったが，考慮要素は事例に応じて多種多様であるので難しい。関連法令の趣旨，開示請求の対象となった法人の公益性，当該財務関係資料の公知性等も重要であろう。本件事案である宗教法人の財産目録，収支計算書，貸借対照表等は，当該法人の収入や保有資産額の状況が分かる内部資料である。宗教法人法25条の規定の趣旨（もともと広く公開することを予定しているものか否か），公開することにより当該法人の「正当な利益」（必ずしも競争の概念でとらえられない信教の自由なども含む）を害するおそれの有無等，様々な要素を検討してみてもらいたい。

　2　注26)でも触れた，全国学力テストの調査結果開示を巡る問題である。文部科学省が実施要領（通知）の中で情報公開条例上の取扱いについて触れている箇所等を引用している。これによって情報公開条例上の解釈がどのような影響を受けるであろうか。あるいは，序列化や過度の競争のおそれ，実施要領を前提に調査に参加した自治体の信頼低下，あるいは，この調査結果を活用し情報を公表しようとしていたA県内の市町村や学校もあるかもしれず，それらに与える影響なども考慮要素であろう。いかなる理由で開示・非開示を決定すればよいか。国と地方の関係，情報公開制度の趣旨であるアカウンタビリティのあり方といった視点も踏まえて検討してもらいたい。

Rethinking Administrative Law
through Cases

第2部
応用編

道路運送法上の公示をめぐる紛争

以下の 事例,【資料1:B・D・Eの法律事務所の会議録】,【資料2:関係法令】,【資料3:D弁護士のメモ】を読んで 設問 に答えなさい。

事例
(1) Xは,道路運送法(以下,「法」と呼ぶことがある)5条に基づき,一般旅客自動車運送事業の許可を受け,主として,法3条1号ハの一般乗用旅客自動車運送事業(いわゆるタクシーやハイヤーの事業)を営む会社である。Xが許可を受けて営業しているA市とその周辺は,法施行規則5条により,A交通圏として指定されている。A交通圏が含まれる地域を所管する運輸局長Yは,国土交通大臣によって,法に関する監督を行う権限を適法に委任されている。A交通圏では,事業者の規模に違いはあるものの,十数社の事業者がタクシー事業を営んでいる。

Yは,平成25年1月16日,旅客自動車運送事業運輸規則(以下,「運輸規則」と呼ぶ)22条1項に基づき,A交通圏におけるタクシーの乗務距離の最高限度を定める,「一般乗用旅客自動車運送事業における乗務距離の最高限度について」(以下,「本件公示」と呼ぶ)を定め,公布した。本件公示によると,隔日勤務者の運転する最高限度は370kmであり,日勤勤務者の運転する最高限度は280kmであった。

Yは,同年5月から6月にかけて,Xの営業所に対して,巡回監査を行った。その際,運転者の乗務記録を精査したところ一定の運転者につき,本件公示で定められたA交通圏の乗務距離最高限度が遵守されていなかったことがわかった。Xは,監査の後,不利益処分を受けることをおそれ,同年6月下旬に,Xの顧問弁護士であるB弁護士の法律事務所を訪れ,法的な対応につき相談した(【資料1:B・D・Eの法律事務所の会議録】参照)。

(2) Yは,監査によって判明したXの違反が未遵守率20%以上50%未満にあたるとして,行政手続法に基づいて弁明の機会を付与し,適法な理由を付した上で,事前に定められ公にされていた処分基準(以下,「本件処分基準」と呼

ぶ）に従い，法40条に基づいて，同年7月20日付けで，60日車の事業停止処分を行った（以下，「本件停止処分」と呼ぶ）。本件処分基準によると，通常は，Xの違反に対する処分は20日車の停止処分となるが，Xは，これまでに増車を行っていた経緯があったことから，本件処分基準の加重規定によって，3倍に加重されたためである。そこで，Xは，Bと相談した上で，本件停止処分に対して取消訴訟を提起した（以下，「本件取消訴訟」と呼ぶ）。

設問

1　①(1)の段階で，Xは，どのような訴訟を提起して争うことが適切か，また，当該訴訟の訴訟要件は充足しているか，検討せよ。ただし，行政事件訴訟法に規定されている訴訟に限り，仮の救済については検討する必要はない。
　　②上記の訴訟で，Xは，本件公示が違法であることにつき，どのような主張を行うことができるか検討せよ。
2　(2)の段階での本件取消訴訟において，Xは本件停止処分が違法であることにつき，どのような主張を行うことができるか検討せよ。ただし，本件公示が違法であるとの主張は除くものとする。

資料1：B・D・Eの法律事務所の会議録

B弁護士：XにYから監査が入ったということですね。

C（Xの社長）：はい。乗務記録や様々な記録を調べられました。その結果，本件公示の最高限度を超えたことがあるとの記録が見つかってしまいました。

B弁護士：Xの運転者が最高限度を超えた記録が見つかったのですね。

C：違反した運転者は必ずしも意図的に違反していたというわけではありません。しかし，本件公示に違反する運行があったのは事実ですから，この点を争うことは考えていません。私の考えでは，本件公示の最高限度が低すぎるのではないかと思います。少し走ると簡単に最高限度に近くなるので，うちの運転者もいつ限度を超えるのかと気にしてストレスがたまるといっています。また，これまでタクシー事業を行ってきた者の実感としても，運行の安全性を確保するための規制であるとすれば，本件公示の数字は低すぎるのではないかと思っています。

B弁護士：Dさん，本件公示は，隔日勤務運転者と日勤勤務運転者を分けていますが，これはどういう意味でしたか。

D弁護士（Bの事務所の中堅弁護士。道路運送法に詳しい）：隔日勤務とは，タクシー業界の独特の勤務態勢で，休憩は挟みますが，21時間の最大拘束時間で働いて，そ

の次の日は休むというものです。日勤勤務というのは，8時間程度働くという勤務態勢です。
B弁護士：本件公示が，最高限度を定めたのは，何のためですか。
D弁護士：運転者の労働条件を確保することによって，輸送の安全を確保することが主たる目的であると考えられています。タクシー業界では，かつてノルマの達成等のために乱暴な運転をする運転者が見られ，これによって事故が起きることがあったため，これを防ぐために最高限度が設けられたと考えられています。
E弁護士（Bの事務所の若手弁護士）：しかし，営業自体を制限するわけですから，権利に対するかなり強度の制限ですね。憲法違反にはあたらないのでしょうか。
D弁護士：違憲の可能性はあるでしょうが，最高限度を設けて規制することに一定の合理性はあると思いますし，違憲無効とまでいいきるのは難しいのではないかと個人的には考えています。
B弁護士：そうですね。それでは，少なくとも今回は，本件公示による規制が違憲であるとの立場はとらないことにしましょう。ただ，憲法上保障された権利への強い規制なので，その点は必要に応じて考慮しておく必要はあるでしょうね。それで，Dさん，最高限度はどのようにして算定されているのですか。
D弁護士：次の式で算出されています〔下記参照〕。この式のモデルは国土交通省が作ったようですが，各運輸局が実態調査をして，地域ごとに最高乗務距離を定めているとのことです。

| 1日1車当たりの走行可能時間
（最大拘束時間−（日常点検＋点呼・納金＋休憩時間））| × | 地域内におけるタクシーの平均速度
（実態調査から得られたタクシーの平均運行速度）|

= 最高乗務距離

　この式はわかりにくいかもしれませんが，タクシーが走行可能な時間とその平均速度をかけたものと考えていただければよいかと思います。
B弁護士：Cさんからすると，この計算はおかしいのですか。
C：式自体はこんなものだろうと思うのですが，出てくる数字がずいぶん低いように思うのです。
D弁護士：それはわかります。まず，Yは，実態調査から平均速度を出していますが，A交通圏は，冬場にはかなり寒さが厳しく雪が多いせいか，夏場よりタクシーを利用する人が増えるのですね。そのため，冬場は繁忙期で走行距離が伸びます。しかし，Yが実態調査を行ったのは夏場なので，数字が実際よりも低く出やすいはずです。また，本件公示は高速道路については対象から除いていますが，これは，高速道路を

走行すると，短時間でかなりの距離を走ることができますから，一般道の基準で判断するのは適切ではなく，妥当な考え方だと思います。しかし，本件公示は，距離制限の対象から高速道路だけを外していて，それ以外の道路，例えば自動車専用道は一般道と同じく距離制限の対象に含まれています。これも数字が低く出てくる理由の一つなのではないかと思います。
C：それで，数字が低く出ている理由がわかりました。それに，A交通圏には自動車専用道が複数走っているので，うちの運転者もよく使っています。
D弁護士：さらに，日勤勤務と隔日勤務を分けているのは，勤務時間が違うからそれでよいのですが，日勤の場合，昼間の勤務か夜間の勤務かでかなり状況が異なります。夜間勤務の場合，道路がそれほど混雑していませんので，たとえ制限速度に違反していなくても，昼間よりも距離が出ることになると思います。
E弁護士：実態調査に相当問題があったようですね。
D弁護士：ええ。それに，私がYに問い合わせたところ，Yは，実態調査の結果に基づいて，平均速度を時速18.5キロとして計算していました。これ自体は調査に基づく平均値であって誤りではありませんが，実態調査で収集されたデータを詳しく確認しますと，平均時速20km以上のサンプルがかなりあり，地域によっては平均時速が20kmを超えているものが2割から3割は存在しています。これらの平均速度が20kmを超えているタクシーの場合であっても，必ずしも道路交通法上の速度制限には違反していないと考えられますし，これらのタクシーが道路運送法の趣旨に反するような危険な運行をしていたとも考えられません。そうすると，時速が平均速度を超えていても，特に法的には問題のない運行をしているタクシーがかなりの割合で存在していると考えられます。これらの平均値を超えているタクシーの具体的な事情をYが調べたという事実はないとのことです。Yは，平均時速のみで，単純に本件公示の最高限度を算出したと考えられます。
B弁護士：そうすると，まずは，このような本件公示の違法性や問題点を，実態と道路運送法の関連規定に沿って，整理することが必要ですね。
　次に，現時点では，なんら処分はなされていないとのことなのですが，Yから違反の事実の指摘や，改善を行うよう行政指導を行うといった対応はされていますか。
C：今のところは何もありません。もっとも，監査時の運輸局職員の対応から考えて，違反事実については，Yは認識していると思います。もし，処分を受けてしまうと，会社の評判も含めて経営への影響が大きいので，処分の前に法的な対応をお願いしたいと考えています。
B弁護士：では，現時点での法的な対応を検討しましょう。しかし，いずれにせよ，不利益処分がされる可能性も高いと思いますので，その点もあわせて検討しておきましょう。
D弁護士：Bさんからうかがった限りでは，最高限度の未遵守率が，25％くらいとの

ことです。そうすると，本件処分基準にあてはめれば，Xは，今回が初違反なので，20日車の事業停止処分になると思います。
E弁護士：すみません，日車というのはどういう意味でしょうか。
D弁護士：日車というのは，停止処分をする場合，処分を受けて使えなくなる車両の数と，当該車両が使えなくなる日数をかけあわせたものです。
C：20日車くらいなら経営には大きな影響はない処分だろうなと思います。
D弁護士：いいえ。今回は，処分基準の加重基準が適用される場合にあたります。Xは，少し前に増車をしていますので，加重基準に適合し，処分は3倍になります。
C：60日車ですか。そうなると，直ちにうちの会社の経営が立ちゆかなくなるというわけではないのですが，相当の影響を受けることになります。
B弁護士：その加重基準というのがよくわからないのだけど，説明してくれますか。
D弁護士：道路運送法やタクシー関係の法制度は変動が激しいので複雑な制度になっています。メモのかたちで別に資料を作りましたのでご覧ください。加重基準というのは，行政手続法上の処分基準の一部です。タクシー事業を特に注意して監視しなければならない，特別監視地域や特定特別監視地域で，車両数を減少させていない業者や，増車を行っていた事業者については，一定の違反に対する処分を通常よりも重くするというものです。指定された地域での増車を抑制し，車両数を減少させるよう誘導することが，これらの加重の目的であると考えられます。
C：そもそも，そのような加重をすることが，需給調整要件が削除された現在の道路運送法の目的に合致するかどうかは問題になりうるでしょうね。ところで，その特別監視地域や特定特別監視地域は法律で定められたものですか。
D弁護士：いいえ。現在のこれらの地域の指定は法令ではなく，通達によって定められたもので，道路運送法8条の緊急調整地域や，私のメモで触れているタクシー特措法による地域指定とは異なります。
E弁護士：疑問なのですが，停止処分の重さを決めるにあたって，法令にあたらない通達に違反していたという点を考慮してもよいのでしょうか。
D弁護士：それは問題になる点のひとつと思います。Xは，A交通圏が特別監視地域や特定特別監視地域に指定された後に増車を行っていますので，これらの加重基準が適用されるのですが，Xが増車した当時，増車は道路運送法に違反するものではなく，適法に行われていました。後で紹介するタクシー特措法との関係でも問題はありません。やはり，通達に基づく減車や増車の抑制への誘導は，何らかの法的義務をA交通圏のタクシー事業者に負わせるものではなかったと考えられます。
E弁護士：それに，将来Xに対して行われる処分は，運行の安全を目的とした規制への違反が理由ですが，適法に増車したことと運行の安全性には関係があるとも思えないのです。
D弁護士：はい。また，たとえ通達違反が考慮されてよいのだとしても，3倍にも加

重するというのが適切かという問題はありうるでしょうね。
B弁護士：それでは，処分が実際に行われた後は，取消訴訟を提起することになるでしょうが，これまで検討した内容に従って対応を考えることにしましょう。

資料2：関係法令

道路運送法（昭和26年法律第183号）

（目的）
第1条 この法律は，貨物自動車運送事業法（平成元年法律第83号）と相まって，道路運送事業の運営を適正かつ合理的なものとし，並びに道路運送の分野における利用者の需要の多様化及び高度化に的確に対応したサービスの円滑かつ確実な提供を促進することにより，輸送の安全を確保し，道路運送の利用者の利益の保護及びその利便の増進を図るとともに，道路運送の総合的な発達を図り，もって公共の福祉を増進することを目的とする。

（定義）
第2条① この法律で「道路運送事業」とは，旅客自動車運送事業，貨物自動車運送事業及び自動車道事業をいう。
② この法律で「自動車運送事業」とは，旅客自動車運送事業及び貨物自動車運送事業をいう。
③ この法律で「旅客自動車運送事業」とは，他人の需要に応じ，有償で，自動車を使用して旅客を運送する事業であって，次条に掲げるものをいう。

（種類）
第3条 旅客自動車運送事業の種類は，次に掲げるものとする。
一 一般旅客自動車運送事業（特定旅客自動車運送事業以外の旅客自動車運送事業）
　イ 一般乗合旅客自動車運送事業（乗合旅客を運送する一般旅客自動車運送事業）
　ロ 一般貸切旅客自動車運送事業（一個の契約により国土交通省令で定める乗車定員以上の自動車を貸し切って旅客を運送する一般旅客自動車運送事業）
　ハ 一般乗用旅客自動車運送事業（一個の契約によりロの国土交通省令で定める乗車定員未満の自動車を貸し切って旅客を運送する一般旅客自動車運送事業）

（一般旅客自動車運送事業の許可）
第4条① 一般旅客自動車運送事業を経営しようとする者は，国土交通大臣の許可を受けなければならない。
② 一般旅客自動車運送事業の許可は，一般旅客自動車運送事業の種別（前条第1号イからハまでに掲げる一般旅客自動車運送事業の別をいう。以下同じ。）について行う。

（許可基準）
第6条 国土交通大臣は，一般旅客自動車運送事業の許可をしようとするときは，次の基準に適合するかどうかを審査して，これをしなければならない。
一 当該事業の計画が輸送の安全を確保するため適切なものであること。
二 前号に掲げるもののほか，当該事業の遂行上適切な計画を有するものであること。
三 当該事業を自ら適確に遂行するに足る能力を有するものであること。

（輸送の安全等）
第27条① 一般旅客自動車運送事業者は，事業計画（路線定期運行を行う一般乗合旅客自動車運送事業者にあっては，事業計画及び運行計画）の遂行に必要となる員数の

運転者の確保，事業用自動車の運転者がその休憩又は睡眠のために利用することができる施設の整備，事業用自動車の運転者の適切な勤務時間及び乗務時間の設定その他の運行の管理その他事業用自動車の運転者の過労運転を防止するために必要な措置を講じなければならない。

② 前項に規定するもののほか，一般旅客自動車運送事業者は，事業用自動車の運転者，車掌その他旅客又は公衆に接する従業員（次項において「運転者等」という。）の適切な指導監督，事業用自動車内における当該事業者の氏名又は名称の掲示その他の旅客に対する適切な情報の提供その他の輸送の安全及び旅客の利便の確保のために必要な事項として国土交通省令で定めるものを遵守しなければならない。

③ 国土交通大臣は，一般旅客自動車運送事業者が，第22条の2第1項，第4項若しくは第6項，第23条第1項，第23条の5第2項若しくは第3項若しくは前2項の規定又は安全管理規程を遵守していないため輸送の安全又は旅客の利便が確保されていないと認めるときは，当該一般旅客自動車運送事業者に対し，運行管理者に対する必要な権限の付与，必要な員数の運転者の確保，施設又は運行の管理若しくは運転者等の指導監督の方法の改善，旅客に対する適切な情報の提供，当該安全管理規程の遵守その他その是正のために必要な措置を講ずべきことを命ずることができる。

④ 一般旅客自動車運送事業者の事業用自動車の運転者及び運転の補助に従事する従業員は，運行の安全の確保のために必要な事項として国土交通省令で定めるものを遵守しなければならない。

（許可の取消し等）

第40条 国土交通大臣は，一般旅客自動車運送事業者が次の各号のいずれかに該当するときは，6月以内において期間を定めて自動車その他の輸送施設の当該事業のための使用の停止若しくは事業の停止を命じ，又は許可を取り消すことができる。

一 この法律若しくはこの法律に基づく命令若しくはこれらに基づく処分又は許可若しくは認可に付した条件に違反したとき。

二 正当な理由がないのに許可又は認可を受けた事項を実施しないとき。

三 第7条第1号，第3号又は第4号に該当することとなったとき。

道路運送法施行規則（昭和26年運輸省令第75号）

（営業区域）

第5条 法第5条第1項第3号の営業区域は，輸送の安全，旅客の利便等を勘案して，地方運輸局長が定める区域を単位とするものとする。

旅客自動車運送事業運輸規則（昭和31年8月1日運輸省令第44号）

（目的）

第1条 この省令は，旅客自動車運送事業の適正な運営を確保することにより，輸送の安全及び旅客の利便を図ることを目的とする。

(乗務距離の最高限度等)
第22条① 交通の状況を考慮して地方運輸局長が指定する地域内に営業所を有する一般乗用旅客自動車運送事業者は，次項の規定により地方運輸局長が定める乗務距離の最高限度を超えて当該営業所に属する運転者を事業用自動車に乗務させてはならない。
② 前項の乗務距離の最高限度は，当該地域における道路及び交通の状況並びに輸送の状態に応じ，当該営業所に属する事業用自動車の運行の安全を阻害するおそれのないよう，地方運輸局長が定めるものとする。
③ 地方運輸局長は，第1項の地域の指定をし，及び前項の乗務距離の最高限度を定めたときは，遅滞なく，その旨を公示しなければならない。

一般乗用旅客自動車運送事業における乗務距離の最高限度について（本件公示）

運輸規則22条1項の規定による地域及び同条2項の規定による乗務距離の最高限度を，次のとおり定める。
1 指定地域
　　A交通圏
2 乗務距離の最高限度
　(1) 隔日勤務運転者について
　　　370km
　(2) 日勤勤務運転者について
　　　280km
3 適用
高速自動車国道（高速自動車国道法4条1項に規定する高速自動車国道をいう。）を利用した場合には，その距離を控除することとする。
なお，この場合には，高速自動車国道名，走行区間，走行距離，走行時刻，料金を乗務記録に記録することとする。

一般乗用旅客自動車運送事業者に対する行政処分等の基準について（本件処分基準）

法40条の規定に違反した場合の，利用停止処分の基準は，以下のとおりである。

違反行為		基準日車等	
適用条項	違反	初違反	再違反
運輸規則22条1項	乗務距離の最高限度違反		
	① 未遵守率5％未満	警告	10日車
	② 未遵守率5％以上20％未満	10日車	30日車
	③ 未遵守率20％以上50％未満	20日車	60日車
	④ 未遵守率50％以上	30日車	90日車

特別監視地域（特定特別監視地域を含む）に指定された地域内の営業所における一定の違反については，処分日車数を以下のように加重する。
② 基準車両数を特別監視地域（特定特別監視地域を含む）に指定された後に増加させた者による違反については3倍の加重とする。

資料3：D弁護士のメモ

　タクシー事業に関する法規制は改正が激しい。平成12年以降，現在（平成25年夏）までの状況は以下のとおりである。

　平成12年に，道路運送法が改正され，タクシー事業は，免許制から許可制に変更となり，また，新たな事業が当該地域の輸送需要との関係で適切かという，いわゆる需給調整の条項が削除された（法6条参照）。さらに，同改正により，一定の場合に，事業の許可に制限を加える緊急調整地域の指定も定められた（法8条）。したがって，現在の道路運送法に関しては，緊急調整地域に指定された場合のみ，法的に増車が制限されることとなる。しかし，その後，緊急調整地域の指定は，権利制限の程度が高いこともあり，指定が必要な状況となるのを防止するため，通達によって特別監視地域や特定特別監視地域が定められ，同地域では，例えばこれらの地域指定後に増車を行った事業者について監督処分が行われる場合には，増車をしなかった業者と比べて厳しく扱うこととされた。さらに，平成21年にタクシー特措法（「特定地域における一般乗用旅客自動車運送事業の適正化及び活性化に関する特別措置法」）が制定され，同法によって特定地域が指定された場合には，増車を伴う事業計画の変更については認可制になることや，新規参入が厳格化される等の様々な規制が強化されている。さらに，平成25年後半に，タクシー特措法等を改正し，規制を強化することが検討されている。

● CHECK POINT

① 一般的な行為と処分性
② 事実行為の処分性
③ 差止訴訟の訴訟要件
④ 差止訴訟と確認訴訟の関係
⑤ 処分基準の法的な性格

● 解説

I　はじめに

　本問のモデルとしたのは、一連の道路運送法と運輸規則の公示に関する下級審の判決である[1]。具体的には、①名古屋地判平成25・5・31判時2241号31頁、②大阪地判平成25・7・4判例集未登載（平成22(行ウ)58）、③福岡地判平成26・1・14判例集未登載（平成22(行ウ)12）、④札幌地判平成26・2・3判例集未登載（平成22(行ウ)19）である（以下では、それぞれ①判決、②判決等と呼ぶことがある）。もっとも、本問は、特定の判決をモデルとしたわけではなく、これらの事案をいくつか組み合わせて作問している。また、道路運送法に関する行政訴訟は少なくなく、様々な行政法上の論点に関する紛争が見られ[2]、不利益処分に関わる事案だけではなく、値上げ認可に関する事案も含め、個別法の中では判例の多い分野と考えてよいであろう。なお、後の解説でも触れるが、以下の点に注意していただきたい。道路運送法に関する法制度は改正が多いことから、本問では、上記の裁判例において適用された道路運送法の条文に基づいて作問している。また、それだけではなく、ある程度の時間で読者が問題の

---

1)　その他、不利益処分に関する判決として、参考にしたのは、大阪地判平成24・2・3判時2160号3頁である。
2)　本問のような、道路運送法に関する行政訴訟は、平成25年11月8日の衆議院国土交通委員会会議録における国土交通省自動車局長の回答によると、当時、全国で約27件係争中とのことである。会議録については以下参照。http://www.shugiin.go.jp/internet/itdb_kaigiroku.nsf/html/kaigiroku/009918520131108004.htm

検討ができるようにするということも考慮して、処分基準や通達に関しては、かなり変更を加えかつ単純化しているところもある。したがって、本問は、実際の本件公示の公示時期や現行法との関連ではややずれがあり、また、実際に適用されている（あるいは適用されていた）処分基準と内容についてやや齟齬がある点に留意していただきたい。

II タクシー事業に関する法的しくみ

　解説に入る前に、道路運送法に関わる法的なしくみを確認しておこう。基本的には、D弁護士のメモにあるとおりであり、一部重複するが、問題文で取り上げた判決後の状況を含めて解説を補足しておこう[3]。

　平成12年改正以前は、タクシー事業を含む一般乗用旅客自動車運送事業を開業するためには、事業免許が必要とされていた。当時の道路運送法6条1項は、免許基準として、「当該事業の開始が輸送需要に対し適切なものであること」、「当該事業の開始によって当該路線又は事業区域に係る供給輸送力が輸送需要量に対し不均衡とならないものであること」といった、いわゆる需給調整の規定を置いていた。このことから、一般乗用旅客自動車運送事業の免許は、判断の余地を広く認めるものであり、講学上の「特許」であると解する見解も見られた[4]。

　規制緩和の流れを受け、平成12年に道路運送法は大きく改正され、免許制が廃止され、許可制が採用された。そして、タクシー等の事業許可については需給調整に関する要件が撤廃された。もっとも、タクシーの供給力が、輸送需要量に対して著しく過重となっている場合については、緊急調整地域に指定されるとされ（平成12年改正時の法8条）、その場合には新規の許可が禁止される

---

3) 道路運送法の法的なしくみについて、亘理＝北村編著・個別行政法213頁以下［亘理格］参照。また、道路運送法の変遷に関して、福井秀夫「タクシー需給調整措置の法的限界(1)——法と経済分析を踏まえて」自研87巻9号（2011年）33頁以下、松本哲治「職業選択の自由——タクシーの再規制の問題を中心に」同志社法学64巻7号（2013年）691頁以下、日野辰哉「タクシー事業規制における競争自由と公益」法教409号（2014年）49頁以下参照。また、監督処分に関して、平川英子「経済行政における実効性確保の手法——タクシー事業規制を素材として」佐藤英善先生古稀記念『経済行政法の理論』（日本評論社、2010年）171頁以下参照。

4) 園部敏＝植村栄治『交通法・通信法〔新版〕』（有斐閣、1984年）64頁。

等の強い規制がかけられることが予定されていた。しかし，このような緊急調整地域による規制は，その強力な規制による影響が懸念されたため，現実には実施が困難と考えられ，平成13年に通達による特別監視地域の指定がされることとなり，さらに，平成19年にやはり通達によって特定特別監視地域の指定がされることとなった。これらの通達により，一定の減車を行っていない業者や，増車を行った業者に対して，処分時に他の業者に対するより処分を加重するといった厳格な扱いをする対応がとられた。このような対応により，その是非は別として，一定の地域内でタクシーの増車を間接的に抑制しようとしたと考えられるであろう。

その後，規制緩和によるタクシー車両の増加に伴い，事業者の経営や運転手の労働条件に悪影響が生じているとの指摘が行われ，**【資料3：D弁護士のメモ】**にあるとおり，平成21年にタクシー特措法が制定された[5]。タクシー特措法によると，供給過剰の状況等が生じている場合には，国土交通大臣によって特定地域の指定がなされることとされ，同地域においては増車のような事業計画の変更を行う場合には認可制が採用されることになった（道路運送法上の増車は原則として届出制によっていた）。

さらに，本問で設定した時期の後であり，本問とは直接関連はないが，その後，さらに，法改正が行われた。平成25年11月（平成25年11月27日法律第83号）の法改正により（施行は平成26年1月），タクシー特措法が改正され（制度の改正に伴い，法律の名称も少し変更された），それに伴い道路運送法も改正された（例えば，道路運送法8条は削除された）。今回の法改正により，国土交通大臣は，タクシー事業が供給過剰である等の地域を特定地域として指定し，特定地域においては，タクシー事業の新規事業許可及び供給輸送力を増加させる事業計画の変更を禁止することや，供給輸送力を削減しない事業者等に対し，その削減を命ずることができること，特定地域で定められた事業の計画については独占禁止法の適用が除外されることがあること等が定められた。また，運賃においても，一定の地域では，運賃の範囲が指定され（改正後のタクシー特措法16条），その範囲外の場合には変更を命令することができるようになった（改正後のタクシー特措法16条の4第3項）。今回の法改正によって，平成12年

---

5) タクシー特措法について，内田忠宏「タクシー事業の適正化・活性化に向けて」時の法令1857号（2010年）14頁以下。

の規制緩和の流れは変わり，タクシー事業の規制強化が進んだと考えることもできるかもしれない。報道によると，すでに平成25年の改正法に関しては，比較的低い料金で事業を行ってきた業者から複数の行政訴訟が提起されており[6]，その帰趨が注目される。

III 設問1①をどのように考えるか

設問1①では，Bの事務所で会議が行われた時点でのXがとるべき救済手段について検討することになる。ただ，検討すべき点はいくつかの点にわたることから，まずは，問題を考える上での道筋を大まかに解説し，具体的な内容は3以下で，解説する。

1 Xが不服に感じていることは何か

本問で，Xが採用するべき救済手段は何かを考える場合，まず，次の点を確認しておこう。第1に，現時点では不利益処分はなんら行われていないことである。これは，Cが会議録中で明言しているし，問題文からも不利益処分手続が開始されていないことは明らかである。第2に，Xは何に対して最も不服があるのか，あるいは，Xが不安に感じているのはどのような点なのかである。ここでは，第2の点について詳しく見ておこう。

行政訴訟に限らないが，訴訟で争うということを考える場合，はじめに考えるべきことは，原告にあたる者が，何に対して不安や不服を抱いているのか，すなわち，行政訴訟の多くにおいては，原告が何を違法と考えているのかという点である。もちろん，訴訟法上の制約から（これらの制約が妥当かどうかは別として），原告が違法と考えているものを訴訟で直接争うことができないことはありうるのだが，それは次に考えるべき点なのであり，まずは原告が何を問題にしている（問題にしたい）のかをはっきりさせる必要がある。

本問の場合，Cの発言内容を見る限り，乗務距離の最高限度を定めて規制を行うこと自体については，Cはさほど問題とは感じておらず，ただ，本件公示

---

[6] すでに，タクシー特措法の変更命令に対する差止め訴訟が提起され，仮の差止め（行訴37条の5）を認める裁判所の決定が下されている。参照，大阪地決平成26・5・23判例集未登載（平成26(行ク)58〜62），福岡地決平成26・5・28判例集未登載（平成26(行ク)4）。

の定める最高限度が低すぎて不満と考えていることがわかる。そうすると，Cは本件公示に不満なのだから，第1段階で考えるべき救済手段は，本件公示そのものを争う訴訟である。すなわち，本件公示に対する取消訴訟（あるいは無効確認訴訟）を考えることができる。しかし，詳細は3で述べるが，本件公示に対して直接取消訴訟で争うことは，少なくとも処分性に関する現在の判例の理解を前提とする限りは，かなり困難と考えざるを得ないであろう。そうすると，第2段階として他の訴訟の可能性を考える必要がある。このように，処分性がないか，あるいは疑わしいとされる行為の違法性を争う場合には，Xの何らかの権利や地位の確認を求める訴訟による救済を考えることができるであろう。

さらに，本問の場合，CやDが会話中で触れているように，将来，法40条に基づいて不利益処分を受ける可能性が高いことがわかる。具体的には車両の利用停止処分が想定されるとのことであるが，Cとしてはこのような将来の不利益処分にも不安を感じており，これを防止することも望んでいると考えられる。法40条に基づく利用停止処分は，行政処分と考えて差し支えないので，Xの立場からは利用停止処分を差し止める訴訟の提起も想定することができる。

2　設問1①を考える道筋

以上のように，さしあたり，本問では，Xがとることのできる救済手段として，3種類の訴訟を考えることができる。第1段階は，本件公示を直接争う訴訟であり，本件公示に対する取消訴訟を考えることができるであろう。これは，処分性に関する論点を扱うことになり，それほど難しくはない問題である。次に，第2段階については，上で見たように確認の訴えと差止訴訟が考えられる。第2段階については，詳細は次回に解説するが，各訴訟の関係や，それぞれの訴訟の訴訟要件を充足しているのかにつき，複数の解答を想定することができる。モデルとした裁判例を見てみると，もちろん，それぞれの事案の違いもあるのだろうが，①～④判決は，いずれも訴訟類型や訴訟要件について同じ見解を採用しているわけではないことがわかる。いずれにせよ，本問のような事例問題の場合，複数の解答が考えられることは珍しくないし，また，特定の解答を選択したからといって，誤りというわけではない。ただ，注意すべきこ

とは，それが論理的に一貫しているかどうかという点と，選択した解決手段につき，なぜそれを選択したかを自分なりに説明できるかという点である。

さて，考え方の順番は上に示したとおりなので，項を改めて第1段階の本件公示に関する訴訟から順番に考えていくこととする。

3 設問1①について――本件公示に対する取消訴訟について

Xが最も不満に感じているのは，本件公示による乗務距離の最高限度が低いことであった。そこから素直に考えると，本件公示を直接に争う訴訟を考えることになる。

(1) 本件公示に処分性は認められるか――消極的な見解

本件公示に対する直接的な訴訟を考えるとすると，まずは，本件公示に対する取消訴訟の提起が考えられる。そうすると，争点になるのは，本件公示に処分性が肯定されるのかである（本問では，他の訴訟要件には特に問題となる点はない）。したがって，本件公示が，「行政庁の処分その他公権力の行使に当たる行為」（行訴3条2項）かがまず検討されるべきこととなる。一般的に，公示という言葉は，一定の内容を公にすることを意味するもので，公示だからといって，その法的性格が直ちに明らかとなるわけではない。したがって，公示の中身を検討することが必要となる。よく引用されるとおり（例えば①判決が引用しているが），処分とは，かつての最高裁判例によると[7]，「公権力の主体たる国または公共団体が行う行為のうち，その行為によって，直接国民の権利義務を形成しまたはその範囲を確定することが法律上認められているもの」とされ，その具体的な判断基準は，行為の持つ権力的な性格と法的な効果，特に後者については，対外的で具体的な法効果の存在などと整理されることが一般的である。

では，本件公示の法的な性質はどのようなものであると考えられるのであろうか。本件公示は，運輸規則22条1項と2項に基づいて，A交通圏のタクシー事業における乗務距離の最高限度を定め，同条3項に基づいて公示されたものである。本件公示は，A交通圏での乗務距離の限度を具体的に定め，X（や他の事業者）に対して，一定距離以上の乗務をさせてはならないという法的

7） 参照，最判昭和39・10・29民集18巻8号1809頁〔東京都ごみ焼却場事件〕〔百選Ⅱ-156事件〕。

な義務を課すものである。したがって，法的な効果は生じていると考えてよい。また，権力的な性格についても上記の本件公示が行われる過程を見る限り，争いはないであろう。

　しかしながら，本件公示を見れば明らかであるが，本件公示には具体的な名宛人がいるわけではなく，強いて言えば，対象となるのはA交通圏で営業しているすべてのタクシー業者である。また，本件公示の内容も，例えば法令や条例によって定められていてもおかしくないものであり，抽象的一般的な行為であるに過ぎないものと考えられる。そうすると，本件公示に対しては，処分性に欠けるのではないかと考えることができる。モデルとした4判決のいずれもが，このような考え方に従って，本件公示につき処分性を否定している。

(2) **本件公示に処分性は認められるか――積極的な見解**

　もちろんこれに対しては，処分性を肯定する方向で考えることができないわけではない。

　まず，上記の処分性を否定する立場は，本件公示の抽象性を問題にするものであるから，肯定する立場からは，本件公示は実質的には具体的な法効果を有するとの方向で考えることとなる。すなわち，A交通圏におけるタクシー事業者は十数社しかなく，数としては限られており，本件公示は特定の相手に対する行為であって，具体的な性格のものであるとの主張がありえよう。また，従来は，最高限度を上回る営業が可能だったが，本件公示が定められることによって，各事業者に対する営業の制限という具体的な制約がかけられたのであるとの主張も考えられるであろう。

　また，条例制定行為に処分性を肯定した判例が指摘するように[8]，仮に，取消訴訟以外の訴訟が可能であるとしても，処分の取消判決に第三者効（行訴32条）が認められている取消訴訟において，本件公示の適法性を争えることにつき一定の合理性があるとすれば，処分性を肯定すべきとの考え方もありうるであろう。

　しかし，本件公示の定め方は，上で見たように，抽象的で一般的なものである。また，確かに，現在A交通圏で営業している事業者は十数社で，ある程度限定されていると考えられないわけではないが，将来A交通圏に参入して

---

[8] 参照，最判平成21・11・26民集63巻9号2124頁〔横浜市保育所廃止・民営化事件〕〔百選Ⅱ-211事件〕。

くる他の業者にも，本件公示による最高限度は適用される。さらに，後に見るとおり，他の救済手段で本件公示の違法性を争ったとしても，Xの救済という観点からは特に問題は生じず，取消訴訟の提起を認める必要性があるわけではないと考えられる。

　以上の点から，本件公示の処分性は認められない可能性が高く，本件公示に対する取消訴訟は不適法であるとの方向で考えることになるであろう。

4　設問1①について——差止訴訟について

　上で見たように，本件公示を直接取り消すような訴訟の提起は困難という結論になった。そうすると，Xの立場からは，第2段階では，本件公示の違法を前提とし，何らかの権利や法的な地位の確認訴訟や，あるいは，本件公示後に行われる可能性がある本件公示とは別個の行為を争う訴訟を考えることとなる。

　そうすると，本問の場合，まず，第1に，本件公示で定められた乗務距離の最高限度を超えて営業を行うことができる地位の確認を求める訴訟が考えられるであろう。次に，Cが述べているように，本件公示に違反したことを理由として，法40条に基づく車両の利用停止処分を受けることを防止するために差止訴訟を考えることとなる。

　以下では，両訴訟の訴訟要件について検討を行うこととなるが，両訴訟は密接な関係にあることには注意が必要である。というのも，確認訴訟と差止訴訟は，同一の状況で提起できる場合が多いからである。なぜなら，一定の行政処分にあたらない行為が存在し，それが，ある者に一定の義務や負担を課しており，その義務の違反に対して何らかの不利益処分が予定されるという状況は，行政法上の紛争事例ではよく見られることだからである。このとき，当該行為は行政処分でないため，それ自体を争うことができないとすれば，当該行為によって生じる法効果が存在しないとして何らかの地位が存在することを求めるか，あるいは，後続する処分を争うことになる。もちろん，実務的には，そのような場合には，両訴訟を提起することになるのであろう（モデルとした判決はいずれもそうである）。むしろ，既に検討した取消訴訟も含めて，原告の立場から考えうる訴訟をいずれも提起することになる。しかし，理論的な検討を行う場合には，各訴訟につき，一定の整理を与えておく必要がある。

考える順番としてはどこからでもよいが、以下では説明の便宜を考えて、法40条に基づく利用停止処分の差止訴訟から検討していくこととする。その前に差止訴訟の訴訟要件を確認しておこう。差止訴訟の訴訟要件は、第1に、処分の蓋然性である。差止訴訟は、事前に処分をストップさせる訴訟であるから、一定の処分がされようとしていること（行訴3条7項）、すなわち蓋然性が要求される[9]。次に、一定の処分がされることにより重大な損害を生ずるおそれがあることである（行訴37条の4第1項）。その他に、損害を避けるため他に適当な方法があるときは、差止訴訟は提起できないとする補充性（同項）や原告適格（同条第3項）といった訴訟要件も見られる。もっとも、本問の場合には、Xは、法40条に基づく利用停止処分の名宛人となるはずであるから、原告適格についてはその存在は明らかである。なお、補充性要件については、確認訴訟との関係で後に触れる。したがって、本問においては、一定の処分が行われる蓋然性と重大な損害が主として問題になる。では、順次、検討していこう。

(1) **一定の処分がされようとしていること**

まず、「一定の処分」については、どのような処分を差し止めるかをある程度具体化しておく必要がある。裁量が広く認められる場合であれば、行われるべき処分を具体化するのが難しいこともあるが、本問においては、さしあたり、法40条に基づく利用停止処分の差止めを求めるということでよいであろう。

次に、処分の蓋然性が認められるかどうかは、個別の処分の性質によって異なるのは言うまでもない。例えば、申請型の処分であれば、何ら申請やその準備が行われていない場合には、処分の蓋然性があるとは考えにくい。では、本問のように、不利益処分の場合にはどのように考えればよいであろうか。一般に不利益処分の蓋然性については、単なる処分のおそれがあるというだけでは不十分であり、客観的に相当程度の蓋然性が存在することが必要と説明される[10]。客観的に蓋然性がある場合とはどのような場合か、段階を踏んで見ておこう。第1に、不利益処分の要件となるような何らかの義務違反や法令違反が行われたという段階が考えられる。多くの不利益処分においては、これらの法令違反や義務違反が処分の要件とされている（本問の場合、法40条1号参照）。

---

9) 参照、宇賀・概説Ⅱ360頁。
10) 園部逸夫＝芝池義一編『改正行政事件訴訟法の理論と実務』（ぎょうせい、2006年）28頁［市村陽典］。

したがって，不利益処分の要件となる違反行為が行われていることが，まずは蓋然性を根拠づけると考えられる。このように考えると，違反行為がまったく行われない限り，差止訴訟を肯定することは困難という問題が生じるが[11]，そのような場合には，後述する当事者訴訟による救済手段を考えることとなるのであろう。第2に，行政庁が，違反事実を認識し，不利益処分の準備に入った段階である。本問の場合はこの段階にあると考えられる。第3に，不利益処分を行うために，聴聞や弁明の機会の付与といった，行政手続法上の不利益処分手続が開始された場合（例えば，行政手続法15条1項により聴聞の通知が行われた場合）が考えられる。第3段階に到達しておれば，蓋然性が認められることに争いはないであろう。したがって，本問のように，処分庁が違反を認識しているだけで，それ以上何ら行動を起こしていないという，第3段階前でどのように考えるかである。

　第1の解答は，上記の第3段階に到達していないことを理由に，処分の蓋然性はないとして，差止訴訟を不適法とする立場である。以下に紹介するモデルとなった判決の一部と同じように，蓋然性を狭く捉える立場である。第2の解答は，蓋然性を肯定する立場である。蓋然性については，行政庁が処分要件を認識していれば足りるとする立場も見られる[12]。本問においては，確かに不利益処分手続が開始されるという段階には達していないが，少なくとも違反事実が認識されていることは明らかであり，また，不利益処分が行われるにつき，Yには一定の裁量が認められ，確実に処分がされるわけではないだろうが，本件処分基準によるならば，Xに対して利用停止処分が行われる蓋然性があるとする立場である。モデルとなっている判決の蓋然性に関する判断は，以下の様になっている。③判決は，処分庁が違反の事実を認識していないとして（つまり，第2段階にも達していないとして），②判決は，違反の事実が行政庁から指摘されていないとして，いずれも蓋然性は認められないとしている。①判決と④判決はそれに対して，ややニュアンスに違いはあるが，蓋然性を肯定しており，上記の第2の解答に近い立場を採用している。

---

11) 本問で検討する必要はないが，差止訴訟を提起するためには違反行為がなされねばならないという状況が生じる可能性もあることから，これを防ぐために，蓋然性要件を一層緩やかに解すべきとする立場も考えられる。

12) 参照，条解行訴784頁［川神裕］。

(2) **重大な損害を生ずるおそれ**

　重大な損害については，行政事件訴訟法37条の4第2項の解釈に関するガイドラインがあるが，判例によって，重大な損害とは，「処分がされることにより生ずるおそれのある損害が，処分がされた後に取消訴訟等を提起して執行停止の決定を受けることなどにより容易に救済を受けることができるものではなく，処分がされる前に差止めを命ずる方法によるのでなければ救済を受けることが困難なものである」[13]とされている。これに対しては，批判的な見解も見られないわけではないが，ここでは少なくとも，判例の基準を参考としながら考えることとする。

　重大な損害があるかについては，Xがどのような損害を被るのかを考えることとなる。問題文を読む限り，Xが被る不利益は，経営への打撃という財産的な損害であることがわかる。財産的な損害については，事後的に損害賠償によって救済されうることから，それだけでは重大な損害と認められにくいという考え方がありうる。もちろん，財産的な損害でも，例えばそのような損害を受ければ会社経営が成り立たなくなると言った事情があれば，事後的な救済が困難となるので，「損害の回復の困難の程度」(行訴37条の4第2項) を考慮して，重大な損害であることが肯定されるという考え方もある。しかし，Xは，経営上打撃は受けるが，必ずしも経営が立ちゆかなくなるのではないとのことであり，このような考え方によっても，重大な損害を肯定することは難しい。モデル判決のうち，④判決は，財産的な損害という点から，重大な損害とは言えないとして，差止訴訟を不適法としている。

　では，Xが被る損害は，重大な損害に該当するという方向で考えることはできないのであろうか。参考となるのは，やはり，最判平成24年である。最判平成24年は，重大な損害を認めるにつき，「処分が反復継続的かつ累積加重的にされていくと事後的な損害の回復が著しく困難になる」ことを考慮している。すなわち，ある不利益処分が行われた後，再度違反行為があれば処分が加重されるというしくみがとられている場合，加重される処分による損害を回避するためには，事後的な救済では不十分であることが考慮されている。本問の場合にも，処分基準を参照する限り，道路運送法上の不利益処分も最判平成

---

13) 最判平成24・2・9民集66巻2号183頁［百選Ⅱ-214事件］。以下，「最判平成24年」と呼ぶことがある。

24年と同じような，「処分が反復継続的かつ累積加重的にされていく」場合であると言うことができる。Xが今回の違反で処分を受けた場合，再度違反が発生し次は再違反として加重された処分を受けることになるからである。①判決は，最判平成24年を引用し，「処分が反復継続的かつ累積加重的にされていく」ことを考慮して，重大な損害であると結論している。

(3) まとめ

以上をまとめると，法40条に基づく停止処分の差止訴訟については，これを適法とする立場と不適法とする立場の両方が考えられることになる。ポイントとなるのは，蓋然性要件と重大な損害要件である。差止訴訟を不適法とする立場に立つとしても，その根拠を説明することは重要であるが，特に，差止訴訟を適法とする立場をとる場合には，これらにつき，訴訟要件上問題となる点を指摘した上で，上記のような説明を行うことが必要となる。

5 設問1①について──確認訴訟について

上記のとおり，差止訴訟のほかに，Xは，確認訴訟によって救済を求めることができる。後に触れるとおり，確認訴訟としては，主として公法上の当事者訴訟としての確認訴訟を中心に検討するが，無名抗告訴訟としての確認訴訟も想定できる。

(1) 確認訴訟の対象

確認訴訟について，まず考えることは，何を確認することを求めるのか，である。Xは，本件公示の運転距離の最高限度を超える走行ができるようにしたいということであるから，本件公示の距離を超えてタクシーを運行させることができる地位の確認を求めることになる。細かく言うと，隔日勤務運転者については370kmを超えて，日勤勤務運転者については280kmを超えて運行させることができる地位ということになる。

もっとも，確認訴訟が適法に提起できるためには，民事訴訟において指摘されているように，確認の利益が必要となる[14]。確認の対象については，上記のとおりであり適切と考えられるため，他の訴訟手段との関係や即時確定の利益が残された問題である。これらの問題を考えるためには，次に検討する差止

---

14) 民事訴訟との比較として，石田秀博「民事訴訟法研究者からみた公法紛争における確認訴訟」法時1064号（2013年）35頁以下参照。

訴訟との関係を考慮することが必要となるため、以下でまとめて検討することとする。

また、公法上の当事者訴訟としての確認訴訟を考える場合には、公法上の法律関係にあたるかどうかという問題も考えられる。ここでは、本件公示による義務を課せられているという法律関係は、道路運送法における規制に関わるものであり、行訴法4条における公法上の法律関係であると考えておくこととする。

(2) 確認訴訟と差止訴訟との関係

既に述べたように、差止訴訟が想定できる場合と確認訴訟を提起できる場合は、重なることが多い。というのも、処分に該当しない行為（本問であれば本件公示）が違法であるとして、その規制を受けないことの確認を求めるのは、当該行為違反による不利益処分を防止するためであると考えれば、それは結局差止訴訟ではないのかと考えられるからである。したがって、両訴訟の整理が問題となる[15]。

この問題について、既に触れた最判平成24年は一定の方向性を示している。最判平成24年は、公務員の職務命令に対する懲戒処分等が問題となった事件であるが、まず、懲戒処分については差止訴訟を適法としている。さらに、最判平成24年によると、懲戒処分の前提となっている職務命令に従う義務がないことの確認を求める訴訟は、それが、将来の懲戒処分の予防を目的とするものであれば、処分を予防する訴訟であり、無名抗告訴訟と考えられるところ、法定抗告訴訟である差止訴訟が適法に提起できる場合には、無名抗告訴訟は不適法であるとされる。他方、職務命令に基づく義務違反によって、「勤務成績の評価を通じた昇給等に係る不利益という行政処分以外の処遇上の不利益が発生する危険」もあるとして、行政処分以外のものから生じる不利益を防止する目的であれば、公法上の当事者訴訟として確認訴訟は適法であるとしている。

最判平成24年は、確認訴訟の確認の利益につき、やや限定的に解して、整理を試みていると考えることができるであろう[16]。もちろん、最判平成24年

---

[15] 差止訴訟と当事者訴訟の関係については、いずれも最判平成24年以前のものであるが、徳地淳「差止めの訴え」藤山雅行＝村田斉志編『新・裁判実務大系25〔改訂版〕』（青林書院、2012年）255頁以下、大貫裕之「実質的当事者訴訟と抗告訴訟に関する論点 覚書」阿部泰隆先生古稀記念『行政法学の未来に向けて』（有斐閣、2012年）639頁以下。

の意味や射程をどう捉えるのかについては，様々な見解がありうるところではあるが[17]，ここでは上記の理解を基本にして，本問を考えることとしよう。

(3) **本問の検討**

ここでの検討においては，以下の立場がありうる。第1が，はじめの差止訴訟の検討において，差止訴訟を不適法とする立場を採用した場合（蓋然性や重大な損害がないという立場）であり，第2が，差止訴訟を適法とする立場を採用した場合である。上で見たように，確認訴訟と差止訴訟の整理が争点となるのだから，差止訴訟をどのように位置付けるかによって，解答の筋道がやや変わってくるからである。

(ア) **差止訴訟を不適法とする立場を採用した場合**

差止訴訟が提起できないという立場を採用した場合，他に救済手段がないのであるから，確認の利益が肯定されることになるであろう。そうでなければ，救済のルートがなくなってしまい，不合理な結論となる。最判平成24年は，差止訴訟を適法としているため，この点については特に述べてはいないが，差止訴訟が不適法であるとすれば，このように考えるべきであろう[18]。

もっとも，たとえ，確認訴訟を適法に提起できるとしても，最判平成24年を基本にして考えるとすると，確認訴訟は，無名抗告訴訟か公法上の当事者訴訟かという論点が考えられないわけではない。いずれにせよ確認訴訟は認められるのであるから，Xの救済に欠けるところはないが，理論的な観点から少し指摘しておこう。最判平成24年を基本に考えると，法40条に基づく不利益処分，すなわち行政処分を防止することを目的とする訴訟であれば，それは無名抗告訴訟としての確認訴訟であるということになるであろう。もうひとつの考え方としては，確認訴訟には法40条の不利益処分の防止以外の目的もあることを根拠にして，当事者訴訟としての確認訴訟であるとする見解も考えられる。

この論点は，除去すべきあるいは防止すべき不利益として，将来の不利益処

---

16) 参照，宇賀・概説Ⅱ382頁。また，山本隆司「行政処分差止訴訟および義務不存在確認訴訟の適法性」論ジュリ3号（2012年）126頁以下も参照。
17) 最判平成24年の特色として，職務命令の違憲性は既に否定されていたため，確認の利益としては，将来の不利益処分等の防止を考えざるを得なかった点が指摘されることがある。参照，山本隆司「改正行政事件訴訟法をめぐる理論上の諸問題」論ジュリ8号（2014年）78頁。
18) 参照，野呂充「判批」民商148巻1号（2013年）92頁。

分のみを考えるのか，それ以外のものを含めて考えるのかという点に関わる問題である。Xが被る不利益として，どのようなものが考えられるのかについての検討は，(イ)に譲ることとするが，その前に，モデル判決の立場を確認しておこう。モデル判決のうち，差止訴訟を不適法とした判決は，②〜④判決であるが，いずれも確認訴訟を適法としている。確認訴訟が当事者訴訟か無名抗告訴訟かについては，例えば，④判決は，当事者訴訟であることを判決中で述べている。

(イ) 差止訴訟を適法とする立場を採用した場合

次に，差止訴訟は適法に提起できるという立場を採用した場合である。以下のような筋道が考えられる。

第1の立場は，Xが提起する確認訴訟は，結局，法40条による不利益処分（＝行政処分）を防止するための訴訟であり，それは，既に検討した差止訴訟と同じであるから，他により適切な救済手段がある場合であるとして，不適法とする。このような立場はありうる（差止訴訟が可能なら少なくとも行政処分の防止という目的は達成できるから，Xの救済も可能と考える）が，ただ，確認の利益を狭く捉え過ぎているのではないかという問題がある。また，次に見るように，本件でXが提起する確認訴訟が，法40条による不利益処分の防止のみを目的としていると言えるかは，少し考えてみる必要があるであろう。

第2の立場は，差止訴訟のほかに，当事者訴訟としての確認訴訟の提起も可能とする立場である。この立場をとる場合には，最判平成24年を念頭に置く限り，少なくとも将来の不利益処分を防止する以外の目的が必要であろう。モデル判決の中で，差止訴訟と当事者訴訟としての確認訴訟の両方を適法としている①判決が手がかりになる。①判決は，「原告は，本件公示前には，乗務距離を制約されることなく運転者を乗務させていたが，本件公示後は，本件乗務距離規制が設けられたために，乗務距離の最高限度を超えた乗務による営業を行うことができなくなったものであり」，「本件乗務距離規制違反を理由として法40条に基づく処分や警告を受ける蓋然性が高く，これが反復継続的かつ累積加重的にされる危険が現に存在するのであるから，本件乗務距離規制によって，原告の法的地位に現実の危険ないし不安が生じており，事後的な損害の回復が著しく困難な状況にある」として，当事者訴訟としての確認訴訟の適法性を肯定している。すなわち，法40条の不利益処分の防止だけではなく，それ

とは別に最高限度を超えた乗務ができないという現在被っている不利益の除去という目的が考慮され，当事者訴訟としての確認の利益が肯定されていることがわかる[19]。このように，将来の行政処分の予防だけではなく，それ以外の不利益の除去を目的とするのであれば，当事者訴訟における確認の利益は肯定されるべきであり，差止訴訟と当事者訴訟としての確認訴訟を提起することができると考えることができる[20]。

本問においても，Cの発言を参照する限りは，不利益処分の防止について要望していることは明らかであるが，そもそも現時点で本件公示によって運転者らとXが受けている運行上の制約の除去をも要望しているのであるから，不利益処分の防止のみを目的としているわけではない。そうすると本問でも，Xは，当事者訴訟としての確認訴訟を提起することができるという立場をとることができる。

(4) まとめ

以上をまとめると，確認訴訟については，差止訴訟を適法とする立場をとるか不適法とする立場をとるかによって二つの筋道がありえ，いずれにおいても，確認訴訟の提起を考えることができることになる。最判平成24年を考慮すると，当事者訴訟を可能とするのであれば，確認の利益を根拠づけるものとして，将来の不利益処分への不安だけではなく，問題文から，それ以外の要素を見つけ出して確認の利益の検討において考慮することがポイントとなる。

Ⅳ 設問1②について

では，次に本件公示の違法性を検討しよう。本件公示については，そもそも乗務距離の制限を行うことが違憲であるという主張や，運輸規則が法27条1項の委任の範囲を越えているので違法であるとの主張も考えられる。しかし，

---

[19] 参照，濱和哲「処分差止訴訟との交錯が生じうる場面における当事者訴訟（確認訴訟）の活用について」水野武夫先生古稀記念『行政と国民の権利』（法律文化社，2011年）121頁以下，湊二郎「予防訴訟としての確認訴訟と差止訴訟」法時1064号（2013年）34頁。また，①判決の評釈であるが，北見宏介「判批」Watch【2014年4月】61頁参照。

[20] ②判決は，差止訴訟を不適法としているが，営業の自由に制約を受けていることを，確認訴訟が適法とされる根拠としている。②判決の評釈として，岩本浩史「判批」Watch【2014年4月】65頁参照。

本問では，【資料１：Ｂ・Ｄ・Ｅの法律事務所の会議録】を参照する限りは，このような主張はなされていないので，検討する必要はない。したがって，本件公示の内容に関する違法性のみを検討していくこととなる。

　本件公示の根拠となる法令は，法27条4項と運輸規則22条2項となる。これらの法令は，乗務距離の最高限度を定める際にどのような基準によるかを必ずしも具体的に定めていない。また，乗務距離の最高限度の決定においては，それぞれの地域の特殊性やタクシー運行の実態が考慮されなければならないのであり，当該地域の交通事情やタクシー事業の特性を知悉しているＹがその専門的な知見に基づいて行うと考えられる。そうすると，乗務距離の最高限度を定める際，Ｙには一定の裁量の余地が認められることになるであろう。もっとも，裁量が認められるのだとしても，Ｙには次のような縛りがかかっていることには注意しなければならない。すなわち，【資料１】にも見られるように，本件公示による乗務距離の制限は，営業活動そのものを禁止しないものの，憲法上の権利を厳しく制約するものであり，必要な範囲で合理的な根拠に基づく規制のみが許容されるのだということである。また，規制の目的は，これも，【資料１】に見られるように，運転者の労働条件を確保することによって，無謀な運転や危険な運転を防止し，輸送の安全を確保することである。そうすると，このような目的に資することがない規制は許されないことになる。後者の点は 設問2 にも関連することとなる。

　それでは，本件公示の違法事由を考えていくこととする。これらについては，条文と【資料１】から，主張できる点を拾い上げ，裁量の違法判断の枠組みに当てはめていくこととなる。まず，Ｃによると，乗務距離の最高限度を定めた数式には問題ないようだが，そこで使われた数字に問題があったと考えられる。第1に，Ａ交通圏は，地域の特性として雪が多く，冬季には夏季よりタクシー利用者が増加し，全体の走行距離が伸びるのに，Ｙは夏季の数字で乗務距離の最高限度を決定している（④判決をモデルとしている）。そして，高速道路については，最高限度を考える上では別に計算しているが，一般道より走行距離が伸びるはずの自動車専用道については，一般道と同じ扱いにしている。さらに，日勤勤務の場合，夜間勤務であれば昼間の勤務よりも長い距離を走れるのに，その点も考慮していないとのことである。上で見たように，Ｙに裁量権が委ねられた趣旨は，地域特性やタクシー運転者の勤務の実態に応じた判

断をすることにあるはずだが，Yは，地域特性や勤務実態を考慮せずに判断をしていると考えられる。このような点を考慮しないことは，Yに裁量が認められた趣旨に反するのであり，Yは，考慮すべき点を考慮しておらず，本件公示は違法であるとの主張ができよう。

次に，Yは，実態調査の結果に基づいて，平均速度を時速18.5kmとして計算しており，これは，平均値としては誤りではないとのことであるが，平均時速20km以上のサンプルがかなりあるとのD弁護士の指摘が見られる。Yとしては，調査の平均値をそのまま使ったのだから，それで充分と考えたのかもしれない。しかし，D弁護士の指摘によると，これらの平均速度が時速20kmを超えているタクシーの場合であっても，違法あるいは無謀な運転といった危険な運転を行ってはいないとのことである。そうすると，上で見たYの裁量権行使の縛りからは，乗務距離の最高限度は憲法上の権利への制約なのであるから，Yの裁量権はその目的に沿って必要な限りで行使されなくてはならない。そうすると，平均値に基づく判断自体はそれだけでは必ずしも不合理なものとは言えないだろうが，危険な運転ではないというD弁護士の指摘が妥当であるなら，危険な運転を防止するという最高限度による規制の目的から外れた過度の規制であり，これらの数字を考慮せずに行われた本件公示は裁量権の範囲を越えるものと言えよう。

Xの立場からは，以上のように，本件公示の違法性を主張することができる。

V 設問2 について

最後に，法40条に基づいて行われた本件停止処分の違法性を検討することになる。本件停止処分には，特に手続的な瑕疵は見られないので，実体的な違法性のみを考えることとなる。

1 本件処分基準の法的な性格

本件停止処分は，それぞれの違反の程度や内容に応じて行わなければならない不利益処分であり，また，法40条の規定からも一定の裁量が認められる処分である。したがって，Xは，Yに裁量があることを前提にして，その違法

性を主張することになる[21]。裁量が認められる場合であっても，行政処分の違法性を主張するためには，一般的には，事実認定に問題がないかという点や，処分要件に該当しているかどうかという点が問題になりうる。しかし，本問の場合には，一定数の運転者が違反をしていた事実をCが認めており，また，これらの違反は，法40条1号の「この法律若しくはこの法律に基づく命令若しくはこれらに基づく処分又は許可若しくは認可に付した条件に違反したとき」にも該当するものと考えられる。もちろん，これらの点は本件公示が適法であるという前提に立つものなので，本件公示が違法であれば，処分の前提が欠けていることになり，本件停止処分も違法となる。しかし，本問は本件公示の違法性については問わないので，これらの点を検討する必要はない。

そうすると，本問で検討すべき点は，本件公示の違法性とは別に，本件停止処分の違法事由としてどのような主張が可能なのかという点である。Cの発言を見る限り，Xとしては，本件処分基準によって処分が加重されることが，最も不服に思う点であると考えることができる。したがって，ここでは本件処分基準を中心に，本件停止処分の違法性を検討してみよう。

本問では，Yは，本件処分基準，特に加重基準に従って，60日車という本件停止処分を行っている。本件処分基準の性格は，行政手続法12条に基づく処分基準であり，それ自体は講学上の行政規則であるから，これに従って行われた処分が裁判所によって適法とされるとは限らない。しかし，処分の違法性を検討する場合，処分基準は行政規則であるとしても一定の手がかりになる。おおざっぱには，処分基準に従って処分が行われた場合，当該処分の違法性を検討するためには，当該処分基準が合理的かどうか，当該処分基準が合理的であるとしてその適用に誤りはなかったか，そして，当該処分基準の適用を違法とするような事情はなかったかといった点を考える必要があるであろう[22]。本問の場合は，上記のうちどの場合に該当するであろうか。本問では，【資料1】を参照する限り，本件処分基準の加重基準にそもそも問題がある場合，すなわち，処分基準が合理性を欠いている場合にあたるのではないかと考えられる。そうすると，Xの立場からは，本件処分基準が違法であるとの主張を行

---

21) 行政処分の違法性を主張するときの判断枠組みについては，曽和・総論を学ぶ154頁以下が参考になる。
22) 審査基準の適用についての同様の問題については，事例①IV 参照。

うべきということになる。

2 本件停止処分の違法性

それでは、Xから、加重基準を含む本件処分基準はなぜ不合理であり違法であると言えるのか、具体的にどのような主張が考えられるのか、検討してみよう。

加重基準は、通達によって定められた特別監視地域や特定特別監視地域において不利益処分をする場合、増車をした業者に対し、増車をしなかった業者に対してよりも重い処分をするというものである。加重基準が合理的であるというためには、このような厳しい扱いをすることが、道路運送法の目的と適合していなければならない。法27条と運輸規則が乗務距離の最高限度を定めているのは、運転者の労働環境を守り、それによって、輸送の安全性を守るためである（法１条も参照）。しかし、少なくとも問題文を見る限り、例えば、増車をした会社はより事故を起こしやすく安全性が低下するといった事情は見られず、Xが増車したこととXのタクシー運転者による輸送の安全性には、特に関係はないと考えられる。そうすると、増車を抑制するというこれらの通達の目的は、道路運送法の目的とは直接には関係がないものと考えられる[23]。

さらに、Xからは、【資料１】でＣが指摘するように、これらの通達は、平成12年に既に廃止されたタクシー事業許可の需給調整要件と同様の目的で地域の車両数を制限するという性格のものであり、むしろ道路運送法の目的とは対立する目的を有するものであるから、道路運送法上の処分を行うに際しては考慮してはならないとの主張も考えられる。また、そもそも、Xが増車したことは、少なくとも当時の道路運送法やタクシー特措法からは特に違法なものではなく、適法に行われたとのことであるから、適法な行為を行ったに過ぎないという事情を、不利益処分において考慮することも、Xの立場からは、やはり不適切と考えられるであろう。

以上のように、本件停止処分の根拠となっている本件処分基準の加重基準は、道路運送法の目的には適合しない事情を考慮することを求めるものであり、同基準を適用して行われた本件停止処分は違法である、というのがXからの主

[23] 前掲注１）大阪地判平成24・２・３は、このような加重は、本文で述べたように道路運送法の目的に合わず違法であるとしている。

張である。また，このように，増車をした業者のみを厳しく扱うのは，上で見たように合理性がない差別であるとして平等原則違反を主張することも考えられる（①判決がとる立場がこれに近い）。その他，仮に，通達違反を考慮することが道路運送法上禁止されていないとしても[24]，3倍という差を設けることは著しく厳しい処分であり，比例原則に反するとの主張をすることも考えられる。

VI むすびにかえて

以上で解説を終えることとする。本問は訴訟要件に関して複数の解答が考えられるため，設問1①の解説が長くなってしまったが，実際の検討にあたっては，いずれかの選択肢を採用すれば足りる。

はじめにも触れたように，本問のような不利益処分に関する事案だけではなく，申請による処分に関する事案も含めて，道路運送法に関する行政訴訟は少なくない。また，比較的原告が勝訴する事案が見られる分野でもある[25]。したがって，理論的にも実務的にも，道路運送法に関する事例は行政法においては重要な分野のひとつであると言うことができよう。本問を通じて，このような道路運送法の分野につき，理解を深めるとともに，それらの理解を，行政法総論や行政救済法の学習や，他の領域での事例の検討にも役立てていただきたいと思う。

■ 関連問題

上記の 事例 の 設問1① と 設問2 における訴訟において，Xが仮の救済を求めるとすれば，どのような仮の救済を求めることができるか。また，それらの仮の救済は認められるか。

COMMENT 問題自体は難しくはないが，それぞれの訴訟における仮の救済を考えればよい。したがって，差止訴訟，公法上の当

---

24) 東京高判平成24・7・11判例集未登載（平成24(行コ)73）は，加重が道路運送法の目的に沿うことを認めているが，同判決については，北見・前掲注19)60頁が疑問としている。
25) なお，①判決の控訴審判決では，原判決が一部変更されたものの，タクシー業者が勝訴している（名古屋高判平成26・5・30判時2241号24頁）。

事者訴訟としての確認訴訟，取消訴訟の仮の救済につき，損害に関する要件の充足等について検討することになる。取消訴訟や差止訴訟については，行政事件訴訟法の条文に即して考えればよい。
　ただし，注意が必要なのは，当事者訴訟における仮の救済であり，事案によっては，行政事件訴訟法44条の適用が問題になることがありうる。詳細は，宇賀・概説Ⅱ372頁，条解行訴917頁［鎌野真敬］参照。

18 農地の強制競売と転用をめぐる紛争

　農業委員会は，地方自治法（昭和22年法律第67号）202条の2第4項および農業委員会等に関する法律（昭和26年法律第88号）3条1項に基づき，市町村により設置される行政機関であり，農地法（昭和27年法律第229号。以下，条文引用の際は「農地」とする）に基づき，農地の権利移動について許可する権限を有する（農地3条1項）とともに，農地の転用および農地の転用のための権利移動について許可申請を受け，当該申請書に意見を付して都道府県知事等に送付する責務を有している（農地4条1項〜5項・5条1項・3項）。以上のことを前提として，以下の 事例1 ， 事例2 ，【資料1：GとHの法律事務所の会議録】，【資料2：関係法令】，【資料3：民事執行法による農地等の売却の処理方法について（平成24年3月30日付け23経営第3475号・23農振第2697号）】を読んで， 設問 に答えなさい。

事例1

　農産物の生産販売を業とする農業法人である株式会社Aは，B市α地区に存在する農地（以下，「農地α」という）について強制競売の開始決定（入札期間は，平成28年7月12日午前8時30分から同月19日午後5時まで）がされたことを知り，農地αの所有権を取得するため，民事執行規則（昭和54年最高裁判所規則第5号）33条および「民事執行法による農地等の売却の処理方法について」（平成24年3月30日付け23経営第3475号・23農振第2697号）に従い，平成28年4月6日付けで，B市農業委員会に対し，買受適格証明書願を提出した。しかし，農地αの一部が農地法所定の手続を経ることなく農地以外のものに転用されているため，B市農業委員会は，農地α全体についての所有権移転を許可すれば，違反転用を是認することに繋がりかねないと考えて，A社への買受適格証明書の交付を拒否することを検討している。

〔事例2〕
　パチンコ遊技店を経営する株式会社Cは、B市β地区に存在する面積約1haの農地（以下、「農地β」という）について、自己の経営するパチンコ遊技店の駐車場として利用するため、農地βの所有者から期間3年の賃借権の設定を受けた後に、平成28年4月19日付けで、B市農業委員会に対し、農地法5条1項に基づく農地転用許可申請書を提出した。B市農業委員会は、審査のために必要な書類が添付されていないとして、当該書類の追加提出を求めたが、C社がこれに応じないため、申請書をD県知事に送付せずに、不受理という措置をとることを検討している。また、農地βの転用については隣地で農業を営むIをはじめβ地区内から反対の声が上がっており、特に同地区から選挙によって選出された農業委員であるEは、仮にC社の申請が最終的にD県知事により認容された場合には、訴訟を提起する動きをみせている。

　　　　　　　　＊　　　＊　　　＊

　B市農業委員会の職員Fは、〔事例1〕および〔事例2〕について今後の対応を相談するため、平成28年4月に、弁護士GとHの法律事務所を訪問した。

〔設問〕

1　〔事例1〕について、①B市農業委員会がA社への買受適格証明書の交付を拒否した場合、A社は、農地αの競売に参加するために、どのような訴訟上の手段をとりうるか。買受適格証明書の交付決定・不交付決定の法的性質に着目して論じなさい。

　②また、①の訴訟または国家賠償請求訴訟において、A社は、B市農業委員会による買受適格証明書の不交付決定の違法性を争うために、どのような主張をなしうるか。農地法3条1項に基づく許可に関係する規定の趣旨・内容およびD県の「農地法関係事務処理要領」の法的性質・効果を踏まえて論じなさい。

2　〔事例2〕について、①B市農業委員会がC社の申請書を不受理とした場合、C社は、D県知事による審査を受けるためにどのような訴訟を提起しうるか。B市農業委員会の法的地位・権限を前提として論じなさい。

　②また、D県知事が農地βについて農地法5条1項に基づく転用許可を付与した場合、Eは、当該許可の取消訴訟を提起する原告適格を有するか。E

とⅠの法的地位を比較しつつ論じなさい。

■ 資料1：GとHの法律事務所の会議録

F：本日は2件のご相談があります。まず1件目は，A社への買受適格証明書の交付を拒否できるかどうか，仮に拒否したとすれば，A社がどのような訴訟手段に出てくるだろうか，ということです。

G弁護士：そもそもの話ですが，買受適格証明書とはどのようなものでしょうか。

F：農地の権利移動のためには，農地法3条1項の許可が必要となりますが，このことは，強制競売によって農地の所有権が移転する場合でも同じです。そこで，もし競売後に買受人が農地法3条1項の許可を受けられないとすると，執行手続に支障を来すことになりますので，実務上は，あらかじめ農業委員会から買受適格証明書の交付を受けた者だけが，買受けの申出をできることとされているわけです。このような実務上の取扱いの根拠となっているのが，民事執行規則33条の規定です。そして，農林水産省経営局長と農村振興局長の連名通知である「民事執行法による農地等の売却の処理方法について」によりますと，農地法3条1項の許可を必要とする農地の売却が行われる場合に，買受適格証明書を交付する権限を有するのは，農業委員会であるとされています。なお，両局長は，通知の発付に先立ち，最高裁判所事務総局民事局長に対して，通知の内容に関して意見照会をしていまして，これを受けて，最高裁判所事務総局民事局長は，両局長に対して，「貴見のとおり取り扱うのが相当であると考えます」（平成24年3月29日付け最高裁民三第000211号）と回答し，さらに，高等裁判所長官および地方裁判所長に対して，その旨を通知しています（平成24年3月30日付け最高裁民三第000212号）。

G弁護士：なるほど，買受適格証明書が何かということは，よくわかりました。ところで，このたびB市農業委員会がA社への買受適格証明書の交付を拒否しようとしているのは，なぜですか。

F：このたびの競売の対象となっている農地aは，登記簿上の地目は「畑」でして，たしかに家庭菜園として利用されている部分はあります。ただ，農地aの全体のごく一部なのですが，平成15年頃に，農地法4条1項の転用許可をとらずに，建物が建てられました。それ以降，B市農業委員会は，たびたび，農地aの所有者に対して，違反転用部分を農地に復元するか，分筆したうえで転用許可をとるよう指導してきたのですが，所有者は従っていません。そうしますと，このような土地について所有権移転を許可すれば，違反転用を是認することに繋がりかねません。D県農林水産部農業経営課が発行している「農地法関係事務処理要領」でも，買受適格証明書の交付について，「一筆の土地の一部が農地，一部が非農地の場合は，農地部分と非農地部分とに分筆されなければ証明の対象としない」ものとされています。

H弁護士：たしかに，このたびの競売によって農地 a の所有権移転が認められると，建物について法定地上権が成立しますので，今後違反転用を是正することは難しくなりますね。

G弁護士：しかし，買受適格証明書の交付は，実質的には，農地法3条1項の許可の先取りであるような気がします。そうだとすると，買受適格証明書の不交付決定が適法か違法かは，まずは農地法3条1項の許可の基準に照らして判断するのが筋ではないでしょうか。それと，D県の「農地法関係事務処理要領」がどのような法的性質を有するかについても，検討する必要があります。H先生，A社が買受適格証明書の不交付決定が違法だとして争うとすれば，どのような主張がありうるか，考えをまとめておいてください。

H弁護士：承知しました。ところで，A社が訴訟を提起するとすれば，どのような訴訟になるのでしょうか。

F：ちなみに，D県の「農地法関係事務処理要領」では，「証明願について却下又は証明できない旨の通知をする場合には，申請者に対する不利益処分になるものの，公権力の行使には当たらないとされているため，行政不服審査法による不服申立ての『教示』の記載は不要である」とされています。

H弁護士：もう一つわかりにくい書き方ですが，買受適格証明書の不交付決定は行政事件訴訟法3条2項の処分には該当しないということですか。

G弁護士：買受適格証明書の交付決定・不交付決定に本当に処分性が認められないかどうかが，一つのポイントになりますね。もっとも，入札期間は平成28年7月19日の午後5時までということで，それほど時間がありませんので，A社としては，それまでに救済を受けられなければ，結局は国家賠償請求訴訟で買受適格証明書の不交付決定を争うということになるでしょう。H先生，A社が，国家賠償請求訴訟のほかに，どのような訴訟を提起する可能性があるかについても，検討しておいてください。

H弁護士：承知しました。

F：よろしくお願いします。それから，2件目は，C社から提出された農地転用許可申請書について，不受理という措置をとってよいかどうか，ということです。話が少々細かくなりますが，B市農業委員会は，C社に対して，農地 β が「農用地区域内農地」（農地5条2項1号イ）に該当するかどうかという問題との関係で，「農用地区域外証明書」を添付するよう求めているのですが，C社は，「農用地区域外証明書」をどうしても提出しないのです。農地 β は，いわゆる「甲種農地」（農地5条2項1号ロ，農地法施行令〔昭和27年政令第45号。以下，条文引用の際は「農地令」とする〕13条1号・2号）に該当する——このことについては，B市農業委員会も否定しません——ので，「農用地区域外証明書」の提出は不要なはずであるというのが，C社の言い分です。そこで，B市農業委員会は，C社の申請書を返戻するしかないと考

えるに至った次第です。

G弁護士：地転用許可の審査をするのはB市農業委員会ですか。

F：いいえ。農地法4条1項および5条1項では，許可権者は都道府県知事か指定市町村の長とされていますが，今のところ，B市は大臣の指定を受けていませんので，審査をするのはD県知事です。そして，農地法施行規則57条の4によると，申請書の提出があった日の翌日から起算して40日以内に申請書をD県知事に送付しないといけないのです。そこで，B市農業委員会が心配しているのは，申請書の不受理という措置が訴訟に発展しないだろうか，発展するとすれば，どのような訴訟だろうか，ということです。

G弁護士：ああ，そういうことですか。

F：ついでで恐縮ですが，厄介なことに，農地βが存在するB市β地区から選挙によって選出された農業委員のEが，C社が経営するパチンコ遊技店の駐車場拡張には絶対反対で，もしC社の申請をD知事が認容することにでもなれば，何らかの訴訟に打って出ると公言しているのです。

H弁護士：Eは，農地βが転用されると何か不利益を受けるのですか。

F：Eもβ地区で農業を営んでいるのですが，Eの農地は住宅が建ち並ぶ住宅街に囲まれており，さらに，Iが所有する農地を挟んで，農地βとは400mほど離れています。むしろ，β地区選出の農業委員として，β地区を代表して，パチンコ遊技店の駐車場拡張のための農地転用には絶対反対ということのようです。実は，農業委員の公選制は最近廃止されたのですが，経過措置で，Bはまだ農業委員に留まっているのです。

G弁護士：Eが農地転用許可に対して訴訟を提起するとすれば，取消訴訟くらいしか思いつきませんが，Eに果たして原告適格が認められるでしょうか。H先生，B市農業委員会がC社の申請書を不受理とした場合に，C社がD県知事による審査を受けられるように訴訟を提起するとすれば，どのような訴訟が考えられるか，それと，Eが農地転用許可の取消訴訟を提起する原告適格を有するかどうかについても検討しておいてください。

H弁護士：承知しました。

F：Eの問題は，B市農業委員会が直接の当事者になるわけではありませんが，どうかよろしくお願いします。

資料2：関係法令

農地法（昭和27年法律第229号）

（目的）
第1条　この法律は，国内の農業生産の基盤である農地が現在及び将来における国民のための限られた資源であり，かつ，地域における貴重な資源であることにかんがみ，耕作者自らによる農地の所有が果たしてきている重要な役割も踏まえつつ，農地を農地以外のものにすることを規制するとともに，農地を効率的に利用する耕作者による地域との調和に配慮した農地についての権利の取得を促進し，及び農地の利用関係を調整し，並びに農地の農業上の利用を確保するための措置を講ずることにより，耕作者の地位の安定と国内の農業生産の増大を図り，もって国民に対する食料の安定供給の確保に資することを目的とする。

（定義）
第2条①　この法律で「農地」とは，耕作の目的に供される土地をいい，「採草放牧地」とは，農地以外の土地で，主として耕作又は養畜の事業のための採草又は家畜の放牧の目的に供されるものをいう。
②　この法律で「世帯員等」とは，住居及び生計を一にする親族……並びに当該親族の行う耕作又は養畜の事業に従事するその他の二親等内の親族をいう。
③　この法律で「農地所有適格法人」とは，農事組合法人，株式会社（公開会社（会社法(平成17年法律第86号)第2条第5号に規定する公開会社をいう。）でないものに限る。……）又は持分会社（同法第575条第1項に規定する持分会社をいう。……）で，次に掲げる要件のすべてを満たしているものをいう。
　一　その法人の主たる事業が農業（その行う農業に関連する事業であって農畜産物を原料又は材料として使用する製造又は加工その他農林水産省令で定めるもの，農業と併せ行う林業及び農事組合法人にあっては農業と併せ行う農業協同組合法（昭和22年法律第132号）第72条の10第1項第1号の事業を含む。……）であること。

（農地又は採草放牧地の権利移動の制限）
第3条①　農地又は採草放牧地について所有権を移転し，又は地上権，永小作権，質権，使用貸借による権利，賃借権若しくはその他の使用及び収益を目的とする権利を設定し，若しくは移転する場合には，政令で定めるところにより，当事者が農業委員会の許可を受けなければならない。ただし，次の各号のいずれかに該当する場合及び第5条第1項本文に規定する場合は，この限りでない。
②　前項の許可は，次の各号のいずれかに該当する場合には，することができない。……
　一　所有権，地上権，永小作権，質権，使用貸借による権利，賃借権若しくはその他の使用及び収益を目的とする権利を取得しようとする者又はその世帯員等の耕作又は養畜の事業に必要な機械の所有の状況，農作業に従事する者の数等からみて，これらの者がその取得後において耕作又は養畜の事業に供すべき農地及び採草放牧地の全てを効率的に利用して耕作又は養畜の事業を行うと認められない場合
　二　農地所有適格法人以外の法人が前号に掲げる権利を取得しようとする場合
　三　信託の引受けにより第1号に掲げる権利が取得される場合
　四　第1号に掲げる権利を取得しようとする者（農地所有適格法人を除く。）又はその世帯員等がその取得後において行う

耕作又は養畜の事業に必要な農作業に常時従事すると認められない場合
五　第1号に掲げる権利を取得しようとする者又はその世帯員等がその取得後において耕作の事業に供すべき農地の面積の合計及びその取得後において耕作又は養畜の事業に供すべき採草放牧地の面積の合計が，いずれも，北海道では2ヘクタール，都府県では50アール……に達しない場合
六　農地又は採草放牧地につき所有権以外の権原に基づいて耕作又は養畜の事業を行う者がその土地を貸し付け，又は質入れしようとする場合……
七　第1号に掲げる権利を取得しようとする者又はその世帯員等がその取得後において行う耕作又は養畜の事業の内容並びにその農地又は採草放牧地の位置及び規模からみて，農地の集団化，農作業の効率化その他周辺の地域における農地又は採草放牧地の農業上の効率的かつ総合的な利用の確保に支障を生ずるおそれがあると認められる場合
⑤　第1項の許可は，条件をつけてすることができる。
⑦　第1項の許可を受けないでした行為は，その効力を生じない。

（農地の転用の制限）
第4条①　農地を農地以外のものにする者は，都道府県知事（農地又は採草放牧地の農業上の効率的かつ総合的な利用の確保に関する施策の実施状況を考慮して農林水産大臣が指定する市町村（以下「指定市町村」という。）の区域内にあっては，指定市町村の長。以下「都道府県知事等」という。）の許可を受けなければならない。ただし，次の各号のいずれかに該当する場合は，この限りでない。
②　前項の許可を受けようとする者は，農林水産省令で定めるところにより，農林水産省令で定める事項を記載した申請書を，農業委員会を経由して，都道府県知事等に提出しなければならない。
③　農業委員会は，前項の規定により申請書の提出があったときは，農林水産省令で定める期間内に，当該申請書に意見を付して，都道府県知事等に送付しなければならない。
④　農業委員会は，前項の規定により意見を述べようとするとき（同項の申請書が同一の事業の目的に供するため30アールを超える農地を農地以外のものにする行為に係るものであるときに限る。）は，あらかじめ，農業委員会等に関する法律（昭和26年法律第88号）第43条第1項に規定する都道府県機構（以下「都道府県機構」という。）の意見を聴かなければならない。……
⑤　前項に規定するもののほか，農業委員会は，第3項の規定により意見を述べるため必要があると認めるときは，都道府県機構の意見を聴くことができる。

（農地又は採草放牧地の転用のための権利移動の制限）
第5条①　農地を農地以外のものにするため又は採草放牧地を採草放牧地以外のもの（農地を除く。次項……において同じ。）にするため，これらの土地について第3条第1項本文に掲げる権利を設定し，又は移転する場合には，当事者が都道府県知事等の許可を受けなければならない。ただし，次の各号のいずれかに該当する場合は，この限りでない。
②　前項の許可は，次の各号のいずれかに該当する場合には，することができない。ただし，第1号及び第2号に掲げる場合において，土地収用法第26条第1項の規定による告示に係る事業の用に供するため第3条第1項本文に掲げる権利を取得しようとするとき，第1号イに掲げる農地又は採草放牧地につき農用地利用計画において指定された用途に供するためこれらの権利を取

得しようとするときその他政令で定める相当の事由があるときは，この限りでない。
一　次に掲げる農地又は採草放牧地につき第3条第1項本文に掲げる権利を取得しようとする場合
　　イ　農用地区域内にある農地又は採草放牧地
　　ロ　イに掲げる農地又は採草放牧地以外の農地又は採草放牧地で，集団的に存在する農地又は採草放牧地その他の良好な営農条件を備えている農地又は採草放牧地として政令で定めるもの（市街化調整区域内にある政令で定める農地又は採草放牧地以外の農地又は採草放牧地にあっては，次に掲げる農地又は採草放牧地を除く。）
二　前号イ及びロに掲げる農地……以外の農地を農地以外のものにするため第3条第1項本文に掲げる権利を取得しようとする場合又は同号イ及びロに掲げる採草放牧地……以外の採草放牧地を採草放牧地以外のものにするためこれらの権利を取得しようとする場合において，申請に係る農地又は採草放牧地に代えて周辺の他の土地を供することにより当該申請に係る事業の目的を達成することができると認められるとき。
三　第3条第1項本文に掲げる権利を取得しようとする者に申請に係る農地を農地以外のものにする行為又は申請に係る採草放牧地を採草放牧地以外のものにする行為を行うために必要な資力及び信用があると認められないこと，申請に係る農地を農地以外のものにする行為又は申請に係る採草放牧地を採草放牧地以外のものにする行為の妨げとなる権利を有する者の同意を得ていないことその他農林水産省令で定める事由により，申請に係る農地又は採草放牧地のすべてを住宅の用，事業の用に供する施設の用その他の当該申請に係る用途に供することが確実と認められない場合
四　申請に係る農地を農地以外のものにすること又は申請に係る採草放牧地を採草放牧地以外のものにすることにより，土砂の流出又は崩壊その他の災害を発生させるおそれがあると認められる場合，農業用用排水施設の有する機能に支障を及ぼすおそれがあると認められる場合その他の周辺の農地又は採草放牧地に係る営農条件に支障を生ずるおそれがあると認められる場合
五　仮設工作物の設置その他の一時的な利用に供するため所有権を取得しようとする場合
六　仮設工作物の設置その他の一時的な利用に供するため，農地につき所有権以外の第3条第1項本文に掲げる権利を取得しようとする場合においてその利用に供された後にその土地が耕作の目的に供されることが確実と認められないとき，又は採草放牧地につきこれらの権利を取得しようとする場合においてその利用に供された後にその土地が耕作の目的若しくは主として耕作若しくは養畜の事業のための採草若しくは家畜の放牧の目的に供されることが確実と認められないとき。
七　農地を採草放牧地にするため第3条第1項本文に掲げる権利を取得しようとする場合において，同条第2項の規定により同条第1項の許可をすることができない場合に該当すると認められるとき。
③　第3条第5項及び第7項並びに前条第2項から第5項までの規定は，第1項の場合に準用する。この場合において，同条第4項中「申請書が」とあるのは「申請書が，農地を農地以外のものにするため又は採草放牧地を採草放牧地以外のもの（農地を除く。）にするためこれらの土地について第3条第1項本文に掲げる権利を取得する行

為であって,」と,「農地を農地以外のものにする行為」とあるのは「農地又はその農地と併せて採草放牧地についてこれらの権利を取得するもの」と読み替えるものとする。

（違反転用に対する処分）
第51条① 都道府県知事等は，政令で定めるところにより，次の各号のいずれかに該当する者（以下この条において「違反転用者等」という。）に対して，土地の農業上の利用の確保及び他の公益並びに関係人の利益を衡量して特に必要があると認めるときは，その必要の限度において，第4条若しくは第5条の規定によってした許可を取り消し，その条件を変更し，若しくは新たに条件を付し，又は工事その他の行為の停止を命じ，若しくは相当の期限を定めて原状回復その他違反を是正するため必要な措置（以下この条において「原状回復等の措置」という。）を講ずべきことを命ずることができる。
　一　第4条第1項若しくは第5条第1項の規定に違反した者又はその一般承継人
③　都道府県知事等は，第1項に規定する場合において，次の各号のいずれかに該当すると認めるときは，自らその原状回復等の措置の全部又は一部を講ずることができる。……
　一　第1項の規定により原状回復等の措置を講ずべきことを命ぜられた違反転用者等が，当該命令に係る期限までに当該命令に係る措置を講じないとき，講じても十分でないとき，又は講ずる見込みがないとき。

（違反転用に対する措置の要請）
第52条の4　農業委員会は，必要があると認めるときは，都道府県知事等に対し，第51条第1項の規定による命令その他必要な措置を講ずべきことを要請することができる。

（事務の区分）
第63条①　この法律の規定により都道府県又は市町村が処理することとされている事務のうち，次の各号及び次項各号に掲げるもの以外のものは，地方自治法第2条第9項第1号に規定する第1号法定受託事務とする。
　一　第3条第4項の規定により市町村が処理することとされている事務（同項の規定により農業委員会が処理することとされている事務を除く。）
　二　第4条第1項，第2項及び第8項の規定により都道府県等が処理することとされている事務（同一の事業の目的に供するため4ヘクタールを超える農地を農地以外のものにする行為に係るものを除く。）
　八　第5条第1項及び第4項の規定並びに同条第3項において準用する第4条第2項の規定により都道府県等が処理することとされている事務（同一の事業の目的に供するため4ヘクタールを超える農地又はその農地と併せて採草放牧地について第3条第1項本文に掲げる権利を取得する行為に係るものを除く。）

（運用上の配慮）
第63条の2　この法律の運用に当たっては，我が国の農業が家族農業経営，法人による農業経営等の経営形態が異なる農業者や様々な経営規模の農業者など多様な農業者により，及びその連携の下に担われていること等を踏まえ，農業の経営形態，経営規模等についての農業者の主体的な判断に基づく様々な農業に関する取組を尊重するとともに，地域における貴重な資源である農地が地域との調和を図りつつ農業上有効に利用されるよう配慮しなければならない。

第64条　次の各号のいずれかに該当する者は，3年以下の懲役又は300万円以下の罰金に処する。

一 第3条第1項，第4条第1項，第5条第1項……の規定に違反した者

農地法施行令（昭和27年政令第445号）

（良好な営農条件を備えている農地又は採草放牧地）

第12条 〔農地〕法第5条第2項第1号ロの良好な営農条件を備えている農地又は採草放牧地として政令で定めるものは，次に掲げる農地又は採草放牧地とする。
 一 おおむね10ヘクタール以上の規模の一団の農地又は採草放牧地の区域内にある農地又は採草放牧地
 二 特定土地改良事業等の施行に係る区域内にある農地又は採草放牧地
 三 傾斜，土性その他の自然的条件からみてその近傍の標準的な農地又は採草放牧地を超える生産をあげることができると認められる農地又は採草放牧地

第13条 法第5条第2項第1号ロの市街化調整区域内にある政令で定める農地又は採草放牧地は，次に掲げる農地又は採草放牧地とする。
 一 前条第1号に掲げる農地又は採草放牧地のうち，その面積，形状その他の条件が農作業を効率的に行うのに必要なものとして農林水産省令で定める基準に適合するもの
 二 前条第2号に掲げる農地又は採草放牧地のうち，特定土地改良事業等の工事が完了した年度の翌年度から起算して8年を経過したもの以外のもの……

農地法施行規則（昭和27年農林省令第79号）

（農地又は採草放牧地の権利移動についての許可申請書の記載事項）

第11条① 〔農地法施行〕令第1条の農林水産省令で定める事項は，次に掲げる事項とする。
 一 権利の設定又は移転の当事者の氏名及び住所（法人にあっては，その名称及び主たる事務所の所在地並びに代表者の氏名）
 二 申請に係る土地の所在，地番，地目（登記簿の地目と現況による地目とが異なるときは，登記簿の地目及び現況による地目。以下同じ。），面積及びその所有者の氏名又は名称
 三 申請に係る土地に所有権以外の使用及び収益を目的とする権利が設定されている場合には，当該権利の種類及び内容並びにその設定を受けている者の氏名又は名称
 四 権利を設定し，又は移転しようとする契約の内容

（農地を転用するための許可申請）

第30条 〔農地〕法第4条第2項の規定により申請書を提出する場合には，次に掲げる書類を添付しなければならない。
 一 申請者が法人である場合には，法人の登記事項証明書及び定款又は寄附行為の写し
 二 土地の位置を示す地図及び土地の登記事項証明書
 三 申請に係る土地に設置しようとする建物その他の施設及びこれらの施設を利用するために必要な道路，用排水施設その他の施設の位置を明らかにした図面
 四 次条第5号の資金計画に基づいて事業を実施するために必要な資力及び信用が

あることを証する書面
（農地を転用するための許可申請書の記載事項）
第31条　法第4条第2項の農林水産省令で定める事項は，次に掲げる事項とする。
　四　転用の時期及び転用の目的に係る事業又は施設の概要
　五　転用の目的に係る事業の資金計画
（農作業を効率的に行うのに必要な条件）
第41条　令第6条第1号の農林水産省令で定める基準は，区画の面積，形状，傾斜及び土性が高性能農業機械（農業機械化促進法（昭和28年法律第252号）第2条第3項に規定する高性能農業機械をいう。）による営農に適するものであると認められることとする。
（農作業を効率的に行うのに必要な条件）
第55条①　令第13条第1号の農林水産省令で定める基準は，第41条に規定する要件を満たしていることとする。
（農地又は採草放牧地の転用のための権利移動についての許可申請）
第57条の2①　法第5条第3項において準用する法第4条第2項の規定により申請書を提出する場合には，当事者が連署するものとする。……
②　法第5条第3項において準用する法第4条第2項の規定により申請書を提出する場合には，次に掲げる書類を添付しなければ

ならない。
　一　第30条第1号から第4号までに掲げる書類
　二　申請に係る農地又は採草放牧地を転用する行為の妨げとなる権利を有する者がある場合には，その同意があったことを証する書面
　三　申請に係る農地又は採草放牧地が土地改良区の地区内にある場合には，当該土地改良区の意見書……
　五　その他参考となるべき書類
（農地又は採草放牧地の転用のための権利移動についての許可申請書の記載事項）
第57条の3　法第5条第3項において準用する法第4条第2項の農林水産省令で定める事項は，次に掲げる事項とする。
　一　第11条第1項第1号から第4号までに掲げる事項
　二　第31条第4号及び第5号に掲げる事項
　三　転用することによって生ずる付近の農地又は採草放牧地，作物等の被害の防除施設の概要
　四　その他参考となるべき事項
（申請書を送付すべき期間）
第57条の4　法第5条第3項において準用する法第4条第3項の農林水産省令で定める期間は，申請書の提出があった日の翌日から起算して40日とする。

農業委員会等に関する法律（昭和26年法律第88号）

（この法律の目的）
第1条①　この法律は，農業生産力の増進及び農業経営の合理化を図るため，農業委員会の組織及び運営並びに農業委員会ネットワーク機構の指定等について定め，もって農業の健全な発展に寄与することを目的とする。

（設置）
第3条①　市町村に農業委員会を置く。ただし，その区域内に農地のない市町村には，農業委員会を置かない。
（組織）
第4条①　農業委員会は，委員をもって組織する。
②　委員は，非常勤とする。

（所掌事務）
第6条① 農業委員会は，その区域内の次に掲げる事項を処理する。
一 農地法（昭和27年法律第229号）その他の法令によりその権限に属させられた農地等の利用関係の調整に関する事項……
（委員の任命）
第8条① 委員は，農業に関する識見を有し，農地等の利用の最適化の推進に関する事項その他の農業委員会の所掌に属する事項に関しその職務を適切に行うことができる者のうちから，市町村長が，議会の同意を得て，任命する。
（部会の設置及び構成）
第16条① 農業委員会に，農林水産省令で定めるところにより，部会を置くことができる。
（職員）
第26条① 農業委員会に職員を置く。
④ 職員は，会長の指揮を受け，農業委員会の事務に従事する。
（総会）
第27条① 農業委員会の委員の会議（以下この章において「総会」という。）は，会長が招集する。ただし，会長及びその職務を代理する者に共に事故があり，若しくはこれらの者が共に欠けたときの総会又は委員の任期満了による任命の後最初に行われる総会は，市町村長が招集する。
③ 総会は，現に在任する委員の過半数が出席しなければ，開くことができない。……

（部会の会議及び総会と部会との関係）
第28条① 第16条第1項の規定により部会の所掌に属させられた事項については，部会の議決をもって農業委員会の決定とする。
（議決の方法）
第30条① 総会及び部会の会議の議事は，出席委員の過半数で決し，可否同数のときは，会長又は部会長の決するところによる。
（指定）
第42条① 農林水産大臣又は都道府県知事（以下「農林水産大臣等」という。）は，農業委員会相互の連絡調整，情報提供等によるネットワークの構築及び当該ネットワークを活用した業務の実施を通じて農業委員会の事務の効率的かつ効果的な実施に資することを目的とする一般社団法人又は一般財団法人であって，次条第1項又は第2項に規定する業務……を適正かつ確実に行うことができると認められるものを，その申請により，全国又は都道府県にそれぞれ一を限って，農業委員会ネットワーク機構として指定することができる。
（業務）
第43条① 都道府県知事の指定を受けた農業委員会ネットワーク機構（以下「都道府県機構」という。）は，当該都道府県の区域内において，次に掲げる業務を行うものとする。
七 農地法その他の法令の規定により都道府県機構が行うものとされた業務を行うこと。

民事執行規則（昭和54年最高裁判所規則第5号）

（買受けの申出をすることができる者の制限）
第33条 執行裁判所は，法令の規定によりその取得が制限されている不動産については，買受けの申出をすることができる者を所定の資格を有する者に限ることができる。

資料3:民事執行法による農地等の売却の処理方法について
(平成24年3月30日付け23経営第3475号・23農振第2697号)

記

1 　農地法第3条第1項……の許可を要する農地等……についての売却が行われる場合における買受適格証明書の交付は,それぞれ当該許可……の権限庁(次の左欄に掲げる区分に従い,それぞれ当該右欄に掲げる行政庁)において行うこと。
　　……

区分	行政庁
1　農地法第3条第1項の許可	農業委員会

4 　農業委員会は,買受適格を有する旨を証明〔する〕場合には,その後の事務処理の迅速化を図るため,当該買受適格証明書の交付を受けた者が最高価買受申出人又は次順位買受申出人となり,当該許可の申請書……を提出した場合において,農業委員会の会長が当該証明書の交付時と事情が異なっていると認めたときを除き,許可を〔して〕差し支えない旨の議決をしておくものとすること。

5 　許可申請書……に添付すべき書面で当該買受適格証明書願に添付して提出された書面については,許可申請書……の末尾に,買受適格証明願に添付したことにより添付しない旨を記載して,添付することを省略して差し支えないものとすること。

● CHECK POINT

① 事実行為の処分性
② 行政裁量の存否の判断
③ 処理基準の法的な意義
④ 経由機関の不受理を争う訴訟形式
⑤ 処分の第三者（周辺住民）の原告適格

● 解説

I　はじめに

1　本問の趣旨

　本問は，所有権移転のために農地法 3 条 1 項に基づく許可を必要とする農地の強制競売に係る買受適格証明書の不交付決定を素材として，侵害的効果を伴う行政機関の事実行為を争うための訴訟手段および裁量行為の違法性について，議論を適切に組み立てることができるかどうか（**事例 1**），ならびに，農地法 5 条 1 項に基づく農地転用許可を素材として，経由機関による申請書の不受理を受けて，処分庁による審査を求めるための訴訟形式および授益的処分の取消訴訟を提起する第三者の原告適格の有無について，議論を適切に組み立てることができるかどうか（**事例 2**）を問うものである。

　設問 1 の解答のポイントとなるのは，(1)買受適格証明書の交付決定・不交付決定が「処分」（行訴 3 条 2 項）に該当するかどうか，(2)農地法 3 条 1 項に基づく許可に裁量がどの程度認められるか，D 県の「農地法関係事務処理要領」がどのような法的性質・効果を有するか，ということであり，さらに，**設問 2** の解答のポイントとなるのは，(1)B 市農業委員会による不受理という措置を訴訟の対象とすることができるかどうか，処分庁である D 県知事の作為ないし不作為として捉えることができるかどうか，(2)農地法およびその下位法令の関係する規定から農地 β の隣地において農業を営む I および β 地区の農業委員である E の利益を個別的利益として保護する趣旨を読み取ることがで

きるかどうか，ということである。本問のモデルとなった裁判例は，水戸地判平成26・1・16判時2218号108頁（ 事例1 ）ならびに東京高判平成20・3・26判例集未登載（平成19(行コ)360）（原審はさいたま地判平成19・9・26判例集未登載〔平成18(行ウ)54〕）および名古屋地判平成25・7・18判例集未登載（平成24(行ウ)146）（以上 事例2 ）であるが，本問を作成するにあたり，事案に若干の修正を加えている。

2　農地法が定める3種類の「許可」

　旧自作農創設特別措置法に関する判例が戦後の行政法理論の発展に大きく寄与し，それゆえ，今日的にも行政法の教科書や判例集において頻繁に取り上げられているのと比較すると，現行農地法に関する判例・裁判例はそれほどでもなく，しかも，本問では大量の条文が引用されているため，読者の皆さんの多くは，戸惑っているかもしれない。そこで，本問の具体的な事案に即した解説に先立ち，あらかじめ，農地法の中核となる3種類の「許可」について，ごく簡単に説明しておくことにしよう[1]。

　①農地法3条1項の許可の対象となるのは，農地の権利移動（例：所有権の移転，賃借権の設定）であり，許可権者は，農業委員会である。この3条1項の許可については，双方申請の原則が妥当する（農地法施行規則10条1項本文）が，例外的に単独申請が認められる場合があり，その一つが 事例1 に登場する強制競売の場合である（同条1項1号）。また，3条1項の許可は，第1号法定受託事務（自治2条9項1号）に該当する（農地63条1項）。3条1項の許可の法的性質については後述する（Ⅲ2を参照）。

　②農地法4条1項の許可の対象となるのは，人為的に農地を農地以外のものにする行為（＝農地転用行為）であり，許可権者は，都道府県知事等（すなわち，都道府県知事または指定市町村の長）である。この農地法4条1項の許可は，本問の事例には登場しない。

　③農地法5条1項の許可の対象となるのは，農地転用行為に伴う権利移動（例：農地を転用する目的を有する者への所有権の移転）であり，許可権者は，②と同様に都道府県知事等である。 事例2 は，この5条1項の許可に関するも

1）　詳細については，宮﨑直己『農地法講義〔補訂版〕』（大成出版社，2014年）第2講，第5講，第12講を参照。なお，以下では，採草放牧地に関する規制については省略する。

のである。5条1項の許可申請手続について詳しくは後述するが（Ⅳを参照），3条1項の許可と同様に，双方申請の原則が妥当し，例外的に単独申請が認められる（農地法施行規則57条の2第1項）。また，5条1項の許可は，転用面積が4haを超える場合には，第1号法定受託事務に該当し，4ha以下の場合には，自治事務に該当する。

Ⅱ 設問1①について

1 解答のポイント

設問1①に解答するために，まず論じなければならないのは，買受適格証明書の交付決定・不交付決定の法的性質である。仮に，買受適格証明書の交付決定が講学上の行政行為（＝実体的行政処分）に該当すれば，A社が農地aの競売に参加するためにとりうる訴訟上の手段は，明らかである。すなわち，A社は，買受適格証明書の不交付決定の取消訴訟（行訴3条2項）を提起するとともに，交付決定の義務付け訴訟（同条6項2号）を併合提起し，さらに，入札期間が迫っているため，仮の義務付け（行訴37条の5）を申し立てることになる[2]。しかし他方で，買受適格証明書の交付決定が実体的行政処分に該当しなければ，抗告訴訟以外の訴訟上の手段の可能性を睨みつつ，処分性概念を拡大的に解釈して，買受適格証明書の交付決定・不交付決定を抗告訴訟の対象とすべきかどうかを検討する必要がある。

2 買受適格証明書の不交付決定の法的性質

(1) それでは，買受適格証明書の交付決定は，処分（特に実体的行政処分）——判例の表現を借りると，「公権力の主体たる国または公共団体が行う行為のうち，その行為によって，直接国民の権利義務を形成しまたはその範囲を確定することが法律上認められているもの」（最判昭和39・10・29民集18巻8号1809頁〔東京都ごみ焼却場事件〕［百選Ⅱ-156事件］）[3]——に該当するだろうか。

まず，【資料1：GとHの法律事務所の会議録】においてFが説明しているよ

---

[2] なお，農地法54条は，新行政不服審査法（平成26年法律第68号）の施行に伴い，削除され，審査請求前置主義は存しない。

うに，農業委員会から買受適格証明書の交付を受けた者は，農地の買受けの申出ができるようになる一方で，買受適格証明書の交付を受けられなかった者は，買受けの申出ができなくなる。したがって，買受適格証明書の交付決定・不交付決定は，本問の事例でいうとA社の法的地位に影響を及ぼすことが明らかであるように思われる。

　しかし他方で，買受適格証明書の存在は，厳密には法律の根拠に基づくものではないことに注意しなければならない。【資料1】においてFが「このような実務上の取扱いの根拠」として挙げる民事執行規則33条は，「執行裁判所は，法令の規定によりその取得が制限されている不動産については，買受けの申出をすることができる者を所定の資格を有する者に限ることができる」と規定するにすぎず4)，農業委員会が買受適格証明書を交付することを明示的に規定しているのは，農林水産省経営局長と農村振興局長の連名通知だけだからである。そうすると，買受適格証明書の交付決定は，処分性の判断枠組み（ 事例④Ⅲ1 を参照）によれば，「法令上の根拠」という処分性の要素を欠くものである。買受適格証明書の交付とは，いわば《将来的に農地法3条1項の許可申請があれば，認容されるであろうとの見込みを表示する事実行為》にすぎないのであり5)，民事執行規則33条に即していえば，買受適格証明書の交付を受けた者は，本来的に有していた買受けの申出をする地位を剥奪されないというだけの話である（最判平成8・10・8訟月44巻5号519頁も，買受適格証明書の交付が処分〔実体的行政処分〕に該当することを否定する）。

　(2)　他方で，買受適格証明書の不交付決定の法的性質について，裁判例は，処分性を肯定したものと否定したものに分かれる。

　処分性を肯定した裁判例として，長野地判昭和36・2・28行集12巻2号250頁は，「被告〔県知事〕が原告の競買適格証明の申請を却下した行為は原告が当該競売手続において競買申出をなす資格を附与しないことを意味し，私人

---

3)　曽和＝金子編著・事例研究116頁〔野呂充〕は，「昭和39年判決の定式は，おそらく，講学上の行政行為の定義を念頭に置いたもの」と指摘する。

4)　民事執行規則の形式は，最高裁判所規則であり，法律ではないが，最高裁判所の規則制定権（憲77条）は，「国会を唯一の立法機関（憲法41条）とすることに対する大きな例外である」（兼子一＝竹下守夫『裁判法〔第3版〕』〔有斐閣，1994年〕123頁）ので，民事執行規則では法律の根拠として不十分であることにはならないであろう。

5)　判時1352号68頁の匿名コメントも参照。

の具体的な権利に影響を及ぼすものであることがあきらかであるから，右行為は抗告訴訟の対象となるべき行政処分であるといわなければならない」とし，さらに，「行政処分であるためには……行政庁が公権力の行使としてなした行為であって，私人の具体的な権利義務に影響を及ぼすものであれば足り，法令上の根拠の有無を問わない」と指摘した。また，福岡地判昭和 36・2・17 行集 12 巻 12 号 2337 頁は，「国民に対して民事訴訟法上保障されたところの一般的に競売参加をなしうる権利を剥奪する」という「買受適格証明書の果す<u>実質的機能</u>」（下線は筆者）に着目して処分性を認め，その控訴審である福岡高判昭和 38・10・16 行集 14 巻 10 号 1705 頁も，「公権力の行使により国民の権利を<u>現実に侵すもの</u>」（同前）であることに着目して処分性を認めた。

　もっとも，これらの裁判例は，前掲最判昭和 39・10・29 以前のものである。より近時の裁判例である熊本地判平成元・12・21 判時 1352 号 68 頁は，「本件通知〔＝原告が農地の買受適格を有しない旨の通知〕は単なる事実上の措置にすぎず，直接原告の権利の変動に影響を与えるものでもなく，これを到底『処分』と認めることが出来ない」と指摘し，買受適格証明書の不交付決定の処分性を否定した。「農業委員会が買受適格証明書の交付申請に対し不適格である旨の通知をした場合，右の通知は抗告訴訟の対象となる行政処分には当たらないとするのが裁判例」6) とされるゆえんである。

　(3)　このようにみてくると，買受適格証明書の交付決定・不交付決定は，実体的行政処分には該当しないことになる。【資料１】においてＦが言及するＤ県の「農地法関係事務処理要領」もＨが解するように同様の立場をとっている。もっとも，行政庁の教示がないからといって処分性が否定されるわけではないのは，当然のことである。

3　確認訴訟の活用か処分性の拡大か

(1)　仮に，買受適格証明書の交付決定・不交付決定が実体的行政処分に該当

---

6)　前掲水戸地判平成 26・1・16 に関する判時 2218 号 108 頁の匿名コメント。なお，同コメントは，裁判例として，前掲熊本地判平成元・12・21 とともに高松高決昭和 45・3・6 判時 610 号 59 頁を挙げているが，後者の決定は，競買申出人が物件所有者であるときには，競買適格証明書を提出させないで競買申出を許しても違法ではないと判示したものである。前掲水戸地判平成 26・1・16 については，板垣勝彦「判批」自研 91 巻 11 号（2015 年）134 頁以下を参照。

しなくても，前述のように，買受適格証明書の交付を受けられなかったA社は，買受けの申出ができなくなるという不利益を被ることは事実であり，それゆえ，買受適格証明書の不交付決定に不服を有するA社のために，何らかの法的救済のルートを確保しなければなるまい。

ここで，取消訴訟（抗告訴訟）以外にA社がとりうる訴訟手段を検討すると，さしあたり思い浮かぶのは，民事執行規則33条に即して，公法上の当事者訴訟，とりわけ実質的当事者訴訟（行訴4条後段）として，買受けの申出をする地位の確認訴訟を提起するというものである。たしかに，A社としては，この訴訟で請求が認容されれば，農地 a の競売に参加することができるのであり，また，入札期間が迫っているという事態に対処するためには，民事保全法上の仮処分を申し立てることになるであろう。これが，本問に対する1つの答えである。

(2) ただし，この確認訴訟において実際に争点になるのは，A社が農地法3条1項の許可要件を充たしているかどうかということであり，より具体的には，A社は許可要件を充たさないとしたB市農業委員会の決定の違法性である。そうすると，処分要件の充足性の判断という本来的には抗告訴訟において争われるべき問題が確認訴訟で争われることになるのである。

【資料3：民事執行法による農地等の売却の処理方法について（平成24年3月30日付け23経営第3475号・23農振第2697号）】の4および5によれば，買受適格証明書の交付を受けた者は，将来的に農地法3条1項の許可を申請するにあたり，既に買受適格証明書の交付申請時に提出した書面を改めて提出する必要がなく，また，事情の変更がないかぎり，ほぼ確実に許可が受けられることになる。まさしく，【資料1】においてGが述べるように，「買受適格証明書の交付は，実質的には，農地法3条1項の許可の先取り」といえるのである[7]。そこで，本問に対する答えとして，買受適格証明書の交付決定に処分性を認め，A社が上記の抗告訴訟のルートを利用するのを許容することも考えられる（この場合には，前掲最判平成8・10・8との抵触の問題が生じるが，本件と事案を区別することが一応可能である）。もっとも，A社の実効的な権利救済という観点から，あえて処分性概念を拡大するだけの実益があるかどうかという問題がある。勝訴

---

[7] 岡村周一「判批」判評394号（判時1397号）25頁を参照（ただし，これは，行政事件訴訟法平成16年改正前に刊行されたものである）。

すれば，事情の変更がないかぎり，ほぼ確実に許可が受けられるという点は，確認訴訟でも変わりはないであろう。また，交付決定はさておき，不交付決定に処分性を認めて（不交付決定は不利益処分と捉えられる），取消訴訟を許容することも考えられる（この場合には，前掲最判平成8・10・8との抵触の問題はない）が，この手段は，確認訴訟と比較すると，A社の救済にとって迂遠だろう。

(3) なお，本問の解答中において触れる必要はないが，次の2点にも留意されたい。

第1に，訴訟上の手段とは別に，実際にA社が競売に参加できそうかという問題である。とりわけ，仮の義務付けには「償うことのできない損害」（行訴37条の5第1項）という厳格な要件が課されており，A社が被ることが想定される財産的な損害ではこの要件を充たさないようにも思われるが，しかし，この要件は「処分が違法である蓋然性」と相関関係にあると考えられ，「処分が違法である蓋然性」が高ければ比較的容易に充たされる[8]。

第2に，A社が買受適格証明書の不交付決定を農地aの競売手続の枠内で争うことができないかという問題である。具体的にいうと，第三者に対する農地aの売却許可決定に対して，A社が，民事執行法74条1項に基づき，「その決定により自己の権利が害される」ことを主張して執行抗告をするという方法であるが，この方法については，「そもそも買受申出人ですらない者に執行抗告の利益が認められるか」，さらに，「たとい執行抗告の利益が認められるとしても，執行抗告の理由として，自己は本来買受適格証明書を交付されるべきであったにもかかわらずこれを拒否され買受けの申出をすることを許されなかった点において『売却の手続に重大な誤りがある』（民執74条2項，71条7号）と主張しうるか」といった疑問が呈されている[9]。

III 設問1②について

1 解答のポイント

既述のとおり，買受適格証明書の交付は，農地法3条1項の許可の先取りで

---

[8] 改正行政事件訴訟法施行状況検証研究会『報告書』（2012年）52頁，64頁（施行状況の検証413頁，425頁）を参照。
[9] 詳細については，岡村・前掲注7)23-24頁を参照。

あり，買受適格証明書の不交付決定の違法性は，農地法3条1項の許可の基準に照らして判断されるべきことになる。農地法3条1項の許可について，同条2項が不許可基準を列挙しているが，【資料1】中のFの説明によれば，本問の事例は同項1号ないし7号が規定する場合には該当しない。したがって，A社としては，同項各号が規定する場合以外においては，農業委員会は許可をするかしないかの裁量を有さず，許可を義務づけられる，あるいは，百歩譲って農業委員会が裁量を有するとしても，本件の事例において買受適格証明書の不交付決定をすることは裁量権の踰越・濫用に該当すると主張すべきことになる。そこで，設問1②に解答するためには，農地法3条2項各号が規定する場合以外において，農業委員会は許可をするかしないかの裁量を有するか，どのような場合に不許可が許されるかということを検討する必要がある。そして，D県の「農地法関係事務処理要領」がどのような法的性質のものであり，法的拘束力を有するかどうかという問題も，買受適格証明書の不交付決定の違法性に関わる。

2　農地法3条1項に基づく許可に関する裁量

(1)　まず，農地法3条1項の許可の法的性質に触れておくと，この許可は，私人間の権利移動の効力発生要件であり（農地3条7項），「当事者の法律行為（たとえば売買）を補充してその法律上の効力（たとえば売買による所有権移転）を完成させるものにすぎず，講学上のいわゆる補充行為の性質を有する」（最判昭和38・11・12民集17巻11号1545頁）とされる。これに加え，農地法3条1項に違反すると罰則が科される（同64条1号）ため，3条1項の許可は，講学上の許可にも該当する[10]。

このような法的性質論により，農地法3条1項の許可について認められるべき裁量の範囲がただちに定まるわけではないが，私人の財産権に対する強力な規制であるということは，農地法3条1項の許可について認められるべき裁量の範囲を限定的に解釈する有力な根拠となるものである。

(2)　次いで，農地法3条1項の許可に関連する規定をみると，前述のように，同条2項各号が不許可基準を列挙しているが，同項は，「各号のいずれかに該

---

10) 宮﨑・前掲注1)84頁。

当する場合には，することができない」と規定しており，文言上は，各号に該当しない場合に許可をするかしないかについて，農業委員会に判断の余地を認めている。そこで，A社としては，同条2項各号が不許可基準を極めて明確な文言によって規定していること，同条1項の許可が私人の財産権に対する強力な規制であることを根拠として，同条2項各号が規定する場合以外においては，農業委員会は許可をするかしないかの裁量を有さず，許可を義務づけられると主張することが考えられる。

これに対しては，3条2項は，農地法1条所定の「農地を効率的に利用する耕作者による地域との調和に配慮した農地についての権利の取得を促進〔する〕」という目的に則して，不許可基準を列挙しているのであり，したがって，3条2項各号が規定する場合以外であっても，農地法1条所定の目的に明らかに反するような農地の権利移動を招くときには不許可が許されるという立場もありえよう（3条5項が付款を許容していることも，同条1項の許可の裁量性を一応裏づけるものである）。

(3) そして，【資料1】でHが指摘するように，たしかに，農地 a の所有権移転が認められると，今後違反転用を是正することが難しくなるが，しかし，A社としては，【資料1】においてFが述べる次のような事情を捉えて，農地 a の所有権移転が「農地を効率的に利用する耕作者による地域との調和に配慮した農地についての権利の取得」という目的に明らかに反するものとはいえないと主張することが考えられる。

第1に，農地 a のうち，違反転用されている部分は全体のごく一部にすぎないことである。農地 a の全体のごく一部が違反転用されているからといって，それ以外の大部分について農業法人であるA社が所有権を取得して農業を営もうとするのを阻止することは，却って農業法1条所定の目的に反するのではないか。

第2に，平成15年頃に農地 a の一部が違反転用されてから，10年以上という時間が経過していることである。農地法51条によれば，都道府県知事等は，農地の違反転用に対して，原状回復等の措置を講じるよう命じる権限を有しており[11]，さらに，違反転用者が当該命令に従わないときには行政上の代執行

---

[11] 命令権者の詳細については，農地法施行令32条を参照。

を行う権限を有しているにもかかわらず，長期間，違反転用が放置されてきたのである。B市農業委員会は，農地法52条の4に基づいて，都道府県知事等に対して権限の行使を要請することしかできない（ちなみに，農業委員会のこの権限も農地法平成27年改正により明記されたものである）ため，これまで農地 a の所有者に対して行政指導しかなしえなかったことはやむを得ないとしても，行政側の長期間の権限不行使を棚に上げて（さらには，今後権限が行使される見込みが特に立っていないのにもかかわらず），このたびの農地 a の所有権移転をもって農地法1条所定の目的違反というのはいいすぎではないか。

3 「農地法関係事務処理要領」の法的性質・効果

(1) しかし，【資料1】でFが述べているように，D県の「農地法関係事務処理要領」は「一筆の土地の一部が農地，一部が非農地の場合は，農地部分と非農地部分とに分筆されなければ証明の対象としない」ものとしており，B市農業委員会としては，この「農地法関係事務処理要領」をA社への買受適格証明書の不交付決定の適法性の根拠として持ち出すという手段がありうる。既に説明したとおり（Ⅰを参照），農地法3条1項の許可は，第1号法定受託事務（自治2条9項1号）に該当するため，この「農地法関係事務処理要領」は，地方自治法245条の9第2項1号所定の処理基準に該当する。

処理基準がどの程度の法的拘束力を有するかについては，解釈の余地がある（事例⑯Ⅱ1を参照）ため，A社としては，まずは，処理基準が法的拘束力を有しないという主張をすべきであるが，仮に，処理基準が法的拘束力を有するという立場をとっても，本問の事例では，処理基準をそのまま適用すれば農地法に違反することになる以上，B市農地委員会は，処理基準から離脱するか処理基準を限定的に解釈して，買受適格証明書を交付すべきであったと主張することが考えられる。

(2) また，国家賠償請求訴訟において，国家賠償法1条1項の違法性の要件について職務行為基準説をとれば，違法性の要件認定の段階で，B市農業委員会が買受適格証明書の不交付決定を行うときに，「職務上通常尽くすべき注意義務」を尽くしたかどうかが問題となる（最判平成5・3・11民集47巻4号2863頁［百選Ⅱ-227事件］）。A社としては，B市農業委員会が単に処理基準に従っただけでは，職務上通常尽くすべき注意義務を尽くしたとはいえないと主張する

ことになる（参照，最判平成 19・11・1 民集 61 巻 8 号 2733 頁［百選Ⅱ-228 事件］）。

Ⅳ 設問 2 ① について

1 解答のポイント

設問 2 ① に解答するための前提となるのが，農地法 5 条 1 項の転用許可との関係で，B 市農業委員会が有する法的権限である。法的権限に則して，B 市農業委員会による不受理という措置を B 市農業委員会自身の対外的行為（＝拒否処分）と解することができなければ，次に，これを処分庁である D 県知事による作為ないし不作為とみることができないかが問題となる。この問題は，B 市農業委員会の法的地位に関わるものである。

2 B 市農業委員会の法的地位・権限

(1) それでは，B 市農業委員会は，農地法 5 条 1 項の転用許可との関係で，どのような法的権限を有するのであろうか。本問の事例において，B 市農業委員会は，C 社の申請について必要な書類が添付されているかどうかという形式審査を行い，不受理という措置を検討しているわけであるが，行政手続法は，経由事務につき，申請が経由機関から行政庁の事務所に到達するまでの標準処理期間を定めることを努力義務とする（さらに，定めたときには，公表することを法的義務とする。行手 6 条）ものの，経由機関に対し形式審査等を行う権限を付与しているわけではなく，それゆえ，個別の法令に特別の規定がないかぎり，経由機関は形式審査等を行う権限を有しないと解される。

そこで，農地法の規定をみると，農地法 5 条 3 項により同条 1 項の転用許可に準用される同法 4 条 3 項は，農業委員会に対し，「当該申請書に意見を付［する］」権限を付与しており，自己の意見の形成のために必要な書類の提出を求める行政指導や，その前提となる形式審査は認められるとしても，しかし不受理という措置をとる権限は与えていない。したがって，B 市農業委員会による不受理という措置は違法ということになる。本問のモデルとなった前掲さいたま地判平成 19・9・26 も，「農業委員会は，提出された申請書を審査し，意見を付して都道府県知事に送付することができるのみであり，申請書の受理を拒否する権限はないと解すべきである」としている。そして，それとともに，

B市農業委員会による不受理という措置は，B市農業委員会自身の対外的行為と解することはできないことになる。

(2) そうすると，B市農業委員会による不受理という措置を行政庁であるD県知事の作為ないし不作為とみることはできないであろうか。

まず，B市農業委員会による不受理という措置を行政庁であるD県知事の作為（＝拒否処分）とみることは，難しいであろう。本問の事例では，D県知事の審査はまったく行われておらず，また，D県知事がB市農業委員会に対して農地法5条1項の転用許可について権限の委任等をした形跡もないからである。

次に，B市農業委員会による不受理という措置を行政庁であるD県知事の不作為と捉えることができるかどうかについて，実は，本問のモデルとなった前掲さいたま地判平成19・9・26とその控訴審である前掲東京高判平成20・3・26は異なる判断を示している。すなわち，前者は，「農業委員会と都道府県知事の有する各権限，両者の関係及び審査手続きに照らすと，農業委員会をもって都道府県の一機構とみることはできない。そして，上記申請に対する手続に照らすと，本件申請は，埼玉県知事を名宛人に対して〔原文ママ〕なされたものではあるが，春日部市農業委員会から同知事に対する申請書の送付がない限り，同知事に対する申請として認められないことになる。したがって，本件においては知事に対する申請はなく，また本件申請に対する知事の処分は存しない」とした。これに対し，後者は，やはり農業委員会が市町村の行政機関であり，都道府県知事からは独立した行政委員会であることを指摘したうえで，「このように，行政組織法上，処分行政庁からは独立した行政機関を経由機関として，申請を受理する法制度の下においては，申請権を有する者が，経由機関に申請書を提出した場合には，これによって，処分行政庁の応答を得ようとする意思の表明があることは明らかであって，処分行政庁は，申請に対し，相当の期間内に応答する義務を負うことになると解すべきである。そして，経由機関を経由して申請書を提出すべきことが定められている場合にあっては，上記相当の期間は，経由機関から処分行政庁に申請書を進達等するために要する相当の期間及び処分行政庁が申請に対する処分をするために要する相当の期間を通じた期間をいうものと解され，こうした相当の期間を経過しても，申請に対する応答がされない場合には，処分行政庁は，申請に対する応答義務を怠

ものとの評価を免れない」とした。

3 申請権の保護

これらの2つの裁判例によれば、農業委員会が都道府県知事から独立した法的地位を有することを出発点としても、B市農業委員会による不受理という措置を行政庁であるD県知事の不作為と捉えることができるかどうかについて、肯定説と否定説のいずれも一応は成り立ちうることになる。ただし、申請権の保護という視点からは、肯定説に分がありそうである。すなわち、たしかに、《経由機関→行政庁の事務所》という申請の進達の過程を分析的にみると、行政庁の審査応答義務が発生するのは申請が行政庁の事務所に到達した時点である（行手7条）が、しかし、この過程は、行政機関相互間の行為（事例⑮Ⅲ2を参照）にすぎず、経由機関による違法な措置により行政庁の審査応答義務が生じないとすれば、行政組織の外部にいる申請者にとっては保護に欠けることになるであろう[12]。

そうすると、C社は、B市農業委員会による不受理という措置をD県知事による不応答と捉えて、不作為の違法確認訴訟（および申請型義務付け訴訟）を提起することが考えられる。なお、農地法平成27年改正前には、農業委員会が申請書を農林水産省令で定める期間内に都道府県知事に送付しなかったとき等には、直接都道府県知事に申請書を提出することもできたが、現行法は、このような仕組みをとっていないようである。

V 設問2②について

1 解答のポイント

設問2②において問われているのは、授益的処分である農地法5条1項の転用許可の取消訴訟を提起する第三者の原告適格の有無である。取消訴訟の原告適格の問題は、本書でも既に何回か取り上げられてきたので、現在の判例法

---

[12] 経由機関への申請の時点から「相当の期間内」（行審3条、行訴3条5項）に応答する行政庁の義務が生じるとすれば、行政庁の審査応答義務（行手7条）とは別に、速やかに申請を進達する経由機関の義務や、経由事務の適正化を図る行政庁の義務を考えることができる。なお、経由事務に係る行政手続法の解釈については、磯部哲教授より有益なご教示を賜った。

理（＝「法律上保護された利益」説，および，公益・個別的利益の区別論）について，ここでは改めて詳述しない（例えば，事例⑦Ⅱ を参照）。行政事件訴訟法9条2項が規定する考慮（参酌・勘案）事項に従い，農地法およびその下位法令から農地βの隣地において農業を営むIおよびβ地区の農業委員であるEの利益を個別的利益として保護する趣旨を読み取ることができるかどうかがポイントとなる。

2　Ⅰの法的地位（原告適格）

まず，Ⅰの利益を個別的利益として保護する趣旨が読み取れるかどうかを検討すると，農地法5条1項の転用許可についての不許可基準を定める同条2項各号のうちの4号が「申請に係る農地を農地以外のものにすること又は申請に係る採草放牧地を採草放牧地以外のものにすることにより，土砂の流出又は崩壊その他の災害を発生させるおそれがあると認められる場合，農業用用排水施設の有する機能に支障を及ぼすおそれがあると認められる場合その他の周辺の農地又は採草放牧地に係る営農条件に支障を生ずるおそれがあると認められる場合」を挙げており，転用許可の手続を定める同法4条2項および5条3項を受けて定められた農地法施行規則57条の3第3号は，許可申請書の記載事項の1つとして，「転用することによって生ずる付近の農地又は採草放牧地，作物等の被害の防除施設の概要」を挙げている。これらの規定に併せて，農地法1条が，既述のように，同法の目的として，「農地を効率的に利用する耕作者による地域との調和に配慮した農地についての権利の取得を促進〔する〕」ことを挙げていること，農地法63条の2も，「この法律の運用に当たっては，……地域における貴重な資源である農地が地域との調和を図りつつ農業上有効に利用されるよう配慮しなければならない」と規定していることを踏まえると，農地法5条は，転用許可の対象となる農地の周辺で農業を営む者の営農上の利益を個別的利益として保護していると解することができる。

そして，仮に，農地βについて違法に転用許可が付与された場合には，「土砂の流出又は崩壊その他の災害」や「農業用用排水施設の有する機能」の障害等により，Ⅰが被害を受けることが想定されるため，Ⅰには取消訴訟を提起する原告適格が認められるであろう。

3　Eの法的地位（原告適格）

これに対し，【資料1】中のFの説明によれば，Eの農地は，農地βからは400mほど離れており，しかも，住宅が建ち並ぶ住宅街に囲まれているため，仮に農地βの違法な転用許可により，「土砂の流出又は崩壊その他の災害」や「農業用用排水施設の有する機能」の障害等が発生したとしても，Eの農地が被害を受けることは考えにくい。それゆえ，EにはIと同様に取消訴訟の原告適格が認められるわけではない。

そこで，Eの利益を個別的利益として保護する趣旨が読み取れるかどうかを検討すると，農地法およびその下位法令，さらには農業委員の権限を規定する農業委員会等に関する法律の諸規定を見渡しても，Eが農業委員の1人として農業委員会の意思決定に参加する（そしてβ地区の利害を反映させる）ことを超えて，β地区選出の農業委員としてのEの法的地位を特別に保護するものは見当たらない。既述のように，農地法4条1項および5条1項の転用許可について，農業委員会は経由事務の際に都道府県知事等に対して意見を述べる機会を有しており，さらに，都道府県機構を通じて別の農業委員会の意見に影響力を行使する余地もありうる（農地4条4項・5条・5条3項・42条1項・43条1項7号）が，やはり農業委員会の意思決定に参加しうることを超えて，Eの法的地位が特別に保護されるわけではなかろう。したがって，現在の判例法理を前提とするかぎり，Eに取消訴訟の原告適格を認めるのは困難である。

Ⅵ　おわりに

最後に，【資料1】においてFが言及している「甲種農地」（農地5条2項1号ロ，農地令13条1号・2号）という概念について補足しておこう。【資料2】中の諸規定をざっとみただけでは，本問の事例に登場するような，パチンコ遊技店の駐車場拡張のための農地の転用など許可される可能性があるのかと疑問に思われるかもしれない。たしかに，「甲種農地」については原則的に転用が禁止されるが，例外的に転用が許可されることもある。本問の解答にとって必要ないため【資料2】には引用していないが，農地法施行令11条1項は，「法第5条第2項第1号に掲げる場合の同項ただし書の政令で定める相当の事由は，

次の各号に掲げる農地又は採草放牧地の区分に応じ，それぞれ当該各号に掲げる事由とする」と規定しており，「法第5条第2項第1号ロに掲げる農地又は採草放牧地」について，同令11条1項2号ハ→同令4条1項2号ハ→農地法施行規則35条5号と辿っていくと，「既存の施設の拡張（拡張に係る部分の敷地の面積が既存の施設の敷地の面積の2分の1を超えないものに限る。）」の用に供するために行われるものであるときには，転用が許可されることがあるのである。

■ 関連問題

　上記の 事例2 において，C社がB市農業委員会による不受理という措置を捉えて，訴訟ではなく行政不服審査法に基づく審査請求を選択するとすれば，C社はどの行政機関に対して審査請求を行うべきか，また，当該審査庁はどのように審理を進めなければならないか，C社は審理においてどのような権利を有するか，整理しなさい。

COMMENT　本件において，B市農業委員会による不受理という措置をD県知事の不作為と捉えるとすると，Cは平成28年4月19日付けで申請をしたので，不作為状態について新行政不服審査法が適用される（行審附則3条）。まずは同法の基本的な構造を確認したうえで，審理の帰趨を色々と想定しながら，審査庁がどのような手続をとって，どのような裁決に至るのかについて考えてもらいたい。同法の目玉の一つが，行政不服審査会等への諮問（行審43条1項）であるが，審査請求の対象である処分の段階で，法令に基づき，審議会等の議を経た場合（同項1号）等には，諮問は不要である。農業委員会が経由機関として都道府県知事等に意見を述べることも，審議会等の議を経ることに当たると考えてよいだろうか。本件は不作為の事案であるが，行政不服審査法43条1項3号および49条4項にも「審議会等の議」が登場する。

19

入管法に基づく退去強制をめぐる紛争

以下の 事例 ,【資料1：K・L・Sの法律事務所の会議録】,【資料2：関係法令等】を読んで, 設問 に答えなさい。

事例1

　ペルー国籍の X_1 は平成12年4月に，同国籍の X_2 は同年8月に，それぞれ偽造旅券を使い本邦に入国した。その後本邦で稼働していたが，ペルーで出生した X_3（X_1・X_2 の子）は，平成14年4月に偽造旅券を使い本邦に入国し，日本の学校に通っていた。X_1 一家はそれまで他人名義で在留資格を得ており，平成16年1月に在留期間更新不許可処分を受けたが，Xらが入国管理局（入管）に出頭しなかったので，入管当局は，平成19年，この事件を中止とする中間処分を行った。X_4 は，X_1・X_2 の間に平成18年に本邦で出生したが，在留資格取得申請をしなかった。

　平成24年になり，Xらは本邦への在留を希望して東京入管に出頭申告したが，入国警備官は違反調査（出入国管理及び難民認定法〔以下「法」という〕27条）を行い，X_1・X_2 を法24条1号該当容疑者として，X_4 を同条7号該当容疑者として，入国審査官に引き渡した。その後，入国審査官は，Xらに対して違反審査（法45条）を行い，X_1・X_2 は法24条1号に，X_4 は同条7号に該当すると認定（法47条3項）した。Xらは法所定の不服申立てをしたが，入国管理局長は法49条1項に基づく異議の申出に理由がない旨の裁決（以下「本件裁決」という。同条3項）を行い，主任審査官に通知した。主任審査官はこれを受け，Xらに対し，ペルーを送還先とする退去強制令書発付処分（以下「本件処分」という。法49条6項・51条）をした。他方，X_3 は，在留資格を「定住者」，在留期間を「1年」とする在留特別許可を受けるに至った。X_1・X_2・X_4 は，本件裁決および本件処分の取消しを求めるとともに，在留特別許可の義務付けを求めて争いたいと考えている。

事例 2
　X_5 は，インドシナ戦争の際にベトナムからタイに逃れた難民（ベトナム難民）の子であり，タイで生まれ育ち，タイ語を母国語とする者であって，ベトナムで生活したことは全くなく，ベトナム語も理解できず，X_5 も X_5 の家族もすべてタイで生活していた。X_5 は，平成 3 年 7 月に有効な旅券等を所持しないで本邦に上陸した。X_5 は，平成 25 年 11 月に，入管法違反容疑で現行犯逮捕され，有罪判決を受けた後，平成 26 年 1 月に，入国審査官から法 24 条 1 号に該当し，かつ，出国命令対象者に該当しない旨の認定を受けたところ，「本国」（これを X_5 はタイのことであると信じていた）へ帰国しなければならない旨の説明を受けてこれを理解し，口頭審理の請求を放棄する旨の記載のある口頭審理放棄書に署名指印して提出したことから，ベトナムを送還先とする退去強制令書発付処分を受けた（法 47 条 5 項・51 条）。一貫してタイへの帰国を希望していた X_5 は，自身が無国籍であること，また，口頭審理請求放棄の意思表示は真意によるものではないことなどから，ベトナムを送還先とする退去強制令書発付処分は違法であると主張して，その取消しを求めて争うこととした。

設問

1. **事例 1** において，本件裁決および本件処分の取消しに加え，在留特別許可を求める X_1・X_2・X_4 は，(1)いかなる類型の抗告訴訟を提起し，(2)本案でどのような主張をすればよいか，検討せよ。仮の救済については論じなくてよい。
2. **事例 2** において，X_5 は，いかなる抗告訴訟を提起して争えばよいか。送還先の法的位置付け（退去強制令書発付と送還先のそれぞれの決定手続や判断権者等），口頭審理手続の意義等に留意しつつ検討せよ。

資料 1：K・L・S の法律事務所の会議録

L 弁護士：今回は，退去強制手続関係の事案が 2 つですね。平成 23 年頃から，難民認定関係手続における申請件数や異議申立て件数は激増していますが（**表 1** 参照），入管法関係の訴訟事案としては，退去強制手続関係が圧倒的に数は多いですからね（**表 2** 参照）。関係条文や判決例の動向等も踏まえて，もちろん当事者の方々のお気持ちも踏まえて，きちんと対応しましょう。
S 弁護士：今回の **事例 1** の X_1 さんご一家のご相談は，何とかして本件裁決および

表1　難民認定申請数・異議申立数の推移

	H16	H17	H18	H19	H20	H21	H22	H23	H24	H25	H26
難民認定申請数	426	384	954	816	1599	1388	1202	1867	2545	3260	5000
異議申立数	209	183	340	362	429	1156	859	1719	1738	2408	2533

※ 法務省ウェブサイトより　http://www.moj.go.jp/content/000121502.pdf および http://www.moj.go.jp/content/001138214.pdf

表2　出入国管理関係訴訟（行政事件・本案事件）受理件数の推移

	H12	H13	H14	H15	H16	H17	H18	H19	H20	H21	H22	H23	H24	H25	H26
退去強制手続関係訴訟	21	55	74	68	109	143	164	158	234	162	172	167	264	334	274
在留審査関係訴訟	11	13	20	58	6	8	21	17	17	16	21	23	17	13	18
在留資格認定証明書手続関係訴訟	—	—	1	5	7	17	6	18	8	10	15	8	6	6	6
難民認定手続関係訴訟	46	8	52	53	25	52	59	82	72	50	55	40	46	35	35
その他	3	9	4	6	19	28	2	3	4	1	5	1	4	1	0
小計	81	85	151	190	166	248	252	278	335	239	268	239	337	389	333

※ 法務省入国管理局編『出入国管理（白書）』資料編から作成

本件処分を争い，家族一緒に日本に住まわせてほしいということでした。しかし，X_1・X_2 が偽造旅券を使用して不法入国をし，長年にわたり不法就労を続けてきたこと，それにとどまらず，他人名義で――詳しく言うと日系ペルー人またはその家族になりすまし，――在留資格変更許可を受けた経緯がありまして，これらは X_1 さんご一家にとって不利な事情です。身分関係や身分事項を偽った者が同一家系に複数紛れ込めば，真実の親族関係の把握が極めて困難となるなど入国・在留審査業務への支障は重大だとか，悪質性が高いなどと入管当局が主張してくることが容易に想定されます。

K弁護士：その通りでしょうね。しかし，X_3 や X_4 はどうなりますか？　X_3 は小学生の時から日本に滞在していて定着性が高く，X_4 はペルーでの生活経験すらないわけですが……。

S弁護士：確かに，X_4 は日本で生まれ，本件裁決の時点で小学2年生ですが，入管当局にすれば，それは他方で環境の変化に対応する順応性や可塑性に富む年齢であるというべきで，仮にペルーに帰国して，帰国当初多少の困難はあるとしても，現地での生活を経験し，時の経過とともに言語や生活習慣を身につけ，生活環境になじむことは十分可能だというでしょう。こう考えることで，X_4 の生育歴をもってしても，X_1・X_2 に対し在留特別許可を付与しなければならない特別な事情に当たるとは認め

られない，と主張してくることが考えられます。

L弁護士：X₃についてはどう考えますか？

S弁護士：彼はすでに在留特別許可を受けていますが，本件裁決当時20歳であり，一般に親元から離れて暮らしても珍しくはない年齢なので，X₁・X₂の監護・養育を受けず，別々に生活することになったとしてもやむを得ないでしょうし，X₄の年齢等を考えると，X₁・X₂がX₄と別れてペルーに帰国し，X₃が本邦でX₄の監護・養育を行うことも現実的ではなく，X₄の福祉にかなうとは認められません。やはり，X₁・X₂・X₄を一体のものとして，在留特別許可の許否を判断するのが相当と思います。

L弁護士：在留特別許可の判断については法務大臣の裁量権が広く認められていますが，他方で，法49条1項の規定による異議の申出をした者にとって，在留特別許可を付与されるかどうかは，本邦への在留が認められるか否かの重大な利益に関わる事柄です。「在留特別許可に係るガイドライン」（後掲）に定める積極要素と消極要素を総合的に勘案して，本件は在留特別許可が認められるべき事案であるとの主張を検討することになりますね。

S弁護士：本案における主張に関してはその通りです。その方向で論点を整理したいと思いますが，同時に，在留特別許可の義務付けを求める訴えが行政事件訴訟法3条6項1号のいわゆる直接型（非申請型）の訴えであるか，または同項2号の申請型の訴えであるかについても議論があるように聞いています。退去強制手続の概要を簡単におさらいすると，入国警備官の違反調査（法27条）があり，調査の結果，容疑者が退去強制事由（法24条各号）のいずれかに「該当すると疑うに足りる相当の理由があるときは」（法39条），主任審査官に収容令書の発付を求め，これが発付されると，入国警備官は，令書の執行として，当該容疑者の身柄を拘束し，一定の場所に収容します（法41条・42条）。容疑者の身柄は，調書や証拠物とともに入国審査官に引き渡され（法44条），違反審判手続が始まります。その後は，入国審査官の認定（法47条），容疑者の請求に基づく特別審理官による口頭審理・判定（法48条），判定に不服があるときには異議の申出が可能でそれに基づき法務大臣が異議の申出に理由があるかどうかの裁決（法49条）を行うなど，実に多段階の構造です。これらが認定を審査する行政不服申立ての手続なのか，あるいは退去強制令書発付の事前手続なのかという辺りも重要な論点ですが，まずは，大臣への異議申出は「在留特別許可の申請」という意味をも含みうるのかについて，K君に論点の整理をお願いしたいと思います。

K弁護士：はい，承りました。

S弁護士：事例2については，退去強制事由該当性は否定しようがない事案です。しかし，これまでの経歴から，X₅の気持ちとしては，本国＝タイである，あるいはせめて無国籍というべきであるとの主張は当然だと思うのですが，入管当局のほうで

は，一方的に本国＝ベトナムである，と指定したわけで，そのこと自体の当否を問題にしていきたいというお考えのようです。しかし，そもそも送還先の指定って，どういう法的性質の行為なのでしょうか。

L弁護士：退去強制自体は，事実行為であるものの取消訴訟の対象となると考えられてきましたが，送還先の指定は，それとは別個独立の処分なのかどうか，送還先の違法によって取り消されるべきは送還先の部分のみなのか，退去強制全体なのか……。理論的には興味深い論点かもしれません。令書の様式等を見るのも参考になるでしょう。K君，よろしく！

K弁護士：承りました。あまり行政法の演習問題では見かけたことのない論点ですが，どのような判決主文を求めることになるのかまで見通そうとすれば，当該処分は可分的か不可分的かという点は，何にせよ考え方を説明できないといけませんので，検討してみます。

S弁護士：送還先の過誤という点に加え，口頭審理請求権の放棄（法47条5項）に基づいてされた退去強制令書発付処分ですから，X_5の真意を十分に確認しないまま放棄書に署名させた点を捉え，放棄の手続の違法性を争う途はないでしょうか。そのような主張が認容された裁判例もあるようです（東京地判平成17・1・21判時1915号3頁）。こちらも検討しておいて下さい。

K弁護士：分かりました。

資料2：関係法令等

出入国管理及び難民認定法（昭和26年10月4日政令第319号）

第1章　総則
（目的）
第1条　出入国管理及び難民認定法は，本邦に入国し，又は本邦から出国するすべての人の出入国の公正な管理を図るとともに，難民の認定手続を整備することを目的とする。

（在留資格及び在留期間）
第2条の2①　本邦に在留する外国人は，出入国管理及び難民認定法及び他の法律に特別の規定がある場合を除き，それぞれ，当該外国人に対する上陸許可若しくは当該外国人の取得に係る在留資格……又はそれらの変更に係る在留資格をもって在留するものとする。
②　在留資格は，別表第1の上欄……又は別表第2の上欄に掲げるとおりとし，別表第1の上欄の在留資格をもって在留する者は当該在留資格に応じそれぞれ本邦において同表の下欄に掲げる活動を行うことができ，別表第2の上欄の在留資格をもって在留する者は当該在留資格に応じそれぞれ本邦において同表の下欄に掲げる身分若しくは地位を有する者としての活動を行うことができる。
③　第1項の外国人が在留することのできる期間（以下「在留期間」という。）は，各在留資格について，法務省令で定める。この場合において，外交，公用及び永住者の在留資格……以外の在留資格に伴う在留期間は，5年を超えることができない。

第2章　入国及び上陸
第1節　外国人の入国
（外国人の入国）
第3条①　次の各号のいずれかに該当する外国人は，本邦に入つてはならない。
一　有効な旅券を所持しない者（有効な乗員手帳を所持する乗員を除く。）
二　入国審査官から上陸許可の証印若しくは第9条第4項の規定による記録又は上陸の許可（以下「上陸の許可等」という。）を受けないで本邦に上陸する目的を有する者（前号に掲げる者を除く。）

第4章　在留及び出国
第2節　在留資格の変更及び取消し等
（在留資格の取得）
第22条の2①　日本の国籍を離脱した者又は出生その他の事由により前章に規定する上陸の手続を経ることなく本邦に在留することとなる外国人は，第2条の2第1項の規定にかかわらず，それぞれ日本の国籍を離脱した日又は出生その他当該事由が生じた日から60日を限り，引き続き在留資格を有することなく本邦に在留することができる。
②　前項に規定する外国人で同項の期間をこえて本邦に在留しようとするものは，日本の国籍を離脱した日又は出生その他当該事由が生じた日から30日以内に，法務省令で定めるところにより，法務大臣に対し在留資格の取得を申請しなければならない。

第3節　在留の条件
（退去強制）
第24条　次の各号のいずれかに該当する外国人については，次章に規定する手続により，本邦からの退去を強制することができる。
一　第3条の規定に違反して本邦に入つた者
七　第22条の2第1項に規定する者で，同条第3項において準用する第20条第3項本文の規定又は第22条の2第4項において準用する第22条第2項の規定による許可を受けないで，第22条の2第1項に規定する期間を経過して本邦に残留するもの

第5章　退去強制の手続
第1節　違反調査
（違反調査）
第27条　入国警備官は，第24条各号の一に該当すると思料する外国人があるときは，当該外国人（以下「容疑者」という。）につき違反調査をすることができる。

第2節　収容
（収容）
第39条①　入国警備官は，容疑者が第24条各号の一に該当すると疑うに足りる相当の理由があるときは，収容令書により，その者を収容することができる。
②　前項の収容令書は，入国警備官の請求により，その所属官署の主任審査官が発付するものとする。
（収容令書の方式）
第40条　前条第1項の収容令書には，容疑者の氏名，居住地及び国籍，容疑事実の要旨，収容すべき場所，有効期間，発付年月日その他法務省令で定める事項を記載し，且つ，主任審査官がこれに記名押印しなければならない。
（容疑者の引渡）
第44条　入国警備官は，第39条第1項の規定により容疑者を収容したときは，容疑者の身体を拘束した時から48時間以内に，調書及び証拠物とともに，当該容疑者を入国審査官に引き渡さなければならない。

第3節　審査，口頭審理及び異議の申出
（入国審査官の審査）
第45条①　入国審査官は，前条の規定により容疑者の引渡しを受けたときは，容疑者が退去強制対象者（第24条各号のいずれかに該当し，かつ，出国命令対象者に該当

しない外国人をいう。以下同じ。）に該当するかどうかを速やかに審査しなければならない。
② 入国審査官は，前項の審査を行った場合には，審査に関する調書を作成しなければならない。

（審査後の手続）

第47条① 入国審査官は，審査の結果，容疑者が第24条各号のいずれにも該当しないと認定したときは，直ちにその者を放免しなければならない。

② 入国審査官は，審査の結果，容疑者が出国命令対象者に該当すると認定したときは，速やかに主任審査官にその旨を知らせなければならない。この場合において，入国審査官は，当該容疑者が第55条の3第1項の規定により出国命令を受けたときは，直ちにその者を放免しなければならない。

③ 入国審査官は，審査の結果，容疑者が退去強制対象者に該当すると認定したときは，速やかに理由を付した書面をもって，主任審査官及びその者にその旨を知らせなければならない。

④ 前項の通知をする場合には，入国審査官は，当該容疑者に対し，第48条の規定による口頭審理の請求をすることができる旨を知らせなければならない。

⑤ 第3項の場合において，容疑者がその認定に服したときは，主任審査官は，その者に対し，口頭審理の請求をしない旨を記載した文書に署名させ，速やかに第51条の規定による退去強制令書を発付しなければならない。

（口頭審理）

第48条① 前条第3項の通知を受けた容疑者は，同項の認定に異議があるときは，その通知を受けた日から3日以内に，口頭をもって，特別審理官に対し口頭審理の請求をすることができる。

② 入国審査官は，前項の口頭審理の請求があったときは，第45条第2項の調書その他の関係書類を特別審理官に提出しなければならない。

③ 特別審理官は，第1項の口頭審理の請求があったときは，容疑者に対し，時及び場所を通知して速やかに口頭審理を行わなければならない。

④ 特別審理官は，前項の口頭審理を行った場合には，口頭審理に関する調書を作成しなければならない。

⑥ 特別審理官は，口頭審理の結果，前条第3項の認定が事実に相違すると判定したとき（容疑者が第24条各号のいずれにも該当しないことを理由とする場合に限る。）は，直ちにその者を放免しなければならない。

⑧ 特別審理官は，口頭審理の結果，前条第3項の認定が誤りがないと判定したときは，速やかに主任審査官及び当該容疑者にその旨を知らせるとともに，当該容疑者に対し，第49条の規定により異議を申し出ることができる旨を知らせなければならない。

⑨ 前項の通知を受けた場合において，当該容疑者が同項の判定に服したときは，主任審査官は，その者に対し，異議を申し出ない旨を記載した文書に署名させ，速やかに第51条の規定による退去強制令書を発付しなければならない。

（異議の申出）

第49条① 前条第8項の通知を受けた容疑者は，同項の判定に異議があるときは，その通知を受けた日から3日以内に，法務省令で定める手続により，不服の事由を記載した書面を主任審査官に提出して，法務大臣に対し異議を申し出ることができる。

② 主任審査官は，前項の異議の申出があったときは，第45条第2項の審査に関する調書，前条第4項の口頭審理に関する調書その他の関係書類を法務大臣に提出しなければならない。

③　法務大臣は，第1項の規定による異議の申出を受理したときは，異議の申出が理由があるかどうかを裁決して，その結果を主任審査官に通知しなければならない。
④　主任審査官は，法務大臣から異議の申出（容疑者が第24条各号のいずれにも該当しないことを理由とするものに限る。）が理由があると裁決した旨の通知を受けたときは，直ちに当該容疑者を放免しなければならない。
⑥　主任審査官は，法務大臣から異議の申出が理由がないと裁決した旨の通知を受けたときは，速やかに当該容疑者に対し，その旨を知らせるとともに，第51条の規定による退去強制令書を発付しなければならない。
　（法務大臣の裁決の特例）
第50条①　法務大臣は，前条第3項の裁決に当たって，異議の申出が理由がないと認める場合でも，当該容疑者が次の各号のいずれかに該当するときは，その者の在留を特別に許可することができる。
　一　永住許可を受けているとき。
　二　かつて日本国民として本邦に本籍を有したことがあるとき。
　三　人身取引等により他人の支配下に置かれて本邦に在留するものであるとき。
　四　その他法務大臣が特別に在留を許可すべき事情があると認めるとき。
④　第1項の許可は，前条第四項の規定の適用については，異議の申出が理由がある旨の裁決とみなす。
　第4節　退去強制令書の執行
　（退去強制令書の方式）
第51条　第47条第5項，第48条第9項若しくは第49条第6項の規定により……発付される退去強制令書には，退去強制を受ける者の氏名，年齢及び国籍，退去強制の理由，送還先，発付年月日その他法務省令で定める事項を記載し，かつ，主任審査官

がこれに記名押印しなければならない。
　（退去強制令書の執行）
第52条①　退去強制令書は，入国警備官が執行するものとする。
②　警察官又は海上保安官は，入国警備官が足りないため主任審査官が必要と認めて依頼したときは，退去強制令書の執行をすることができる。
③　入国警備官（前項の規定により退去強制令書を執行する警察官又は海上保安官を含む。以下この条において同じ。）は，退去強制令書を執行するときは，退去強制を受ける者に退去強制令書又はその写しを示して，速やかにその者を次条に規定する送還先に送還しなければならない。……
⑤　入国警備官は，第3項本文の場合において，退去強制を受ける者を直ちに本邦外に送還することができないときは，送還可能のときまで，その者を入国者収容所，収容場その他法務大臣又はその委任を受けた主任審査官が指定する場所に収容することができる。
⑥　入国者収容所長又は主任審査官は，前項の場合において，退去強制を受ける者を送還することができないことが明らかになったときは，住居及び行動範囲の制限，呼出に対する出頭の義務その他必要と認める条件を附して，その者を放免することができる。
　（送還先）
第53条①　退去強制を受ける者は，その者の国籍又は市民権の属する国に送還されるものとする。
②　前項の国に送還することができないときは，本人の希望により，左に掲げる国のいずれかに送還されるものとする。
　一　本邦に入国する直前に居住していた国
　二　本邦に入国する前に居住していたことのある国
　三　本邦に向けて船舶等に乗つた港の属す

る国
　四　出生地の属する国
　五　出生時にその出生地の属していた国
　六　その他の国
③　前2項の国には，次に掲げる国を含まないものとする。
　一　難民条約第33条第1項に規定する領域の属する国（法務大臣が日本国の利益又は公安を著しく害すると認める場合を除く。）
　二　拷問及び他の残虐な，非人道的な又は品位を傷つける取扱い又は刑罰に関する条約第3条第1項に規定する国
　三　強制失踪からのすべての者の保護に関する国際条約第16条第1項に規定する国

第8章　補則
（権限の委任）
第69条の2　出入国管理及び難民認定法に規定する法務大臣の権限は，法務省令で定めるところにより，地方入国管理局長に委任することができる。ただし，第22条第2項……に規定する権限については，この限りでない。

出入国管理及び難民認定法施行規則（昭和56年10月28日法務省令第54号）

（裁決・決定書等）
第43条①　法第49条第3項に規定する裁決及び法第50条第1項に規定する許可に関する決定は，別記第61号様式による裁決・決定書によって行うものとする。
②　法第49条第6項に規定する主任審査官による容疑者への通知は，別記第61号の2様式による裁決通知書によって行うものとする。
（退去強制令書）
第45条　法第51条に規定する退去強制令書の様式は，別記第63号様式による。
（権限の委任）
第61条の2　法第69条の2の規定により，次に掲げる法務大臣の権限は，地方入国管理局長に委任する。ただし，……第10号，第11号……に掲げる権限については，法務大臣が自ら行うことを妨げない。
　十　法第49条第3項に規定する権限
　十一　法第50条第1項及び第2項に規定する権限

別記第六十一号様式（第四十三条関係）

日本国政府法務省

番号
年月日

裁決・決定書

氏　名　　　　　　　　　　　（男・女）
生年月日　　　年　月　日（　　歳）
国籍・地域
居住地
職　業

1 裁決に係る事項
上記の者の出入国管理及び難民認定法第49条第1項の規定による異議の申出に対し、同条第3項の規定により次のとおり裁決する。
（1）主文
（2）退去強制対象者に該当する理由

2 在留特別許可に関する決定に係る事項
上記の者に対する出入国管理及び難民認定法第50条の規定の適用について、次のとおり決定する。
（1）決定内容
（2）理由

※

（注）1 ※には裁決及び決定を行った者の職名及び氏名を記入するものとする。
　　　2 用紙の大きさは、日本工業規格A列4番とする。

別記第六十三号様式（第四十五条関係）

日本国政府法務省

番号
年月日

退去強制令書

　　　　　　　　　　　　　　　　男
　　　　　　　　　　　　　　　　女
1 氏　　名　　　　　　　　　　　　　　歳）
2 生年月日（年齢）　　　年　月　日（
3 国　　籍
4 居　住　地
5 職　　業

上記の者に対し、出入国管理及び難民認定法第24条の規定に基づき、下記により本邦外に退去を強制する。

（1）退去強制の理由
（2）執行方法
（3）送還先

法務省　　　　　入国管理局

主任審査官　　　　　　　　　　　　　　印

執行経過　　　　執行者　　　　　　　　印

（注）用紙の大きさは、日本工業規格A列4番とする。

在留特別許可に係るガイドライン（抄）

在留特別許可に係るガイドライン

平成 18 年 10 月
平成 21 年 7 月改訂
法務省入国管理局

第1　在留特別許可に係る基本的な考え方及び許否判断に係る考慮事項

　在留特別許可の許否の判断に当たっては，個々の事案ごとに，在留を希望する理由，家族状況，素行，内外の諸情勢，人道的な配慮の必要性，更には我が国における不法滞在者に与える影響等，諸般の事情を総合的に勘案して行うこととしており，その際，考慮する事項は次のとおりである。

 積極要素

　積極要素については，入管法第 50 条第 1 項第 1 号から第 3 号……に掲げる事由のほか，次のとおりとする。

1　特に考慮する積極要素
　(1)　当該外国人が，日本人の子又は特別永住者の子であること
　(2)　当該外国人が，日本人又は特別永住者との間に出生した実子（嫡出子又は父から認知を受けた非嫡出子）を扶養している場合であって，次のいずれにも該当すること
　　ア　当該実子が未成年かつ未婚であること
　　イ　当該外国人が当該実子の親権を現に有していること
　　ウ　当該外国人が当該実子を現に本邦において相当期間同居の上，監護及び養育していること
　(3)　当該外国人が，日本人又は特別永住者と婚姻が法的に成立している場合（退去強制を免れるために，婚姻を仮装し，又は形式的な婚姻届を提出した場合を除く。）であって，次のいずれにも該当すること
　　ア　夫婦として相当期間共同生活をし，相互に協力して扶助していること
　　イ　夫婦の間に子がいるなど，婚姻が安定かつ成熟していること
　(4)　当該外国人が，本邦の初等・中等教育機関（母国語による教育を行っている教育機関を除く。）に在学し相当期間本邦に在住している実子と同居し，当該実子を監護及び養育していること
　(5)　当該外国人が，難病等により本邦での治療を必要としていること，又はこのような治療を要する親族を看護することが必要と認められる者であること
2　その他の積極要素
　(1)　当該外国人が，不法滞在者であることを申告するため，自ら地方入国管理官署に出頭したこと

 (2) 当該外国人が，別表第二に掲げる在留資格……で在留している者と婚姻が法的に成立している場合であって，前記1の(3)のア及びイに該当すること
 (3) 当該外国人が，別表第二に掲げる在留資格で在留している実子（嫡出子又は父から認知を受けた非嫡出子）を扶養している場合であって，前記1の(2)のアないしウのいずれにも該当すること
 (4) 当該外国人が，別表第二に掲げる在留資格で在留している者の扶養を受けている未成年・未婚の実子であること
 (5) 当該外国人が，本邦での滞在期間が長期間に及び，本邦への定着性が認められること
 (6) その他人道的配慮を必要とするなど特別な事情があること

消極要素

消極要素については，次のとおりである。
 1 特に考慮する消極要素
  (1) 重大犯罪等により刑に処せられたことがあること
   〈例〉
   ・凶悪・重大犯罪により実刑に処せられたことがあること
   ・違法薬物及びけん銃等，いわゆる社会悪物品の密輸入・売買により刑に処せられたことがあること
  (2) 出入国管理行政の根幹にかかわる違反又は反社会性の高い違反をしていること
   〈例〉
   ・不法就労助長罪，集団密航に係る罪，旅券等の不正受交付等の罪などにより刑に処せられたことがあること
   ・不法・偽装滞在の助長に関する罪により刑に処せられたことがあること
   ・自ら売春を行い，あるいは他人に売春を行わせる等，本邦の社会秩序を著しく乱す行為を行ったことがあること
   ・人身取引等，人権を著しく侵害する行為を行ったことがあること
 2 その他の消極要素
  (1) 船舶による密航，若しくは偽造旅券等又は在留資格を偽装して不正に入国したこと
  (2) 過去に退去強制手続を受けたことがあること
  (3) その他の刑罰法令違反又はこれに準ずる素行不良が認められること
  (4) その他在留状況に問題があること
   〈例〉
   ・犯罪組織の構成員であること
第2 在留特別許可の許否判断
 在留特別許可の許否判断は，上記の積極要素及び消極要素として掲げている各事項について，それぞれ個別に評価し，考慮すべき程度を勘案した上，積極要素

として考慮すべき事情が明らかに消極要素として考慮すべき事情を上回る場合には，在留特別許可の方向で検討することとなる。したがって，単に，積極要素が一つ存在するからといって在留特別許可の方向で検討されるというものではなく，また，逆に，消極要素が一つ存在するから一切在留特別許可が検討されないというものでもない。

主な例は次のとおり。

〈「在留特別許可方向」で検討する例〉
・当該外国人が，日本人又は特別永住者の子で，他の法令違反がないなど在留の状況に特段の問題がないと認められること
・当該外国人が，日本人又は特別永住者と婚姻し，他の法令違反がないなど在留の状況に特段の問題がないと認められること
・当該外国人が，本邦に長期間在住していて，退去強制事由に該当する旨を地方入国管理官署に自ら申告し，かつ，他の法令違反がないなど在留の状況に特段の問題がないと認められること
・当該外国人が，本邦で出生し10年以上にわたって本邦に在住している小中学校に在学している実子を同居した上で監護及び養育していて，不法残留である旨を地方入国管理官署に自ら申告し，かつ当該外国人親子が他の法令違反がないなどの在留の状況に特段の問題がないと認められること

〈「退去方向」で検討する例〉
・当該外国人が，本邦で20年以上在住し定着性が認められるものの，不法就労助長罪，集団密航に係る罪，旅券等の不正受交付等の罪等で刑に処せられるなど，出入国管理行政の根幹にかかわる違反又は反社会性の高い違反をしていること
・当該外国人が，日本人と婚姻しているものの，他人に売春を行わせる等，本邦の社会秩序を著しく乱す行為を行っていること

● CHECK POINT

① 入管法に基づく退去強制・在留特別許可等の仕組み
② 行政裁量の逸脱濫用と裁量基準
③ 義務付け訴訟の類型
④ 行政行為の瑕疵とその効果
⑤ 行政手続の瑕疵と処分の効力

● 解説

I　はじめに

1　入管法と行政法

　今回は，出入国管理行政の領域から退去強制の事案を取り上げた。出入国管理及び難民認定法（入管法）には2つの目的がある（法1条）。第1は，「すべての人の出入国の公正な管理を図る」ことであり，そのため，出国・入国・在留を管理する出入国管理に関する規定が定められている。ここでは，在留資格制度と退去強制がその要諦を成しているといえる。第2は，「難民の認定手続を整備する」ことであり，そのため，難民該当性を審査し決定する一連の手続が定められている。詳細に見ていくと入管法の仕組みは実に複雑で，制度全体の理解は必ずしも容易ではないが[1]，行政法学習の好素材であることは間違いなく，多くの参考書・演習書などでも頻繁に取り上げられている[2]。試みに，入管法の事案で学ぶ行政法の重要論点の例をいくつかあげてみよう。

---

1)　入管法制を概観するには，亘理＝北村編著・個別行政法 172 頁以下［須藤陽子］が有意義である。入管法の 2009 年改正については，山田利行ほか『新しい入管法——2009 年改正の解説』（有斐閣，2010 年），詳細については，入管法逐条解説，児玉晃一ほか編『コンメンタール出入国管理及び難民認定法 2012』（現代人文社，2012 年）など参照。
2)　たとえば退去強制の事例を取り上げるものとして，大貫裕之＝土田伸也『行政法事案解析の作法』（日本評論社，2010 年）62 頁以下，曽和＝金子編著・事例研究 393 頁以下，中川ほか編著・公法系訴訟 3 頁以下，橋本・解釈の基礎 214 頁以下，土田伸也『基礎演習行政法』（日本評論社，2014 年）37 頁以下，大貫＝宇佐見編著・事例別 201 頁以下などがある。

最大判昭和53・10・4民集32巻7号1223頁〔マクリーン事件〕［百選Ⅰ-80事件］は，裁量権逸脱・濫用に係る司法審査において，その処分の根拠法令を個別に検討する必要性を強調した上で，法務大臣の政治的・政策的な総合的判断の要素に着目して要件裁量を肯定し，その司法統制基準として裁量権逸脱・濫用の判断基準を提示した重要な判決であるが，在留期間更新不許可処分の取消訴訟の事案であった。最高裁大法廷が，「憲法上，外国人は，わが国に入国する自由を保障されているものでないことはもちろん，……在留の権利ないし引き続き在留することを要求しうる権利を保障されているものでもない」と指摘した点は，いわゆる「美濃部三原則」の影響も指摘される重要な判示事項であり3)，今回の設問を検討する際にも参照することになるであろう。さらに，在留資格をめぐっては，「日本人の配偶者等」の在留資格を付与するためには法律上有効な婚姻関係さえあれば足りるのか否か4)，研修・技能実習制度が不当に利用されていないか等々，多くの問題が指摘されている。
　退去強制についても，たとえば，退去強制令書発付処分の執行停止がどのように認められるか。同処分の執行には強制収容と強制送還があるところ，最決昭和52・3・10判時852号53頁［百選Ⅱ-205事件］は，強制送還部分についてのみ，第１審での本案判決言渡しまで執行を停止するとするにとどめていたが，事案によってはより柔軟に強制収容の執行停止を命じる決定例（たとえば東京地決平成15・6・11判時1831号96頁）も見られている。送還されてしまった場合の訴えの利益の問題も含めて，実効的な権利救済のあり方を考察する必要がある。
　近時の動きとしては，平成21年の法改正で従来の外国人登録制が廃止され，平成24年度から新たな在留管理制度が導入されるなどしており，法制度やその運用状況は変化をし続けている。難民認定制度についても問題は山積しているといってよい5)。我が国を取り巻く国際情勢にも目を向けつつ，法制度の趣旨や目的を意識しながら，バランスのよい解釈を探ることが求められている。

---

3) 塩野・行政法Ⅰ142頁。
4) 現在では，たとえ法律上の婚姻関係は続いているとしても，日本人の配偶者との婚姻関係が回復し難いまでに破綻し，互いに婚姻関係を維持，継続する意思もなく，婚姻関係がその実体を失って形骸化しているような場合には，「日本人の配偶者等」の在留資格該当性を認めることはできないとの判決が定着している（東京高判平成8・5・30訟月43巻6号1450頁ほか。行政実務においても同様の見解を採用している）。

2 本問の趣旨

　「入管法の解釈論に関する判例・先例等の知識は，普通の学生にとって，細かすぎる[6]」面があり，今回の設例（特に 事例2 ）でもやや細かい論点を扱っているのであるが，行政法の一般理論を踏まえて思索を廻らせることで十分に対応可能と思うので，がんばってトライしてみてほしい。

　もちろん一般論としては， 設問1 の解答のポイントが，どのような訴訟類型を選択し，仮の救済をどのように申し立て（今回は解答範囲から除外しているが），本案でどのような主張をするかについて全体の見通しを立て，「筋」のよい答案構成ができるか，にあることは言うまでもない[7]。 事例1 では，異議の申出に理由がない旨の裁決の取消訴訟と退去強制令書発付処分の取消訴訟との関係なども問題となりうるが，設問ではＸらが特に在留特別許可を求めているということなので，(1)では，かかる許可を求める訴訟が直接型義務付け訴訟と申請型義務付け訴訟のいずれの類型に該当するかが問われよう[8]。法令上の申請権の有無をどのように見定めるかがポイントである。また，(2)本案においては，入管実務および裁判実務において決定権者である法務大臣の裁量が広範なものと解されている在留特別許可について，いかなる基準を違法性の判断に用いることができるか，【資料2：関係法令等】にある「在留特別許可ガイドライン」が裁量基準としての意味を持つのか（自己拘束性を有するか）等を検討することとなる。こちらの論点は，簡潔に取り上げることとする。

　いずれにしても，これらの問いに答えるためには，退去強制の多段階的手続構造を理解する必要がある。そもそもいかなる事情があったときに外国人は国外への退去を強制されるのか（前提問題としてそもそも外国人がいかなる場合に

5）難民認定制度については，たとえば，増加し続ける申請数に処理数が追いつかず未処理案件が増加し続けている傾向があること，難民認定申請者に対する支援策等，実務上いくつもの問題点が指摘されてきた。制度見直しの方向性についても含めて詳細は参照，第6次出入国管理政策懇談会・難民認定制度に関する専門部会「難民認定制度の見直しの方向性に関する検討結果（報告）」（2014年12月）。
6）橋本・解釈の基礎214頁。
7）橋本・解釈の基礎71頁。
8）東京地判平成20・2・29判時2013号61頁および，その控訴審である東京高判平成21・3・5訟月56巻11号2551頁参照。

在留できるのかという，在留資格制度に関する正確な理解も欠かせない），かかる退去強制事由該当性の判断はどのような手続でなされているのか，そのどの行為を捉えて争うことが可能なのか，条文上は大臣がする裁決を入管局長が行っているのは何故か等々，丹念に条文にあたりながら理解しておきたいことも多くある。要点を確認しながら検討していくこととしたい。

設問2の解答のポイントは次のようなことになろう。【資料1：K・L・Sの法律事務所の会議録】では，仮に送還先指定が違法であったときに，退去強制全体が違法となるのか，退去強制の一部である送還先部分のみが違法となるのか，言い換えれば，入管当局は送還先のみを変更するのか，それとも退去強制令書の発付自体をやり直すことになるのかの問題が指摘されている。送還先の違法を争うことはどのように可能か，条文に則して検討することとしよう。その上で，弁護士Sが示唆するように，法律上は国籍国に送還するのが原則である（法53条1項）とはいえ，国籍国に送還することができない事情があるかについてまで前もって事情を聴取すべきであったか，それをせずに容疑者が自ら希望する国に送還されるものと誤信して口頭審理請求を放棄したという場合には，退去強制令書発付処分の前提としての手続に重大な瑕疵があったといえるかが問われている。違反審査の際に，容疑者から希望する送還先を聴取したり，予定される送還先を教示することを義務付けたりする旨の法令上の明確な根拠があるのかどうか，退去強制を受ける者の手続的な権利保障がどのようになされるべきかなどについて検討してみよう。

本事例は，事例1については，名古屋地判平成22・12・9判タ1367号124頁[9]，事例2については，東京地判平成22・2・19判タ1356号146頁，その控訴審である東京高判平成22・8・9判例集未登載（平成22(行コ)97）を下敷きとしているが，それぞれ事実関係を一部改変している。

---

[9] 北村和生「判批」Watch【2012年4月】51頁。

II 設問1

1 退去強制・在留特別許可の仕組み
(1) 退去強制について

　問題の解説に先立って，退去強制と在留特別許可の仕組みを概観しておこう[10]。

　退去強制とは，一定の事由に該当する外国人について，本邦からの退去を強制する措置である。法24条が，退去強制事由として，不法入国，不法上陸，不法残留，犯罪を犯し一定の刑に処せられる等日本国にとって有害な行為を行った外国人等の具体的な類型を列挙している。そして，退去強制の手続は法第5章が規定する。【資料1】でも概要が語られているが，入国警備官の違反調査（第1節），収容令書による容疑者の収容（第2節），入国審査官の審査・認定，特別審理官による口頭審理・判定および法務大臣に対する異議の申出とこれに対する法務大臣の裁決等（第3節），退去強制令書の執行（第4節）および収容令書または退去強制令書により収容されている者の仮放免（第5節）に関する規定がおかれている。

　「外国人の出入国，難民の認定又は帰化に関する処分及び行政指導」は行政手続法の適用が除外されているが（行手3条10号），入管法の仕組みにおいては，入国警備官の違反調査がそもそも詳細な手続に従って行われ，その上で，容疑事実に係る退去強制対象者該当性について，入国審査官の審査・特別審理官の口頭審理・法務大臣の裁決という3段階の手続によって慎重に審理されることとなっている。違反調査（入国警備官），違反審査（入国審査官），口頭審理（特別審理官），異議申出に対する裁決・在留特別許可（法務大臣），収容令書および退去強制令書の発付（主任審査官），収容令書および退去強制令書の執行（入国警備官）をそれぞれ独立の機関に担当させることによって，機関相互間でチェック機能が働くほか，特別審理官の行う口頭審理では証人尋問，証拠の提出，代理人の出頭等，裁判手続に類似した聴聞手続が保障されるなど，総じて

---

[10]　詳細については前掲注1）および2）に掲げた諸文献を参照願うが，とりわけ，大貫＝宇佐見編著・事例ম221頁以下は，この分野の実務にも精通されている野口貴公美教授による詳細・平易，要領を得た解説であり，有益である。

退去強制の対象となる外国人の権利を手厚く守ろうとする手続構造といえよう（入管法が米国移民法をモデルとして制定されたことに由来するとの指摘がある[11]）。なお，刑罰を科すものではないので，当該外国人の違反事実についての故意または過失の有無は原則として要件とはされない。

　さて，一連の手続を経て，法務大臣は「異議の申出を受理したときは，異議の申出が理由があるかどうかを裁決」（法49条3項）しなければならない。法49条3項の規定上は「法務大臣」が行う裁決を，本件のように「地方入国管理局長」が行っているのは，法69条の2に基づく権限の委任による（施行規則61条の2第10号参照）。法務大臣が理由がないと裁決した場合，すなわち，特別審理官の判定に誤りはなく容疑者は退去強制対象者に該当すると判断した場合には，主任審査官は，速やかに容疑者にその旨を伝え，退去強制令書を発付しなければならない（法49条6項。主任審査官には令書発付に当たっての裁量はないと解されている）。逆に，異議の申出が理由があると判断した場合（在留特別許可をした場合を含む）には，容疑者は放免される。

　主任審査官が発付した退去強制令書は，入国警備官により執行される（法52条1項）。すなわち，速やかにその外国人を送還しなければならず，直ちに送還することができないときは，送還可能のときまでその者を収容することができる（法52条3項・5項）。このように，退去強制令書の執行は収容部分と送還部分に分けて考えることができるが，この点は執行停止（行訴25条2項以下）を検討する際のポイントでもあるので留意されたい[12]。

(2) 在留特別許可について

　「在留特別許可」は，法49条1項に基づく異議の申出が理由がないと認める

---

11) 以上参照，入管法逐条解説607頁以下。
12) 退去強制令書発付処分に対する取消訴訟を提起し執行停止を申し立てた場合，裁判実務では強制送還部分についてのみ，それも1審判決言渡しがあるまで執行停止の申立てを認容するのが相場であった（参照，前掲最決昭和52・3・10，最決平成16・5・31判時1868号24頁）。もっとも，平成16年行政事件訴訟法改正により執行停止要件が緩和され，同法25条3項に基づく解釈が求められているのであるから，強制収容によって生じる自由の制限や精神的苦痛等の不利益について，個別の事案に沿って判断し，金銭賠償による受忍が相当でないケースでないかを柔軟に解して，適切に執行停止を認めていくべきである（同旨，櫻井＝橋本・行政法333頁以下）。行訴法改正の以前にも，収容中に申立人が統合失調症と診断された事案において権利侵害の重大性を根拠として収容部分についても執行停止を認めたものがあり（前掲東京地決平成15・6・11），参考になる。

場合でも，当該外国人が永住許可を受けているときなど一定の場合（法50条1項1号～4号に該当する場合）に，法務大臣がその者の在留を特別に許可することができるという仕組みである。この在留特別許可には，在留期間その他必要と認める条件を付することもできる（同条2項）。異議の申出が理由があるかどうかの裁決では，法務大臣は容疑者が退去強制対象者に該当するか否かについて事実認定を行うが，在留特別許可は，裁決の特例として，元来退去強制処分対象者に該当し退去強制処分を受けるべき者に対し，大臣がその自由裁量権に基づき[13]，恩恵的措置として在留を許可するものと説明するのが一般的である[14]。

このように，在留特別許可に係る判断は法務大臣の裁量権の行使としてなされるのであるが，裁判例では，マクリーン事件判決と同じように，「その判断の基礎とされた重要な事実に誤認があること等により右判断が全く事実の基礎を欠くかどうか，又は事実に対する評価が明白に合理性を欠くこと等により右判断が社会通念に照らし著しく妥当性を欠くことが明らかであるかどうかについて審理し，それが認められる場合に限り，右判断が裁量権の範囲を超え又はその濫用があったものとして違法であるとすることができる」との基準を採用するものが多い。さらに，マクリーン事件の事案であった外国人の在留期間更新との相違を強調し，在留特別許可における法務大臣の裁量権の範囲はさらに広範であると解する判決例もある[15]。いずれにしても，この広範な裁量権の行使に対してどのような司法審査を及ぼすことが可能かは，後に検討することとしよう。

---

13) 最判昭和34・11・10民集13巻12号1493頁は，「出入国管理令第50条に基き在留の特別許可を与えるかどうかは，法務大臣の自由裁量に属するものと解すべき」と述べている。
14) 入管法逐条解説695頁以下。
15) たとえば東京地判平成16・9・17判時1892号17頁は，①外国人にはわが国への在留を要求する権利が当然にあるわけではないこと，②入管法には，「特別に在留を許可すべき事情があると認めるとき」と規定する以外，許可の要件や基準等の定めがないこと（法50条1項柱書および同項3号〔現4号〕），③その他，許否の判断に際しての考慮事項等を定めた規定もないこと，④在留特別許可の判断の対象となる者は本来的には退去強制の対象となる外国人であること（在留期間更新の場合は適法に在留している外国人であることとの相違），⑤時には高度な政治的判断を要する判断であることなどを指摘して，「法務大臣の極めて広範な裁量」を肯定する。その他，東京高判平成12・6・28訟月47巻10号3023頁，東京高判平成16・3・30訟月51巻2号511頁等。

2 設問1(1)：直接型か，申請型か

(1) 問題状況

設問1(1)では，Xらが退去強制事由に該当すること自体は認めており，その点に係る判断の是非を問題にする必要はないという与件において，在留特別許可を求めていく法的手段が問われている。

【資料2】に掲げた別記第61号様式をご覧いただければ一目瞭然であるが，在留特別許可は，異議の申出が理由があるかどうかの裁決と一体的に行われる。入管法上，在留特別許可は法務大臣の裁決の特例として位置付けられており，異議の申出が理由がないと認める場合であるが，特別に異議の申出が理由がある旨の裁決とみなされるからである（法50条4項・49条4項）。となると，本件裁決および本件処分には，Xらが退去強制事由に該当するという判断とともに，Xら（X_3を除く）には在留特別許可を付与しないという判断が含まれていると解することができる。かかる判断の違法を主張して，仮に本件裁決・本件処分が取り消されれば，在留特別許可を付与しない旨の判断も取り消されたと解することができるし，取消判決の拘束力（行訴33条1項）により，法務大臣が在留特別許可を付与することも期待できることとなろう[16]。もっとも，いくら本件裁決・本件処分が取り消されても，Xらとしては在留特別許可を得られなければ引き続き安心して在留することはできないのであるから，より直接に，在留特別許可の付与を命じることを求めて義務付け訴訟を提起することを考えることとなる。

義務付け訴訟の提起を検討する場合には，在留特別許可を求める訴訟が直接型義務付け訴訟と申請型義務付け訴訟のいずれの類型に該当するかを検討する必要がある[17]。「申請－処分というしくみが法律によって作られているかどうか」[18]が判断の基準となるが，それでは，法務大臣への異議の申出は「在留特別許可の申請」という意味合いをもちうるであろうか。

(2) 在留特別許可の「申請権？」

いきなり結論から言えば，上記の問いについては否定的に解するべきで，直接型義務付け訴訟が妥当である。申請型義務付け訴訟を適法とした判決としては前掲注8)東京地判平成20・2・29が著名ではあるが唯一であり，その控訴審である前掲注8)東京高判平成21・3・5を含め，それ以外の例は見られてい

ない。入管法が，在留特別許可を求める申請権を認めていると解することは，以下に述べるように困難であるからである[19]。

前掲注8)東京地判平成20・2・29は，在留特別許可の許否の判断は容疑者にとって重大な利益に関わる事柄であり，したがってその判断の結果を当該容疑者に示す義務が生じるものと解すべきであるとして，そのような法の仕組みからは，法49条1項の異議の申出権は，法50条1項の在留特別許可の申請権としての性質を併せ有するとした判決である。当該容疑者に対する手続的な権

---

16) 入国審査官の認定，特別審理官の判定，法務大臣の裁決という3段階の仕組みと，それに続く退去強制令書発付の各行為の相互関係も重要な論点であるが，紙幅の関係上，詳細な解説は省略した。3段階の各行為をいずれも内部的決裁行為と解するのであれば，全ての手続は退去強制令書発付の事前手続としての意味合いを持つこととなろうが，最判平成18・10・5判時1952号69頁は，法49条3項の裁決について，行政不服審査法の裁決に関する規定は適用されないことを前提に（旧行審法4条〔現7条〕1項10号による除外），入管法において特別な不服申立手続が定められ，その一連の手続の一部であると述べており，判例・実務上は，入国審査官の認定は処分であり，その後の判定と裁決は行訴法3条3項の「裁決」に当たると解する見解が有力であるといえる。この場合には，原処分主義（行訴10条2項）との関係が問題となるが，入管法が裁決主義を採用していると解する判決例もある（大阪地判平成18・1・25判例集未登載〔平成16（行ウ）15〕）。

裁決の取消訴訟と退去強制令書発付処分の取消訴訟の関係であるが，退去強制令書の執行を阻止するためには，理屈からすればいずれかの訴訟だけでよさそうである。裁決が違法として取り消されれば退去強制令書発付処分もその前提を欠くこととなり当然に違法となるはずであるし（不整合処分の取消義務が発生すると解するか，当然に失効すると考えるかは議論がある），後行処分である退去強制令書発付処分の取消訴訟で先行処分である裁決の違法を主張できる（違法性の承継を肯定できる）と解すれば，それでも問題はない（むしろ，裁決の違法を理由として退去強制令書発付処分が取り消されれば，判決の拘束力で裁決を見直すことになろうから，裁決取消訴訟の訴えの利益がないと解する余地もある）。しかし，違法性の承継が認められるかは定かではなく，わざわざリスクを冒して選択的に争うべきではない。実務においては，裁決の取消訴訟と退去強制令書発付処分の取消訴訟の両方を提起するのがもっとも一般的であるようである（参照，中川ほか編著・公法系訴訟39頁以下）。両者間での違法性の承継を認めつつも，なお両者を併合提起できるとする判決例もある（東京高判平成19・5・16判タ1283号96頁）。

17) 申請型と直接型（非申請型）の区別については，事例⑫（直接型義務付け訴訟）および事例⑪（申請型義務付け訴訟）の解説を参照。

18) 事例⑫ 198頁。

19) この点，曽和＝金子編著・事例研究408頁以下は，「……またあるべき法制度を展望すると，この解釈論も一理ある」と評している。慶應LSでも公法演習科目の良質なテキストとして同書を使用しているからか，筆者も多くのLS生から，在留特別許可を求めて申請型義務付け訴訟を提起することは可能ではないかという見解を聞くことがあるが，立法論としてはともかく，現行法を前提にすれば，実務的に採用されうる考え方とは言えないであろう。

利保障を重視しようとする実践的意図には傾聴に値するものがあるとはいえ，以下の点で疑問がある。①在留特別許可があくまで恩恵的措置として，法務大臣の広範な裁量によって特別に付与されるものであるとすれば，そもそも本邦に在留することのできる実体上の権利も，在留させることの判断（応答）を法務大臣に求める手続上の権利もないのではないか，②その中で，かかる申請権があるというには明確な明文上の根拠が必要であろうが，在留資格の変更や在留期間の更新について明確な根拠があること（法20条2項・21条2項）との対比で言えば，特別審理官の判定に対する異議の申出を認めた法49条1項の規定をもって，在留特別許可の申請権を認めた規定と解釈することは困難ではないか，③実は同判決自身，「法は……在留特別許可をしない旨の処分を独立の処分として行うことは予定していない」ことを認めていたのであって（確かに，裁決と別に，在留特別許可をしない旨の処分がなされるわけではない），申請権を認めつつ申請拒否処分を観念しないのは論理矛盾ではないか，④異議の申出に対する大臣の裁決は主任審査官に通知するに止まり，【資料2】掲載の裁決・決定書を容疑者に交付することは予定されておらず（資料として引用しなかったが，裁決・決定書とは別に「裁決通知書」〔別記第61号の2様式〕があり，そこには「理由がないと裁決した旨の通知を受けましたので，通知します」などと記載されている），要するに裁決結果を容疑者に直接通知しないのだから（法49条3項・4項・6項，施行規則43条），応答義務を課しているとまでは解せないのではないか等である[20]。

かくして，ここで選択する訴訟類型が直接型義務付け訴訟だとすると，訴訟要件の問題も生じてくる（行訴37条の2第1項・第3項）。「重大な損害」については，在留特別許可が認められずに退去強制令書に基づく収容・送還によってどのような損害が生じるかの検討を要するであろう。「他に適当な方法がない」か否かの補充性要件については，Ⅱ2(1)で触れた裁決取消訴訟の可能性を理由にこれを否定する判決例[21]もあるが，他方で訴訟自体を不適法とまで解する必要性はないのではないかという有力な異論もある[22]（実務上は，直接型

---

20) 以上について詳しくは，前掲注8)東京高判平成21・3・5に係る訟月56巻11号2551頁以下の匿名解説も参照のこと。
21) 前掲注8)東京高判平成21・3・5のほか，東京高判平成19・10・17判例集未登載（平成19(行コ)217），東京地判平成19・5・25判例集未登載（平成18(行ウ)265等）など。

義務付け訴訟と裁決取消訴訟の両方を提起することも多い)。平成16年の行訴法改正で義務付け訴訟が法定されたことの意味合いをも踏まえながら，検討する必要があろう。原告適格については，本設問は第三者に対する規制権限の発動を求める場合ではなく，名宛人自身が処分を求めて出訴している場合であり，問題はないと思われる。

3　設問1(2)：在留特別許可について

　本設問では，在留特別許可を付与しないという法務大臣の判断の実体的な違法性について，本案でどのような主張をすればよいかが問われている。【資料2】の「在留特別許可に係るガイドライン」を裁量基準として位置付け，違法性の判断に用いることができるか（自己拘束性を有するか）等を検討することとなる[23]。類書でもしばしば取り扱われる論点であるし，詰まるところ結論は事実認定によるところもあるので，以下では簡潔に触れるに止める。

　在留特別許可の付与については，法の根拠規定は具体的な要件を定めず，法務大臣に広範な裁量を認める趣旨と解されていること，その裁量権行使の違法性（裁量権の逸脱・濫用）の判断基準としては，マクリーン事件判決的な審査基準が用いられるのが通例であることは，Ⅱ1(2)で述べた通りである。そして，こうした裁量判断過程を明確にするべく，法務省では平成16年から在留特別許可が認められた事例・認められなかった事例の公表を始め，平成18年には前述の「在留特別許可に係るガイドライン」を策定・公表するに至った（平成21年に改訂）。【資料2】にあるように，ガイドラインは二部構成を取っており，①「第1　在留特別許可に係る基本的な考え方及び許否判断に係る考慮事項」では，積極要素と消極要素がそれぞれ特に考慮する要素とその他の要素に分けて列挙され，②「第2　在留特別許可の許否判断」では，第1で積極・消極の諸要素として掲げられた各事項について，「それぞれ個別に評価し，考慮すべき程度を勘案した上，積極要素として考慮すべき事情が明らかに消極要素とし

---

22)　北村・前掲注9)53頁参照。同54頁では，取消訴訟の拘束力による救済がある程度可能でも，自己に対する処分の非申請型（直接型）義務付け訴訟を適法としたものとして，京都地判平成21・12・14判例集未登載（平成18(行ウ)14等）（生活保護変更決定取消訴訟との関係），東京地判平成19・5・31判時1981号9頁（住民票不記載「処分」取消訴訟との関係）が例示されている。

23)　裁量審査および裁量基準をめぐっては，事例③Ⅱ　参照。

て考慮すべき事情を上回る場合には，在留特別許可の方向で検討することとなる」として，在留特別許可方向で検討する例と，退去方向で検討する例とが例示されている。ここで列挙されている事項は，国際人権法の領域で考慮される事項と重なるところも多いとの指摘もある[24]。

では，このガイドラインは，法務大臣の判断に対する司法審査においてどのように位置付けられるか。行政裁量論においては，裁量基準が設定・公表されている場合か（その場合には，通常は，当該裁量基準に従って行政処分が行われる。特段の事情なく従わない処分であれば，平等原則ないし信頼保護から違法の方向で判断される可能性がある），それが裁量の範囲内で定められた合理的なものか（合理的であれば，原則，それに従ってなされた処分は適法であるが，合理性を欠く場合には，裁量基準に従ってなされた処分も違法となる），裁量基準が設定・公表されていたとしても，かえって機械的な適用をしては裁量逸脱濫用に該当する可能性はないか（個別的審査義務が優先する場合）など，裁量基準を軸にした考察が可能であることから問題となる。

もっとも，在留特別許可の付与に関しては，それが「諸般の事情を総合的に考慮して個別的に決定される恩恵的措置」であることを手がかりに，ガイドラインはかかる判断の際に考慮する事項を例示的かつ一般的抽象的に示したものに過ぎないと解する判決例[25]がある（裁量基準としての性格を否定[26]）。他方で，法務大臣の裁量権を一義的に拘束するものでないことは認めつつも，なおその性質上，「在留特別許可を付与しなかった法務大臣等の判断の司法審査においても検討の要点となるもの」と位置付けた判決例[27]もあり，議論がある。「検討の要点」とは微妙な表現であるが，広範な裁量権が認められているこの領域の特徴を踏まえれば，後者のような判断手法は，「行政自ら設定した裁量基準を媒介項とした適法性審査により，行政裁量権行使に対する司法審査の客

---

[24] 馬場里美「判批」Watch【2012年10月】323頁参照。
[25] 前掲注8）東京高判平成21・3・5，東京地判平成23・12・1判例集未登載（平成22（行ウ）644）。
[26] 入管法逐条解説699頁以下も，考慮すべき諸事情，個人的事情や客観的事情は個々に異なり，国内・国際情勢は時代とともに変化するなどとして，「在留特別許可の許否についての固定的，一義的な基準は存在しない」という。
[27] 引用は前掲名古屋地判平成22・12・9から。その他，福岡地判平成24・1・13判例集未登載（平成22（行ウ）31）などがある。

観性を確保しようとする巧みな方法」[28] と評価することも可能であろう。

　ちなみに，本設問のモデルとなった前掲名古屋地判平成 22・12・9 では，日本で出生した X_4 がペルーで生活することは困難であり，また，在留特別許可を受けた X_3（実際の事案では 3 兄弟）が X_4 の監護養育をすることは福祉に適うものとは認められないことから，X_1・X_2 と X_4 を一体のものとして判断するのが相当であること，X_1・X_2 が他人名義の旅券で入国した経緯はあれども，入管当局も長期間にわたり本邦に在留することを黙認したこと，X_1・X_2 には不法入国と不法就労以外に違法行為が見当たらないこと等を考慮して，在留特別許可を付与しなかった本件裁決は社会通念に照らして著しく妥当性を欠き，違法であると判断している。黙認の経緯もあって入国時等の違法行為を消極要素として重視しなかったこと，両親 X_1・X_2 と子 X_4 を一体として判断したこと（かかる判断を分離して行う例も多い）など，個別の事情に見合った丁寧な判断がなされた点がポイントであろう。これを参考にすると，「特に考慮する積極要素」である実子の監護および養育環境を重視して，家族の一体的な把握の必要性を訴えた弁護士 S の戦略は説得的であったと思われる。

III　設問 2

　II 2 でも指摘したように，設問 2 ではまず，仮に送還先指定が違法であったときに退去強制全体が違法となるのか，退去強制の一部である送還先部分のみが違法となるのか，すなわち，送還先指定の法的性質を検討する必要がある（III 1）。その上で，違反審査の際に予定される送還先を教示する，あるいは容疑者（被送還者）から希望する送還先を聴取する義務があるか，かかる手続を欠いた場合には重大な瑕疵があるとして退去強制が違法となるのかが問われている（III 2）。以下，順次検討しよう。

1　退去強制と送還先の指定の関係

　退去強制令書の方式については法 51 条が規定をし，同条の委任を受けた入管法施行規則 45 条が【資料 2】の別記第 63 号様式による旨を規定している。

---

[28]　亘理格「退去強制手続の構造と取消訴訟(下)」判時 1870 号（2004 年）159 頁。

参照していただければお分かりのように、発付年月日、退去強制を受ける者の氏名、生年月日等のほか、(1)退去強制の理由、(2)執行方法および(3)送還先を記載することとなっている。送還先は、退去強制令書の記載事項として法令上に明記されている事項である。送還先の決定方法については、法53条が定めている。同条1項が国籍または市民権の属する国への送還を原則とし、そこに送還できない場合の例外が2項に、いわゆるノン・ルフールマン原則（迫害を受けるおそれのある国等への送還禁止）が3項で規定されている。

それでは、送還先と退去強制の関係はどのようなものであろうか。明確に述べた判決例は少ないが、東京地判昭和33・12・24行集9巻12号2904頁は、「送還先の指定は行政処分の性質を帯有するものと解するのを相当」とした上で、「送還先については退去強制令書の必要的記載事項であり、かつその記載は令書の効力発生要件であって、その記載を欠くかその記載内容が不確定の場合には令書は管理令第51条の要件を欠き違法な令書といわざるを得ない（尤もそのかしは送還先の指定についてのみ存し、令書発付処分の効力を左右せしめないと解する）」という。退去強制令書を1つの行政処分と捉えて、送還先部分のみが違法となるとする考え方に立つようであるが、送還先の違法が、退去強制令書の違法事由になるという結論は妥当であろう。送還先はしょせん入国警備官が退去強制を行う執行方法を記載したものに過ぎず、退去強制の本質的な要素ではないなどと解することは困難であるからである。むしろ、入国警備官は、退去強制令書の執行を完遂するためには、被送還者（容疑者）を本邦から退去させさえすればよいのではなく、法53条に規定する送還先に送還しなければならないのであって（法52条3項）、法51条および施行規則45条という法令上の根拠がある必要的記載事項であることをも併せ考えれば、送還先は退去強制の一内容、不可欠の要素であると見るべきである。

それでは、送還先に違法があった場合には、送還先のみが違法となるのか、退去強制の全体が違法となるのか。送還先が退去強制の一部であるとして、可分なものか、不可分なものか、という解釈論となろう。送還先が違法であった場合、可分な一部であるとすれば送還先部分のみが違法となるが（その場合は送還先のみを更正することとなる）、不可分な一部であるとすれば、退去強制の全体が違法として取り消されることとなる（その場合は、取消判決の拘束力は送還先の違法についてのみ及ぶとしても、退去強制令書発付自体をやり直すこととな

る)。私見としては,不可分説には疑問がある。送還先指定のみに瑕疵があっただけなのに(したがって,退去の準備段階で収容をすること自体には何ら問題はない),判決主文としては退去強制全体を取り消すこととなるのだから,現時点で収容している容疑者の身柄をいったん放免(その後直ちに再収容)しなければならないこととなり,非常に不合理である。速やかに送還先だけ変更して新たな退去強制令書を発付できればともかく,そのようなことは実務上困難でもある(国籍に疑問がある場合であればその再確認を要したり,国籍国以外への送還であれば受入国の承諾を受ける必要があるなど,常に新たな送還先を速やかに指定できるとは思えない)。むしろ,先に確認したように退去強制事由該当性は3段階の手続を経て決定され,主任審査官は退去強制令書の発付自体は羈束されているのに対し,退去強制が決まった者の送還先の指定は,事件記録を踏まえて主任審査官自らが決定する事項であると解される。送還先部分とその余の退去強制部分とでは,判断権者や決定手続が異なっているのであり,可分と考える方が自然であろう(【資料2】に掲げた別記第63号様式を見ても,明らかに別個の記載事項である)。そして,退去強制のうち送還先部分のみが違法となるとすれば,退去強制令書の記載内容の訂正として取り扱うこととなろう。

　もっとも以上は,単に送還先部分のみの違法が問題となる場合の解釈論である。本問ではむしろ,送還先のイメージに行き違いがあり,容疑者が真意に基づかない口頭審理請求放棄をしてしまったという手続的瑕疵が問題になっている。

2 調和的な法解釈の必要性

(1) 送還先指定につき教示・事情聴取する義務の有無

　実務上は,入国警備官による違反調査の段階から,退去強制事由に該当するか否かに関する情報収集と併せて,もし送還されるとした場合に本国以外を希望することがあるのか,あるならその理由と希望送還先を本人から聴取することはあるようである。そもそも法53条1項は,退去強制を受ける者は原則として国籍国に送還されるものと規定する一方,同条2項は,国籍国に送還することができないときは,本人の希望により,同項各号に掲げる国のいずれかに送還されるものと規定しており,いわば決められた送還先に必ず送還しなければならないものではない。実際には大半の事案が「出国命令」もしくは「自費

出国許可による退去強制」による出国となり，これらでは送還先は本国以外であっても本人が自由に希望できることとされているからである。さらに，入管法上，退去強制令書発付処分の主体は主任審査官であって，送還先の指定も主任審査官が決定するものと解する以上は，明文の根拠もない中で，違反審査を担当する入国審査官が，容疑者の希望する送還先への送還の実現可能性や，あるいは具体的な送還先について容疑者に断定的に教示することは可能でもなく義務でもないのではないか，とも考えられる。

他方で，送還先の指定は，退去強制を受ける者にとってはもっとも関心を抱く事項の1つであり，退去強制令書発付処分の重要な要素であることは疑いがない。容疑者が国籍国ではなく，国籍国以外の国への送還を希望している場合においては尚更であろう。そうであれば，入国審査官は容疑者に対し，認定に服して口頭審理請求を放棄したときは，原則として国籍国を送還先とする退去強制令書が発付される旨説明し，その上で，口頭審理の請求をするか否かの意思を確認する他，容疑者を国籍国に送還することができない事情があるかについて，容疑者から事情を聴取する必要があると解することもできる。

(2) モデル事案を参考に

設問2 のモデルとした前掲東京地判平成22・2・19は，上述の後者の見地から，容疑者においてそのような説明を受けず，実際には国籍国に送還されるにもかかわらず，自らが希望する国へ送還されるものと誤信して口頭審理請求権を放棄した場合には，口頭審理請求権の内容・その放棄の効果等についての告知ないし容疑者の理解が不十分であった結果，その真意に基づかずに口頭審理請求権の放棄がされたというべきであるとして，かかる口頭審理請求権放棄は無効であり，退去強制令書発付処分の前提となる手続に重大な瑕疵があると結論付けている。その控訴審である前掲東京高判平成22・8・9もまた，送還先の指定は容疑者の重要な利益に関わる事項であることのほか，口頭審理請求を放棄した場合には速やかに退去強制令書が発付されるものとされており，違反審査の後には容疑者から希望を聴取する手続が存在しないこと，容疑者が一貫して，住んだこともなく家族もいないベトナムではなく，親族もいる出生地タイへの送還を希望していることは入国審査官も十分に理解していたことなどを踏まえ，やはり違反審査をする入国審査官が容疑者の意思を確認する条理上の義務があったという。

本件は，どの国を本国と認識していたかにもズレがあった稀なケースであり，モデル事案では通訳を介さずに違反審査をやったことの適否なども問題とされているのであるが，意思疎通のレベルや，言った／言わないの問題はさておくとしても，常識的に考えれば，仮に X_5 が送還先はベトナムになる旨の説明を具体的に受けて理解できていたのであれば，その説明後，直ちに口頭審理請求を放棄するとは考えにくいであろう。X_5 およびその弁護士であるＫらの立場としては，単に送還先の過誤と捉えるのではなく，モデル事案の判決例を参考にしながら，送還先を誤信して口頭審理請求放棄の意思表示をしたこと，かかる意思表示は真意に基づくものでなく無効であり，よって退去強制令書発付処分の前提となる手続に重大な瑕疵があったことを主張することは有力に考えられる。先に述べたように（Ⅱ 1 (1)），入管法の退去強制の仕組みにおいては，総じて対象となる外国人の権利を手厚く守る手続構造がとられているのであって，そうした法の趣旨や法的仕組みの存在とも調和的な法解釈を行おうとするならば，口頭審理請求手続の意義が全くスポイルしかねない解釈・運用は排することが望ましいからである。「理由提示や聴聞・弁明の機会の付与のような重要な手続を懈怠したり，懈怠するに等しいような不備がある場合には，処分を取り消して手続をやり直させることは，手続軽視の風潮を生まないためにも必要であろう」との有力な見解[29]にも導かれながら，上記のように主張することも十分にありうるものと考える。

　かかる主張が認容され，退去強制令書が取り消されれば，入国審査官の認定はそのままに違反審判（口頭審理から）を遡及的に再開することとなろう。なお現在では，原則として国籍国となる送還先について容疑者に異議がある場合には口頭審理の請求や異議の申出をさせて，収容令書による収容の間（最大60日。法39条・41条1項）に希望国への送還可能性を調査する運用が見られている。

Ⅳ　おわりに

　本問の検討を通じて，個別行政法の関係条文をよく読み，法の趣旨・目的や処分手続の基本構造の特徴等を正確に把握すること，当事者のおかれた四囲の

---

[29]　宇賀・概説Ⅰ 461頁。

状況，処分の付与やその取消しによる実務上の影響などもバランスよく考慮することの重要性を再確認してほしい。

その上で，では仮に 事例２ のような事案において，本来は到底在留特別許可を得られるような人でなかったとしても，国籍国も前居住国も引き取りを拒否する「無国籍」状態に陥ったとの理由で，やむを得ず，あたかも難民と同様の人道的配慮を受けられるという運用はどこまで可能か，家族・親戚・同胞が大挙して押し寄せても全て受け入れるべきなのか……。入管法の分野では，このように思いもかけない状況が現出することはしばしばあり，最新の国際情勢は言うまでもなく，憲法・国際法の観点をも踏まえた解釈論を行うことが強く求められている。そして，こうした個別行政領域に特徴的な現象を前に妥当な理論を探求しようとする作業は，行政法理論をよりよく理解するステップとなるだけでなく，行政と市民のあるべき関係を具体的に考え直す営みに他ならないのであって，「行政法というのは，まさに天下国家を論ずる学問である」（櫻井敬子[30]）と実感できる可能性も高いであろう。読者諸氏にも，具体的な法分野に深入りした議論を試みることで，行政法の学習をいっそう面白がっていただければと願う次第である。

■ 関連問題

1 事例１ において，本件裁決及び本件処分の取消しに加え在留特別許可を求める X_1・X_2・X_4 が仮の救済を求めるとすれば，どのような手続において，いかなる内容の主張をすればよいか，検討しなさい。

2 フィリピン国籍の X は，本邦に不法入国し，その後，当時交際していた A との間の子 B を出産したが，時を経て入管法違反の事実が発覚，主任審査官から退去強制令書の発付処分を受けることとなった。しかしその後，B が A から認知を受けたことから，法務大臣による在留特別許可が認められるべきであるとして，法務大臣に対する在留特別許可の付与の義務付けを求める本案の訴えを提起し，本案の第１審判決言渡しまでの間，仮に本案と同

---

[30] 参照，磯部力ほか「エンジョイ！行政法⑴行政法ってつまらない？」法教 307 号（2006 年）77 頁以下。行政作用法各論にフォーカスして学ぶことの意義等については，さしあたり，磯部哲「行政法」南野森編著『法学の世界』（日本評論社，2013 年）66 頁以下を参照のこと。

旨の義務付けに係る処分をすべき旨を命ずるよう求めることとした。このような請求は可能か。名古屋地決平成19・9・28裁判所HPの事案を参照しつつ検討しなさい。

COMMENT 1 **設問**からは仮の救済に関する検討は除外したが，重要論点であるので改めて確認をしておいてほしい。退去強制令書発付処分に対する取消訴訟を提起し執行停止を申し立てた場合に，従来の裁判例の対応がどのようなものであったか，さらには，平成16年行政事件訴訟法改正により執行停止要件が緩和され，同法25条3項に基づく解釈が求められていることを踏まえるならば，個別の事案で金銭賠償による受忍が相当でないケースをどのように柔軟に解していけるか等について，注12)に掲げた判決例などを参照して検討すること。

2 入管法には，退去強制令書の発付後の事情の変更等を理由に，外国人に再審査申請を認める規定はない。しかしながら，法務大臣において，外国人の事実上の上申（いわゆる再審情願）に基づいて，退去強制令書の発付後に生じた事由に基づいて在留特別許可を付与する事例は存在しており，このような在留特別許可の義務付けの訴え（非申請型）を提起すること自体は可能ではあろう。もっとも，在留特別許可の義務付けを求める本案事件について「理由があるとみえるとき」（行訴37条の5第1項）に当たるとするためには，同法37条の2第1項及び3項に規定する要件に当たるほか，法務大臣が申立人に対して在留特別許可を付与しないことが，その裁量権の範囲を超えまたはその濫用となると認められるものであることが必要である（同条5項）。モデル事案とした名古屋地決平成19・9・28は，AがBを認知したという事実は形式的に身分法上の手続がされたにとどまり，実質的な父子関係ないし家族関係の形成とは無関係であるなどとして申立てを却下しているが，そうした判断が実際にどのようになされているのか，決定理由等に直接あたって確認することが有益であろう。

20 まちづくり事業をめぐる利益調整のあり方

以下の 事例 ,【資料1：K・F・Iの法律事務所の会議録】,【資料2：関係法令】,【資料3：F弁護士のメモ】,【資料4：I弁護士のメモ】を読んで 設問 に答えなさい。

事例

(1) Y₂県内のY₁市は，市内を流れる一級河川A川から，恵みとともに洪水等の被害をも受けてきた。Y₁市は，都市マスタープランにおいて，土地区画整理事業等の市街地整備と併せて，治水や水辺環境の向上のために高規格堤防（スーパー堤防）の整備を検討することを掲げた後，「Y₁市長期計画」や「Y₁市スーパー堤防整備方針」の策定，Y₁市を含む沿川地方公共団体と国土交通省を構成員とする協議会による「A川沿川整備基本構想」の策定などを通し，10年余りかけて事業の具体化を進めてきた。

Y₁市は検討の末，特に防災面の課題に鑑みて，A川沿いのB地区において土地区画整理事業を実施し，この事業を，国土交通省の高規格堤防事業と共同で行う方針を固め，都市計画決定に向けた手続に入った。B地区は，三方を盛土に囲まれた窪地状の地形であり，木造住宅が密集し，道路の幅は狭く，行き止まりや階段状の段差も多いが，人びとのふれあいが残る昔ながらの住宅街である。Y₁市の方針をめぐってB地区内の住民の意見は割れ，また，Y₂県内に事務所を置くNPO法人Cは，環境を破壊する公金の無駄遣いであるとして反対キャンペーンを張った。B地区に土地と建物を所有するX₁およびCの代表者であるX₂（Y₁市民ではない）は，「関係市町村の住民及び利害関係人」として，縦覧に供された都市計画案に反対する意見書を提出したが（都計17条2項），Y₁市は，Y₁市都市計画審議会の議を経て，平成21年11月24日に都市計画決定（以下「本件都市計画決定」という）を行った（都計19条1項）。

折しも，高規格堤防事業が「事業仕分け」の対象となったが，Y₁市は，高規格堤防事業の有無に関わらず，隣接地との高低差を解消するためにB地区の盛土造成を行うこととして，土地区画整理事業の事業計画決定に向けた手続

に入った。5年の期間と43億円の費用を見込んだこの事業計画は、施行地区（約1.4ha〔東西約140m，南北約100m〕）内に255人の居住者を抱え、X_1宅を西端とするものであった。X_1とX_2は、縦覧に供された事業計画に反対する意見書を提出した上で、Y_2県都市計画審議会において口頭陳述を行ったが、意見書は不採択とされた（区画55条1項〜5項）。Y_1市は、Y_2県知事による設計の概要に係る認可を受けた上で、平成23年5月17日に土地区画整理事業計画決定（以下「本件事業計画決定」という）を行った（区画52条1項）。

(2) 高規格堤防事業の見直し論議が一応の収拾をみた後、Y_1市は、国との間で、土地区画整理事業と高規格堤防事業とを一体整備する基本協定を締結した（平成25年5月30日）。この協定により、盛土については全額を国側が負担することとなった。

Y_1市は、平成25年7月16日に仮換地を指定し（区画98条1項）、X_1および施行地区内の地権者であるX_3に対し、仮換地指定通知と同年12月16日以降の従前地の使用収益停止通知を送付した（同条5項）。X_3は、本件都市計画決定および本件事業計画決定には賛成するものの、小宅地への十分な配慮を欠く仮換地指定に対する不服から、X_1と同様に、当該期日を過ぎても従前地に留まっていた。Y_1市は、平成26年1月14日、X_1とX_3に対し、同年5月30日を期限として、建物を仮換地上に移転または除却する旨を通知するとともに、その期限までに自ら移転または除却する意思があるか否かを照会した（同77条2項）。この直接施行の通知・照会に対し、X_1とX_3が何らの対応もしなかったところ、同年7月2日、Y_1市はX_1宅の移転に踏み切った（同条7項）。

同年9月10日、Y_1市とX_1との間で、建物の移転によって生じた損失の補償に関する協議が行われた（区画78条1項・3項）。X_1は、既存不適格であった従前地の建物が仮換地上では違法建築物となってしまうことから、「通常生ずべき損失」の補償として、違法建築物の是正に要する費用の補償を求めたが、Y_1市はこれに応じず、協議が成立しなかった。そこで、Y_1市がY_2県収用委員会の裁決を申請したところ（同条3項）、Y_2県収用委員会は、同年12月25日に、X_1の要求を受け入れない方向での裁決を行った。

〔設問〕

1　平成23年6月19日（法律事務所会議）の時点で、①X_1またはX_2が本件

事業計画決定について取消訴訟を提起するとした場合，(1) X₂は原告適格を有するか，(2)どのような主張がなされるべきか。

②X₁またはX₂が，①以外の方法によって，本件高規格堤防事業の実施を差し止めるためには，最も妥当であると考えられる訴訟方法は何か，そして，当該訴訟においてどのような主張がなされるべきか。

なお，①②のいずれにおいても，仮の救済について検討する必要はない。

2 ①平成26年7月2日（X₁宅直接施行実施）の時点で，X₃が，直接施行の通知・照会について取消訴訟を提起するとした場合，自らの建物の強制移転を防ぐためには，どのような主張をすべきか。

②平成27年1月14日（法律事務所会議）の時点で，X₁は，(1)損失補償に関する不服に係る当事者訴訟において，(2)損失補償以外の事項に関する不服に係る抗告争訟においてそれぞれ，誰を相手方としていつまでに申し立て，どのような主張を行うべきか。

資料1：K・F・Iの法律事務所の会議録

〔平成23年6月19日会議録〕

K弁護士：Y₁市が進めている土地区画整理事業に関して，X₁さんとX₂さんから相談がありました。お二人とも，スーパー堤防事業の不当性を訴え，その実施を何とか止めたいとおっしゃっています。Y₁市や国の担当者が，震災を機に，何としても人命を守るという任務を改めて胸に刻み込むのはもっともですが，事業仕分けの対象となるような脆い事業に対するご不満は察して余りあります。Fさん，スーパー堤防事業について調べて下さいましたか。

F弁護士：メモを作成しましたのでご覧下さい。ポイントは，本件スーパー堤防事業が，強制力を備えていない補助事業にすぎず，土地区画整理事業とセットで実施されることを予定しながら，法的には別個の仕組みに基づく別個の事業であること，そして，スーパー堤防事業は，政権交代にともなう政策変更の槍玉にあげられ，一旦は事業の廃止にまで追い込まれたことにあるのではないかと思います。

I弁護士：2つの事業が別個であるとすると，平成20年の判例変更によって土地区画整理事業計画決定の処分性が認められましたが，そちらの取消訴訟でスーパー堤防事業の違法性を主張することは難しそうですね。

K弁護士：その可能性もあきらめずに探ってみましょう。2つの事業が実質的に一体であるということを法的に裏付けられないでしょうか。実際には，スーパー堤防事業は本件事業計画決定の考慮要素になっていたのではないかと思います。

F弁護士：両事業の共同実施は，本件都市計画決定において定められていました。遡れば，旧建設省の通達が題名からして「高規格堤防整備と市街地整備の一体的推進」を示していますし，国はB地区を含むA川沿川に高規格堤防を整備する内容の「A川水系工事実施基本計画」を策定しています。これらをも手掛かりに，検討してみます。

K弁護士：違法事由は色々と主張できるでしょう。X_2さんも，他のNPO法人の力も借りて，熱心に勉強しているようです。お話によると，計画策定段階において費用便益分析や代替案検討は妥当な程度には踏まえられており，また，計画決定手続は法令の定めに則って履践されていますので，手続的瑕疵はなさそうです。実体的瑕疵としては，事業仕分けに係る事情が将来予測の見誤りを含めて一つのポイントになりそうですし，盛土整備の危険性やそれによるコミュニティの分断・破壊も問題になるでしょう。どこに焦点を当てれば勝ち目がありそうかも考えながら，法解釈を詰めて下さい。

F弁護士：分かりました。Y_1市は，用地取得基金による先行取得を実施し，地区外への転出を促してきました。このことは，長期にわたる2度の転居を回避させうるものではありますが，コミュニティへの配慮を欠くとも言えるのではないかと思います。

K弁護士：Iさん，別の訴訟方法は何か考えられますか。

I弁護士：スーパー堤防事業そのものを争うには，国を相手方とした民事の差止訴訟がありうると思います。さらに，公金支出の側面を捉えて，スーパー堤防事業に係る公金支出の差止めを住民訴訟で求めることができないか，また，本件スーパー堤防事業がしかるべき法的仕組みを備えておらず違法であるといった確認訴訟の方法がありえないか，いずれも難しいとは思いますが，検討してみます。

〔平成27年1月14日会議録〕
I弁護士：事案の経過を改めてまとめてみました。この案件では，最終的な司法判断が下される前に，直接施行まで行われてしまいました。迅速性の点をはじめ，裁判的救済の限界に歯がゆい思いをしています。

K弁護士：その通りですね。ただ，X_3さんは，X_1さん宅が強制移転されるのを目の当たりにして，自らに対する強権発動を恐れ，訴訟に踏み切る決断をしました。仮換地指定については出訴期間を徒過していましたが，直接施行の通知・照会の取消訴訟において，執行停止申立てを含め，できる限りの手を打っています。裁判所の本来的領分であるはずの個別具体的救済の場面こそ，真の勝負どころでもあるでしょう。

I弁護士：確かに，X_3さんのご不満は，自らに対する仮換地指定が小宅地への十分な配慮を欠くという点にありますので，柔軟な救済の可能性がありえますし，処分の違法判断を得ることは大きな意味を持っています。既成事実の尊重でもって押し切られないよう，理論武装を怠らないようにします。

K弁護士：X₁ さんの今後の生活を現実的に考えると，正当な補償を受けることは決定的に重要です。違法建築物の是正に要する費用は「通常生ずべき損失」の補償に当たると主張したいと思っています。同時に，X₁ さん宅が，移転前は既存不適格状態つまり適法な状態であったのに対し，移転後は違法建築物になってしまうような場合に，単に物理的な移転を終えただけでは移転の完了と評価しえないのではないかと思います。収用委員会の裁決が独自の争訟方法に服していることに注意しながら，検討をお願いします。

F弁護士：分かりました。補償基準もなかなか複雑なようです。実務上の基準がいくつかありますが，大本である損失補償基準要綱は，任意取得から強制収用の段階に至るまで一貫して適用される統一的な損失補償基準を定めようとした閣議決定です。なお，種々の議論を経た上で，強制収用の明確な基準として平成13年に制定された土地収用法88条の2の細目等を定める政令は，これと基本的に同一の内容を定めています。任意取得については，損失補償基準要綱を受けて，各起業者が補償基準を策定し運用していますが，その際重要な役割を果たしているのが，全国の主要な起業者によって組織される用地対策連絡会（用対連）です。この用対連は，各起業者の補償基準のひな型となるべき基準（公共用地の取得に伴う損失補償基準）とその細則を策定しています。もちろん，これらの基準は法的拘束力を有するものではありませんが，実務においてはほぼ絶対的な指針となっていますし，判例においても解釈基準として援用されることがあります。テクニカルな解釈が現実の救済の可能性に直結しますので，法律家として力を尽くしたいと思います。

資料2：関係法令

都市計画法（昭和43年6月15日法律第100号）

（目的）
第1条　この法律は，都市計画の内容及びその決定手続，都市計画制限，都市計画事業その他都市計画に関し必要な事項を定めることにより，都市の健全な発展と秩序ある整備を図り，もつて国土の均衡ある発展と公共の福祉の増進に寄与することを目的とする。

（都市計画の基本理念）
第2条　都市計画は，農林漁業との健全な調和を図りつつ，健康で文化的な都市生活及び機能的な都市活動を確保すべきこと並びにこのためには適正な制限のもとに土地の合理的な利用が図られるべきことを基本理念として定めるものとする。

（都市計画基準）
第13条①　都市計画区域について定められる都市計画（区域外都市施設に関するものを含む。次項において同じ。）は，国土形成計画，首都圏整備計画，近畿圏整備計画，中部圏開発整備計画，北海道総合開発計画，沖縄振興計画その他の国土計画又は地方計画に関する法律に基づく計画（当該都市について公害防止計画が定められているときは，当該公害防止計画を含む。第3項において同じ。）及び道路，河川，鉄道，港湾，空港等の施設に関する国の計画に適合するとともに，当該都市の特質を考慮して，次

に掲げるところに従つて，土地利用，都市施設の整備及び市街地開発事業に関する事項で当該都市の健全な発展と秩序ある整備を図るため必要なものを，一体的かつ総合的に定めなければならない。この場合においては，当該都市における自然的環境の整備又は保全に配慮しなければならない。

十二　市街地開発事業は，市街化区域又は区域区分が定められていない都市計画区域内において，一体的に開発し，又は整備する必要がある土地の区域について定めること。

（都市計画の案の縦覧等）

第17条①　都道府県又は市町村は，都市計画を決定しようとするときは，あらかじめ，国土交通省令で定めるところにより，その旨を公告し，当該都市計画の案を，当該都市計画を決定しようとする理由を記載した書面を添えて，当該公告の日から2週間公衆の縦覧に供しなければならない。

②　前項の規定による公告があったときは，関係市町村の住民及び利害関係人は，同項の縦覧期間満了の日までに，縦覧に供された都市計画の案について，都道府県の作成に係るものにあっては都道府県に，市町村の作成に係るものにあっては市町村に，意見書を提出することができる。

（市町村の都市計画の決定）

第19条①　市町村は，市町村都市計画審議会（当該市町村に市町村都市計画審議会が置かれていないときは，当該市町村の存する都道府県の都道府県都市計画審議会）の議を経て，都市計画を決定するものとする。

②　市町村は，前項の規定により都市計画の案を市町村都市計画審議会又は都道府県都市計画審議会に付議しようとするときは，第17条第2項の規定により提出された意見書の要旨を市町村都市計画審議会又は都道府県都市計画審議会に提出しなければならない。

土地区画整理法（昭和29年5月20日法律第119号）

（この法律の目的）

第1条　この法律は，土地区画整理事業に関し，その施行者，施行方法，費用の負担等必要な事項を規定することにより，健全な市街地の造成を図り，もつて公共の福祉の増進に資することを目的とする。

（定義）

第2条①　この法律において「土地区画整理事業」とは，都市計画区域内の土地について，公共施設の整備改善及び宅地の利用の増進を図るため，この法律で定めるところに従つて行われる土地の区画形質の変更及び公共施設の新設又は変更に関する事業をいう。

⑤　この法律において「公共施設」とは，道路，公園，広場，河川その他政令で定める公共の用に供する施設をいう。

（土地区画整理事業の施行）

第3条④　都道府県又は市町村は，施行区域の土地について土地区画整理事業を施行することができる。

（事業計画）

第6条①　第4条第1項の事業計画においては，国土交通省令で定めるところにより，施行地区（施行地区を工区に分ける場合においては，施行地区及び工区），設計の概要，事業施行期間及び資金計画を定めなければならない。

⑧　事業計画においては，環境の整備改善を図り，交通の安全を確保し，災害の発生を防止し，その他健全な市街地を造成するために必要な公共施設及び宅地に関する計画が適正に定められていなければならない。

⑩　事業計画は，公共施設その他の施設又は

土地区画整理事業に関する都市計画が定められている場合においては，その都市計画に適合して定めなければならない。

(施行規程及び事業計画の決定)

第52条① 都道府県又は市町村は，第3条第4項の規定により土地区画整理事業を施行しようとする場合においては，施行規程及び事業計画を定めなければならない。この場合において，その事業計画において定める設計の概要について，国土交通省令で定めるところにより，都道府県にあつては国土交通大臣の，市町村にあつては都道府県知事の認可を受けなければならない。

(事業計画)

第54条 第6条の規定は，第52条第1項の事業計画について準用する。

(事業計画の決定及び変更)

第55条① 都道府県又は市町村が第52条第1項の事業計画を定めようとする場合においては，都道府県知事又は市町村長は，政令で定めるところにより，事業計画を2週間公衆の縦覧に供しなければならない。この場合において，市町村長は，あらかじめ，その事業計画を都道府県知事に送付しなければならない。

② 利害関係者は，前項の規定により縦覧に供された事業計画について意見がある場合においては，縦覧期間満了の日の翌日から起算して2週間を経過する日までに，都道府県知事に意見書を提出することができる。ただし，都市計画において定められた事項については，この限りでない。

③ 都道府県知事は，前項の規定により意見書の提出があつた場合においては，これを都道府県都市計画審議会に付議しなければならない。

④ 都道府県知事は，都道府県都市計画審議会が前項の意見書の内容を審査し，その意見書に係る意見を採択すべきであると議決した場合においては，都道府県が定めようとする事業計画については自ら必要な修正を加え，市町村が定めようとする事業計画についてはその市町村に対し必要な修正を加えるべきことを求め，都道府県都市計画審議会がその意見書に係る意見を採択すべきでないと議決した場合においては，その旨を意見書を提出した者に通知しなければならない。

⑤ 前項の規定による意見書の内容の審査については，行政不服審査法第2章第3節(第29条，第30条，第32条第2項，第38条，第40条，第41条第3項及び第42条を除く。)の規定を準用する。この場合において，同節中「審理員」とあるのは，「都道府県都市計画審議会」と読み替えるものとする。

⑫ 都道府県又は市町村は，第52条第1項の事業計画において定めた設計の概要の変更をしようとする場合(政令で定める軽微な変更をしようとする場合を除く。)においては，その変更について，都道府県にあっては国土交通大臣の，市町村にあっては都道府県知事の認可を受けなければならない。

⑬ 第1項から第7項までの規定は，第52条第1項の事業計画を変更しようとする場合(政令で定める軽微な変更をしようとする場合を除く。)について，第8項の規定は，設計の概要の変更の認可をした場合について，第9項から第11項までの規定は，同条第1項の事業計画の変更をした場合について準用する。この場合において，第7項及び第8項中「第52条第1項」とあるのは「第55条第12項」と，第7項中「を表示する」とあるのは「についての変更を表示する」と，第9項中「を公告し」とあるのは「についての変更に係る事項を公告し」と，第11項中「事業計画をもって」とあるのは「事業計画の変更をもって」と読み替えるものとする。

（土地の立入等に伴う損失の補償）
第73条② 前項の規定による損失の補償については，損失を与えた者と損失を受けた者が協議しなければならない。
③ 前項の規定による協議が成立しない場合においては，損失を与えた者又は損失を受けた者は，政令で定めるところにより，収用委員会に土地収用法（昭和26年法律第219号）第94条第2項の規定による裁決を申請することができる。
（建築物等の移転及び除却）
第77条① 施行者は，第98条第1項の規定により仮換地若しくは仮換地について仮に権利の目的となるべき宅地若しくはその部分を指定した場合，第100条第1項の規定により従前の宅地若しくはその部分について使用し，若しくは収益することを停止させた場合又は公共施設の変更若しくは廃止に関する工事を施行する場合において，従前の宅地又は公共施設の用に供する土地に存する建築物その他の工作物又は竹木土石等（以下これらをこの条及び次条において「建築物等」と総称する。）を移転し，又は除却することが必要となつたときは，これらの建築物等を移転し，又は除却することができる。
② 施行者は，前項の規定により建築物等を移転し，又は除却しようとする場合においては，相当の期限を定め，その期限後においてはこれを移転し，又は除却する旨をその建築物等の所有者及び占有者に対し通知するとともに，その期限までに自ら移転し，又は除却する意思の有無をその所有者に対し照会しなければならない。
③ 前項の場合において，住居の用に供している建築物については，同項の相当の期限は，3月を下つてはならない。……
⑦ 施行者は，第2項の規定により建築物等の所有者に通知した期限後又は第4項後段の規定により公告された期限後においては，いつでも自ら建築物等を移転し，若しくは除却し，又はその命じた者若しくは委任した者に建築物等を移転させ，若しくは除却させることができる。……
（移転等に伴う損失補償）
第78条① 前条第1項の規定により施行者が建築物等を移転し，若しくは除却したことにより他人に損失を与えた場合又は同条第2項の照会を受けた者が自ら建築物等を移転し，若しくは除却したことによりその者が損失を受け，若しくは他人に損失を与えた場合においては，施行者（施行者が国土交通大臣である場合においては国。次項，第101条第1項から第3項まで及び第104条第11項において同じ。）は，その損失を受けた者に対して，通常生ずべき損失を補償しなければならない。
③ 第73条第2項から第4項までの規定は，第1項の規定による損失の補償について準用する。……
（換地）
第89条① 換地計画において換地を定める場合においては，換地及び従前の宅地の位置，地積，土質，水利，利用状況，環境等が照応するように定めなければならない。
（宅地地積の適正化）
第91条① 第3条第4項若しくは第5項，第3条の2又は第3条の3の規定により施行する土地区画整理事業の換地計画においては，災害を防止し，及び衛生の向上を図るため宅地の地積の規模を適正にする特別な必要があると認められる場合においては，その換地計画に係る区域内の地積が小である宅地について，過小宅地とならないように換地を定めることができる。
（仮換地の指定）
第98条① 施行者は，換地処分を行う前において，土地の区画形質の変更若しくは公共施設の新設若しくは変更に係る工事のため必要がある場合又は換地計画に基づき換

地処分を行うため必要がある場合においては，施行地区内の宅地について仮換地を指定することができる。……
② 施行者は，前項の規定により仮換地を指定し，又は仮換地について仮に権利の目的となるべき宅地若しくはその部分を指定する場合においては，換地計画において定められた事項又はこの法律に定める換地計画の決定の基準を考慮してしなければならない。
⑤ 第1項の規定による仮換地の指定は，その仮換地となるべき土地の所有者及び従前の宅地の所有者に対し，仮換地の位置及び地積並びに仮換地の指定の効力発生の日を通知してするものとする。
（仮換地の指定の効果）
第99条① 前条第1項の規定により仮換地が指定された場合においては，従前の宅地について権原に基づき使用し，又は収益することができる者は，仮換地の指定の効力発生の日から第103条第4項の公告がある日まで，仮換地又は仮換地について仮に使用し，若しくは収益することができる権利の目的となるべき宅地若しくはその部分について，従前の宅地について有する権利の内容である使用又は収益と同じ使用又は収益をすることができるものとし，従前の宅地については，使用し，又は収益することができないものとする。
（不服申立て）
第127条 次に掲げる処分については，行政不服審査法による不服申立てをすることができない。
　五 都道府県又は市町村が第52条第1項の規定によつてする事業計画の決定（事業計画の変更を含む。）
　六 第52条第1項又は第55条第12項の規定による認可
　七 第55条第4項（同条第13項において準用する場合を含む。）の規定による通知
第127条の2① 前条に規定するものを除くほか，組合，区画整理会社，市町村，都道府県又は機構等がこの法律に基づいてした処分その他公権力の行使に当たる行為（以下この条において「処分」という。）に不服がある者は，組合，区画整理会社，市町村又は市のみが設立した地方公社がした処分にあつては都道府県知事に対して，都道府県又は機構等（市のみが設立した地方公社を除く。）がした処分にあつては国土交通大臣に対して行政不服審査法による審査請求をすることができる。

河川法（昭和39年7月10日法律第167号）

（目的）
第1条 この法律は，河川について，洪水，津波，高潮等による災害の発生が防止され，河川が適正に利用され，流水の正常な機能が維持され，及び河川環境の整備と保全がされるようにこれを総合的に管理することにより，国土の保全と開発に寄与し，もつて公共の安全を保持し，かつ，公共の福祉を増進することを目的とする。

（河川及び河川管理施設）
第3条① この法律において「河川」とは，一級河川及び二級河川をいい，これらの河川に係る河川管理施設を含むものとする。
② この法律において「河川管理施設」とは，ダム，堰，水門，堤防，護岸，床止め，樹林帯（……）その他河川の流水によつて生ずる公利を増進し，又は公害を除却し，若しくは軽減する効用を有する施設をいう。……

（河川区域）
第6条② 河川管理者は，その管理する河川管理施設である堤防のうち，その敷地である土地の区域内の大部分の土地が通常の利用に供されても計画高水流量を超える流量の洪水の作用に対して耐えることができる規格構造を有する堤防（以下「高規格堤防」という。）については，その敷地である土地の区域のうち通常の利用に供することができる土地の区域を高規格堤防特別区域として指定するものとする。
（一級河川の管理）
第9条① 一級河川の管理は，国土交通大臣が行なう。

土地収用法（昭和26年6月9日法律第219号）

（移転料の補償）
第77条 収用し，又は使用する土地に物件があるときは，その物件の移転料を補償して，これを移転させなければならない。……
（通常受ける損失の補償）
第88条 第71条，第72条，第74条，第75条，第77条，第80条及び第80条の2に規定する損失の補償の外，離作料，営業上の損失，建物の移転による賃貸料の損失その他土地を収用し，又は使用することに因つて土地所有者又は関係人が通常受ける損失は，補償しなければならない。
（損失の補償に関する細目）
第88条の2 第71条，第72条，第74条，第75条，第77条，第80条，第80条の2及び前条の規定の適用に関し必要な事項の細目は，政令で定める。
（前3条による損失の補償の裁決手続）
第94条② 前項の規定による協議が成立しないときは，起業者又は損失を受けた者は，収用委員会の裁決を申請することができる。
⑧ 収用委員会は，前項の規定によつて申請を却下する場合を除くの外，損失の補償及び補償をすべき時期について裁決しなければならない。……
⑨ 前項の規定による裁決に対して不服がある者は，第133条第2項の規定にかかわらず，裁決書の正本の送達を受けた日から60日以内に，損失があつた土地の所在地の裁判所に対して訴えを提起しなければならない。
（収用委員会の裁決についての審査請求）
第129条 収用委員会の裁決に不服がある者は，国土交通大臣に対して審査請求をすることができる。
（不服申立期間）
第130条② 収用委員会の裁決についての審査請求に関する行政不服審査法第18条第1項本文の期間は，裁決書の正本の送達を受けた日の翌日から起算して30日以内とする。
（不服申立ての制限）
第132条② 収用委員会の裁決についての審査請求においては，損失の補償（第90条の3の規定による加算金及び第90条の4の規定による過怠金を含む。次条において同じ。）についての不服をその裁決についての不服の理由とすることができない。
（訴訟）
第133条① 収用委員会の裁決に関する訴え（次項及び第3項に規定する損失の補償に関する訴えを除く。）は，裁決書の正本の送達を受けた日から3月の不変期間内に提起しなければならない。
② 収用委員会の裁決のうち損失の補償に関する訴えは，裁決書の正本の送達を受けた日から6月以内に提起しなければならない。
③ 前項の規定による訴えは，これを提起した者が起業者であるときは土地所有者又は

関係人を，土地所有者又は関係人であるときは起業者を，それぞれ被告としなければならない。

土地収用法88条の2の細目等を定める政令（平成14年7月5日政令第248号）

（移転料）

第17条① 法第77条（法第138条第1項において準用する場合を含む。）の物件（立木を除く。次項において同じ。）の移転料は，当該物件を通常妥当と認められる移転先に，通常妥当と認められる移転方法によって移転するのに要する費用とする。

② 物件の移転に伴い建築基準法（昭和25年法律第201号）その他の法令の規定に基づき必要となる当該物件の改善に要する費用は，前項の費用には含まれないものとする。

公共用地の取得に伴う損失補償基準要綱（昭和37年6月29日閣議決定）

（建物等の移転料）

第24条① 土地等の取得又は土地等の使用に係る土地等に建物等（立木を除く。以下この条から第26条までにおいて同じ。）で取得せず，又は使用しないものがあるときは，当該建物等を通常妥当と認められる移転先に，通常妥当と認められる移転方法によつて移転するのに要する費用を補償するものとする。……

② 建物等の移転に伴い建築基準法その他の法令の規定に基づき必要とされる施設の改善に要する費用は，補償しないものとする。

公共用地の取得に伴う損失補償基準（昭和37年10月12日用地対策連絡会決定）

（建物等の移転料）

第28条① 土地等の取得又は土地等の使用に係る土地等に建物等（立木を除く。以下この条から第30条まで及び第42条の2において同じ。）で取得せず，又は使用しないものがあるときは，当該建物等を通常妥当と認められる移転先に，通常妥当と認められる移転方法によって移転するのに要する費用を補償するものとする。……

② 建物等の移転に伴い木造の建築物に代えて耐火建築物を建築する等の建築基準法（昭和25年法律第201号）その他の法令の規定に基づき必要とされる既設の施設の改善に要する費用は，補償しないものとする。ただし，法令の規定に基づき改善を必要とする時期以前に当該既設の施設の改善を行うこととなったときは，それにより通常生ずる損失を補償するものとする。

公共用地の取得に伴う損失補償基準細則（昭和38年3月7日用地対策連絡会決定）

第15 基準第28条（建物等の移転料）は，土地等を取得する場合においては，次により処理する。

7 本条第2項ただし書きの補償は，次による。

㈠ 法令には，施設の改善について制限を課している条例及び要綱等の行政指導（成文化され，かつ，公表されているものに限る。）を含むものとする。

㈡ 法令の規定に基づき改善を必要とする

時期とは，法令の規定に基づき改善の時期が明らかである場合を除き，原則として，既設の施設の耐用年数満了時とする。なお，建物の耐用年数は，別表第3（等級別標準耐用年数表）を参考とするものとする。
　㈢　補償額は，次式により算定するものとする。

$$S \times \left\{ 1 - \frac{1}{(1+r)^n} \right\}$$

S　既設の施設を法令の規定に適合させるために必要となる最低限の改善費用。……
r　年利率
n　施設の移転の時から法令の規定に基づき改善を必要とする時期までの期間（年）

資料3：F弁護士のメモ

　高規格堤防（スーパー堤防）とは，計画高水流量を超える洪水に対し，堤防の決壊による壊滅的な被害を回避することを目的とした，通常堤防より格段に広い幅（堤防の高さの約30倍）と緩い勾配（3％以内）を持つ盛土構造物である。通常堤防とは異なり，高規格堤防区域内の土地は，通常の利用に供され（河川6条2項），一定の工作物の新築等や土地の掘削等について河川管理者の許可を不要とするなど，規制が緩和されている（同26条2項・3項，27条2項）。
　高規格堤防事業は，全体完成までに多大なコスト（期間・費用）を要することから，まちづくりの機運が高まった地区について，市街地整備事業と一体となって行われている。「高規格堤防整備と市街地整備の一体的推進について」（平成6年建設省都計発第146号，建設省河治発第85号）によると，市町村の都市計画担当部局は高規格堤防と整合のとれた市街地整備計画を河川管理者と協議して策定することとされている。
　高規格堤防事業は，行政刷新会議の事業仕分けにおいて「廃止」判定が下された（平成22年10月）。これを受け，平成23年度予算においては，高規格堤防事業を中止した場合に住民の社会経済活動に重大な支障を及ぼす地域についてのみ最低限の予算が計上された。平成24年度予算においては，「高規格堤防整備の抜本的見直しについて（とりまとめ）」（国土交通省内検討会報告書）に基づき，整備個所が872kmから120kmに縮小された上で，42億円の予算が配分された。なお，会計検査院は，「大規模な治水事業（ダム，放水路・導水路等）に関する会計検査の結果について」（平成24年1月）のなかで，高規格堤防の整備率（1.1％〔9463m〕）をはじめ，諸々の問題点を指摘した。また，東日本大震災に伴い，2か所の高規格堤防において，盛土端部の擁壁に開き，ひび割れ，公園施設のひび割れ，液状化などが生じた。

資料4：I弁護士のメモ

	$X_1 \cdot X_2 \cdot X_3$	Y_1市	Y_2県	国
H21・11・24	$X_1 \cdot X_2$ 意見書提出 ──→	都市計画決定		
H23・5・17	$X_1 \cdot X_2$ 意見書提出 ──→	事業計画決定 ←──	Y_2県知事 設計の概要の認可	
6・19	$X_1 \cdot X_2$ 訴訟検討			
H25・5・30		基本協定締結 Y_1市 ←────────		──→ 国交省
7・16	$X_1 \cdot X_3$ ←──	仮換地指定		
12・16		従前地使用収益停止		
H26・1・14	$X_1 \cdot X_3$ ←──	直接施行の通知・照会		
5・30		移転・除却期限		
7・2	X_1 ←──	直接施行実施		
7・2	X_3 訴訟検討			
9・10	X_1 ←──→	Y_1市 損失補償協議不成立		
12・25		裁決申請 ──────→	Y_2県収用委員会 損失補償裁決	
H27・1・14	X_1 訴訟検討			

● CHECK POINT

① 行政計画と行政訴訟による救済
② 事実行為を争う訴訟形式
③ 抗告訴訟における仮の救済
④ 段階的行政活動における違法事由
⑤ 損失補償に係る当事者訴訟

● 解説

I 本問の趣旨

　土地区画整理事業をめぐる争いを題材とした設問は何度も目にしているであろう。本設問に目新しさがあるとすれば，それは，まちづくり事業の中核的仕組みを成す2段階それぞれにおいて他の仕組みとのリンク付けがなされている点にある。すなわち，計画策定段階における高規格堤防事業（河川法）との共同実施，そして，事業計画実施段階における損失補償裁決（土地収用法）の組み込みである。しかも，前者が非権力的事実行為の法的仕組みへの"便乗"を意図したインフォーマルなリンク付けであるのに対し，後者は準司法機関の専門的能力の活用を意図したオーソドックスなリンク付けである。

1 設問 1

　本事例に登場する3名の原告はそれぞれに異なる立場に置かれており，したがって，異なる不服ないし不安を抱えている。
　設問1においては，X_1が，施行地区の最も端に位置する地権者として事業に巻き込まれ，換地処分を受けるべき地位に立たされるのに対し，X_2は，公財政や環境などの公共の事柄に重大な関心を寄せ真剣に行動しているとはいえ，法的地位を直接的に侵害されるものではない。X_2が計画決定手続への参加を超えて訴訟にまで関わることができるか，原告適格の有無がまず問題となろう。

両者の不服は一致して，Y₁市による土地区画整理事業よりむしろ，国による高規格堤防事業に向けられている。この2つの事業は共同で実施されるものの，別個の仕組みに基づく別個の事業である。この難しい事案の攻め方としては大きく2つのアプローチがありえよう。
　1つは，最大判平成20・9・10民集62巻8号2029頁［百選Ⅱ-159事件］によって処分性が肯定された土地区画整理事業計画決定を捉えて取消訴訟を提起し，本案において，工夫を凝らしつつ高規格堤防事業の違法性を主張するという途である。裁量統制手法として判断過程統制方式を選択し，考慮要素のレベルで勝負を賭けることになろう。
　もう1つは，高規格堤防事業そのものを叩くための訴訟方法を捻り出すという途である。高規格堤防事業は，何らの法的処分も介在させない，非権力的な事実行為であり，しかも，いまだ工事に着手していないものである。したがって，高規格堤防事業自体は抗告訴訟の対象たりえない。I弁護士が苦しみながら披瀝している方策は，国に対して工事の差止めを求める民事訴訟，高規格堤防事業に係る公金支出の差止めを求める住民訴訟，そして，本件高規格堤防事業の違法確認訴訟である。このうち，民事差止訴訟が，公共事業をめぐる紛争においてしばしば用いられてきた訴訟方法であろう。本案における主張の仕方はいずれの方法をとるかによって異なってくる。

2　設問2

　設問1が施行地区内のすべての関係権利者に関わるのに対し，設問2は，X₁・X₃とY₁市のみに関わる。X₁とX₃はいずれも施行地区内の地権者であるが，直面している状況は異なる。X₁が，事業そのものに徹底的に反対し，ドラスティックな権力的事実行為である直接施行の対象となったのに対し，X₃は，事業計画に賛成しつつも自らに対する仮換地指定処分を不服とし，この段階に至って，権力の"暴力性"を前に窮地に追い込まれている。
　X₃に関しては，段階的な行政決定が繰り広げられていくなかで，権利侵害の切迫性に鑑みた仮の救済の重要性を十分に意識しながら，何をどのように争うべきかが問題となる。最大の不服の対象である仮換地指定およびその実効性確保のための直接施行について，訴訟要件のレベルにおいて，処分性および狭義の訴えの利益の有無を確認し，また，本案のレベルにおいては，違法性の承

継や事情判決などの論点をも視野に入れるべきであろう。

　対して X₁ に関しては，正当な補償を受けるために，どの行為を捉え，誰を相手方とし，いつまでに，どのような争訟を提起して，どのような主張を行うべきかが問題となる。収用委員会の裁決を争う仕組みはそれほど単純でない。損失補償に関わる事項（私益的事項とも呼ばれる）とそれ以外の事項（公益的事項とも呼ばれる）の区別に応じた争訟の手続的ルール（訴訟類型，被告適格，出訴期間等）を遵守した上で，法令の規定のみならず，損失補償基準要綱等の法的性質をも踏まえながら，正当な補償の内容を実体法的に組み立てることが求められる。

　なお，設問1 は，江戸川スーパー堤防訴訟（東京地判平成 25・12・12 判例集未登載〔平成 23（行ウ）655〕[1)]，東京高判平成 26・10・2 判例集未登載〔平成 26（行コ）5〕，最決平成 27・11・18 判例集未登載〔平成 27（行ツ）12・（行ヒ）13〕）をモデルとしており，設問2 は，この事案に加えて最判平成 24・11・20 民集 66 巻 11 号 3521 頁をモデルとしているが，大幅な修正を施している。

II　法的仕組みと事実上の仕掛け

　関係法令（【資料2】）として，都市計画法，土地区画整理法，河川法，土地収用法とその関係法規を掲げた。本事案は，土地区画整理法を柱に，法的仕組みとそこに収まりきらない事実上の仕掛けを絡み合わせている。このことを，計画策定段階と計画実施段階の2つの段階に区切りながら，具体的条項に沿って読み取ってみよう。

1　計画策定段階

　計画策定段階は，都市計画決定[2)]→事業計画決定から成る。土地区画整理事業[3)] は，都市計画法に基づく市街地開発事業の一種として，都市全体の空間利用を方向づける都市計画のなかに定められる（都計 13 条 1 項 12 号）。その

---

1)　福永実「判批」Watch【2014 年 10 月】49 頁。
2)　都市計画には，土地利用を規制・誘導するゾーニング型（完結型〔静的〕都市計画）と都市施設の整備や市街地開発事業を行う事業型（非完結型〔動的〕都市計画）とがあるが，以下では，本事案に則って市街地開発事業の一種である土地区画整理事業のみを扱う。

後，この都市計画事業は個別事業法の一つである土地区画整理法に基づいて具体化されていく。「都市計画に適合し〔た〕」（区画6条10項）事業計画は，公衆の縦覧（区画55条1項），利害関係者による意見書提出（同条2項），意見書の都道府県都市計画審議会による審査・議決（同条3項～5項）という参加手続を経るとともに，設計の概要について都道府県知事の認可を受けた上で決定される（区画52条1項）。

　計画策定段階はこのように，多数関係者の多様な利害調整の積み重ねの産物として，都市の将来像を複合的・累積的に形成していくものである。ここには，いわばヨコの調整として，当該計画をめぐる利害関係者間の調整および当該計画と他の計画との調整——計画間調整——があり，また，タテの調整として，将来予測をも踏まえた時間軸に基づく段階的ないし動的なプロセスがある（状況の変化に応じた計画変更を含む）。本件で特に着目すべきは，計画間調整であろう。Y_1市における他の行政分野との調整として，都市マスタープランや長期計画のなかに市街地整備と河川整備の連携が位置づけられ，同時に，当該行政分野に係る他の主体との調整として，沿川地方公共団体と国土交通省を構成員とする協議会によって沿川整備基本構想が策定されている。これらを踏まえて，本件都市計画決定は，土地区画整理事業の高規格堤防事業との共同実施を掲げた。この共同実施の方針は，状況の変化のなかで，事業計画決定において断念され，建前としてはY_1市が独自に盛土造成を行うこととされた。だがその後，Y_1市と国との間の基本協定により，両事業の一体整備と国による盛土造成の実施が正式に約束された。

　以上のことは，本件高規格堤防事業が，種々の計画や協定のみに依拠していることを意味する。高規格堤防は，「河川管理施設」として「河川」に含まれ（河川3条1項・2項），「公共施設」の一種（区画2条5項）として土地区画整理事業の対象となりうるにも関わらず，このような法的仕組みに基づくことなく，計画間調整の名の下に，土地区画整理事業に盛り込まれているにすぎないのである。確かに，高規格堤防も法的仕組みを備えている。だが，工事終了後の高規格堤防特別区域指定（河川6条2項）の時点で争訟対象性を認めてもX_1の救

---

3) 土地区画整理事業の施行者として，個人，土地区画整理組合，区画整理会社，都道府県・市町村，国土交通大臣，独立行政法人都市再生機構，地方住宅供給公社があり，それぞれに固有の仕組みが設けられているが，以下では，本事案に則って市町村施行の場合のみを扱う。

済にとって何らの意味もないし，当該区域内では通常の土地利用が予定されているから，権利侵害の主張は難しい。こうして，土地区画整理事業の法的仕組みに便乗した非権力的事実行為である本件高規格堤防事業をいかに争うかが，計画策定段階での論点となる。

2 計画実施段階

　計画実施段階は，仮換地指定→直接施行→工事→換地計画の決定・認可→換地処分→清算金の徴収・交付から成る。土地区画整理事業は，「公共施設の整備改善及び宅地の利用の増進を図るため」に「土地の区画形質の変更」（区画2条1項）つまりは土地を動かすものである。B地区のような"ごちゃごちゃとした"町を"整然とした"町に変えるために，各地権者の土地を再配置すること（換地処分）が事業の要となる。換地処分は，照応の原則に則った換地計画（区画89条1項）に基づいて一挙に行われるが，実際の工事は施行地区の内部で順番に進めていかざるをえないため，まずは仮換地の指定が行われる（区画98条1項）。仮換地は——「仮」の名が付されているものの——終局的な換地に移行するのがむしろ通常であり，また，仮換地の使用収益権は従前地のそれと引換えになることからも（区画99条1項），仮換地指定は換地計画の決定基準を考慮して行われなければならない（区画98条2項）。

　事業計画を個別の人と土地を対象に具体化するための行政処分である仮換地指定は，直接施行と呼ばれる実効性確保手段を備えている。すなわち，仮換地指定は従前地の使用収益の停止という効果を発生させるが（区画99条1項），義務者がこの不作為義務を履行しない場合には（この義務は代替的作為義務ではないため代執行はできない），施行者は，建築物の移転・除却権限の行使によって仮換地指定を実質的に強制履行することができる（区画77条1項）。この侵害的事実行為を発動するには，事前の手続として，直接施行の通知・照会を行わなければならず（同条2項），また，事後の救済として，移転・除却に伴う「通常生ずべき損失」について（区画78条1項），まずは当事者間で協議を行い，協議が成立しない場合には収用委員会の裁決手続に従って，補償しなければならない（同条3項・73条2項・3項）。損失補償裁決は，土地収用法に基づき，準司法的行政機関である収用委員会によって厳格な手続に従って下される（収用94条2項）。

以上の実体法的仕組みにまつわる手続法的仕組みとして，まず，直接施行は，仮換地指定の段階で執行停止申立て（行訴25条2項）を介して争われうる。また，実質的な強制履行段階でありながら通知・照会によって義務の具体的確定を介在させることは，私人の側の対応可能性[4]を改めて確保するとともに，後続する侵害的事実行為の差止めの機会を提供する。その上で，事後の補償が収用委員会の裁決に委ねられている。土地を動かすこと（財産権の対象の変動）に対する補償が，土地を取り上げること（財産権の喪失）に対する補償になぞらえられ，公用収用制度の運用を通して磨かれた収用委員会の専門的能力と特殊な争訟手続によって，規律されることになる。このように私人の権利利益保障のための結節点を各段階に設けた救済システムをいかに利用するかが，計画実施段階での論点となる。

III　事業計画決定の取消訴訟

1　訴訟要件——X₂の原告適格 〔設問1①(1)〕

　事業計画決定の処分性が，前掲最大判平成20・9・10によって，40年以上通用してきた青写真判決（最大判昭和41・2・23民集20巻2号271頁）の変更を通して肯定されたことは，言うまでもなく重要である。その理論構成と射程はなお吟味されなければならないし，そこで残された課題は本稿においても後に取り上げる（特に違法性の承継）。以上を前提としつつ，ここでは，地権者ではないNPO法人Cの代表者X₂の原告適格の問題に焦点を絞る。

　「換地処分を受けるべき地位に立たされる」ことが処分性肯定の基本的な論拠とされていることからすると，X₂は当然に原告適格を否定されそうである。だが，（都市計画決定[5]とは異なり）事業計画決定に課された不服申立てに準ずる参加手続の意義（区画55条5項），そして，訴訟遂行適格者の選定の問題（団体訴訟の可能性を含む）は，一応の考慮に値しよう。ただし後者は，現在の判例法理によると（法解釈の問題ではなく）立法政策の問題であることから，指摘のみにとどめる[6]。

---

4)　小早川光郎「行政法の存在意義」新構想 I 11頁参照。
5)　本件土地区画整理事業は都市計画事業であるから，X₂の原告適格の判断にあたって都市計画法の規定をも勘案すべきことになるが，いずれにせよ手がかりは乏しい。

不服申立手続と意見書不採択の場合の「応答義務」[7]（区画55条4項）の存在をもって，意見書を提出した「利害関係者」（同条2項）の「法律上の利益」（行訴9条2項）は根拠づけられるか。確かに，行政処分に関する参加・争訟手続規定は原告適格を肯定する手がかりとされることがある[8]。しかし，ここで問題となっているのは，事業計画決定手続の一環であるものの，第三者的機関（Y$_2$県都市計画審議会）による意見書審査のなかでの不服申立手続であり，しかも，意見書不採択通知に対する不服申立ては排除されている（区画127条7号）[9]。そうすると，当該手続規定は，事前の段階で十全な参加を保障し，その裏返しとして，事後の段階でもはや争わせないことを意図していると解するべきであろう。X$_2$の原告適格はやはり否定されざるをえない。

2 裁量統制のあり方 〔設問1①②〕

(1) 実体的規制[10]

そこで，原告適格を有するB地区内の地権者X$_1$がどのような主張をすべきか，検討しよう。

土地区画整理法は，事業計画について，「環境の整備改善を図り，交通の安全を確保し，災害の発生を防止し，その他健全な市街地を造成する」（6条8項）という計画目標や，都市計画との適合性（同条10項）といった実体的規制

---

6) 例えば，最判平成元・6・20判時1334号201頁〔百選Ⅱ-173事件〕は，史跡指定解除処分取消訴訟において，文化財の学術研究者の原告適格を認めなかった。本件においても，NPO法人Cが問題とした公財政上の利益や環境上の利益は，個人の権利に還元し尽くされない集団的利益ないし共通利益であって，主観的訴訟の枠組みには載りがたい。それゆえ，訴訟遂行に最もふさわしい者に原告適格を認める代表的出訴資格や団体訴訟の立法化が望まれている。

7) 意見書不採択の通知は，限られた利害関係の深い者の関係における手続という特色に基づき，古くから「応答義務」が規定されていた数少ない例の一つであるとされる（安本典夫『都市法概説〔第2版〕』〔法律文化社，2013年〕209頁）。

8) 最判昭和57・9・9民集36巻9号1679頁〔百選Ⅱ-182事件〕等。

9) ただし，不服申立排除規定は，不服申立てに準じた手続が既にとられた以上重ねて不服申立ての機会を与えないという趣旨であって，同様に不服申立てが排除されている事業計画決定（区画127条5号）について処分性が肯定されたように，処分性ないし原告適格を判定する決定的要素とはならないとも解される。なお，最判昭和52・12・23判時874号34頁は，土地区画整理組合の事業計画に係る意見書不採択通知（区画20条3項）の処分性を否定している。

10) 手続的規制については，【資料1：K・F・Ⅰの法律事務所の会議録】のなかでK弁護士が述べているとおり，本件では遵守されているものとし，以下では扱わない。

を課している。都市計画決定の違法はその後続行為である事業計画決定の違法をもたらすから，都市計画法による実体的規制（1条・2条・13条等）もまた及んでくる。これらの法の定めに加え，計画が多数関係者の多様な利害調整を通じて都市の将来像を複合的・累積的に形成していくものであることに鑑みると，政策的・技術的な見地からの広範な裁量が計画策定主体に認められることになる。

本事案に当てはめてみるに，まず，本件都市計画決定は，前述のとおり，計画間調整の規範（都計13条1項柱書）に従ったものであり，一体性と総合性を欠くものでもない（同項12号）。そして，本件事業計画決定は，都市計画決定との適合性（区画6条10項）に欠ける面がないではないものの，妨害禁止という消極的規範にとどまる適合性原則[11]に反するとまでは言えない。そもそも，X_1の不服が，Y_1市の土地区画整理事業よりも国の高規格堤防事業に向けられていることに鑑みると，都市計画法と土地区画整理法の枠内での実体的規制は必ずしも的を射ていないとも言えよう。

(2) 判断過程統制

こうして，より踏み込んだ司法審査の方法として判断過程統制を検討すべきことになる[12]。本件に関しては，考慮要素に着目した審査方法，すなわち，行政が考慮すべき事項を考慮し，考慮すべきでない事項を考慮しなかったか，さらに，それぞれの考慮要素の「重みづけ」について，その評価が適切であったかを審査する方法が有効であろう。

まず論ずべきは，国による高規格堤防事業の実施を考慮要素とすべきか否かである。本件高規格堤防事業は，都市計画決定にも事業計画決定にも法的には組み込まれていない。ただし，本件都市計画決定は「河川……に関する国の計画」である「A川水系工事実施基本計画」への適合性を要請されている（都計13条1項柱書）から，この限りにおいて，本件高規格堤防事業は法的な位置づ

---

11) 例えば，最判平成11・11・25訟月47巻6号1416頁〔百選Ⅰ-58事件〕は，都市計画の公害防止計画への適合性について，「〔公害防止計画〕で執ることとされている施策を妨げるものであれば，都市計画は当該公害防止計画に適合しないことになるが，法13条1項柱書後段が右施策と無関係に公害を増大させないことを都市計画の基準として定めていると解することはできない」と判示している。

12) 東京高判昭和48・7・13行集24巻6＝7号533頁〔日光太郎杉事件控訴審判決〕，最判平成18・11・2民集60巻9号3249頁〔百選Ⅰ-79事件〕等参照。

けを与えられうる。加えて，「高規格堤防整備と市街地整備の一体的推進について」という旧建設省の通達による（法的拘束力を有しない）技術的助言に一定の方向づけを求めることも，あながち不当であるとは言い切れない。そして，Y_1市が様々な計画の策定を通して事業の具体化を進めてきたことが，いわば自己拘束としての意味を帯びるとするならば，これに反する事業計画決定はむしろ，信頼保護等の法の一般原則を通じて違法と評価されることにもなろう。以上から，高規格堤防事業の実施は考慮要素とされうる。

　次いで論ずべきは，高規格堤防事業の考慮のされ方に着目した判断過程の適切性である。

　第一に，高規格堤防事業が事業仕分けによって廃止判定を下されたことをY_1市がいかに考慮したかが問われる。そもそも，高規格堤防事業の主体は一級河川A川の河川管理者である国土交通大臣であるから（河川9条1項），Y_1市は事業の必要性自体について判断する権限を有しない。実際，Y_1市は，事業計画決定において高規格堤防事業の有無に関わらず盛土造成を行うとし，都市計画決定に一定の修正を施した。このことは却って，Y_1市が将来予測の裁量の義務を果たしたとも評されよう。B地区の事業が結局は維持されたことにも鑑みるならば，事業仕分けに係る事情はY_1市にとって有利に転びうる。

　そこで第二に，盛土整備の妥当性を，殊にB地区住民の被る不利益との関係において，Y_1市がいかに考慮したかが問われる。土地区画整理事業においては（収用とは異なり）事業とそれによる利益享受との関係が濃密であり，施行地区住民は，主として自分達の利益のために実施される公共事業であるがゆえに（事業に対する補償なくして）相応の経済的負担（減歩）をなすのであるから[13]，事業の究極目的である「公共の福祉」（区画1条）のなかでも，特権的名宛人であるB地区住民の利益が第一次的な考慮要素とされなければならない。

　X_1が争うべきは，コミュニティへの配慮であろう。B地区住民は――経済的な負担はともかく――生活基盤を2度にわたってリセットするという計り知れない精神的・身体的な負担を負わされる。Y_1市が行ってきた用地取得基金による先行取得は，地区外への転出を可能ならしめ，この負担を回避させうる

---

[13]　藤田・土地法 235-238 頁参照。

ものではあるが，対象者に対し，自らが帰属してきたコミュニティを去る決断を迫るとともに，コミュニティ自体を破壊するものである。現に，実定法制度においてコミュニティ対策の必要性が認識されつつあり[14]，加えて，高規格堤防事業をも含む本件事業が主眼とする防災・減災に関して（区画6条8項，河川1条・6条2項），関係法令である災害対策基本法が——震災の重い教訓として——共助を制度化したことに鑑みるならば（災害基42条の2等），この共助の担い手であるべきコミュニティを防災・減災の名において破壊することは，皮肉な背理でしかないであろう。かくして，コミュニティの存続がB地区住民にとってかけがえのない利益であると言いうるのならば，Y_1市が講じた負担軽減策は却って，これを考慮しないばかりか侵害しかねないことになる。だが，この利益が最重要の考慮要素であるという法解釈を導き出すには今なお困難があるのならば[15]，結局のところ，事業計画決定の取消訴訟によってはX_1の目的は達成されがたく，別の訴訟方法が検討されなければならない。

Ⅳ 高規格堤防事業の争い方 設問1②

いよいよ，高規格堤防事業そのものに狙いを定めることにしよう。先に，3つの訴訟方法の可能性，すなわち，国に対して盛土工事の差止めを求める民事訴訟，本件高規格堤防事業に係る公金支出の差止めを求める住民訴訟，そして，本件高規格堤防事業の違法確認訴訟を示唆した[16]。本件では一体何が争われているのか，対立の在り処に遡ることによって，最も妥当な訴訟方法を考えてみたい。

1 国に対する民事差止訴訟

行政側の言い分はこうであろう。本件事業は，行政にとっては最も原初的か

---

14) 宇賀・概説Ⅱ528-530頁参照。
15) 前掲東京地判平成25・12・12は，「事業完成後の住民同士の交流状況がいかなるものとなるかについては，基本的には，住民にゆだねられた将来の問題であるといわざるを得ない（新たな住環境の下で地域社会が活性化することもあり得ることである。）ことを勘案すると，事業計画ないしその案に将来の住民間の交流を妨げる内容が含まれているなどの特段の事情がない限りは，土地区画整理事業の違法をもたらす事情とまではいえない」と判示している。ここには，既存のコミュニティへの配慮は微塵もみられない。

つ基幹的な防災という任務を遂行するものであり、かつ、私人にとってはより良い生活（改善された元の土地、補償を受けて新築した家屋）に"戻る"だけの給付作用である。行政と私人は、本件事業によって危険から保護する・保護される関係に立つ。これに対し、原告側の言い分はこうであろう。より良い生活など望まず、現在の平穏な生活を守りたい私人に対し、本件事業は、2度の転居と長期にわたる仮住まいという重苦を負わせるのみならず、元の土地に戻れなくすることによってコミュニティを破壊するものである。かかるシナリオによると、問題の所在は、財産的価値の侵害よりむしろ、生活のあり方・生き方という人格的利益の侵害にあることになろう。したがって、X_1 は、人格権に基づき、国に対して、盛土工事の差止めを求める民事訴訟を提起すべきことになる[17]。

差止めの要件としては、受忍限度論の下で種々の要素が総合衡量されるが、特に、被侵害利益の性質・内容および侵害行為のもつ公共性の内容・程度が重視される[18]。本件については、被侵害利益が、生命・身体・財産という伝統的な保護法益に及ばない従前の生活の保持であること、また、高規格堤防事業は、B地区住民の生活にとどまらず、A川沿川で展開されるあらゆる活動を壊

---

[16] なお、設問1の時点では締結されていなかった Y_1 市と国との間の基本協定もまた、訴訟の足がかりとなりうる。本事案が現に、協定締結を切替点として、計画策定段階から実施段階へ突入していったことに鑑みても、協定は計画の実現可能性にとって決定的役割を果たしている。この協定は、両事業の共同実施を定めた限りにおいて、事業計画決定に変更を加えたものであるから、事業計画変更の必要性が生じたにも関わらずこれを怠っているとして、Y_1 市の対応を争う余地をもたらしうる。加えて、Y_1 市は、協定という行為を通じて、相手方である国の盛土工事によって生じる損害のリスクを回避する義務を負い、X_1 はリスクを回避してもらう権利を有すると構成しうるならば、X_1 はこの権利に基づいて確認の訴えを提起する可能性もなくはない。

[17] 本件高規格堤防事業は、行政処分を伴わない非権力的事実行為であるから、何ら問題なく民事訴訟で争いうる（ごみ焼却場設置に関する最判昭和39・10・29民集18巻8号1809頁〔東京都ごみ焼却場事件〕〔百選Ⅱ-156事件〕と同様に捉えられる）。なお、周知のとおり、大阪空港訴訟判決（最大判昭和56・12・16民集35巻10号1369頁〔百選Ⅱ-157事件〕は、国営空港の供用が、公権力の行使を内容としない空港管理権と公権力の行使を内容とする航空行政権という二種の権限の不可分一体的行使の結果であるとして、周辺住民による民事上の差止請求を却下した。公共工事をめぐる行政訴訟と民事訴訟との関係について、芝池義一「公共工事と行政訴訟」ジュリ925号（1989年）106頁、深澤龍一郎「行政関係紛争における事実行為と民事訴訟」法時85巻10号（2013年）41頁等参照。

[18] 最判平成7・7・7民集49巻7号1870頁〔国道43号線訴訟判決〕等参照。この判決は、損害賠償に関する違法性の判断においては、差止めに関する2つの要素に加えて、受益と受忍の彼此相補性および被害の防止に関する措置の内容等を考慮している。

滅的な水害から守ろうとするものであることから，差止めは容易には認められまい。X_1 としては逆に，プロセスのあり方の問直しやフォーラムセッティングといった差止めの現代的機能に鑑み[19]，伝統的法益からはみ出す利益であっても保護法益とされるべきこと，また，高規格堤防事業は，整備状況からしてもおよそ制度本来の機能を果たしえず，公共性に欠けることを主張すべきであろう。

2 公金支出の差止めを求める住民訴訟

X_2 の問題関心に加え，高規格堤防が事業仕分けの対象とされ，会計検査院によって諸々の問題点を指摘されたことにも鑑みると，対立の在り処を公金支出の是非に設定することは十分に合理的である。有限な資源の配分としての優先順位づけに関して，効率性の規範が問題となるのである。地方公共団体の職員による違法な財務会計行為を争う住民訴訟のなかで，その差止めを求める1号請求訴訟が用いられよう（自治242条の2第1項1号）。

X_2 は Y_1 市民でないから訴訟要件を充足しないが，Y_1 市民である X_1 は，住民監査請求を経た上で（自治242条1項），所定の期間内に Y_1 市長を被告として住民訴訟を提起しうる（自治242条の2第1項1号・2項）。その際，Y_1 市と国との協定によって，国が盛土費用を全額負担するとされたから，この部分は住民訴訟の対象とならない。もっとも，高規格堤防事業を含む本件事業の実施が違法であり，これに関わる経費の支出全体が違法であるとして，（個々の支出を個別具体的に摘示せずに）当該事業を一体として特定したとしても請求対象の特定に欠けるところはない[20]。そして，Y_1 市は，国との協定に基づく義務の履行として支出を行う場合には，原因行為である協定の違法事由を審査し，違法事由がある場合には取消権・解除権の行使によって協定を解消する義務を負っている[21]。X_1 は，Y_1 市長がかかる義務に違反して支出を行うのは違法であると主張すべきであろう。

---

[19] 髙橋宏志ほか「〔座談会〕差止めと執行停止の理論と実務」判タ1062号（2001年）30頁［井上治典発言］，川嶋四郎『差止救済過程の近未来展望』（日本評論社，2006年）等参照。

[20] 最判平成5・9・7民集47巻7号4755頁，最判平成18・4・25民集60巻4号1841頁［地方自治百選88事件］等参照。

[21] 最判平成20・1・18民集62巻1号1頁［百選Ⅰ-100事件］等参照。

3 本件高規格堤防事業の違法確認訴訟

　以上の相異なる2つの訴訟方法は，差止訴訟であるという点においては共通している。差止訴訟の現代的機能に照らすと，X_1 の不満が，公益の決定（防災）とその実現方法の決定（高規格堤防事業の共同実施）に関する Y_1 市との見解の食違いというよりむしろ，決定過程における十分な意見表明の機会の欠如にあると解されるならば，差止訴訟は，場の再設定を求める X_1 にとって妥当な訴訟方法として機能しうる。

　だが，X_1 の不満の根源は，私人の任意の協力に基づいてしか実現されえないはずの本件高規格堤防事業が土地区画整理事業の法的仕組みに便乗して強行されている点にあるのではないか。高規格堤防事業は，都市計画事業として法的スキームに載せられうるにも関わらず，敢えて任意事業の方法が選択されたからには，この建前は貫かれなければならず，したがって，X_1 の反対をもって事業はストップするはずである。公権力の行使は，しかるべき要件・手続の遵守によって個別具体的に規律づけられて初めて発動されるものである。かかるシナリオによると，問題の所在は本件高規格堤防事業の仕組みそのものに存することになろう。

　そこで X_1 は，本件高規格堤防事業を直接のターゲットとして違法の確認を求める，いわゆるダイレクト・アタック型の確認訴訟を提起すべきことになる（行訴4条）。確認の利益が肯定されるかは相当に微妙であるが，X_1 としては次のように主張すべきであろう。①確認対象の選択の適否に関しては，本件事業自体はあくまでも私人の任意の協力に基づくものであるから何らかの法的義務（事業の受忍義務等）を生じさせず，したがって，事業の違法を前提とした現在の法律関係への引直しは難しい。②即時確定の利益に関しては，高規格堤防事業は土地区画整理事業の仕組みのなかで目標に向けて一直線に進行し，工事が実施されるや救済は意味を成さなくなるから，X_1 の地位に対する危険・不安の現実性に照らし，事前の救済が今まさに図られなければならない。③方法選択の適否に関しては，工事終了後に高規格堤防特別区域指定が予定されているものの，X_1 への侵害は工事そのものによってもたらされ，また，この指定は通常の土地利用を認めるものであるから，その差止訴訟は救済方法として適切でない。以上から確認の利益が肯定されるならば，X_1 は紛争の大本を叩くこ

とができよう[22]。

V 直接施行の通知・照会の取消訴訟と執行停止申立て
設問2①

1 訴訟要件――処分性

設問1の対象が多数の利害関係者に関わる段階的行政活動をめぐる現代型争訟であったのに対し、設問2の対象は、行政と私人との二面関係における権利利益救済に関する伝統的争訟である。

X_3 は、施行地区内の地権者として、計画策定段階では賛成していたものの、計画実施段階に入って、自らに対する仮換地指定を不服としつつ、争うことのないまま出訴期間を徒過し、処分を実質的に強制する直接施行の局面にさしかかっている。X_3 は、強制移転を阻止するために、直接施行の通知・照会の取消訴訟を提起し、同時に執行停止を申し立てなければならない。確かに、建築物の移転・除却義務は Y_1 市に課せられているのであって（区画77条1項）、通知行為は X_3 に対して移転・除却義務を課すものではないし、照会行為は X_3 に対して再度かつ最後の自主的対応を促すものにすぎない。だが、通知・照会行為は、そこに示された期限に Y_1 市が移転・除却することについて X_3 に受忍義務を生じさせるものである[23]。代執行手続における戒告・通知（代執3条）とパラレルに、通知・照会行為は、その後に続く侵害的事実行為と一体であり、この段階で争わせなければ実効的な権利救済が困難になるという手続的観点からも、処分性は根拠づけられる。

2 執行停止申立て

(1)「重大な損害」

X_3 は、この段階で何としても仮の救済を得ておかなければならない。ここでストップをかけられないと、事情判決あるいは訴えの利益の消滅ゆえに却下

---

22) ただし、当事者訴訟は、出訴期間制限や対世効がなく、当事者間の紛争の個別的解決には適しているが、その裏返しとして、計画の早期確定や紛争の一挙的解決などの大局的視野に欠けるおそれがあるといった現行制度の限界には留意しておくべきである。
23) 東京地判昭和61・1・31判時1182号65頁等。

判決が下されるおそれが生ずる。通知・照会を争う利益が建築物の移転・除却を阻止する点にあるとすると，この事実行為が完了した以上，訴えの利益は失われよう[24]。

そこで X_3 は，3種類の執行停止方法のうち，補完的手段である処分の効力の停止ではなく，強制移転という侵害的事実行為の発動に至る手続の続行の停止を選択して，執行停止の申立てを行うことになる（行訴25条2項）。

「重大な損害を避けるため緊急の必要があるとき」という積極要件は（行訴25条2項），金銭賠償等の事後的救済による損害の回復の困難の程度のみならず，損害の性質・程度および処分の内容・性質に照らして判断される（同条3項）。強制移転に伴って生ずる通常の損失は，本来の法的仕組みにおいて補償されることになっている（区画78条1項）ことからすると，事後的救済で足りるという前提がとられているとも解されよう。だが X_3 にとって，自らの住居は生活・生存を支える拠点であり，お金には換えられない。そして，X_1 に続く X_3 への強制移転の実施は当然に想定され，実施されるや訴えの利益が失われるから，権利侵害の確実性・切迫性は高い。X_3 は事業自体を覆そうとはしていないことからも，事業実施による公益の実現との比較衡量のなかでなお「重大な損害」要件が満たされよう[25]。

(2) 本案の理由の有無

消極要件たる「本案について理由がないとみえるとき」（行訴25条4項）の検討にあたっては[26]，仮換地指定の違法性が通知・照会行為に承継されるかがまず問題となる。行政処分は出訴期間内に争わなければならず，この期間の経過後はもはや争いえない。この原則を段階的行政活動に当てはめると，先行処分の違法性は後行処分の訴訟において主張しえないが，ただし，一定の場合

---

[24] 最判昭和43・10・29集民92号715頁。これに対し，例えば土地改良事業の認可に関しては，換地処分等の一連の手続および処分が認可の有効性を前提としていることから，換地処分が完了した場合であっても，訴えの利益の消滅ではなく，事情判決の適用の問題となる（最判平成4・1・24民集46巻1号54頁［百選Ⅱ-184事件］）。

[25] 「公共の福祉に重大な影響を及ぼすおそれがあるとき」という消極要件（行訴25条4項）も同時にクリアされることになろう。

[26] 消極要件は，その疎明がなければ要件充足性が否定されるという意味で，行政側が疎明責任を負う。ただし，ここでは，訴訟実務の実態に鑑み，また，本案訴訟をも視野に入れて，違法事由の主張に立ち入っておく。加えて，執行停止要件については，本案の理由の疎明の程度が「重大な損害」要件の判断を左右することもありうるなど，総合判断が求められる点に留意されたい。

には例外が認められる。この違法性の承継の認否は，先行処分と後行処分とが一つの目的ないし効果の実現に向けられたものであるか（実体的基準），そして，先行処分の段階でその適否を争うための手続的保障が十分に与えられているか（手続的基準）によって判断される[27]。

直接施行は，仮換地指定をしたことを要件とし，仮換地指定の効果を精神作用の世界から事実の世界に移すための移転・除却を効果とするものであって（区画 77 条 1 項），両者はまさしく連関している[28]。X_3 は確かに，自らを名宛人とする仮換地指定を受け，これに不服を抱きながらも争わなかったが，仮換地指定は従前地の使用収益停止という不作為義務を課すにとどまるから，X_3 が強制移転という積極的事実行為の段階に至るまで訴訟提起に踏み切らなかったことをもって，違法性の主張を遮断すべしとまでは言いがたい。なお，事業計画決定の処分性が認められたことにより後行処分への違法性の承継が否定されるかが課題となるが[29]，少なくとも X_3 は計画自体の違法性を争ってはいないため，指摘のみにとどめる。

こうして X_3 は，直接施行の通知・照会の取消訴訟において，仮換地指定の違法性を主張することができる。違法事由としては，Y_1 市が（公的施行者のみに認められる）過小宅地対策権限（区画 91 条 1 項）[30]を行使しなかったことが挙げられうる。過小宅地対策は，法律の規定上は，照応の原則（区画 89 条 1 項）の例外に位置づけられるが，減歩によって宅地面積が狭小となることに伴う居住環境の劣悪化に鑑み，実務上は広く行われている。したがって X_3 は，法の一般原則である平等原則をも介して──「横の照応」の問題として──，Y_1 市による過小宅地対策権限の不行使が違法であると主張すべきであろう。

---

[27] 最判平成 21・12・17 民集 63 巻 10 号 2631 頁［百選 I-87 事件］。山本・判例行政法 182 頁以下，404 頁以下は，マクロの行政手続ないし行政過程の分節度とミクロの権利保護手続の保障度という枠組みによって，違法性の承継の有無を判断すべきであるとしている。
[28] 高松地判平成 2・4・9 判時 1368 号 60 頁等。
[29] 前掲最大判平成 20・9・10 近藤崇晴裁判官補足意見参照。
[30] 過小宅地対策とは，小規模宅地については減歩を緩和し，逆に大規模宅地については減歩を拡大し，清算金で調整することなどによって，公平性を確保しようとするものである。

Ⅵ 収用委員会裁決に関する争訟

　X₁は，施行地区内の地権者として，事業に対する反対を貫き，直接施行を発動されたが，せめて正当な補償を受けたいというのは苦しみ抜いた末での切実な要求であろう。収用委員会の裁決を争う仕組みは，損失補償に関わる事項（私益的事項）かそれ以外の事項（公益的事項）かによって異なる。損失補償の問題は，つまるところ財産に関するがゆえに当事者に委ねてよいのに対し，それ以外の事項は，公益事業の遂行に直接関わるがゆえに，特別の拘束に服せしめなければならないからである[31]。土地区画整理法による収用手続の活用は，規定上，土地区画整理法73条3項と土地収用法94条2項との間で橋渡しされている。収用に係る法規範がおよそすべてこの局面での裁決に妥当するかどうかは必ずしも明らかでないが，法令の趣旨に照らすならば，収用委員会は収用の場合と同様に処理することが要請されると解すべきであろう。

1　損失補償に関わる事項 〔設問2②(1)〕

　損失補償に関わる事項については，X₁は，裁決書の正本の送達を受けた日から60日以内に，Y₁市を相手方とする当事者訴訟を提起しなければならない（収用94条9項・133条3項）。収用委員会の裁決は，施行者と地権者との間の法律関係を公権力の行使として規律する処分であるが，これに関する訴訟は――収用委員会の裁決に対する不服ではなく――当事者相互間の対立に焦点を当てた仕組みとされている（行訴法4条前段の形式的当事者訴訟と呼ばれるものである）[32]。公益的事項とは異なり，私益的事項については，審査請求の途は開かれていない。

　本案においては，「通常生ずべき損失」（区画78条1項）の判断にあたって，法令の規定のみならず，損失補償基準要綱以下の規範の法的性質を踏まえる必要がある。「通常生ずべき損失」とは，収用の場面でいう「通常受ける損失」（通損。収用88条）[33]に相当する。本件に関わりがある移転料と違法建築物の

---

31)　小澤道一『逐条解説　土地収用法(下)〔第3次改訂版〕』（ぎょうせい，2012年）691頁。
32)　「形式的当事者訴訟」という用語法や4条前段訴訟の法的性質（民事訴訟の控訴審に類する）に関して，小早川・行政法下Ⅲ 326-329頁参照。

是正費用（法令改善費用）の補償は，①土地収用法 77 条・88 条・88 条の 2→②土地収用法第 88 条の 2 の細目等を定める政令 17 条→③公共用地の取得に伴う損失補償基準要綱 24 条→④公共用地の取得に伴う損失補償基準 28 条→⑤公共用地の取得に伴う損失補償基準細則第 15 という階層関係のなかで定められている。このうち，②までが私人を法的に拘束する法規であり，それ以下は単なる行政規則である。X_1 が求めている法令改善費用は，②のレベルで初めて法文上に表れるが，移転料には含まれないとされている。法令改善費用の補償は，特定人の財産価値の増加をもたらすがゆえに許されないのである[34]。④のレベルに至って，建築物の耐用年数経過以前に改善時期が繰り上がったことに伴う出費の増加分（いわゆる運用損）が通損であるとされ[35]，⑤のレベルにおいて，法令が拡張的に定義されるとともに補償額の具体的な算定式が示されている。

これらの用対連基準は，【資料 1】のなかで F 弁護士が説明しているとおり，任意取得の局面において各起業者の策定する基準を実務上統一するための指針でしかない（上級機関の下級機関に対する解釈通達ではない）。だが，任意取得と強制収用との連続性に鑑み[36]，これらの基準は強制収用の局面においても実際上の通用力を有しているばかりか，独立性を保障された準司法的行政機関である収用委員会の裁決においても援用され，判例においてすら解釈基準として一定の法的意味を与えられることがある[37]。用対連基準のかような現実的機能に照らし，X_1 は，法の一般原則である信義則ないし平等原則をも媒介としつつ，運用損補償を求めるべきであろう。

2　損失補償以外に関わる事項〔設問2②(2)〕

他方，X_1 が収用委員会裁決に固有の瑕疵を主張する場合には，別の争訟方法を選択しなければならない。損失補償以外の事柄については，裁決書の正本の送達を受けた日の翌日から 30 日という短い期間内に，国土交通大臣に対し

---

33) 通損補償とは，土地の対価としての対価補償と対置され，土地の収用に付随して生ずる損失をいう。
34) 小澤・前掲注 31) 199 頁。
35) 判例も同様の立場をとっている（最判平成 11・1・22 判自 203 号 78 頁）。
36) 藤田・土地法 212 頁以下参照。
37) 大阪地判平成 20・8・22 判自 318 号 60 頁，大阪地判平成 22・4・16 判自 338 号 74 頁等。

て審査請求をすることができ（収用129条・130条2項）[38]，審査請求が棄却された場合には，その棄却裁決があったことを知った日から6か月以内に，収用委員会の所属するY₂県を相手方として収用委員会裁決の取消訴訟を提起することができる（行訴14条3項）[39]。また，審査請求をせずに直接に訴訟を提起する場合には，裁決書の正本の送達を受けた日から3か月以内に，Y₂県を相手方として収用委員会裁決の取消訴訟を提起しなければならない（収用133条1項）。公益的事項についてはこのように，行政活動の早期実現の要請と私人の権利利益保障の要請とのバランスのなかで，立法政策上の選択によって争訟期間が区切られている。

　本案においては，従前地の既存不適格建築物が移転先において違法建築物となる場合，単なる物理的移転だけでは移転の完了（区画78条1項）と評価しえないにも関わらず，これを前提として収用委員会が裁決を行った点に瑕疵があるという主張がなされうる[40]。ここには，Y₁市による直接施行の違法性が，Y₂県収用委員会による裁決に承継されるかという問題も潜んでいる。両者は，異なる根拠法体系に基づいて，内容上・手続上明確に区別された段階を構成している。先行処分によって権利変動が完了し，後行処分はそこで生じた損失の補償（後始末）をするにすぎず，しかも，先行処分は事業の実現に向けて早期に安定化させる必要性が高い。加えて，先行処分は審査請求の対象となり（区画127条の2第1項），通知照会書にはその旨が教示されるから（行審82条1項），手続的保障に欠けるところはない。X₁としては以上とは逆の主張をしなければならない。すなわち，侵害処分は損失補償を伴って初めて正当化されるものであるから[41]，両者は相俟って計画実現プロセスのなかで強制履行制度

---

[38]　国土交通大臣に対する審査請求が特に認められたのは，公益的事項が事業認定を具現化するものまたはその延長上にあるものだからである（小澤・前掲注31）674頁）。

[39]　審査請求がされた場合における収用委員会裁決の取消訴訟の出訴期間については，法の定めがないことから，特例である土地収用法133条1項（3か月）と一般原則である行訴法14条3項（6か月）のいずれが適用されるのかが問題となるところ，前掲最判平成24・11・20は，権利利益の実効的救済を掲げた行訴法改正の趣旨をも踏まえ，後者が適用されると判示した。

[40]　前掲最判平成24・11・20田原睦夫裁判官補足意見は，「本件建物の移転にも〔建築基準〕法が適用されるならば，移転した建物が同法に違反する場合には，同法9条により除却，修繕，使用禁止，使用制限等の措置を命じられる可能性が存するのであり，仮に本件移転後の建物に対して上記措置が命じられる現実の可能性が存するときには，物理的に移転したことのみをもって移転が完了したと評価できるかは疑問であるといわざるを得ない」と述べている。

の一環を構成するものである。また，通知・照会は，財産権の帰属を変動させるに見合うだけの手続的保障であるとは言えず，しかも，その時点で「移転」に関する瑕疵までをも争うことを強いるのは酷である。X_1 はむしろ手続法的観点に重きを置くべきであろう。

Ⅶ　おわりに

本問がモデルとした江戸川スーパー堤防訴訟は，原告にとって人生を賭けた闘いである。それを教室事例として取り上げてよいのか，躊躇がなかったわけでは決してない。にも関わらずこの事案に挑戦したのは，現在の日本にとって最上位の公益である防災ないし減災が——本件に限らず，また，被災地に限らず——まちをゼロから作り直すことの空恐ろしさで私人の平穏な生活・人生を威圧するに至ったとき[42]，法律家は一体何ができるのかを考えたかったからである。もとより，本問筆者自身，迷いの渦中にある。「行政と住民との協議，住民同士の対話を重ねる中で議論をよりよき方向にリードし，解決の『落としどころ』を探っていく権利調整の作業は，本来弁護士の得意とする分野である」[43]。阪神・淡路大震災からの復興に尽力された弁護士の実体験から発された言葉を，法律家を志す読者に一つのメッセージとして伝えたい。

■ 関連問題

1　上記の**事例**において，盛土事業を Y_1 市が実施するとする本件事業計画決定は，土地区画整理事業と高規格堤防事業の共同実施を定めていた本件都

---

41) ちなみに，収用に関しては，権利取得裁決は権利の取得と補償を，明渡裁決は占有の移転と補償をセットで決定するものである。
42) 「しかし，災害との闘いは，一面，既得権との闘いである。……ときとして大災害が都市の大部分を破壊しさり，人の力でなんともできなかった既得権の類をも根こそぎ破壊しつくして，新しい全体的な都市計画を可能とすることがある」（遠藤博也「災害と都市計画法」法時 49 巻 4 号〔1977 年〕53 頁）。
43) 坂和章平「東日本大震災にみる不動産と復興計画・復興立法をめぐる諸問題」市民と法 69 号（2011 年）105 頁。

市計画決定にてらすならば，計画変更を行わなければならないことになる。Y₁市が計画変更をしないことについて，X₁はどのように争うことができるか。

2 上記の 事例 において，X₁が高規格堤防事業の実施について事後的な金銭的救済を求めるためには，どのような訴訟方法によって，どのような主張をすべきか。

COMMENT　1　計画は，そもそも変更可能性を内在させているものであり，状況の変化に応じて，適切に変更がなされなければならない（区画55条12項・13項）。計画変更の不作為を争う訴訟方法として，取消訴訟（広島高判平成8・11・2判例集未登載等）や住民訴訟（自治242条の2第1項。福岡高那覇支判平成21・10・15判時2066号3頁〔地方自治百選109事件〕等参照）の可能性を検討されたい。

　　2　事後的な金銭的救済としては，損失補償がありうる。損失補償請求において，X₁は「特別の犠牲」を主張しなければならない。現在の判例理論が，侵害行為の目的，態様，特殊性等の総合判断によっていること，また，精神的損失やコミュニティの喪失による生活上の損失の主張を認めていないこと（最判昭和63・1・21判時1270号67頁〔福原輪中堤事件判決〕，岐阜地判昭和55・2・25行集31巻2号184頁〔徳山ダム事件判決〕等参照）等に留意しながら検討されたい。

Rethinking Administrative Law
through Cases

論点対応表

判例索引

事項索引

行政法の体系と本書事例で取り上げる論点の対応表

◎行政手続法

第1章　総則（1条―4条）
　　　　　・行政行為の撤回：事例⑤
第2章　申請に対する処分（5条―11条）
　　　　　・審査基準の法的な性格：事例①
　　　　　・申請型義務付け訴訟の訴訟要件と本案要件：事例⑧
　　　　　・個人情報保護制度に基づく自己情報開示請求：事例⑮
　　　　　・経由機関の不受理を争う訴訟形式：事例⑱
第3章　不利益処分
　第1節　通則（12条―14条）
　　　　　・行政行為の撤回：事例⑤
　　　　　・処分基準の法的な性格：事例⑰
　第2節　聴聞（15条―28条）
　　　　　・抗告訴訟における仮の救済：事例⑪
　　　　　・不利益処分の違法事由：事例⑬
第4章　行政指導（32条―36条の2）
　　　　　・公表の種別と差止め：事例⑨
第5章　届出（37条）
　　　　　・届出制度と行政訴訟による救済：事例①

◎行政不服審査法

第1章　総則（1条―8条）
　　　　　・行政不服申立てと取消訴訟の関係：事例②
第6章　補則（82条―87条）
　　　　　・行政行為の撤回：事例⑤

◎行政事件訴訟法

第1章　総則（1条—7条）
　　　　・条例の適法性を争う訴訟形式：事例①
　　　　・届出制度と行政訴訟による救済：事例①
　　　　・契約に係る行為の処分性：事例④
　　　　・条例制定行為の処分性：事例④
　　　　・給付決定の処分性の判定方法：事例⑤
　　　　・申請型義務付け訴訟の訴訟要件と本案要件：事例⑧
　　　　・公表の種別と差止め：事例⑨
　　　　・住民投票：事例⑩
　　　　・住民訴訟：事例⑩
　　　　・行政調査と行政訴訟による救済：事例⑭
　　　　・「国家補償の谷間」，予防接種健康被害の救済：事例⑮
　　　　・行政機関相互間の行為の処分性：事例⑮
　　　　・一般的な行為と処分性：事例⑰
　　　　・差止訴訟と確認訴訟の関係：事例⑰
　　　　・事実行為の処分性：事例⑱
　　　　・行政計画と行政訴訟による救済：事例⑳
　　　　・事実行為を争う訴訟形式：事例⑳
　　　　・損失補償に係る当事者訴訟：事例⑳

第2章　抗告訴訟
第1節　取消訴訟（8条—35条）
　　　　・行政不服申立てと取消訴訟の関係：事例②
　　　　・指定管理者制度と「公権力の行使」に関する国家賠償責任：事例②
　　　　・行政裁量の司法審査：事例③
　　　　・理由の差替えの許否：事例③
　　　　・違法判断の基準時：事例③
　　　　・行政主体の多様性と被告適格：事例⑤
　　　　・行政処分の付款：事例⑥
　　　　・処分の第三者（既存業者）の原告適格：事例⑥
　　　　・処分の第三者（周辺住民）の原告適格：事例⑦
　　　　・事業の完了による訴えの利益の消滅：事例⑦
　　　　・差止訴訟の訴訟要件と本案要件：事例⑧
　　　　・処分の第三者の原告適格：事例⑧
　　　　・公表の種別と差止め：事例⑨

- 抗告訴訟における仮の救済：事例⑪
- 事実行為の処分性：事例⑪
- 不利益処分と行政訴訟による救済：事例⑬
- 「国家補償の谷間」，予防接種健康被害の救済：事例⑮
- 差止訴訟と取消訴訟の関係：事例⑯
- 狭義の訴えの利益の消滅：事例⑯
- 一般的な行為と処分性：事例⑰
- 事実行為の処分性：事例⑰
- 事実行為の処分性：事例⑱
- 行政裁量の存否の判断：事例⑱
- 経由機関の不受理を争う訴訟形式：事例⑱
- 処分の第三者（周辺住民）の原告適格：事例⑱
- 行政裁量の逸脱濫用と裁量基準：事例⑲
- 行政計画と行政訴訟による救済：事例⑳
- 抗告訴訟における仮の救済：事例⑳

第2節　その他の抗告訴訟（36条—38条）
- 仮の義務付けの要件：事例②
- 申請型義務付け訴訟の訴訟要件と本案要件：事例⑧
- 差止訴訟の訴訟要件と本案要件：事例⑧
- 処分の第三者の原告適格：事例⑧
- 公表の種別と差止め：事例⑨
- 仮の差止めの要件：事例⑨
- 抗告訴訟における仮の救済：事例⑪
- 事実行為の処分性：事例⑪
- 非申請型義務付け訴訟の訴訟要件：事例⑫
- 行政調査と行政訴訟による救済：事例⑭
- 差止訴訟と取消訴訟の関係：事例⑯
- 差止訴訟の訴訟要件：事例⑰
- 差止訴訟と確認訴訟の関係：事例⑰
- 事実行為の処分性：事例⑱
- 義務付け訴訟の類型：事例⑲

第3章　当事者訴訟（39条—41条）
- 公表の種別と差止め：事例⑨

第5章　補則（44条—46条）
- 公表の種別と差止め：事例⑨

◎国家賠償法

1条1項
・指定管理者制度と「公権力の行使」に関する国家賠償責任：事例②
・規制権限不作為に関する国家賠償責任：事例⑫
・行政処分に関する国家賠償責任：事例⑭
・課税処分を争う訴訟形式：事例⑭
・「国家補償の谷間」，予防接種健康被害の救済：事例⑮
・処理基準の法的な意義：事例⑱

2条1項
・営造物の設置後に開発された設備と営造物管理責任：事例⑬

◎行政機関の保有する情報の公開に関する法律

第2章　行政文書の開示（3条―17条）
・個人情報保護制度に基づく自己情報開示請求：事例⑮
　（さらに，個人情報保護法2条1項等）
・情報公開制度における不開示事由：事例⑯（ただし情報公開条例の事案）
・差止訴訟と取消訴訟の関係：事例⑯（ただし情報公開条例の事案）

◎地方自治法

第1編　総則（1条―4条の3）
・地方公共団体の事務の性質と国との関係：事例⑯
・経由機関の不受理を争う訴訟形式：事例⑱

第2編　普通地方公共団体
　第7章　執行機関
　　第2節　普通地方公共団体の長（139条―180条の4）
　　・住民投票：事例⑩
　第9章　財務
　　第9節　財産
　　　第1款　公有財産（238条―238条の7）
　　　・公の施設の使用許可と裁量の有無：事例②
　　第10節　住民による監査請求及び訴訟（242条―242条の3）
　　　・住民訴訟：事例⑩
　　　・事実行為を争う訴訟形式：事例⑳

第10章　公の施設（244条—244条の4）
　　　・公の施設の使用許可と裁量の有無：事例②
　　　・指定管理者制度と「公権力の行使」に関する国家賠償責任：事例②
　　　・条例制定行為の処分性：事例④
　　　・条例制定行為の違法事由：事例④
　　　・不利益処分の違法事由：事例⑬
第11章　国と普通地方公共団体との関係及び普通地方公共団体相互間の関係
　第1節　普通地方公共団体に対する国又は都道府県の関与等
　　　　　（245条—250条の6）
　　　・地方公共団体の事務の性質と国との関係：事例⑯
　　第1款　普通地方公共団体に対する国又は都道府県の関与等
　　　　　（245条—245条の9）
　　　・地方公共団体の事務の性質と国との関係：事例⑯
　　　・経由機関の不受理を争う訴訟形式：事例⑱
　第2節　国と普通地方公共団体との間並びに普通地方公共団体相互間及び普通地方公共団体の機関相互間の紛争処理（250条の7—252条）
　　　・行政主体間の紛争解決方法：事例⑩
　第3節　普通地方公共団体相互間の協力（252条の2—252条の17）
　　　・行政主体間の紛争解決方法：事例⑩
第14章　補則（253条—263条の3）
　　　・住民投票：事例⑩

判例索引

●最高裁判所

最判昭和 27・1・25 民集 6 巻 1 号 22 頁［百選Ⅱ-204 事件］················· 47
最大判昭和 28・12・23 民集 7 巻 13 号 1561 頁［百選Ⅰ-68 事件］············· 27
最判昭和 31・10・30 民集 10 巻 10 号 1324 頁······························ 73
最判昭和 34・1・29 民集 13 巻 1 号 32 頁〔東山村消防長同意取消事件〕［百選Ⅰ-24 事件］··· 257
最判昭和 34・9・22 民集 13 巻 11 号 1426 頁［百選Ⅰ-85 事件］··············· 236
最判昭和 34・11・10 民集 13 巻 12 号 1493 頁······························ 370
最判昭和 35・7・12 民集 14 巻 9 号 1744 頁［百選Ⅱ-154 事件］··············· 59
最判昭和 36・4・21 民集 15 巻 4 号 850 頁［百選Ⅱ-240 事件］················ 233
最判昭和 37・1・19 民集 16 巻 1 号 57 頁［百選Ⅰ-19 事件］················ 98, 132
最判昭和 38・3・12 民集 17 巻 2 号 318 頁································ 169
最判昭和 38・5・31 民集 17 巻 4 号 617 頁［百選Ⅰ-127 事件］················ 45
最判昭和 38・11・12 民集 17 巻 11 号 1545 頁····························· 341
最判昭和 39・10・29 民集 18 巻 8 号 1809 頁〔東京都ごみ焼却場事件〕［百選Ⅱ-156 事件］
·· 58, 76, 303, 336, 408
最大判昭和 41・2・23 民集 20 巻 2 号 271 頁〔青写真判決〕··················· 403
最判昭和 43・10・29 集民 92 号 715 頁···································· 412
最判昭和 43・12・24 民集 22 巻 13 号 3254 頁〔東京 12 チャンネル事件〕［百選Ⅱ-180 事件］··· 67, 88
最判昭和 45・8・20 民集 24 巻 9 号 1268 頁［百選Ⅱ-243 事件］················ 216
最大判昭和 46・1・20 民集 25 巻 1 号 1 頁［百選Ⅰ-51 事件］················· 59
最判昭和 46・10・28 民集 25 巻 7 号 1037 頁［百選Ⅰ-125 事件］··············· 45
最大判昭和 47・11・22 刑集 26 巻 9 号 554 頁［百選Ⅰ-109 事件］·············· 240
最判昭和 47・12・5 民集 26 巻 10 号 1795 頁［百選Ⅰ-89 事件］··············· 46
最判昭和 48・4・26 民集 27 巻 3 号 629 頁［百選Ⅰ-86 事件］················ 236
最決昭和 48・7・10 刑集 27 巻 7 号 1205 頁［百選Ⅰ-110 事件］············ 238, 240
最判昭和 48・9・14 民集 27 巻 8 号 925 頁································ 40
最判昭和 49・5・30 民集 28 巻 4 号 594 頁〔国民健康保険事件判決〕［百選Ⅰ-1 事件］··· 173
最判昭和 50・5・29 民集 29 巻 5 号 662 頁［百選Ⅰ-126 事件］················ 183
最判昭和 50・6・26 民集 29 巻 6 号 851 頁································ 218
最判昭和 50・7・25 民集 29 巻 6 号 1136 頁［百選Ⅱ-244 事件］··············· 218
最大判昭和 50・9・10 刑集 29 巻 8 号 489 頁〔徳島市公安条例事件判決〕［地方自治百選 31 事件〕··· 166
最判昭和 50・10・24 民集 29 巻 9 号 1417 頁〔東大病院ルンバール事件〕·········· 264
最判昭和 50・11・28 民集 29 巻 10 号 1754 頁［百選Ⅱ-250 事件］·············· 225
最判昭和 51・9・30 民集 30 巻 8 号 816 頁······························· 252
最決昭和 52・3・10 判時 852 号 53 頁［百選Ⅱ-205 事件］···················· 365
最大判昭和 52・7・13 民集 31 巻 4 号 533 頁〔津地鎮祭訴訟〕［憲法百選Ⅰ-46 事件］··· 170

最判昭和 52・12・20 民集 31 巻 7 号 1101 頁〔百選Ⅰ-83 事件〕……………… 40
最判昭和 52・12・23 判時 874 号 34 頁 ………………………………………… 404
最判昭和 53・3・14 民集 32 巻 2 号 211 頁〔百選Ⅱ-141 事件〕……………… 111
最判昭和 53・3・30 民集 32 巻 2 号 485 頁〔百選Ⅱ-222 事件〕……………… 169
最判昭和 53・7・4 民集 32 巻 5 号 809 頁 ………………………………………… 216
最大判昭和 53・10・4 民集 32 巻 7 号 1223 頁〔マクリーン事件〕〔百選Ⅰ-80 事件〕……… 42, 365
最判昭和 56・1・27 民集 35 巻 1 号 35 頁〔宜野座村工場誘致政策変更事件判決〕〔百選Ⅰ-29 事件〕
　………………………………………………………………………… 67, 162, 255
最判昭和 56・7・16 判時 1016 号 59 頁 ………………………………………… 220
最大判昭和 56・12・16 民集 35 巻 10 号 1369 頁〔大阪空港訴訟判決〕〔百選Ⅱ-157 事件〕……… 408
最判昭和 57・4・8 民集 36 巻 4 号 594 頁 ………………………………………… 115
最判昭和 57・4・23 民集 36 巻 4 号 727 頁〔百選Ⅰ-131 事件〕……………… 102
最判昭和 57・9・9 民集 36 巻 9 号 1679 頁〔百選Ⅱ-182 事件〕……… 114, 280, 404
最判昭和 59・10・26 民集 38 巻 10 号 1169 頁〔百選Ⅱ-183 事件〕……………… 115
最判昭和 60・1・22 民集 39 巻 1 号 1 頁〔旅券法事件〕〔百選Ⅰ-129 事件〕……… 46, 261
最判昭和 60・7・16 民集 39 巻 5 号 989 頁〔百選Ⅰ-132 事件〕……………… 126
最判昭和 60・9・12 判時 1171 号 62 頁 ……………………………………… 41, 170
最判昭和 61・3・25 民集 40 巻 2 号 472 頁〔百選Ⅱ-247 事件〕……………… 219
最判昭和 62・4・21 民集 41 巻 3 号 309 頁〔百選Ⅱ-146 事件〕……………… 48
最判昭和 63・1・21 判時 1270 号 67 頁〔福原輪中堤事件判決〕……………… 418
最判昭和 63・3・31 判時 1276 号 39 頁 ………………………………………… 238
最判昭和 63・6・17 判時 1289 号 39 頁〔菊田医師事件〕〔百選Ⅰ-93 事件〕…… 23, 82
最判平成元・2・17 民集 43 巻 2 号 56 頁〔百選Ⅱ-170 事件〕……………… 111
最判平成元・4・13 判時 1313 号 121 頁〔近鉄特急事件判決〕〔百選Ⅱ-172 事件〕……… 136
最判平成元・6・20 民集 43 巻 2 号 385 頁〔百選Ⅱ-173 事件〕……………… 404
最判平成元・10・26 民集 43 巻 9 号 999 頁 …………………………………… 225
最判平成 3・4・19 民集 45 巻 4 号 367 頁〔小樽種痘禍事件〕〔百選Ⅱ-225 事件〕……… 252
最判平成 3・4・26 民集 45 巻 4 号 653 頁〔百選Ⅱ-226 事件〕……………… 191
最判平成 4・1・24 民集 46 巻 1 号 54 頁〔百選Ⅱ-184 事件〕……………… 116, 412
最大判平成 4・7・1 民集 46 巻 5 号 437 頁〔百選Ⅰ-124 事件〕…………… 45, 240
最判平成 4・9・22 民集 46 巻 6 号 571 頁〔百選Ⅱ-171 事件〕……………… 111
最判平成 4・12・15 民集 46 巻 9 号 2753 頁 …………………………………… 170
最判平成 5・2・16 民集 47 巻 3 号 1687 頁〔箕面忠魂碑・慰霊祭訴訟〕〔憲法百選Ⅰ-51 事件〕……… 170
最判平成 5・3・11 民集 47 巻 4 号 2863 頁〔百選Ⅱ-227 事件〕……… 234, 343
最判平成 5・3・30 民集 47 巻 4 号 3226 頁〔百選Ⅱ-248 事件〕……………… 217
最判平成 5・7・20 民集 47 巻 7 号 4627 頁〔百選Ⅱ-217 事件〕……………… 254
最判平成 5・9・7 民集 47 巻 7 号 4755 頁〔地方自治百選 A23 事件〕……… 409
最判平成 5・9・10 民集 47 巻 7 号 4955 頁 …………………………………… 115
最判平成 5・9・21 判時 1473 号 48 頁 …………………………………………… 87
最判平成 6・2・8 民集 48 巻 2 号 255 頁 ……………………………………… 285
最判平成 6・9・27 判時 1518 号 10 頁 …………………………………………… 128

最判平成 7・3・7 民集 49 巻 3 号 687 頁〔泉佐野市民会館事件〕［憲法百選 I-86 事件］……………… 29
最判平成 7・3・23 民集 49 巻 3 号 1006 頁〔盛岡市公共施設管理者同意拒否事件〕［百選 II-163 事件］
…… 257
最判平成 7・6・23 民集 49 巻 6 号 1600 頁〔百選 II-230 事件〕…………………………………………… 203
最判平成 7・7・7 民集 49 巻 7 号 1870 頁〔国道 43 号線訴訟判決〕……………………………………… 408
最判平成 7・11・7 民集 49 巻 9 号 2829 頁〔百選 I-70 事件〕……………………………………………… 78
最判平成 8・3・8 民集 50 巻 3 号 469 頁〔百選 I-84 事件〕………………………………………………… 42
最判平成 8・3・15 民集 50 巻 3 号 549 頁〔上尾市福祉会館事件〕［地方自治百選 57 事件］…………… 29
最判平成 8・10・8 訟月 44 巻 5 号 519 頁 …………………………………………………………………… 337
最大判平成 9・4・2 民集 51 巻 4 号 1673 頁〔愛媛玉串料訴訟〕［憲法百選 I-48 事件］………………… 170
最判平成 10・12・17 民集 52 巻 9 号 1821 頁〔百選 II-174 事件〕………………………………………… 128
最判平成 11・1・22 判自 203 号 78 頁 ……………………………………………………………………… 415
最判平成 11・11・19 民集 53 巻 8 号 1862 頁〔百選 II-197 事件〕………………………………………… 46
最判平成 11・11・25 訟月 47 巻 6 号 1416 頁〔百選 I-58 事件〕…………………………………………… 405
最判平成 12・3・17 判時 1708 号 62 頁 ……………………………………………………………………… 127
最判平成 13・7・13 訟月 48 巻 8 号 2014 頁〔那覇市自衛隊基地情報非公開請求事件判決〕
〔地方自治百選 118 事件〕……………………………………………………………………………… 173
最判平成 13・12・18 民集 55 巻 7 号 1603 頁〔兵庫県レセプト公開請求事件〕［百選 I-44 事件］…… 258
最判平成 14・1・17 民集 56 巻 1 号 1 頁〔百選 II-161 事件〕……………………………………………… 56
最判平成 14・2・28 民集 56 巻 2 号 467 頁 ………………………………………………………………… 280
最判平成 14・4・25 判自 229 号 52 頁 ……………………………………………………………………… 62
最判平成 14・7・9 民集 56 巻 6 号 1134 頁〔宝塚市パチンコ条例事件判決〕［百選 I-115 事件］
…… 161, 173
最判平成 15・6・26 判時 1831 号 94 頁［地方自治百選 15 事件］………………………………………… 15
最判平成 15・9・4 判時 1841 号 89 頁〔労災就学援護費不支給決定事件〕［百選 II-164 事件］
……………………………………………………………………………………………………… 56, 72, 235
最判平成 16・1・15 判時 1849 号 30 頁 ……………………………………………………………………… 99
最判平成 16・1・15 民集 58 巻 1 号 226 頁［地方自治百選 11 事件］…………………………………… 204
最決平成 16・1・20 刑集 58 巻 1 号 26 頁［百選 I-111 事件］……………………………………………… 238
最判平成 16・4・26 民集 58 巻 4 号 989 頁〔冷凍スモークマグロ食品衛生法違反通知事件〕
………………………………………………………………………………………… 10, 56, 186, 257
最決平成 16・5・31 判時 1868 号 24 頁 ……………………………………………………………………… 369
最判平成 16・10・15 民集 58 巻 7 号 1802 頁［百選 II-232 事件］………………………………………… 204
最判平成 16・12・24 民集 58 巻 9 号 2536 頁［百選 I-32 事件］……………………………………………… 7
最判平成 17・4・14 民集 59 巻 3 号 491 頁［百選 II-168 事件］………………………………………… 56, 235
最決平成 17・6・24 判時 1904 号 69 頁［百選 I-6 事件］………………………………………………… 31, 67
最判平成 17・7・14 民集 59 巻 6 号 1569 頁〔船橋図書館事件判決〕［憲法百選 I-74 事件］…………… 67
最判平成 17・7・15 民集 59 巻 6 号 1661 頁［百選 II-167 事件〕……………………………………… 56, 147
最判平成 17・11・1 判時 1928 号 25 頁［百選 II-261 事件］……………………………………………… 110
最大判平成 17・12・7 民集 59 巻 10 号 2645 頁〔小田急事件大法廷判決〕［百選 II-177 事件］
………………………………………………………………………………………………… 100, 111, 131

最判平成18・2・7民集60巻2号401頁［百選Ⅰ-77事件］·················· 22
最判平成18・4・25民集60巻4号1841頁［地方自治百選88事件］·················· 409
最判平成18・7・14民集60巻6号2369頁［旧高根町給水条例事件］［百選Ⅱ-162事件］······ 8, 64
最判平成18・10・5判時1952号69頁·················· 372
最判平成18・11・2民集60巻9号3249頁［百選Ⅰ-79事件］·················· 405
最判平成19・1・25民集61巻1号1頁［百選Ⅱ-239事件］·················· 31, 67
最判平成19・10・19判時1993号3頁·················· 132
最判平成19・11・1民集61巻8号2733頁［百選Ⅱ-228事件］·················· 344
最判平成20・1・18民集62巻1号1頁［百選Ⅰ-100事件］·················· 172, 409
最大判平成20・9・10民集62巻8号2029頁［百選Ⅱ-159事件］·················· 56, 399, 403, 413
最判平成21・2・27民集63巻2号299頁·················· 111
最判平成21・4・17民集63巻4号638頁［百選Ⅰ-65事件］·················· 198
最判平成21・7・10判時2058号53頁〔福間町公害防止協定事件判決〕［百選Ⅰ-98事件］······ 162, 173
最判平成21・10・15民集63巻8号1711頁［百選Ⅱ-178事件］·················· 100, 112, 128
最判平成21・11・26民集63巻9号2124頁〔横浜市保育所廃止・民営化事件〕［百選Ⅱ-211事件］
·················· 8, 64, 304
最判平成21・12・17民集63巻10号2631頁［百選Ⅰ-87事件］·················· 413
最判平成22・3・2判時2076号44頁·················· 219
最判平成22・4・20集民234号63頁·················· 242
最判平成22・6・3民集64巻4号1010頁［百選Ⅱ-241事件］·················· 231, 233
最判平成23・6・14裁時1533号24頁［地方自治百選65事件］·················· 57, 60
最判平成24・1・16判時2147号127頁［地方自治百選78事件］·················· 42
最判平成24・2・9民集66巻2号183頁［百選Ⅱ-214事件］·················· 151, 274, 308
最判平成24・3・6判時2152号41頁·················· 72
最判平成24・11・20民集66巻11号3521頁·················· 400, 416
最決平成25・12・10判例集未登載·················· 161
最判平成26・1・28民集68巻1号49頁·················· 98, 132
最決平成27・4・21判例集未登載（平成26(行ツ)254，(行ヒ)266）〔北総鉄道事件判決〕·················· 136
最決平成27・9・8民集69巻6号1607頁·················· 85
最決平成27・11・18判例集未登載（平成27(行ツ)12・(行ヒ)13）·················· 400
最判平成27・12・14判時2288号15頁·················· 115

●高等裁判所

福岡高判昭和38・10・16行集14巻10号1705頁·················· 338
東京高判昭和41・6・6行集17巻6号607頁〔文化学院事件判決〕·················· 242
高松高決昭和45・3・6判時610号59頁·················· 338
名古屋高判昭和48・1・31行集24巻1=2号45頁·················· 241
東京高判昭和48・7・13行集24巻6=7号533頁〔日光太郎杉事件控訴審判決〕·················· 405
大阪高判昭和49・11・7判時771号82頁·················· 42
大阪高決昭和56・12・26行集32巻12号2348頁·················· 92
福岡高判平成3・8・22判タ787号148頁·················· 96

判例索引 *429*

東京高判平成 4・12・18 判時 1445 号 3 頁〔東京予防接種禍事件〕……………………… 252
東京高判平成 8・5・30 訟月 43 巻 6 号 1450 頁 ……………………………………………… 365
広島高判平成 8・11・2 判例集未登載 ………………………………………………………… 418
東京高判平成 11・8・23 判時 1692 号 47 頁 ………………………………………………… 260
東京高判平成 12・6・28 訟月 47 巻 10 号 3023 頁 …………………………………………… 370
名古屋高金沢支判平成 14・4・15 判例集未登載（平成 12(行コ)25）……………………… 171
東京高判平成 15・5・21 判時 1835 号 77 頁 ………………………………………………… 145
東京高判平成 16・3・30 訟月 51 巻 2 号 511 頁 ……………………………………………… 370
東京高判平成 17・10・20 判時 1914 号 43 頁 ………………………………………………… 241
広島高松江支判平成 18・10・11 判時 1983 号 68 頁〔地方自治百選 18 事件〕…………… 273
東京高判平成 19・2・15 訟月 53 巻 8 号 2385 頁〔池子米軍住宅合意書事件判決〕
　〔地方自治百選 121 事件〕…………………………………………………………………… 173
東京高判平成 19・5・16 判タ 1283 号 96 頁 ………………………………………………… 372
東京高判平成 19・10・17 判例集未登載（平成 19(行コ)217）……………………………… 373
東京高決平成 19・11・13 判例集未登載（平成 19(行ス)35）……………………………… 145
東京高判平成 19・11・29 判自 299 号 41 頁〔杉並区住基ネット事件判決〕……………… 173
東京高判平成 20・3・26 判例集未登載（平成 19(行コ)360）……………………………… 335
福岡高判平成 20・5・27 判例集未登載（平成 19(行コ)33）……………………………… 130
東京高判平成 21・1・29 判時 2057 号 6 頁 ………………………………………………… 65
東京高判平成 21・3・5 訟月 56 巻 11 号 2551 頁 …………………………………………… 366
東京高判平成 21・9・16 判例集未登載（平成 21(行コ)37）……………………………… 111
福岡高那覇支判平成 21・10・15 判時 2066 号 3 頁〔地方自治百選 109 事件〕…………… 418
札幌高判平成 21・11・27 判例集未登載（平成 21(行コ)12）……………………………… 60
福岡高那覇支決平成 22・3・19 判タ 1324 号 84 頁 ……………………………………… 21, 33
東京高判平成 22・8・9 判例集未登載（平成 22(行コ)97）………………………………… 367
福岡高宮崎支判平成 22・11・24 判例集未登載（平成 22(行コ)6）……………………… 98
福岡高判平成 23・2・7 判時 2122 号 45 頁 ………………………………………………… 200
広島高判平成 23・10・28 判時 2144 号 91 頁 ……………………………………………… 7
大阪高決平成 23・11・21 判例集未登載（平成 23(行ス)35）……………………………… 21
東京高判平成 24・5・9 判時 2159 号 63 頁 ………………………………………………… 13
東京高判平成 24・7・11 判例集未登載（平成 24(行コ)73）……………………………… 318
東京高判平成 24・12・19 判例集未登載 ……………………………………………………… 161
大阪高判平成 25・6・28 判時 2199 号 3 頁 …………………………………………………… 186
大阪高判平成 25・7・25 判例集未登載（平成 25(行コ)18, 79）………………………… 231
東京高判平成 26・2・19 訟月 60 巻 6 号 1367 頁〔北総鉄道事件判決〕………………… 136
名古屋高判平成 26・5・30 判時 2241 号 24 頁 ……………………………………………… 318
東京高判平成 26・10・2 判例集未登載（平成 26(行コ)5）………………………………… 400
大阪高判平成 27・6・19 裁判所 HP …………………………………………………………… 85

●地方裁判所ほか

東京地判昭和 33・12・24 行集 9 巻 12 号 2904 頁 ………………………………………… 377

福岡地判昭和 36・2・17 行集 12 巻 12 号 2337 頁 ……………………………………… 338
長野地判昭和 36・2・28 行集 12 巻 2 号 250 頁 ……………………………………… 337
東京地判昭和 40・5・26 行集 16 巻 6 号 1033 頁〔文化学院事件判決〕…………… 242
東京地判昭和 43・1・31 判時 507 号 7 頁 …………………………………………… 239
東京地八王子支決昭和 50・12・8 判時 803 号 18 頁 ………………………………… 74
岐阜地判昭和 55・2・25 行集 31 巻 2 号 184 頁〔徳山ダム事件判決〕……………… 418
熊本地判昭和 55・3・27 判時 972 号 18 頁 …………………………………………… 134
広島地判昭和 55・6・18 行集 31 巻 6 号 1354 頁 …………………………………… 98
奈良地決昭和 56・8・14 行集 32 巻 8 号 1442 頁 …………………………………… 92
横浜地判昭和 59・4・18 判自 59 号 121 頁 …………………………………………… 198
東京地判昭和 59・5・18 判時 1118 号 28 頁〔憲法百選Ⅰ-109 事件〕……………… 252
東京地判昭和 61・1・31 判時 1182 号 65 頁 ………………………………………… 411
熊本地判平成元・12・21 判時 1352 号 68 頁 ………………………………………… 338
高松地判平成 2・4・9 判時 1368 号 60 頁 …………………………………………… 413
宇都宮地判平成 3・2・28 行集 42 巻 2 号 355 頁 …………………………………… 11
浦和地判平成 3・11・8 判時 1410 号 92 頁 …………………………………………… 214
奈良地判平成 5・2・9 判自 112 号 80 頁 ……………………………………………… 197
秋田地判平成 5・4・23 行集 44 巻 4=5 号 325 頁 …………………………………… 147
東京地判平成 9・5・9 判時 1613 号 97 頁 …………………………………………… 260
東京地判平成 10・3・4 判時 1649 号 166 頁 ………………………………………… 73
那覇地判平成 12・5・9 判時 1746 号 122 頁〔地方自治百選 25 事件〕…………… 166
名古屋地判平成 13・8・29 判タ 1074 号 294 頁 ……………………………………… 11
東京地判平成 13・12・27 判例集未登載（平成 13(行ウ)179）……………………… 11
千葉地判平成 14・1・21 判時 1783 号 127 頁 ………………………………………… 215
大分地判平成 15・1・28 判タ 1139 号 83 頁〔日田市サテライト事件判決〕
　〔地方自治百選 120 事件〕…………………………………………………………… 173
東京地決平成 15・6・11 判時 1831 号 96 頁 ………………………………………… 365
東京地判平成 16・9・17 判時 1892 号 17 頁 ………………………………………… 370
東京地判平成 17・1・21 判時 1915 号 3 頁 …………………………………………… 354
徳島地決平成 17・6・7 判自 270 号 48 頁 ………………………………………… 21, 33
東京地決平成 18・1・25 判時 1931 号 10 頁 …………………………………… 21, 189
東京地決平成 18・1・25 判時 1931 号 26 頁 ………………………………………… 33
大阪地判平成 18・1・25 判例集未登載（平成 16(行ウ)15）………………………… 372
鳥取地判平成 18・2・7 判時 1983 号 73 頁 …………………………………………… 273
東京地判平成 18・3・24 判時 1938 号 37 頁〔杉並区住基ネット事件判決〕〔地方自治百選 4 事件〕…… 173
横浜地判平成 18・5・22 判タ 1262 号 137 頁 ………………………………………… 65
大阪地決平成 18・8・10 判タ 1224 号 236 頁 ………………………………………… 188
大阪地判平成 18・12・20 判時 1987 号 39 頁 ………………………………………… 234
富山地判平成 19・3・27 判例集未登載（平成 18(行ク)2）………………………… 57
東京地判平成 19・5・16 判例集未登載（平成 16(行ウ)528）……………………… 171
東京地判平成 19・5・25 判例集未登載（平成 18(行ウ)265 等）…………………… 373

東京地判平成 19・5・31 判時 1981 号 9 頁	196, 374
宇都宮地決平成 19・6・18 判例集未登載（平成 19(行ク)1）	145
さいたま地判平成 19・9・26 判例集未登載（平成 18(行ウ)54）	335
名古屋地決平成 19・9・28 裁判所 HP	382
岡山地決平成 19・10・15 判時 1994 号 26 頁	20
福岡地判平成 20・2・25 判例集未登載（平成 18(行ウ)42）	10
福岡地判平成 20・2・25 判時 2122 号 50 頁	199
東京地判平成 20・2・29 判時 2013 号 61 頁	366
東京地判平成 20・5・29 判時 2015 号 24 頁	114
大阪地判平成 20・8・22 判自 318 号 60 頁	415
東京地判平成 20・12・24 判例集未登載（平成 19(行ウ)585）	111
名古屋地判平成 21・3・6 判時 2043 号 109 頁	220
東京地判平成 21・3・24 判時 2046 号 90 頁	31
徳島地判平成 21・5・29 判例集未登載	251
奈良地決平成 21・6・26 判自 328 号 21 頁	189
横浜地判平成 21・7・15 判自 327 号 47 頁	222
前橋地判平成 21・7・17 判時 2072 号 116 頁	214
広島地判平成 21・10・1 判時 2060 号 3 頁〔鞆の浦事件判決〕	133
京都地判平成 21・12・14 判例集未登載（平成 18(行ウ)14 等）	374
那覇地決平成 21・12・22 判タ 1324 号 87 頁	21
東京地判平成 22・2・19 判タ 1356 号 146 頁	367
横浜地判平成 22・3・24 判自 335 号 45 頁	201
東京地判平成 22・3・30 判時 2096 号 9 頁	148
東京地判平成 22・4・16 判時 2079 号 25 頁	124
大阪地判平成 22・4・16 判自 338 号 74 頁	415
鹿児島地判平成 22・5・25 判例集未登載（平成 21(行ウ)14）	98
名古屋地決平成 22・11・8 判タ 1358 号 94 頁	21, 189
名古屋地決平成 22・12・9 判タ 1367 号 124 頁	196, 367
和歌山地決平成 23・9・26 判タ 1372 号 92 頁	21
東京地判平成 23・12・1 判例集未登載（平成 22(行ウ)644）	375
横浜地判平成 23・12・8 判時 2156 号 91 頁	161
熊本地判平成 23・12・14 判時 2155 号 43 頁	132
福岡地判平成 24・1・13 判例集未登載（平成 22(行ウ)31）	375
名古屋地判平成 24・1・19 判例集未登載（平成 23(行ウ)33）［地方自治百選 127 事件］	168
横浜地判平成 24・1・31 判時 2146 号 91 頁	32
大阪地判平成 24・2・3 判時 2160 号 3 頁	298
東京地判平成 24・4・19 判例集未登載（平成 24(行ク)134）	181
福島地判平成 24・4・24 判時 2148 号 45 頁	199
京都地判平成 24・6・20 判例集未登載（平成 22(行ウ)38）	114
甲府地判平成 24・7・17 判例集未登載（平成 23(ワ)526）	7
広島地判平成 24・9・26 判時 2170 号 76 頁	196

東京地決平成 24・10・23 判時 2184 号 23 頁……………………………………181
東京地決平成 24・11・12 判自 377 号 28 頁……………………………………189
長野地判平成 24・11・30 判時 2205 号 129 頁…………………………………40
神戸地判平成 24・12・18 判例集未登載（平成 23(行ウ)43, 78）……………231
東京地判平成 25・2・26 判例集未登載（平成 24(行ウ)223, 293, 457）……181
大阪地判平成 25・3・25 判例集未登載（平成 23(行ウ)48）…………………44
東京地判平成 25・3・26 判時 2209 号 79 頁〔北総鉄道事件判決〕…………136
名古屋地判平成 25・5・31 判時 2241 号 31 頁…………………………………298
大阪地判平成 25・7・4 判例集未登載（平成 22(行ウ)58）…………………298
名古屋地判平成 25・7・18 判例集未登載（平成 24(行ウ)146）……………335
大阪地判平成 25・11・25 判時 2216 号 122 頁…………………………………85
東京地判平成 25・12・12 判例集未登載（平成 23(行ウ)655）………400, 407
福岡地判平成 26・1・14 判例集未登載（平成 22(行ウ)12）………………298
水戸地判平成 26・1・16 判時 2218 号 108 頁…………………………………335
札幌地判平成 26・2・3 判例集未登載（平成 22(行ウ)19）…………………298
大阪地決平成 26・5・23 判例集未登載（平成 26(行ク)58〜62）…………301
福岡地決平成 26・5・28 判例集未登載（平成 26(行ク)4）………………301
東京地判平成 26・9・18 裁判所 HP……………………………………………264
札幌地判平成 27・3・26 判例集未登載（平成 24(ワ)1570）………………224
国税不服審判所平成 8・7・31 裁決事例集 52 集 41 頁………………………231

事項索引

あ 行

新たに開発された安全設備 ………………… 218
安全性情報 …………………………………… 261
一定の処分 …………………………… 198, 306
違反是正命令(監督処分) …………………… 116
違法侵害利益 ………………………… 99, 113
違法性の承継 ……………………… 412〜413, 416
　住民訴訟における―― ………………… 170, 172
違法判断の基準時 ……………………………… 47
訴えの併合 …………………………………… 253
訴えの変更 ……………………………………… 30
訴えの利益 ………………………… 276, 411〜412
　――の消滅 …………………………………… 30
　狭義の―― ………………………………… 280
　取消訴訟の――の消滅 …………………… 115
営造物管理責任 ……………………………… 214
公の施設 ……………………… 21, 58, 61, 64〜66

か 行

買受適格証明書 ………………………… 322, 336
蓋然性 …………………………………… 306, 307
　処分がされる―― ………………………… 150
開発許可 ……………………………………… 110
回避可能性 …………………………… 203, 217
確認訴訟 ……………………… 12, 305, 309, 310, 410
確認の利益 …………………………… 12, 309
瑕疵 ……………………………………… 236, 241
　設置管理の―― …………………… 215, 216
　手続的―― ………………………… 378, 379, 380
過失責任主義 ………………………………… 251
課税処分 ……………………………… 230〜232, 236
仮処分 …………………………………… 149, 180
仮の義務付け ………………………………… 26, 188
仮の救済 ……………………………………… 411
勧告 …………………………………………… 144
勧奨 …………………………………………… 254

間接的強制 …………………………………… 254
完了検査 ……………………………………… 116
関連処分 ……………………………………… 257
関連請求 ……………………………………… 253
機関訴訟 ……………………………………… 168
期限 ……………………………………………… 93
危険性 ………………………………………… 217
議事録の開示 ………………………………… 260
規制権限不行使 ……………………………… 196
期待可能性 …………………………… 203, 204
義務付け訴訟 ………………………………… 371
　申請型―― ………………………… 126, 187, 196
　非申請型―― ……………………… 196, 198
逆 FOIA ……………………………………… 276
共済組合 ………………………………………… 80
教示 ……………………………………………… 83
行政機関相互間の行為 ……………………… 257
行政行為の撤回 ………………………………… 82
行政行為の付款 ………………………………… 93
行政財産 ………………………………………… 21
行政裁量 ………………………………………… 29
行政指導 ……………………………… 126, 255
　――に対する不服従の事実の公表 … 144, 146
行政調査 ……………………………… 230〜233, 237〜241
許可 …………………………………… 14, 341
　――(警察許可) …………………………… 97
　53条―― …………………………………… 110
距離制限 …………………………… 128〜129, 134
形式審査 ……………………………………… 344
契約 …………………………………… 57, 59〜61
経由機関 ……………………………………… 344
経由事務 ……………………………………… 344
原告適格 ……………………… 127〜132, 200, 403〜404
　競業者の―― ……………………………… 132
　周辺住民の―― …………………………… 127
　取消訴訟の―― …………………………… 111
建築確認 ……………………………… 110, 116

建築基準関係規定 …………………………… 116
県費負担教職員 ……………………………… 41
公益・個別的利益の区別論 ………… 97, 111
効果裁量 ……………………………………… 22
公共の福祉への重大な影響 ………………… 30
公示 ………………………………………… 303
拘束力 …………………………… 80, 371, 374
公定力 ……………………………… 233, 236
公表 ………………………………………… 145
　　国民への情報提供としての―― … 145
　　制裁としての―― ……………………… 145
公務員の懲戒処分 …………………………… 40
考慮(参酌・勘案)事項 …………………… 112
　　要――(義務的――) ……… 45, 112, 113
考慮不尽 ………………………………… 42, 45
考慮要素 ………………………………… 405～407
個人情報 ……………………… 239, 258, 259
個人情報保護法 …………………………… 259
国家賠償請求 ……………………………… 233
国家補償の谷間 …………………………… 251
個別的審査義務 …………………………… 375
個別保護要件 ……………………………… 128
個別利益性 ………………………… 128～131

さ　行

再審査請求 …………………………………… 24
再調査の請求 ………………………………… 23
債務不履行責任 …………………………… 162
裁量 ………………… 65～66, 126, 133～134, 238, 240, 404～406
　　――基準 ……………………… 42, 374, 375
　　――権の逸脱・濫用 ………… 365, 374, 375
　　――審査 …………………………………… 41
　　――零収縮論 …………………………… 203
　　――の踰越・濫用 ……………………… 40
差止訴訟 ……………… 127, 132～133, 237, 305, 306
　　民事―― …………………………… 407～409
差止めの訴え ……………………………… 273
三面関係 ……………………… 130, 132～133
事業の完了 ………………………………… 115
自己拘束性 ………………………………… 374

自己の法律上の利益に関係のない違法 …… 133
事実行為 ………………… 237, 398～399, 402～403, 408, 411～413
　　公権力的―― ………………………… 149
死者の情報 ………………………… 259, 260
自治事務 …………………………… 268, 336
執行停止 …………………………………… 184
　　――(の)申立て ……… 276, 403, 411～412
執行不停止原則 …………………………… 276
実体的違法事由 …………………………… 65, 133
実体的行政処分 …………………………… 336
指定管理者 ………………………… 22, 214, 221
諮問機関 …………………………………… 256
社会観念審査 ……………………………… 42
自由裁量権 ………………………………… 370
自由裁量論 ………………………………… 202
自由選択主義 ……………………………… 24
重損要件 ……………………… 147, 150, 152
重大な損害 ……… 132～133, 150, 237, 276, 308, 373, 412
　　――を生ずるおそれ ………………… 199
住民訴訟 ……………………… 169～172, 409
　　――における違法性の承継 …… 170, 172
住民投票 ……………………………… 166～167
酒気帯び運転 ……………………………… 43
需給調整規定 ……………………………… 97
受理 ………………………………………… 11
条件 ………………………………………… 93
情報公開法 ………………………………… 258
条例 ………………………………… 7, 61～65
　　――の適法性 ……… 125, 127, 131, 166, 168
職務行為基準説 …………………………… 343
職務命令 …………………………………… 310
職権取消 …………………………………… 118
処分基準 …………………………………… 316
処分性 ……………… 56, 58～65, 76, 185, 235, 237, 257, 303, 304, 403, 411
処理基準 ………………………… 268, 277, 343
審議会 ……………………………………… 256
審査応答義務 ……………………………… 346
審査基準 ………………………………… 6, 13

審査請求 …………………………… 23, 416
　再── …………………………………… 24
申請型義務付け訴訟 ……… 126, 187, 196
申請権 ……………………… 96, 346, 371
申請に対する処分 ……………………… 23
信頼保護 …………………………… 375
　──の原則 …………………………… 44
設置管理の瑕疵 ……………… 215, 216
説明責任 ……………………………… 261
全体的解釈指針 ……………………… 112
相当の期間 …………………………… 188
相場観 ………………… 98, 100, 112
即時強制 ……………………………… 254
組織的過失 …………………………… 252
損害の重大性 ………………………… 273
損失補償 …………… 402〜403, 414〜416
　──の法理 ………………………… 252
　──の要否 ………………………… 255

た 行

代替施設の設置 ……………………… 118
第三者効 ……………………………… 304
他事考慮 ………………………… 42, 45
段階的行政活動 ………………… 411〜412
注意義務 ……………………………… 234
聴聞 ……………………………… 182, 223
通常有すべき安全性 ………………… 216
通達 …………………………………… 44
償うことのできない損害 …… 26, 151, 188
適正手続 ……………………………… 45
撤回権の制限 ………………………… 83
撤回権の留保 ………………………… 93
手続的違法事由 ………………… 66, 134
手続的瑕疵 …………………… 378, 379, 380
手続を開始する義務 ………………… 117
動機の不正 …………………………… 45
当事者訴訟 …………………………… 414
　公法上の── ………… 8, 58〜59, 63〜65,
　　　　　　　　　　　　235, 237, 309
　　実質的── ……………………… 253
　　特別の犠牲 ……………………… 255

特許 ………………………………… 14, 299
　公企業の── ……………………… 97
届出 …………………………………… 9
　──制 ………………………………… 6
取消判決の形成力 …………………… 117
取消判決の拘束力 …………………… 117

な 行

内部行為 ……………………………… 257
農業委員会 …………………………… 320
農地転用行為 ………………………… 335
農地の権利移動 ……………………… 335

は 行

廃棄物 ………………………………… 92
反射的利益論 ………………………… 202
判断過程統制 ………………………… 405
被告適格 ………………………… 26, 80
非申請型義務付け訴訟 ………… 196, 198
標準処理期間 ………………………… 344
平等原則 ………………… 44, 318, 375
比例原則 …………………… 223, 318
付款のみの取消訴訟 ………………… 95
不作為(の)違法確認訴訟 ……… 126, 187
不受理 ……………………………… 344
　──処分 ……………………………… 11
不整合処分の取消義務 ……………… 80
負担 …………………………………… 93
不当利得返還請求 ……………… 235〜236
不服申立前置 …………………… 24, 282
　──主義 …………………………… 276
不法行為責任 …………………… 162〜163
不利益処分 …………………………… 83
不利益な取扱い ……………………… 146
分限処分 ……………………………… 40
法定受託事務 …………… 74, 256, 282
　第1号── …………………… 335, 336
法の一般原則 ……… 61, 65, 162, 241, 406, 413, 415
法律上の争訟 ………………………… 161
法律上の利益 ………………………… 111
法律上保護された利益説 …………… 97, 111

法令秘情報 ……………………… 279
補充行為 ………………………… 341
補充性 ………………… 150, 203, 275, 373
本案について理由があるとみえること(とき)
　…………………………………… 28, 189
本人開示 …………………… 258, 260

　　　　　　ま　行

民衆訴訟 ………………………… 170
無過失責任 ……………………… 216
無効な行政処分 ………………… 236

　　　　　　や　行

要件裁量 …………………… 22, 365

要考慮事項(義務的考慮事項) ……… 45, 112, 113
予見可能性 ………………… 203, 217
予防接種健康被害 ……………… 250

　　　　　　ら　行

理由の差替え …………………… 46
理由の追加 ……………………… 47
理由の追完 ……………………… 46
理由の提示 ……………………… 261
理由付記 ………………………… 45

事例から行政法を考える
Rethinking Administrative Law through Cases

2016年7月15日　初版第1刷発行

法学教室
LIBRARY

著　者	北　村　和　生
	深　澤　龍　一　郎
	飯　島　淳　子
	磯　部　　　哲

発 行 者　江　草　貞　治
発 行 所　株式会社　有　斐　閣

郵便番号 101-0051
東京都千代田区神田神保町 2-17
電話　(03)3264-1311〔編集〕
　　　(03)3265-6811〔営業〕
http://www.yuhikaku.co.jp/

印刷・株式会社暁印刷／製本・牧製本印刷株式会社
©2016, Kitamura Kazuo, Fukasawa Ryuichiro, Iijima Junko, Isobe Tetsu.
Printed in Japan

落丁・乱丁本はお取替えいたします。
★定価はカバーに表示してあります。
ISBN 978-4-641-13187-3

[JCOPY] 本書の無断複写(コピー)は、著作権法上での例外を除き、禁じられています。複写される場合は、そのつど事前に、(社)出版者著作権管理機構(電話03-3513-6969, FAX03-3513-6979, e-mail:info@jcopy.or.jp)の許諾を得てください。